S.F. V.

Pat Shipman

Die Evolution des Rassismus

Gebrauch und Mißbrauch von Wissenschaft

Aus dem
Amerikanischen von
Sebastian Vogel

S. Fischer

Die amerikanische Originalausgabe
erschien 1994 unter dem Titel
»The Evolution of Racism;
Human Differences and the Use and Abuse of Science«
im Verlag Simon & Schuster, New York

Gesamtherstellung: Clausen & Bosse, Leck
Printed in Germany
ISBN 3-10-071802-X

Inhalt

Teil V

Evolution und Politik

Teil VI

Die Genetik des Rassismus

Epilog

Für Alan

»Die Rasse zu ignorieren und ein Individuum wie ein Individuum zu behandeln ist der Ursprung von Gerechtigkeit und der Fluß der Hoffnung.«
Leigh Van Valen, »On Discussing Human Race«, 1966 Prolog

Prolog

Wir sind eine anthropozentrische, seltsam selbstversunkene Spezies.

Fragen nach dem *Was* und *Wer* sind uns wichtiger als alles andere. Darwins Evolutionstheorie war von Anfang an untrennbar verwoben mit den umstrittenen Themen der Stellung des Menschen und sogar der Definition des Menschlichen überhaupt – Fragen, die uns auch heute noch aufwühlen.

Und Darwin kannte den springenden Punkt: »Ich habe nicht die Absicht, hier die verschiedenen sogenannten Menschenrassen zu beschreiben; es geht mir aber darum herauszufinden, welchen Wert ihre Unterschiede unter dem Gesichtspunkt der Einteilung haben und wie sie entstanden sind.«[1] Das ist es: der *Wert der Unterschiede* zwischen ihnen – zwischen uns.

Dies ist die Geschichte einiger Menschen, die sich mit einer Definition dieses Wertes herumschlugen – die von ihren hart erarbeiteten Erkenntnissen verwirrt, geplagt, bereichert und manchmal ermutigt wurden. Es ist die Geschichte eines Problems, das gewachsen ist und sich entwickelt hat, genau wie die Evolutionstheorie selbst, die von einem nebelhaften akademischen Thema zu einem Kernstück der modernen Gesellschaft wurde. Während dieser Entwicklung wurden sowohl die Theorie als auch unsere Ansichten über uns selbst durch den Geist von Männern und Frauen der verschiedensten Schichten und Fähigkeiten gefiltert, und dabei haben sie sich unglaublich stark gewandelt. Karrieren stiegen auf und brachen zusammen, Kriege wurden angezettelt und ausgefochten, Lebenswerke wurden gewidmet und geopfert, Gesellschaften genasen oder zerbrachen – alles wegen der Frage nach dem Wert der Unterschiede.

Es beginnt, wie so vieles, bei Darwin. Und es endet bei uns selbst.

Teil I
Evolution

1
Eine lange Diskussion: 1857

Er wollte nie Ärger machen.

Eigentlich verabscheute er Meinungsverschiedenheiten, Streitigkeiten, Gefühlsausbrüche jeder Art. Sie verursachten ihm schlimme Kopfschmerzen oder Magendrücken. Nur Emma verstand ihn wirklich und beruhigte ihn mit ihrer stillen Art und ihrem effizient geführten Haushalt voller glücklicher Kinder. Jeden Morgen, nach seinem einsamen Spaziergang, dem Frühstück und eineinhalb Stunden Arbeit, brachte sie ihm die Post; er saß in seinem Lieblingssessel, vor sich über den Armen das Brett, das ihm als Pult diente. Anschließend setzte sie sich in der Nähe hin und las private Briefe vor oder widmete sich still ihrer Handarbeit. Sie hörte immer geduldig zu, wenn er einen interessanten Brief hatte – vielleicht eine verwickelte Antwort auf eine jener endlosen Fragen, mit denen er Freunden und Fremden gleichermaßen zusetzte – und hatte Mitgefühl, wenn er über seine körperlichen Gebrechen klagte. Es war in der Tat so, wie eine ihrer Töchter es beschrieb: »Ihr ganzer Tag war so geplant, daß es ihm paßte, daß sie ihm vorlesen oder mit ihm spazierengehen konnte und daß sie ständig bereit war, ihm seine täglichen Unannehmlichkeiten zu lindern.«[1] Sie war die vollkommene Gattin.

Früher hatte er sich eifrig um die Gesellschaft anderer Herren bemüht, die sich für Wissenschaft interessierten, aber allmählich war ihm eine Zurückhaltung eigen geworden, die jetzt seinen Tagesablauf bestimmte. Der Preis für geistige Anregung, beispielsweise für einen lebhaften Abend bei der Geological Society, war anschließend immer ein Tag der Krankheit und des

Unbehagens. Es war besser, abseits zu stehen, von neuen Ideen durch Briefe oder Aufsätze zu erfahren, die er nach Belieben studieren konnte und deren Voraussetzungen und Folgen er durchdachte, bevor er eine Meinung oder einen Kommentar wagte. All diese aufgeweckten jungen Burschen, die über eine neue Theorie diskutierten, von der sie erst einen Augenblick zuvor gehört hatten – nein, das war nicht seine Art. Er war jetzt ein wenig schwerfällig, langsam in der Auffassung und zögerlich im Sprechen. Er hatte nicht die Gabe, mit einer schlauen Wendung des Satzes oder einer messerscharfen Bemerkung zum Kern einer Angelegenheit vorzudringen, und anders als der junge Huxley fand er keinen Geschmack am intellektuellen Wettstreit. Was er besaß, war ein wißbegieriger Geist, der nach Tatsachen und Kenntnissen hungerte. Er stellte lange Listen mit gezielten Fragen zu verschiedenen Themen zusammen und bewahrte sie auf, bis jemand, der eine Autorität war, ihm eine halbe Stunde widmete.

Insgesamt war es ihm lieber, wenn man ihn im Down House allein ließ, wo er vormittags lesen und arbeiten und um die Mittagszeit mit einem der Kinder den Sand Walk entlangschlendern konnte. Es machte ihm Spaß, ihre eifrigen jungen Blicke auf die verschiedenen Pflanzen, Insekten und anderen Tiere sowie ihr Verhalten zu lenken. Nachmittags las er die *Times*, schrieb unzählige Briefe mit Fragen, ruhte sich aus, arbeitete noch einmal etwa eine Stunde und ließ sich dann auf dem Sofa nieder, um Emma zuzuhören, die mit sanfter Stimme einen Roman vorlas. Oft jammerte er, es blieben ihm jede Woche nur wenige Stunden für die Arbeit an seinen Theorien, aber dabei rechnete er nicht die Zeit mit, in der er Artikel las, Korrespondenzen anfing oder weiterführte und Experimente anstellte – so erklärt sich seine fast wundersame Produktivität. Manchmal kamen Kollegen zu Besuch – nur seine Freunde, höchstens einer oder zwei auf einmal, keine Menschenmassen, die ihn überreizt hätten, und ausschließlich Leute, die er mit seinen Fragenkatalogen »leerpumpen« konnte, wie er es nannte – aber selbst das war anstrengend.

Er hieß Charles Darwin.

Er stand kurz davor, eine »lange Diskussion«[2] in Gang zu setzen, die viel länger dauern sollte, als er sich hätte träumen lassen – Jahrzehnte, vielleicht auch die kommenden Jahrhunderte. Sie würde die moralischen Grundfesten der abendländischen Zivilisation erschüttern und den hergebrachten christlichen Glauben in Frage stellen, nach dessen Lehre in einem einzigen Schöpfungsakt eine feststehende, vollkommene, unveränderliche Welt entstand. Wäre die Welt nicht vollkommen erschaffen, gäbe es keine innere Rechtfertigung dafür, daß die Dinge so waren, wie sie immer waren – und dieser Gedanke war der Kernpunkt aller gesellschaftlich-politischen und vieler wissenschaftlicher Revolutionen. Darwins lange Diskussion sollte Leidenschaft und Erbitterung wecken wie kaum eine Debatte zuvor; sie würde von den folgenden Wissenschaftlergenerationen das Äußerste an Mut und intellektueller Redlichkeit verlangen.

Die Diskussion würde sich zuerst auf die Evolutionstheorie konzentrieren, eine Auffassung von der Funktionsweise der Welt und der Entstehung der Arten, die ausschließlich Darwins Leistung war. Aber schon nach erstaunlich kurzer Zeit verschob sich die Debatte von der Theorie selbst zu den Menschen und damit zur Bewertung der Unterschiede zwischen den Menschenrassen. Die Folge war eine lange, schmerzliche Selbstprüfung unserer Spezies und ihrer verblüffenden Vielfalt, und diese Prüfung ist auch heute noch nicht beendet.

Immer noch entdeckten die Seefahrer der europäischen Nationen neue Rassen, oder zumindest Menschengruppen mit Unterschieden in Kultur, Sprache und Aussehen. Es war das Zeitalter des Imperialismus, und die meisten Nichteuropäer galten selbst für Darwin als »Wilde«; er war verblüfft und abgestoßen von ihrem wilden, tierischen Benehmen.[3] Die Unterschiede zwischen den Menschen schienen so groß zu sein, daß man bei manchen Gruppen kaum an eine Zugehörigkeit zu den Menschen und zur modernen Zeit glauben mochte. Die Vielfalt der

Menschheit war ein ebenso großer Grund für Verwunderung und verwirrtes Kopfschütteln wie die Tatsache, daß es in Afrika am Äquator schneebedeckte Berge gibt. Das ganze Spektrum des Aussehens und Verhaltens von Menschen war wie ein riesiger Kontinent, von dem den meisten Europäern nur eine Küste vertraut war.

Die Ursache dieses Gärens zu sein – das war eine Situation, in die Darwin sich nie hatte bringen wollen; er war kein Gesellschaftsveränderer, kein stolzer Herausforderer. Aber als es losging, fand er dennoch den Mut, zu sprechen und zu schreiben, obwohl er bestürzt über das tiefe Zerwürfnis war, das seine Worte und Ideen, wie er von vornherein wußte, auslösen würden.

Es war ein schwieriger Weg. Darwin hatte sein Leben lang getan, was man von ihm erwartete, und nie die Grenzen des Schicklichen überschritten. Sogar seine anfängliche Ziellosigkeit, deretwegen sein Vater schon gezweifelt hatte, ob er es jemals zu etwas bringen würde, war durch und durch vorherzusehen gewesen. Ja, er war ein Tagedieb gewesen, wie sein Vater es drohend vorhergesagt hatte, aber immerhin hatte er in Cambridge die Geologie für sich entdeckt. Ansonsten wäre Darwin zweifellos ein höchst liebenswürdiger Taugenichts geworden, der jagende, schießende und angelnde Sohn eines wohlhabenden Vaters; dieser Vater hätte ihm eine einfühlsame Cousine als Braut ausgesucht, und sein Reichtum hätte den Sohn in die Lage versetzt, eine große Familie zu ernähren. Darwin wäre nie dahin gekommen, die Gesellschaft absichtlich herauszufordern, Sitten über Bord zu werfen und öffentlich Moral zur Schau zu stellen, und alles nur um des Reizes wegen, Widerstand zu leisten. Ketzerei war für ihn eine schreckliche Sünde.

Er hatte eine so starke Abneigung dagegen, sich seiner Theorie und ihren Auswirkungen zu stellen, daß er sich selbst Freunden gegenüber kaum zu ihr bekennen konnte. Ein Jahr ums andere vermied er jede unverblümte schriftliche Darlegung seiner Ansichten; lieber verbarg er sie hinter unnötigen Worten und halbherzigen Formulierungen. Er fühlte sich selbst dann noch gezwungen, sich von seinen Ideen zu distanzieren, als es ihn drängte, sie niederzuschreiben und zur Diskussion zu stellen.

»Seit meiner Rückkehr [von der Reise mit der *Beagle* 1836] bin ich jetzt ständig mit einer höchst anmaßenden Arbeit beschäftigt, und ich kenne keinen Menschen, der mich nicht für verrückt hält«, wagte Darwin schließlich 1844 an seinen engen Freund, den Botaniker Joseph Hooker, zu schreiben. Im weiteren Verlauf des Briefes verraten seine immer gewundeneren Sätze einerseits das verhaltene Bedürfnis, sich zu seinen Gedanken zu bekennen wie zu illegitimen Kindern, und andererseits seine Furcht vor der absehbaren Reaktion. Er erklärte Hooker:

»Ich war so beeindruckt von der Verteilung der Lebewesen auf den Galapagos-Inseln, usw., usw., und vom Wesen der amerikanischen Säugetierfossilien, usw., usw., daß ich mich entschloß, blind alle Fundstücke einzusammeln, die irgendwie so etwas wie Arten in sich tragen konnten... Es sind zumindest schwache Lichtschimmer aufgetaucht, und ich bin fast überzeugt (ganz im Gegensatz zu meiner anfänglichen Meinung), daß Arten nicht (es ist, als ob man einen Mord gesteht) unveränderlich sind.«[4]

Etwa zur gleichen Zeit gab er gegenüber seinem Freund Asa Gray, einem weiteren Botaniker, widerwillig zu: »Als aufrichtiger Mensch muß ich Ihnen sagen, ich bin zu der ketzerischen Schlußfolgerung gelangt, daß es so etwas wie unabhängig erschaffene Arten nicht gibt – daß Arten vielmehr nur stark abgegrenzte Varietäten sind.« Und kläglich schließt er: »Ich weiß, daß Sie mich deswegen verachten werden.«[5]

Arten waren demnach nicht festgelegt, unveränderlich und immer gleich, seit sie in Vollkommenheit erschaffen wurden. War diese Idee eine solche Sünde, eine solche Verletzung der damaligen Denkweise, daß man sie als *Mord* bezeichnen mußte? Seine Worte erscheinen als Übertreibung, aber wie die Ereignisse zeigen sollten, waren sie das nicht. Die Vorstellung von einer einmal erschaffenen und seither immer gleichen Welt, der Glaube an Gott als Uhrmacher, dessen raffinierter Apparat einfach immer weiter tickte, war mehr als nur bequem; sie war die Grundlage, auf der die Gesellschaft funktionierte. Kein Wunder, daß Darwins schlimmste Befürchtungen von Aufruhr und Ketzerei Wirklichkeit werden sollten.

Noch ein gutes Jahr bevor sein Buch erschien, skizzierte er seine Ideen anderen gegenüber in der beschriebenen Weise; er hoffte auf Fürsprache und Hilfe, ohne daß er wagte, die Theorie ausführlich zu erklären, aber er war weder in der Lage, seine Gedanken zu unterdrücken, noch sie ohne vorgespielte Schüchternheit zu vertreten. Aber sein Unbehagen zu jener Zeit war noch gar nichts gegen die Qualen bei der Veröffentlichung seines Werkes *The Origin of Species* (»Die Entstehung der Arten«) im November 1859. Er ahnte schon im voraus, welchen Ärger seine Ideen auslösen würden – und über diese Aussicht war er alles andere als glücklich. Soweit es nur möglich war, versuchte er den öffentlichen Aufschrei abzuwenden.

»Da dieser ganze Band ein langes Argument ist«, seufzt Darwin im letzten Kapitel von *The Origin of Species*, »dürfte es wohl dem Leser angenehm sein, die leitenden Tatsachen und Folgerungen in aller Kürze wiederholt zu sehen.«[6]

Es waren folgende: Ausgehend von der Annahme, daß Arten sich im Laufe der Zeit weiterentwickeln, versuchte Darwin einen Mechanismus zu finden, durch den es zu dieser Abstammung mit Veränderung kommen könnte. Diesen Mechanismus bezeichnete er sehr klug als *natürliche Zuchtwahl* oder *natürliche Selektion*, in ausdrücklicher Anlehnung an die von Menschen vorgenommene Zuchtwahl, die jedem vertraut war, der sich mit der Zucht von Nutztieren, Hunden oder Pferden beschäftigte. An ihr erkannte Darwin, wie der gesamte Evolutionsmechanismus funktionieren könnte. Zwar wußte man noch nichts von moderner Genetik, DNA oder Chromosomen, aber jeder Bauer wußte, daß Nachkommen oft die Eigenschaften ihrer Eltern erben – körperliche wie geistige. Darwins überzeugendster Beweis für seine Theorie war in den Augen vieler Leser die Betrachtung der Zuchtmethoden, die tagtäglich angewandt wurden und wichtige Folgen hatten.

Im wesentlichen lautete Darwins Aussage: Manche Pferde werden von ihren Eigentümern zur Zucht ausgewählt, weil sie schneller laufen können, und Kühe züchtet man wegen der höheren Milchleistung. Genauso stärken oder schwächen auch bei den wilden Arten die verschiedenen Abweichungen in Körperbau und Fähigkeiten den Fortpflanzungserfolg der einzelnen Individuen. Zu Darwins Zeit war es eine Binsenweisheit, daß jeder gute Pferdebesitzer nach dem besten Deckhengst für seine Preisstute sucht, in der Hoffnung, daß ihre Nachkommen die besten Eigenschaften beider Eltern in sich vereinigen. Im 18., 19. und frühen 20. Jahrhundert erschienen in den Zeitungen regelmäßig Anzeigen, in denen die Dienste bestimmter Hengste angeboten wurden. Der Nutzen dieser gezielten Kreuzungen, die in Zuchtstammbüchern sorgfältig festgehalten wurden, war so unwiderleglich, daß man die Stuten in England, von geplanten Kreuzungen abgesehen, schon seit 1130 von den Hengsten getrennt hielt.[7]

Die *natürliche* Selektion (im Gegensatz zur künstlichen, vom Menschen bewirkten) könnte, so Darwin, ähnlich funktionieren: Sie verschafft einigen natürlich vorkommenden Form- oder Fähigkeitsvarianten einen Vorteil bei der Fortpflanzung. Das war mehr als eine Metapher: es war die Erkenntnis, daß die Zuchtmethoden für Haustiere und die natürliche Selektion nach dem gleichen Prinzip funktionierten; die Unterschiede betrafen nur denjenigen, der die Selektion ausführt (im einen Fall Menschen, im anderen der Druck durch das Überleben des Geeignetsten), und die Größenordnung des Effekts, den die Selektion hat. Da die natürliche Selektion über gewaltige Zeiträume hinweg wirkt, werden kleine Unterschiede zwischen den Nachkommen verstärkt, und die Zahl der Überlebenden, die vorteilhafte Merkmale besitzen, wird größer. Schließlich herrschen solche Merkmale in allen Populationen einer Art vor, so daß sie sich immer besser an ihre Umweltbedingungen anpaßt. Die Logik stimmte hervorragend. Es war wie Taubenzucht, ganz klar.

Aber wie kam Darwin auf die Idee, daß Arten wandelbar sind? Auf der Reise mit der *Beagle* von 1831 bis 1836 wurden Darwins Frieden und Ruhe von einer quälenden Idee gestört, einer immer stärker werdenden Vision, die aus seiner ersten Begegnung mit der großen, fremden Welt erwuchs. Seine wichtigsten Reisegefährten waren der Kapitän Robert FitzRoy, ein junger Aristokrat, mit dem Darwin eine enge Kabine teilte, und Syms Covington, ein halbwüchsiger Seemann, den Darwin als Assistenten und persönlichen Diener mitgenommen und ausgebildet hatte. In einem anderen Sinne hatte Darwin natürlich auch seine Bücher als Gesellschaft. FitzRoy und Darwin hatten zwischen ihren Kojen eine Bibliothek von 246 Bänden vorzuweisen, darunter (auf Darwins Seite) John Miltons *Paradise Lost* als Nahrung für seine christliche Seele und Charles Lyells kürzlich erschienene *Principles of Geology* zur Anregung seines geologisch interessierten Geistes.

Darwin, damals jung und kräftig, hatte an jeder Station der Reise längere Wanderungen oder kilometerlange Ritte unternommen, welliges und glattes Gelände erkundet, jeden Berg bestiegen, den er sah, und alle Lebewesen gesammelt, die er oder Covington mit einem Netz einfangen konnten. Es war eine Orgie des Zusammenraffens und Beobachtens. Darwin war in vielerlei Hinsicht eine Tabula rasa, ein unbeschriebenes Blatt, das auf die gestochen scharfe Handschrift des Lebens wartete.

»Eine große Quelle der Verwirrung«, so schrieb er an seinen früheren Professor in Cambridge, den Botaniker J. S. Henslow, »ist die völlige Ungewißheit, ob ich die richtigen Tatsachen aufzeichne und ob sie hinreichend wichtig sind, daß sich andere dafür interessieren.«[8] Er löste das Problem auf seine Weise und notierte einfach *alles*. Noch war er nicht der Mann mit einer Idee, für (oder gegen) die er nach Argumenten suchte. Er war einfach ein Stück Löschpapier, das die Tinte des Lebens aufsog.

Wie er bemerkte, ähneln viele Landtiere, Pflanzen oder Vögel einander in einer einzigen geographischen Region so stark, daß sie mit Sicherheit eng verwandt sein müssen. Aber schon wenn sie unter geringfügig unterschiedlichen Bedingungen lebten, konnte man innerhalb der großen allgemeinen Ähnlichkeit körperliche Abweichungen beobachten, beispielsweise bei den berühmten Finken und Schildkröten auf den Galapagos-Inseln. Die Ähnlichkeiten unter den Finken oder Schildkröten waren verblüffend, aber die Populationen benachbarter Inseln unterschieden sich in Kleinigkeiten: durch einen längeren oder kräftigeren Schnabel, einen höher gewölbten oder flacheren Brustpanzer. Ließ sich dieses immer wiederkehrende Prinzip der Variation in der Ähnlichkeit mit Gottes Launen erklären? Oder war etwas anderes die Ursache? Wenn es in jeder Population eine gewisse Variationsbreite in Schnabel- oder Panzerform gab, dann waren einige Individuen stets besser als andere an den jeweiligen Lebensraum angepaßt. Und da jede Art weit mehr Nachkommen hervorbringt, als der Lebensraum ernähren kann, mußte ein Teil sterben: die am wenigsten Geeigneten. Deshalb, so erkannte Darwin nach und nach, würden diejenigen, die sich am besten für die örtlichen Gegebenheiten eignen, am ehesten überleben und die meisten Nachkommen hervorbringen.

Wie Darwin erkannte, treibt die natürliche Selektion die Anpassung an unterschiedliche Lebensräume voran, weil sie für unterschiedliche Überlebens- und Fortpflanzungschancen sorgt: Diese Gruppe lebt vielleicht in einer trockeneren Region als jene, oder die eine Population kommt mit dem dichten Pflanzenwuchs besser zurecht als die andere. Natürlich zeigt sich die Anpassung im Körperbau, zum Beispiel durch längere oder kürzere Gliedmaßen, ein dichteres oder spärlicheres Fell, einen spitzeren oder stumpferen Schnabel, und so weiter; jede Merkmalskombination ist typisch für eine bestimmte Gruppe und entspricht deren Lebensraum und Lebensweise, das heißt ihrer ökologischen Nische.

Wenn das stimmte, dann spielte sich die Evolution im Laufe

der Zeit ab – und zwar in geologischen Zeiträumen, jenen Epochen und Jahrtausenden, von denen Lyell in den *Principles of Geology* sprach. Und wenn es so war, dann mußte es Zwischenstufen geben, Arten, die sich gerade in der Evolution von einer Form zur anderen befanden. Wo waren sie, diese »unendlich zahlreichen feinen Übergangsformen«?[9] Darwin grübelte lange über diesen Einwand nach, wie ein Hund, der an seinem Lieblingsknochen nagt. Schließlich gelangte er zu der Ansicht, daß die meisten dieser Übergangsarten oder -populationen wahrscheinlich ausgestorben sind, weil die Verbindungsglieder definitionsgemäß weniger gut angepaßt sind als ihre Nachbarn, die durch größere Zahl und bessere Anpassung die Zwischenform verdrängen. Daß die Zwischenstufen fehlen, war zu erwarten, so Darwins zufriedene Schlußfolgerung. Nachdem die Zwischenstufen oder Verbindungsglieder zerstört waren, blieb eine große Vielfalt unterschiedlicher Arten, die sich so ähnlich waren, daß man sie derselben Gattung zuordnen konnte, und von denen jede sich wunderschön an ihren Lebensraum angepaßt hatte. Die einzigen Voraussetzungen waren Zeit und natürliche Selektion.

»Ich bin vollkommen überzeugt«, schreibt er in *The Origin of Species*, »daß die Arten nicht unveränderlich sind; daß die zu einer Sippe (genus) zusammengehörigen Arten regelrechte Abkömmlinge von anderen gewöhnlich schon erloschenen Arten sind, so wie die anerkannten Varietäten einer Art Abkömmlinge eben dieser sind. Ich bin ferner noch überzeugt, daß natürliche Zuchtwahl das wichtigste, wenn auch nicht das einzige Mittel dieser Abänderungen war.«

Das klingt gar nicht so umstürzlerisch, aber das war es, und Darwin wußte es auch. »Ich sehe keinen guten Grund«, fährt er in der zweiten Auflage vergeblich fort, »warum die hier genannten Ansichten die religiösen Gefühle von irgend jemandem erschrekken sollten.«[10] In Wirklichkeit sah er den guten Grund: Er ermordete den Glauben, wie Macbeth den Schlafenden ermordet hatte, und deshalb flehte er sein Publikum zwischen den Zeilen um milde, gemäßigte Reaktionen an.

Kernpunkt des Problems war ein einziger Satz, der so rundum, so zum Bersten mit Folgerungen angefüllt war, daß man ihn nicht übersehen konnte: »Viel Licht mag auch noch über den Ursprung des Menschen und seine Geschichte verbreitet werden.«[11]

Daß Tiere eine Evolution durchliefen und nicht von Gott von Anfang an in vollkommener Form erschaffen wurden, war schlimm genug. Es zerstörte die Vorstellung, daß die Dinge im wesentlichen so sind, wie sie immer waren. Das Wesen der Evolution war der Wandel – Darwins Abstammung mit Veränderung –, und Wandel war in der selbstzufriedenen Welt des viktorianischen England nichts Erstrebenswertes. Aber erst diese phänomenal einfache Idee, daß auch Menschen der Evolution unterworfen sind, daß sie ebenfalls zur Natur gehören, machte Darwins Arbeiten zum Eröffnungsscharmützel eines Krieges. Damals konnte man nicht ohne weiteres vorhersehen, daß derselbe Krieg auf wechselnden Schauplätzen bis heute ausgefochten wird, ohne daß es Anzeichen für ein Abflauen gäbe.

Ausgelöst wurde der Krieg, weil Darwins Evolutionslehre mit erstaunlicher Kraft Sinn schaffen konnte und eine Art geordneter Vernunft in das Chaos des Lebendigen brachte. Darwins Idee ließ es vielen wie Schuppen von den Augen fallen: Sie *erklärte*, was jeder überall beobachten konnte, wenn er nur genau genug hinsah.

Das Leben, so Darwins optimistische Annahme, wird immer besser, immer vollkommener. Die natürliche Selektion war eine Art Fortschrittsmaschine, die alles in jeder Hinsicht immer weiter verbesserte – ein wunderbarer Anklang an Voltaires Figur Dr. Pangloss, der voller Freude behauptete: »In dieser besten aller Welten... ist alles für den besten.«[12]

Aber in der Kraft der Theorie lag auch ihre zerstörerische Energie. Darwins Hypothese tat der Welt, wie sie in England vor 1859 existierte, brutale Gewalt an. Sie brachte die althergebrachte Sichtweise zu Fall, wonach der Mensch etwas Besonderes sei, abgegrenzt von den bestialischen Geschöpfen der Erde;

sie verband uns mit allen Lebensformen und stellte eine Kontinuität und Einheitlichkeit her, die gleichzeitg atemberaubend und erschreckend war; sie betonte das Körperliche und ließ für Moral, Intellekt und Seele nur noch spärliche Grundlagen; sie machte das Leben, wie Darwin und alle anderen es gekannt hatten, zunichte. Sie leugnete – so glaubte man jedenfalls – die Lehre der christlichen Kirche, jenen unausgesprochenen Unterbau der englischen Gesellschaft des 19. Jahrhunderts. Ein verlorenes Paradies, in der Tat.

Oder vielleicht hatte es das Paradies nie gegeben. Die viktorianische Gesellschaft war (wie alle anderen) ein uneinheitliches Flickwerk aus Glaubenssätzen und Praktiken, insbesondere wenn sie auf Menschen angewandt wurden. Diener und einfache Arbeiter behandelte man als Untermenschen, man ließ sie an Krankheiten, Verzweiflung, Armut und abscheulichen Lebensbedingungen leiden. Selbst die gesellschaftliche Zustimmung für jene, die gute Werke taten und die Armen ernährten, galt der Ausübung von *Nächstenliebe* durch moralisch und finanziell Überlegene und nicht der Tatsache, daß die Empfänger Menschen waren und Menschenrechte besaßen. Die Bewohner anderer Nationen, die man fälschlicherweise oft für andere *Rassen* hielt, waren in ihrem Menschsein noch zweifelhafter.

Besonders deutlich zeigte sich dieser Konflikt zwischen dem gefühlvollen Ideal der Menschlichkeit und der unbarmherzigen Realität an einem tragischen Vorfall, der in England zu einem neuntägigen Schrecken wurde. Wenige Tage bevor Darwins Worte den Großangriff auf die christlichen Glaubenssätze einläuteten, richtete der Feuerländer Jemmy Button, ein Reisegefährte Darwins von der *Beagle*, unter christlichen Missionaren ein Blutbad an.

Die Geschichte von Jemmy Button und seinen Landsleuten Fuegia Basket, York Minster und Boat Memory zeigt beispielhaft, wie der Engländer des 19. Jahrhunderts das Menschsein (oder sein Fehlen) bei den verschiedenen Rassen betrachtete.[13] Jemmy Button und die anderen gehörten zu den Yahgan oder

Alacaluf, zwei Stämmen von Jägern und Sammlern, die an der Küste Feuerlands an der Südspitze Südamerikas ein kümmerliches Leben fristeten. Diese vier Indios, die schon auf einer früheren Reise als der Darwins auf die *Beagle* getroffen waren, waren von Kapitän FitzRoy im Schnellverfahren von ihren Familien getrennt und nach England gebracht worden. Ursprünglich hatte FitzRoy die beiden erwachsenen Männer, York Minster und Boat Memory, nach zahlreichen Diebstählen und Überfällen als Geiseln gefangengenommen. Die etwa neunjährige Fuegia Basket war offenbar von ihren Eltern verstoßen worden, und Jemmy Button, ein Junge, kam freiwillig und aus Neugier auf das Schiff. Schon bald entschloß sich FitzRoy, sie als Kuriositäten mit nach England zu nehmen – eine undenkbare Handlungsweise, wenn er sie für fühlende Menschen wie sich selbst gehalten hätte. Die Entscheidung, diese Menschen gefangenzunehmen, stand offenbar auf der gleichen Stufe mit dem Einsammeln des Schädels von einem exotischen Eingeborenen, über dessen anatomische Besonderheiten man dann vor einer wissenschaftlichen Gesellschaft in London einen gelehrten Vortrag hielt – eine beliebte Betätigung jener Zeit, die von Leuten, die in die Wildnis gereist waren, mit wenig wissenschaftlicher Strenge oder Methodik betrieben wurde. Die Kenntnisse über die Vielfalt der Menschen waren wie das Eingeständnis der Vielfalt des Menschseins in einem wirklich primitiven und ungeordneten Zustand.

Wenn diese Indios erst einmal Englisch sprachen und die Wunder der zivilisierten Welt gesehen hatten, dann, so FitzRoys Hoffnung, würden sie in ihre heimatliche Umgebung zurückkehren und einen lebhaften, einträglichen Handel in Gang setzen. Seine willkürliche Entführung war weder ein Einzelfall noch wirkte sie schockierend. Einer der vier Indios starb an Pocken, und die anderen lernten nur wenige englische Brocken. Drei Jahre nachdem sie Feuerland verlassen hatten, kehrten Jemmy, Fuegia und York zusammen mit Darwin auf der *Beagle* zurück, begleitet von Richard Matthews, ihrem englischen Betreuer, der eine Mission gründen wollte. Als die *Beagle* nach neun Tagen zum Nachsehen kam, war Matthews von der Wildheit der Menschen, unter die er sich begeben hatte, so entsetzt, daß er um sein Leben fürchtete; er bat darum, wieder an Bord genommen zu werden.

Sein Gefühl von drohender Gefahr war vermutlich richtig. Etwa 20 Jahre später, im November 1859, ermordeten Jemmy und mehrere hundert Yahgans während eines Gottesdienstes brutal eine Gruppe englischer Missionare. Der Anschlag war der Endpunkt mehrmonatiger klassischer interkultureller Mißverständnisse und Konflikte. Er ereignete sich geographisch eine halbe Weltreise von England entfernt, aber was das Verhalten anging, lagen Jahrhunderte dazwischen. Als die Nachricht von dem entsetztlichen Blutbad in Südamerika dem schockierten viktorianischen England zu Ohren kam, war die Moral klar. Darwin mochte behaupten, die Menschen hätten eine Evolution durchgemacht, aber hier war der Beweis, daß es sich bei so primitiven Kreaturen wie Jemmy kaum um Menschen handelte. Er trug noch die Bestie in sich.

Darwin hatte die dazwischenliegenden 20 Jahre gebraucht, um den Mut zu finden, seine tödlichen, ketzerischen Ideen öffentlich zu äußern – und auch danach ging er unter dem Vorwand unbestimmter Krankheitssymptome öffentlichen Veranstaltungen und Diskussionen aus dem Weg, auf denen man ihn, wie er genau wußte, angreifen würde. Daß er es so lange wie möglich vermied, seine Ansichten an die Öffentlichkeit zu bringen, kann man ihm nicht vorwerfen. Sie waren unausgegoren, als er 1836 von der Reise mit der *Beagle* zurückkehrte und 1837 ein Notizbuch über das »Artenproblem« anlegte. Auf der Grundlage seiner Reisebeobachtungen ging er daran, seine Theorie aufzubauen, und in den Umrissen war sie 1839 im wesentlichen fertig. Bis 1844 führte er mit Freunden endlose Gespräche und Korrespondenzen über diese Gedanken; in einem Aufsatz, den er an Gray und später auch an Hooker schickte, hatte er sie sogar ziemlich deutlich skizziert.

Angesichts seiner weinerlichen Klagen über Krankheit und Unwohlsein – sie sind nicht nur in unzähligen Briefen festgehalten, sondern auch in einem »Gesundheitstagebuch«, das er fünfeinhalb Jahre lang führte – ist man gern geneigt, die Verzögerung seinem schlechten körperlichen Zustand zuzuschreiben, aber die Tatsachen zeigen, daß diese Erklärung nicht zutrifft. Die Ideen selbst waren es, die heranwachsende Theorie, die ihn wie eine Medusa in Stein verwandelten und jahrelang lähmten.

Anfangs hatte er über die Lebensweise der verschiedenen Geschöpfe und ihre Naturgeschichte nachgedacht; als er dann anfing, den großen Gesamtplan zu betrachten, schien es zuerst eine zu gewaltige Vision zu sein, ein Schema, das man nicht auf einmal begreifen konnte – die Theorie schien zu kompliziert zum Erklären. Zwar sah er sie annähernd so klar, daß er sie niederschreiben konnte, aber die Einzelheiten quälten ihn und bereiteten ihm schlaflose Nächte.

Obwohl er sich seinen eigenen Behauptungen zufolge von 1839 bis 1859 vorwiegend mit der Entstehung der Arten beschäftigte, war er nicht in der Lage, eine einleuchtende, gründliche Erklärung seiner Ideen fertigzustellen. Dafür schaffte er es aber in diesen Jahren, unzählige Artikel und fünf wichtige Bücher über ganz andere Themen zu schreiben und zu veröffentlichen. Die Bücher waren der Bericht über seine Reise mit der *Beagle*, eine ganz neue Theorie über Struktur und Entstehung von Korallenriffen, zwei ehrgeizige Werke mit den Titeln *Geology of Volcanic Islands* und *Geology of South America*, und eine umfangreiche Abhandlung über Rankenfüßer. Diese Fruchtbarkeit mit anderen Werken riecht geradezu nach Vermeidung und Selbstschutz.

Darwin ahnte, welcher Hader ihm bevorstand, und seine eigenen Schwächen kannte er besser als jeder andere; deshalb versuchte er, eine überwältigende Menge unangreifbarer Argumente aufzuhäufen. Er vergrub sich in unverfängliche Kleinigkeiten und konzentrierte seinen Blick wie ein Kurzsichtiger auf winzige Einzelheiten und Beobachtungen. Ein Musterbeispiel war seine Studie über die Rankenfüßer, eine ganz offenkundige Abkehr von seiner Hauptinteressenrichtung, die er ausdrücklich zu dem Zweck unternahm, sich Anerkennung in der biologischen Systematik (der Wissenschaft von der Einteilung der Lebewesen) zu verschaffen. Er hoffte, diese Leistung werde die Anerkennung seiner Theorie über die Entstehung der Arten erleichtern.[14]

Zu der Untersuchung der Rankenfüßer kam es ungefähr so: Darwin hatte 1845 an Hooker geschrieben und über ein Buch über das Artenproblem berichtet, das Frederic Gerard, ein Spezialist für botanische Themen, verfaßt hatte. Hooker hielt nichts von Gerard: »Ich bin nicht geneigt, jemandem etwas abzunehmen, der das Thema wie er behandelt und nicht weiß, was es heißt, ein wirklicher Naturforscher zu sein.«[15] Viel mehr Glaubwürdigkeit gestand Hooker denjenigen Wissenschaftlern zu, die gute, solide systematische Untersuchungen durchgeführt hatten.

Die unausgesprochene Kritik traf Darwin hart, denn er konnte keine solchen Studien vorweisen. Eine Zeitlang hatte er versucht, Hooker dazu zu bewegen, daß dieser seine eigenen Interessen so lange beiseite ließ, bis er den Entwurf von *The Origin of Species* von 1844 gelesen hatte. Darwin, der ständig an sich selbst zweifelte, dürfte geahnt haben, daß Hooker sich die Zeit nicht nehmen würde, weil er Darwins Ideen weder für begründet noch für interessant hielt. Hooker hatte sogar zuvor schon Lamarcks Vorstellungen von der Wandelbarkeit der Arten als »Quatsch«[16] bezeichnet, und deshalb schien kaum eine Aussicht zu bestehen, daß er Darwins Arbeit wohlwollend aufnehmen würde. Schob Hooker die Beschäftigung mit Darwins Ideen unendlich hinaus, weil er es vermeiden wollte, seinen freundlichen und bemühten Freund zu kritisieren? Vielleicht. Jedenfalls fühlte Darwin sich schnell angesprochen, wenn Hooker auf andere einhackte, weil sie sich mit dem weitgefaßten Problem der Arten beschäftigten, ohne auch nur über eine einzige Gruppe von Lebewesen im einzelnen Bescheid zu wissen.

»Wie schmerzlich (für mich) ist Ihre Bemerkung, daß niemand das Recht hat, die Frage der Arten zu untersuchen, der nicht viele von ihnen [selbst] beschrieben hat«, schrieb Darwin zerknirscht, und gleichzeitig gelobte er, sofort eine solche Studie anzustellen. Hooker protestierte, seine Bemerkungen hätten sich nicht auf Darwin bezogen, der als Naturforscher über beträchtliche Erfahrung verfügte. Aber bei Darwin hatte der Hieb gesessen: »Alles, was Sie so freundlich über meine Untersuchungen an den Arten sagen, ändert kein Jota an meiner seit langem selbst erkannten Vermessenheit, Tatsachen und Spekulationen über die Variationen zu sammeln, ohne daß ich selbst meinen gerechten Anteil an der Bearbeitung der Arten geleistet habe.« Und er fügte noch eine weitere schuldbewußte, selbstanklägerische Bemerkung hinzu: »Aber seit nunmehr neun Jahren war es für mich irgendwie das größte Vergnügen.«[17]

Einen Monat später war Darwin wenigstens soweit wieder im Gleichgewicht, daß er an seinem Buch über die Arten weiterarbeiten konnte. »Ich hoffe«, so schrieb er an Hooker, »ich werde im kommenden Sommer meine südamerikanische Geologie fertigstellen; dann noch ein bißchen Zoologie, und dann, hurra, meine Arbeit über die Arten, in der ich nach aller Regel und Wahrscheinlichkeit steckenbleiben und im Morast versinken werde.«[18] Aber das »bißchen Zoologie« – die Studie über die Rankenfüßer – erwies sich als weitschweifiger Umweg, der ihn viel mehr aufhielt als der prophezeite Morast.

Von 1846 an beschäftigte Darwin sich acht Jahre lang mit Rankenfüßern. Es wurde zu einer so gewaltigen Aufgabe, die ihn völlig mit Beschlag belegte, daß eines seiner Kinder über den Vater eines Freundes gefragt haben soll: »Und wann macht Mr.... seine Rankenfüßer?«[19] Es war wie eine Ironie des Schicksals: Nachdem Darwin schon vier Jahre – Jahre, die von schweren Depressionen und noch schlechterer Gesundheit als sonst geprägt waren – an seinem »bißchen Zoologie« gearbeitet hatte, schaffte Hooker es endlich, seinen Entwurf von 1844 für die Theorie der Arten zu lesen. In einem Brief erkundigte er sich nach den Fortschritten auf diesem Gebiet und nicht bei den Rankenfüßern, über die er in jüngster Zeit so viel gehört hatte. In seiner Antwort schimpft Darwin: »Nebenbei, Sie sagen in Ihrem Brief, Sie interessierten sich mehr für meine Arbeit über die Arten als für die Rankenfüßer; das ist nun wirklich nicht nett von Ihnen, denn ich erkläre Ihnen, Ihre entschiedene Zustimmung zu der schlichten Arbeit über die Rankenfüßer im Gegensatz zu den theoretischen Überlegungen über die Arten hatte großen Einfluß auf meinen Entschluß, mit den ersteren fortzufahren und die Schrift über die Arten hintanzustellen.«[20]

Obwohl die Rankenfüßer ihn ausfüllten, hatte Darwin genug von den anhänglichen Geschöpfen, bevor sie aus seinem Leben verschwanden. Als 1852 gerade die ersten Bände seiner Monographie erschienen, schrieb er an seinen Cousin William Darwin Fox: »Ich hasse die Rankenfüßer wie noch niemand zuvor, nicht einmal ein Seemann in einem langsamen Schiff.«[21] Dennoch erwarb er sich mit den Büchern über die Rankenfüßer den Ruf eines soliden Wissenschaftlers und eine höchst willkommene Medaille von der Royal Society. Nachdem das erreicht war, sollte man eigentlich annehmen, daß das langsamste Schiff von allen, Darwin selbst, nun volle Segel in Richtung des Artenproblems setzte. Aber soweit war es immer noch nicht.

Noch mehrere Jahre lang sprach und sprach Darwin über seine Artentheorie, wobei er sich für ihre Unklarheit und Unfertigkeit entschuldigte. Diese Gewohnheit, seine Arbeit fortzusetzen, ohne jemals genau seine Ansichten zu formulieren oder das Ganze als Einheit darzustellen, muß selbst für seine engsten Freunde und Vertrauten nervtötend gewesen sein – manchen von ihnen lag er schon seit 15 Jahren mit seiner notleidenden Theorie in den Ohren. Natürlich milderten Darwins begeisterter Charme, seine Freundlichkeit und seine wunderbar kindliche Freude über neue Tatsachen oder Ideen ganz erheblich den Ärger, den andere über seine Langsamkeit empfunden haben müssen.

Und doch äußerte sogar der große Geologe Charles Lyell eine gewisse Ungeduld mit Darwins Widerwillen, *damit voranzukommen*. Nach einem Besuch im Hause Darwin schrieb Lyell

1856: »Ich wünschte, Sie würden ein paar kleine Teile Ihrer Daten veröffentlichen, die Trümpfe, wenn Sie wollen, aber heraus mit der Theorie – sie soll sich festsetzen und zitiert und verstanden werden.«[22]

Am Ende überwand Darwin seine zögerliche Haltung durch eine unvorhergesehene Wendung der Ereignisse; eine wesentliche Rolle spielte dabei Alfred Russel Wallace, ein autodidaktisch ausgebildeter Naturforscher, dessen Leben vom Mangel ebenso geprägt war wie das Darwins von Annehmlichkeiten.[23] Während Darwin seine bevorzugte Ausbildung zum größten Teil vergeudet hatte, war Wallace in den wenigen Schuljahren, die seine Familie sich mit Mühe hatte leisten können, äußerst wißbegierig gewesen. Nachdem er mit 14 Jahren in die Lehre gekommen war, hatte Wallace eine Reihe schlecht bezahlter Berufe gehabt und ein paar Schillinge zusammengekratzt, um sich hier und da ein Buch zu kaufen oder einen Vortrag zu besuchen. Er war zum größten Teil ein Autodidakt, der sich nie des Luxus von Darwins Universitätserfahrungen erfreuen würde, beispielsweise von Adam Sedgwick, dem berühmten Geologen, angeleitet zu werden oder mit J. S. Henslow, dem Botaniker aus Cambridge, spazierenzugehen.

Nach Jahren des Sparens und des Selbstunterrichts wandte Wallace 1848 die Ersparnisse seines ganzen Lebens – 100 Pfund (in dieser Größenordnung lag Darwins privates Jahreseinkommen) – auf, um eine Reise mit der H. M. S. *Mischief* zum Amazonas zu finanzieren. Wallace und sein Freund Henry Bates hatten vor, Fundstücke für Museen im In- und Ausland zu sammeln und davon den Rest ihrer Ausgaben sowie vielleicht einen Gewinn zu erwirtschaften. Leider zahlten sich ihre Abenteuer und Entbehrungen kaum aus, denn das Schiff sank auf der Rückreise. Wallace überlebte mit ein paar durchnäßten Habseligkeiten, die er gerade noch retten konnte, den Funden, die er bereits nach Hause geschickt hatte, und etwas Geld von der Versicherung, denn sein Agent hatte die Sammlung vorsorglich versichert.

Unerschrocken veröffentlichte Wallace, soviel er konnte, und schon bald schiffte er sich zur nächsten naturgeschichtlichen Reise ein, diesmal zum Malaiischen Archipel und nach Südostasien. Als er dort gerade am Malariafieber litt, kam ihm die Vorstellung vom Überleben des Geeignetsten als Mechanismus von Anpassung und Evolution in den Sinn. Er war wie Darwin von den Schriften Malthus' beeinflußt, der darauf hingewiesen hatte, daß jede Spezies weit mehr Nachkommen hervorbringt, als vermutlich überleben können. Wallace erkannte nun, daß der Geeignetste überlebt – die natürliche Selektion würde die Individuen mit vorteilhafter Anpassung begünstigen und alle, denen sie fehlte, erbarmungslos ausmerzen. So konnten Arten sich ändern; so konnte Evolution stattfinden. Wallace brachte seine Ideen an zwei aufeinanderfolgenden Abenden in fieberhafter Eile zu Papier und entschloß sich, sie an Darwin zu schicken, mit dem er eine unregelmäßige Korrespondenz führte. Darwin war nett zu ihm gewesen und hatte ihn mit Achtung und Freundlichkeit behandelt, obwohl Wallace weit vom eng verwobenen Gespinst der wissenschaftlichen Gemeinschaft Großbritanniens entfernt war.

Wallace machte sich eigentlich nicht klar, daß er eine Briefbombe abschickte, die Darwins Verzögerungstaktik zerreißen würde. Das Schreiben brauchte lange vier Monate, bis es von Ternate auf den Molukken nach Down House gelangt war; es enthielt ein Manuskript mit dem Titel »On the Tendency of Varieties to Depart Indefinitely from the Original Type« (»Über die Neigung der Varietäten, unbegrenzt vom ursprünglichen Typus abzuweichen«). Nachdem Darwin im Juni 1858 das Schriftstück geöffnet hatte, waren seine vornehme Selbstzufriedenheit und sein stets gefährdetes Gefühl des Wohlbefindens zerschmettert.

Wallace, der weit von zu Hause weg war – und selbst wenn er zu Hause war, war er weit von den wohlerzogenen und wohlhabenden Kreisen der exklusiven wissenschaftlichen Gesellschaften Londons entfernt –, hatte den Aufsatz arglos an Darwin geschickt, um ihn nach seiner Meinung zu fragen. Er bat, die Schrift an Lyell (einen der einflußreichsten und bekanntesten Wissenschaftler jener Zeit) weiterzuleiten, falls Darwin sie für gut genug hielt. Als dieser Wallaces unverblümte Prosa gelesen hatte, kam ihm die schreckliche Erkenntnis, daß dieser Mann das gleiche gesehen hatte und zu der gleichen Theorie gelangt war, die auch ihm im Kopf herumspukte und vor der er all die Jahre lang die Augen verschlossen hatte. Ein früherer Artikel von Wallace, der 1855 erschienen war, hatte gezeigt, daß er Darwin dicht auf den Fersen war; allerdings hatte kaum jemand in Londons wissenschaftlichen Kreisen Wallaces Arbeiten große Beachtung geschenkt, vielleicht weil er ziemlich unbekannt und dort mit Sicherheit ein Außenseiter war. Jetzt war es geschehen: Ein anderer hatte genau die Beobachtungen zu Papier gebracht, die Darwin schon lange in seinem Inneren mit sich herumtrug.

Wallaces neuer Aufsatz, der im Juni 1858 eintraf, löste in Darwin ein wildes Durcheinander aus – Konkurrenzdenken, Bewußtwerdung, Eifersucht, Ehrgefühl, Stolz, Selbstkritik, Egoismus und Altruismus prallten aufeinander und machten Darwin krank, schwach und schlichtweg verzweifelt. Verschlimmert wurde das Ganze durch eine echte Gesundheitskrise in der Familie, die diesmal nicht Darwin, sondern seine Kinder betraf. Mitte Juni brach eine schreckliche Scharlachepidemie aus und bedrohte alle seine geliebten Nachkömmlinge. Zwei von ihnen erkrankten, und innerhalb eines Monats war der jüngste, ein geistig zurückgeblieber Junge, tot. Bis zum Spätsommer ereilte das gleiche Schicksal fünf andere Kinder im Dorf und ein Kindermädchen der Darwins. In einer Familie, die ohnehin zur Hysterie neigte und seelische Schmerzen gern in körperliche ummünzte, konnte es keine verheerendere Kombination geben als eine wirklich tödliche Krankheit und eine schwere wissenschaftliche Krise.

Wie immer wandte er sich an seine Freunde. Sein ganzes Leben lang suchte Darwin die ständige Rückversicherung und Zustimmung durch andere. In seinen Briefen bettelte er geradezu um Aufmerksamkeit und Lob, und doch schickte er – um sich die schreckliche Möglichkeit der Zurückweisung zu ersparen – seinen Diskussionsbeiträgen häufig Selbstvorwürfe voraus; so bemerkt er zum Beispiel, seine Vorstellungen seien »Blödsinn«[24], der »wie ein leerer Bovist explodieren« könne.[25] Jetzt, in der schlimmsten Notlage seiner wissenschaftlichen Laufbahn, lieferte Darwin sich in einer Reihe von Briefen, die ein klares Bild von seinem inneren Aufruhr zeichnen, den Händen von Hooker und Lyell aus.

An Lyell schrieb er am 18. Juni 1858: »Vor etwa einem Jahr empfahlen Sie mir, einen Aufsatz von Wallace zu lesen ... Er hat mir heute das Beigeschlossene geschickt und mich gebeten, es an Sie weiterzugeben ... Ihre Worte sind ganz und gar wahr geworden – daß mir jemand zuvorkommen wird.«

Nachdem Darwin das bedrohliche Thema zur Sprache gebracht hatte, erinnerte er Lyell ängstlich an seinen (Darwins) Anspruch auf die Ideen in Wallaces Artikel. Er fährt fort: »Sie sagten dies, als ich Ihnen hier sehr kurz meine Ansichten über die ›natürliche Selektion‹ erklärte, die von dem Kampf ums Dasein abhängt. Ich habe nie ein verblüffenderes Zusammentreffen erlebt; hätte Wallace meinen 1842 geschriebenen Manuskriptentwurf gelesen, er hätte keine bessere kurze Zusammenfassung schreiben können!« Hier finden wir einen interessanten Schreibfehler, denn Darwin schrieb seinen Entwurf 1844 und bezeichnet ihn auch fast immer mit dieser Zahl (unter anderem mit einer Bemerkung in einem Brief, den er etwa eine Woche später an Lyell schrieb). Wahrscheinlich war seine große Sorge um das Urheberrecht die Ursache, daß er in dem ersten, dringlichen Brief von seiner sonstigen Gewohnheit abwich.

Er fährt fort: »Bitte senden Sie mir ... [Wallaces] Manuskript zurück; er sagt nicht, daß ich es veröffentlichen soll, aber ich werde natürlich sofort schreiben und es an irgendeine Zeitschrift schicken.« Nervös schließt er: »Also wird alle meine Originalität, was sie auch bedeuten mag, zunichte gemacht sein, aber mein Buch, wenn es überhaupt einen Wert haben wird« – ein unfreundlicher Kritiker hätte an dieser Stelle einfügen können *wenn es jemals geschrieben wird* – »wird nicht an Wert verlieren; alle Mühe liegt nämlich in der Anwendung der Theorie.«[26]

Eine Woche später schrieb Darwin noch einmal; er flehte seinen Freund an, ihm einen ehrenvollen Ausweg aus dem Dilemma zu nennen. Wieder erinnert er Lyell an sein (Darwins) Recht des Ersten. Und wieder schwankt er zwischen Verzweiflung – er droht, das Buch, das noch gar nicht in faßbarer Form existiert, zu verbrennen – und Hoffnung. »Ich wäre sehr froh, wenn ich jetzt eine Skizze meiner allgemeinen Ansicht auf etwa einem Dutzend Seiten veröffentlichen könnte«, schreibt er, obwohl er zwei Jahre zuvor genau diesen Rat von Lyell verworfen hatte. »[Aber] ich kann nicht sagen, ob eine Veröffentlichung jetzt nicht niederträchtig und schäbig wäre.« Er bat Lyell, den Brief und seine Antwort an Hooker zu schicken. »Denn dann habe ich die Meinung meiner beiden besten und nettesten Freunde ... es ist eine geschmacklose Affäre ... ich werde Sie und Hooker nie wieder mit dem Thema belästigen.«[27]

Aber sosehr Darwin es auch versuchte, er konnte die Angelegenheit nicht ruhen lassen. Am nächsten Tag schrieb er wieder an Lyell und stellte seinen eigenen Ansprüchen seine Erkenntnis gegenüber, daß Wallace entrüstet sein könnte – wenn Darwins Ideen jetzt veröffentlicht wurden, konnte Wallace ohne weiteres glauben, Darwin hätte seine Offenheit und seinen guten Willen mißbraucht. Dennoch, so Darwin, »erscheint es mir unbillig, daß ich gezwungen sein soll, meine viele Jahre alte Priorität aufzugeben, aber ich kann überhaupt nicht sicher sein, daß dies die Gerechtigkeit des Falles verändert. Der erste Eindruck ist meist richtig, und ich dachte als erstes, es wäre unehrenhaft von mir, jetzt zu publizieren.«[28]

An Hooker schrieb er am 29. Juni den letzten und aufschlußreichsten Brief. Er beginnt: »Ich habe gerade Ihren Brief gelesen und erfahre, daß Sie die Artikel sofort haben wollen. Ich bin ganz erschöpft und kann nichts tun, aber ich schicke den von

Wallace und eine Zusammenfassung meines Briefes an Asa Gray … ich wage auch zu sagen, es ist zu spät. Ich kümmere mich kaum darum.«

Der letzte Satz ist offenkundig nicht wahr; er wurde sicher hinzugefügt, damit Hooker sich weniger schuldig fühlte, wenn er Darwin enttäuschte und ihm schrieb, er könne unter diesen Umständen nicht publizieren. Darwin fährt fort, wobei er die Bande der Freundschaft und des gegenseitigen Respekts unterstreicht: »Aber Sie sind zu großzügig, daß Sie soviel Zeit und Freundlichkeit opfern. Es ist höchst großzügig und höchst freundlich. Ich schicke Ihnen meinen Entwurf von 1844 nur, damit Sie an Ihrer eigenen Handschrift sehen können, daß Sie ihn gelesen haben.«

Wieder wird Darwins Unsicherheit deutlich. Hooker war von Darwin in den vierziger Jahren jahrelang bekniet worden, den Entwurf zu lesen, und als er es tat, interessierte er sich sehr dafür. Es war also höchst unwahrscheinlich, daß Hooker das Schriftstück vergessen hatte – oder daß er Darwin beschuldigen würde, er habe es gerade erst aufgeschrieben und mit einem falschen Datum versehen.

In den abschließenden Zeilen geht es mit Darwins Stimmung auf und ab wie auf einer Achterbahn. Er schwankt wild zwischen Angst und ehrgeiziger Hoffung hin und her. Kein Wunder, daß sein Magen revoltierte.

»Ich ertrage es wirklich nicht mehr, es anzusehen. Verschwenden Sie nicht soviel Zeit. Es ist schäbig von mir, mich um die Priorität zu sorgen.

Das Inhaltsverzeichnis wird zeigen, was es ist.

Ich würde einen ähnlichen, aber kürzeren und genaueren Entwurf für das ›Linnaean Journal‹ schreiben.

Ich werde alles tun [‚was Sie vorschlagen]. Gott segne Sie, mein lieber netter Freund.

Ich kann nicht mehr schreiben.«[29]

Als Reaktion auf Darwins Verzweiflung und im Einklang mit ihrem eigenen Moralgefühl schlugen Lyell und Hooker vor, sowohl Wallaces Artikel als auch Darwins Entwurf von 1844 und zusätzlich einen Brief Darwins an Asa Gray von 1857 auf einer Tagung der Linnaean Society vorzustellen. Darwin war entzückt; das Schriftstück wurde in Rekordzeit am 1. Juli fertiggestellt, unmittelbar nachdem Darwins gequälter Brief bei Hooker eingetroffen war. Vielleicht in dem Versuch, die Priorität zu wahren, vielleicht auch einfach wegen der alphabetischen Ordnung erschien Darwins Artikel zuerst.

Es war die perfekte Lösung, zumindest vom Standpunkt der Beteiligten aus. Wallace war begeistert, daß seine Ideen bei einer so berühmten Körperschaft vorgetragen wurden, und das unter der ausdrücklichen Schirmherrschaft so bedeutender Wissenschaftler wie Lyell und Hooker. Daß sein Artikel zusammen mit dem von Darwin erschien, kümmerte ihn offenbar kaum. Darwin war erleichtert, daß er ohne das moralische Schandmal, Wallace absichtlich ausgestochen zu haben, seinen Prioritätsanspruch wiedergewonnen hatte. Hooker und Lyell waren zufrieden über ihr salomonisches Urteil, das ihren Freund so säuberlich vor Verzweiflung oder Unehre bewahrt hatte. Und fairerweise sollte man auch sagen: Möglicherweise nahmen sie an, Darwin würde nach der allgemeinen Anerkennung der Priorität sein großes Buch nie fertigstellen. In diesem Fall könnte Wallace die Ausgestaltung der Theorie für sich beanspruchen, weil er sofort eine vollständigere Beschreibung geliefert hatte. Es sah kaum so aus, als würde die Schildkröte, die sich seit 20 Jahren mit dem Artenproblem herumschleppte, den Hasen schlagen, der in zwei Tagen einen vollständigen Aufsatz hingeworfen hatte.

Die beiden Artikel wurden auf seltsame, kunstvoll vorbereitete Weise präsentiert. Hooker und Lyell erklärten in ihren einführenden Bemerkungen die mißliche Situation und den Grund, warum die Arbeiten der Linnaean Society gemeinsam vorgelegt wurden. Dann wurden die Artikel vorgelesen (wobei keiner der

Autoren anwesend war). Anschließend gaben sie Kommentare ab, »mit denen sie den Anwesenden vor allem den Eindruck vermitteln wollten, man müsse das, was man gerade gehört habe, sorgfältig bedenken«, so Francis Darwin, Charles' Sohn und der Herausgeber seiner Briefe; Francis fügt hinzu: »Es gab aber nicht einmal den Hauch einer Diskussion.«[30]

Hooker beschrieb die Veranstaltung gegenüber Francis Darwin so:

»Das erwachte Interesse war stark, aber das Thema war zu neu und zu unklar, als daß die alte Schule sich in die Liste hätte eintragen lassen [d. h. sich als Militärrekruten gemeldet hätte], bevor sie sich bewaffnete. Nach der Versammlung wurde in quälender Spannung darüber gesprochen: Lyells Zustimmung und möglicherweise in geringem Umfang auch meine als die seines Sekundanten in der Angelegenheit, schüchterte vielleicht diejenigen Kollegen ein, die sonst gegen die Doktrin Sturm gelaufen wären. Außerdem hatten wir den Vorteil, daß wir mit den Autoren und ihrem Thema vertraut waren.«[31]

Es war ein glänzendes Manöver, das Darwins alte Freunde da ausgeführt hatten. Aber ihr Segen konnte die Reaktion der Öffentlichkeit nur hinauszögern; sie völlig zu unterdrücken, konnten sie nicht hoffen. In England war die Wissenschaft und insbesondere die Naturforschung so wenig formalisiert und organisiert (es gab zum Beispiel fast keine Professoren- oder Kuratorenstellen, die offiziell der Naturgeschichte gewidmet waren), daß selbst anerkannte Größen wie Hooker und Lyell nicht die Macht hatten, andere zu Anhängern ihrer Ideen zu machen. Es war eine Zeit, in der Diskussionen und Meinungsverschiedenheiten gediehen, was langfristig erfreuliche Folgen hatte, trotz des Ansehens und der Würde einiger Beteiligter. Natürlich beseitigte auch die unhierarchische Struktur der englischen Wissenschaft nicht das Klassensystem – das war einer der Gründe, warum Wallace, der auf der Grenze zwischen Arbeiter- und Mittelschicht stand, nie den Ruhm oder die Anerkennung des hochwohlgeborenen Darwin finden konnte.

Jetzt endlich begann Darwin mit der Arbeit an seinem Buch. Er war nur knapp der »Bestrafung«[32] für seine Eitelkeit und seinen Stolz entgangen, die darin bestanden hätte, daß man ihm die Anerkennung für seine langjährige Arbeit über das Artenproblem versagte. Er fing mit dem an, was er als »Zusammenfassung« seines Buches bezeichnete, und zwar auch dann noch, als es auf 400 bis 500 Seiten angewachsen war. Erstaunlicherweise war Darwin in der Lage, seine Gedanken unglaublich schnell zu sammeln und zusammenhängend zu Papier zu bringen. Sein Tagebuch vermerkt, daß er am 20. Juli 1858 mit der Zusammenfassung begann, drei Wochen daran arbeitete, dann eine Pause von einem Monat einlegte und anschließend die Arbeit wieder aufnahm. Ende März, nur acht Monate nachdem er angefangen hatte, war Darwin soweit, daß er das Manuskript an den Verleger John Murray schicken konnte.

Darwin, der das herrschende System meisterhaft zu nutzen wußte, hatte sich Lyells Hilfe gesichert, um den Weg zu ebnen. Lyell sprach schon mit Murray über das Buch, bevor Darwin es abgeschickt hatte. Wie es Darwins Art war, nahmen seine Zweifel, wie das Werk aufgenommen werden würde, kein Ende. Ängstlich schrieb er an Lyell:

»Würden Sie mir raten, Murray zu sagen, daß mein Buch nicht *unorthodoxer* ist, als das Thema es zwangsläufig erfordert. Daß ich nicht den Ursprung des Menschen erörtere. Daß ich keinerlei Diskussion über die Genesis anfange, usw., usw., und daß ich nur Tatsachen nenne und daraus Schlußfolgerungen ziehe, die mir gerechtfertigt erscheinen.
Oder sollte ich besser *nichts* zu Murray sagen und annehmen, daß er gegen diese unorthodoxe Haltung nichts einzuwenden hat, die in der Tat nicht größer ist als bei jeder geologischen Abhandlung, die der Genesis geradewegs zuwiderläuft.«[33]

Diese letzte Zeile ist eine kluge Anspielung auf die *Principles of Geology*, Lyells eigenes großes Werk, das ebenfalls als antibiblisch empfunden wurde. Aber in den über 20 Jahren, die zwischen Lyells Jugendwerk und Darwins großer Arbeit verstrichen waren, war Lyell in solchen Dingen viel vorsichtiger geworden. Zwar unterstützte er Darwin an vielen Wendepunkten, aber er zögerte lange, sich zu dessen Ideen über die Evolution öffentlich und in vollem Umfang zu bekennen. Man machte Witze über die Gefahr, daß Lyell von Darwins Vorstellungen »verdorben« werden könnte, aber in Wirklichkeit verletzte es Darwin, daß sein Freund sich mit seiner Zustimmung zurückhielt.

Murray sagte die Veröffentlichung vor allem auf Lyells Empfehlung hin zu, nachdem er nur die Kapitelüberschriften gesehen hatte. Darwin, der weiterhin sehr aufgeregt und besorgt war, erwiderte: »Nehme Ihr Angebot an. Aber ich fühle mich um Ihret- und meiner selbst willen verpflichtet, Ihnen klar und deutlich zu sagen, daß ich Sie ausdrücklich und vollständig von Ihrem Angebot entbinde, falls Sie nach Durchsicht von Teilen des Manuskripts der Auffassung sind, daß der Verkauf sich wahrscheinlich nicht lohnen wird.«[34]

In einem späteren Brief an Murray mischen sich Entschuldigung und Stolz:

»Ich sende Ihnen mit dieser Post die Titelseite (mit einigen Anmerkungen auf einem gesonderten Blatt) und die ersten drei Kapitel. Wenn Sie die Geduld haben, das ganze Kapitel I zu lesen, werden Sie eine zutreffende Vorstellung von der Bedeutung des ganzen Buches bekommen. Es mag Dünkel sein, aber ich glaube, das Thema wird die Öffentlichkeit interessieren, und ich bin sicher, daß die Ansichten originell sind. Wenn Sie anders darüber denken, muß ich meine Bitte wiederholen, daß es Ihnen freisteht, mein Werk abzulehnen; ich wäre dann zwar ein wenig enttäuscht, aber es würde mich in keiner Weise beleidigen.«[35]

Angesichts seiner Aufregung in der Angelegenheit mit der Linnaean Society kann man den letzten Satz nur als Höflichkeit verstehen, aber nicht als Wahrheit.

Als die Korrekturfahnen vorlagen, brachte Darwin an dem Text umfangreiche Überarbeitungen und Neuformulierungen an, wofür er sich bei Murray überschwenglich entschuldigte. Das Buch erschien am 24. November 1859, nur ein Jahr und vier Monate nach dem Vortrag bei der Linnaean Society. Darwin kümmerte sich sehr darum, daß Vorabexemplare an zahlreiche Wissenschaftler in England, Frankreich und den USA geschickt wurden, deren Meinung ihm besonders wichtig war. Jeder von ihnen erhielt einen persönlichen Brief; darin bat Darwin untertänig um faire Beurteilung, sorgfältiges Lesen und, wenn der Adressat die Zeit erübrigen könne, jede Art längerer, ausführlicher Kritik oder Vorschläge zu seinen Ideen, denn dies sei für ihn von besonderem Wert.

Auf diese Weise sorgte er hervorragend dafür, daß sein Buch die Aufmerksamkeit aller fand, die es anging. Man sprach sogar schon viel darüber, bevor es überhaupt offiziell erschien. Die gesamte Auflage von 1250 Exemplaren wurde zu Darwins großer Befriedigung schon am Erscheinungstag an die Buchhändler verkauft. Das verursachte ihm aber auch erhebliche Verblüffung. Da seine Gesundheit durch die Belastung zusammengebrochen war, befand sich Darwin »bei einer Wasserkur, bei der sich alle Nervenkraft auf die Haut richtet; ich kann vermutlich keine Kopfarbeit leisten, und deshalb muß ich nur die unbedingt notwendigen Korrekturen vornehmen«.[36]

Die lange Diskussion hatte begonnen. Fragen schossen durch die Luft wie Gewehrkugeln – zu gefährlich, als daß man sie hätte übergehen können, und zu zahlreich zum Ausweichen: Wer war der Mensch, und was bedeutete »Mensch« überhaupt? Woher kommen wir, und wer ist »wir«? Wie sind wir bis hierher gelangt, und wohin gehen wir? Diese Fragen qälen und verwunden uns noch heute.

So begann also die Evolutionstheorie: Als einfache Intuition hatte sie ihre Wurzeln in den ungezielten Beobachtungen eines wohlhabenden, uneinheitlich ausgebildeten jungen Mannes, der schockiert war, als er zum erstenmal die Welt jenseits der Grenzen des wohlgeordneten 19. Jahrhunderts kennenlernte. Es war ein harter, wunderbarer Zusammenstoß, der den Samen platzen ließ und den Keim einer großartigen Idee in Darwins Geist legte. Die Theorie der Evolution, die anfangs schmächtig und schwach war, gewann langsam an Stärke, bis sie nach 20 Jahren zu einer erkennbaren Form herangewachsen war. Allmählich wurde aus der knospenden Idee eine Überzeugung, die aufblühte, ob ihr nachlässiger Gärtner es nun wollte oder nicht, und 1859 mit dem Erscheinen von *The Origin of Species* ihre endgültige Form gefunden hatte.

Die Evolutionstheorie war keine erwünschte Idee, die absichtlich gepflanzt worden wäre und deren prächtiger Blüte man mit freudiger Erwartung entgegensah. Für Darwin war sie eine düstere, verwunschene Blume, die stechend nach Unordnung, Streit und vor allem nach Veränderung roch. Aber sie blühte.

2
Ein Mann, der sich verirrt hat

»Wie äußerst dumm von mir, daran nicht zu denken!«[1]

Als Thomas Henry Huxley *The Origin of Species* gelesen hatte, fand er Darwins Theorie erstaunlich naheliegend, obwohl er gegen frühere Versuche einer Evolutionstheorie eine Abneigung empfand und Robert Chambers' *Vestiges of Creation* einige Jahre zuvor handfest kritisiert hatte. Andere jedoch, vor allem diejenigen mit einem starken, strengen christlichen Glauben, sollten den Kampf gegen Darwins Ideen mit größerer Leidenschaft aufnehmen.

Darwin hatte jahrelang gegrübelt und sich Schritt für Schritt aus der Gesellschaft in die Ruhe von Down House zurückgezogen, bis Alfred Russel Wallace unabsichtlich die größte Krise in seinem Leben auslöste. Selbst ein wohlhabender, bescheidener, hypochondrischer Mann der Wissenschaft wie Darwin, mit vorzeitig gealtertem Benehmen und der scharfsinnigen Intelligenz eines jungen Mannes, konnte den Gedanken nicht ertragen, daß er seine Theorie an einen anderen verlieren sollte. Sie war Darwins Kind, auch wenn es vielleicht ein Bastard war, und er wollte nicht zusehen, wie Wallace seinen Namen daruntersetzte. Eifersucht und Stolz fegten die Skrupel hinweg, die Darwin 20 Jahre lang hatten zögern lassen, und in weniger als einem Jahr hatte er *The Origin of Species* fertiggestellt.

Aber es reichte nicht, das Buch nur zu veröffentlichen. Huxley war zwar aus der gutgemeinten und im wesentlichen harmlosen Verschwörung mit den Artikeln von Darwin und Wallace bei der Linnaean Society herausgehalten worden, aber er erwies sich als der Mann der Stunde. Der »Vater« der Evolutionstheorie mit seinem gemäßigten Temperament war selbst hoffnungslos unfähig, seine überraschende Schöpfung gegen den Hagel hitziger Einwände zu verteidigen, die seine Kraft auf die Probe stellen würden, und für Lyell und Hooker galt das gleiche. Lyell hatte eine gesicherte Positon inne und war eine unangreifbare Persönlichkeit, aber aus religiösen Gründen war er nicht bereit, sich ins Getümmel zu stürzen. Hooker eignete sich von seinem Wesen her ebenfalls nicht für diese Aufgabe. Huxley dagegen – schlagfertig, respektlos, klug, kampfeslustig, unkonventionell und ein verdammt guter Redner –, Huxley war genau derjenige, den Darwin brauchte.

Darwin wußte das und Huxley auch. Sie erkannten, daß sie sich gegenseitig brauchten, und schlossen ohne jede Diskussion ein Bündnis, welches das Überleben und Wachsen von Darwins Evolutionstheorie sichern würde. Sie ergänzten sich auf eine seltsame Weise.

»Darwin«, so schrieb Huxley 1851, »wäre zu allem fähig, wenn er bei guter Gesundheit wäre.«[2]

Huxley war gesund, aber ihm fehlte eine andere wesentliche Voraussetzung: »Hätte er Muße wie Sie und ich...«, schrieb Lyell an Darwin, »welche Stellung würde er dann bekleiden!«[3]

Und so wurden sie, der eine mit Muße, der andere mit Gesundheit, zusammen mehr, als sie einzeln waren. Sie waren ein seltsames Paar, das durch eine eigenartige Ehe zusammengehalten wurde, aber die Verbindung hatte etwas Zwangsläufiges, das sich nicht wegleugnen ließ. »Wenn ich Huxley bekehren kann, bin ich zufrieden«[4], schrieb Darwin an Hooker, kurz nachdem er ein Exemplar seines Buches mit einem typisch selbstverunglimpfenden Brief zusammengepackt und an Huxley geschickt hatte.

Für Huxley war das Buch »der Lichtblitz, der einem Mann, der sich in dunkler Nacht verirrt hat, plötzlich die Straße weist, die sicher in seine Richtung führt, ob sie ihn nun geradewegs nach Hause bringt oder nicht«.[5] Es war die große Theorie, nach der Huxley gesucht hatte, auch wenn er sich dieser Suche selbst nur verschwommen bewußt war; als er Darwins Worte las, wußte er, was er gefunden hatte und welche Rolle er spielen mußte.

Es war ein langer dunkler Weg gewesen, der Huxley zur Zusammenarbeit mit Darwin führte. Huxleys Persönlichkeit, sein Intellekt, ja in einem gewissen Sinn sein ganzes Leben war nur das Vorspiel zu ihrer Partnerschaft gewesen, denn Huxley war in allererster Linie ein Mensch, der bei Theorien gern das Unterste zuoberst kehrte.

Vielleicht war es einfach der Reiz harter geistiger Gymnastik; vielleicht auch der schiere Spaß am Unerwarteten oder sein Gefühl von Genuß beim Aufdecken der Wahrheit. Was auch die Ursache war, Huxley freute sich immer über eine überraschende Idee und ging einer guten Diskussion nie aus dem Weg, solange sie redlich und solide begründet war. Wenn sich eine Lieblingsidee – auch seine eigene – beim Nachbohren als nicht stichhaltig erwies, um so besser. Sein Erfolg gründete sich auf Klugheit, nicht auf Namen, Familie oder Glück, und wahrscheinlich war er deshalb nicht anfällig für Großspurigkeit, jene ansteckende Krankheit der Erfolgreichen.

Er war von Geburt an lebhaft und dunkeläugig, beides ein Erbe seiner geliebten Mutter. »Ich kann nichts dafür«, hatte sie üblicherweise verkündet, »es überkommt mich wie ein Blitz.«[6] Genauso war es auch bei ihrem Sohn; sein ganzes Leben lang war er schneller, aufmerksamer, geistreicher als die meisten anderen in seinem Umfeld.

Intelligenz war kein allgemein anerkannter Vorzug. Als Junge ging Huxley zwei unglückliche Jahre lang auf die Great Ealing School, eine angesehene Oberschule, an der sein Vater Oberlehrer war. Er hatte daran schlimme Erinnerungen. Zu jener Zeit folgten die englischen Oberschulen beim Rugby den neuen Ideen von Thomas Arnold, der Selbstvertrauen und Charakter stärken wollte. Die Lebensbedingungen waren spartanisch und unbequem; es herrschte ein strenges System von Aufsichtsschülern, was zu vielen Schikanen und Mißbrauch der jüngeren Schüler führte. Hoch geschätzt wurden hervorragende Leistungen im Mannschaftssport; man legte Wert auf gute, ehrliche Burschen ohne Empfindsamkeit und Grübelei, die nicht allzu neugierig waren.

Huxley war nicht nur als Sohn des Lehrers in einer mißlichen Situation, sondern er paßte außerdem überhaupt nicht in das gewünschte Schema. Von frühester Kindheit an zeigte er einen unstillbaren Wissensdurst, ein heftiges Bedürfnis nach Verstehen und einen aggressiven Drang, mehr zu wissen und schneller zu lernen als seine Kameraden. Das war an einer britischen Oberschule jener Zeit ein Rezept zum Unglücklichsein, und so kam es auch. Von 1835 an, als Huxley zehn Jahre alt war und sein Vater von der Schule zu einer Bank wechselte, erhielt er kaum noch formale Ausbildung.

Für ein anderes Kind hätte eine solche Veränderung einen steilen Abfall beim Lernen bedeutet. Für Huxley war die Freiheit, allein – oder zumindest nicht behindert durch pedantische, phantasielose Lehrer und unerzogene Klassenkameraden mit erwachendem Intellekt und zweifelhaften Fähigkeiten – lesen und Neues erkunden zu können, eine willkommene Erleichterung. Er las gierig – über Chemie, Physik, Geschichte, Anatomie, Naturgeschichte, Geologie und Philosophie. Er brachte sich selbst Sprachen bei (Französisch, Deutsch und Italienisch) und machte Experimente. Zur Heuernte ging er mit der Heugabel in der einen und einem Buch in der anderen Hand. Er wurde groß und schlank, bekam einen auffallend eckigen Unterkiefer und hatte einen angenehmen Gesichtsausdruck sowie eine hübsche Menge dichter, schwarzer Haare.

Obwohl Huxley weniger Jahre zur Schule gegangen war, als man vielleicht annimmt, litt er keinen Mangel an Lernmöglichkeiten und intellektueller Übung. Zwei Erfahrungen sollten sich als entscheidende Wendepunkte in seinem Lebenslauf erweisen.

Die eine bestand darin, daß Huxley das Christentum als Religion oder System von Glaubensgrundsätzen fallenließ, nicht aber als Sammlung von Moralregeln oder durch und durch viktorianische Vorliebe für Wahrheit, Ehre und Aufrichtigkeit – diese Grundsätze behielt er sein ganzes Leben lang bei. Die Familie Huxley und mit ihr auch Thomas ging pflichtbewußt zum Gottesdienst, und der Ortspfarrer war für den kleinen Jungen ein wichtiges Vorbild. In seiner *Autobiographie* erinnert sich Huxley, wie er sein Lätzchen nach hinten band, damit es der Tracht eines Geistlichen ähnelte, und den kichernden Küchenmädchen im Stil des Pfarrers eine todernste Predigt hielt. Aber allmählich wandelte sich seine Hingabe in Unglauben und Skepsis. Die Vorliebe der Kirche für Vertrauen, für Glauben ohne unterstützende Beweise, erschien Huxley mit seinem wachsenden Vertrauen zu Intellekt und Vernunft unerträglich. Als er ungefähr 25 war, betrachtete er sich nicht mehr als Christ; später prägte er für seine Weltanschauung den Begriff »Agnostizismus«. Er erklärte:

»Ich, ein Mann ohne einen Fetzen von einem Etikett, mit dem er sich bedecken könnte, kam nicht umhin, einige jener unguten Gefühle zu empfinden, die auch den legendären Fuchs beschlichen haben müssen, als er die Falle verlassen hatte, in der sein Schwanz zurückgeblieben war, und sich seinen normal verlängerten Kameraden zeigte. Also dachte ich nach, und dann erfand ich das, was ich für die geeignete Bezeichnung hielt: den ›Agnostiker‹. Sie fiel mir als naheliegendes Gegenstück zum ›Gnostiker‹ der Kirchengeschichte ein, der vorgab, er wisse so ungeheuer viel über die Dinge, die mir unbekannt waren.«[7]

Mit der Zeit wurde dieses Vertrauen in die Fähigkeit des Geistes, die Realität in den Griff zu bekommen – im Gegensatz zur blinden Unlogik des religiösen Vertrauens, das Glaube ohne Tatsachen erforderte –, so stark zu einem unverzichtbaren Teil von Huxleys Persönlichkeit, daß er es zusammen mit einem gewissen Hang zum Unkonventionellen in seiner Familie weitergab. Das zeigt sich nirgendwo so klar wie im Leben seiner Kinder. Viele

Jahre später war Huxleys Tochter Ethel – der einen Generation als »Drache« und der nächsten als »Großdrache« bekannt – die Matriarchin der Familie, der Pläne und beabsichtigte Eheschließungen praktisch zur Genehmigung vorgelegt wurden. Einmal nahm sie die zukünftige Verlobte eines Enkelsohns beiseite und fragte das Mädchen streng: »Sie heiraten in eine der großen Atheistenfamilien ein. Ich weiß, daß Sie jetzt auch Atheistin sind, aber werden Sie es bis an Ihr Lebensende bleiben können?«[8]

Daß Huxley schon in jungen Jahren nicht mehr durch orthodoxe christliche Glaubensgrundsätze belastet war, sollte sich für seine Anerkennung von Darwins Theorie als entscheidend erweisen. Ganz offenkundig blieben Huxley der moralische Zwiespalt und die tiefgreifenden religiösen Konflikte erspart, mit denen viele Wissenschaftler seiner Zeit zu kämpfen hatten. Wie konnte jemand, der an den biblischen Schöpfungsbericht glaubte, diesen Kernpunkt viktorianischer Gesellschaft zugunsten von Darwins ungezielter, selbsttätig wirkender *natürlicher* Selektion über Bord werfen, so überzeugend der Vergleich mit der von Menschen vorgenommenen Selektion auch sein mochte? Auf einer tieferen Ebene zeigte jedoch die Tatsache, daß Huxley schon früh die kirchliche Doktrin ablehnte und gleichzeitig das vorgeschriebene Alltagsverhalten eines christlichen Gentleman vollkommen akzeptierte, seine geistige Unabhängigkeit, seinen Willen, alle Glaubensgrundsätze – und seien sie auch noch so geheiligt – zu überprüfen und auf der Waage des Intellekts abzuwägen. Auch das sollte sich für seine zukünftige Rolle als wichtig erweisen.

Ungefähr zur gleichen Zeit, als Huxley sich von seinen religiösen Überzeugungen entfernte, geschah noch etwas anderes, das für ihn höchst bedeutsam war. Unter den unzähligen Themen, für die er sich interessierte, waren auch die menschliche Anatomie und die Medizin, nicht zuletzt weil zwei seiner Schwestern Ärzte geheiratet hatten, so daß solche Themen in den Unterhaltungen sicher oft vorkamen. Etwa mit 13 oder 14 Jahren wohnte Huxley einer Obduktion bei. Er überwand den ekligen Geruch und die lebendige Absurdität des Schneidens in einen toten menschlichen

Körper und blieb stundenlang dabei, fasziniert von dem körperlichen und intellektuellen Kontakt mit der Funktionsweise des Organismus. Vielleicht sah er nicht nur zu, sondern nahm auch selbst Sektionen vor; seine *Autobiographie* bleibt in diesem Punkt verschwommen.

Das Sezieren einer menschlichen Leiche ist eine Erfahrung, die fast jeden beim ersten Mal zutiefst entnervt und verwirrt; dieses tiefsitzende Unbehagen ist die Quelle des groben und scheinbar pietätlosen »schwarzen Humors«, für den die heutigen Medizinstudenten in den Anatomiesälen bekannt sind. Der Hinweis auf die Sterblichkeit und Vergänglichkeit des Menschen hat tiefgreifende Auswirkungen und regt gleichzeitig stark den Intellekt an. Es ist ein Erlebnis, das man nie mehr vergißt und das heute bei den Studenten häufig zu Alpträumen und moralischen Konflikten führt.

Aber die heutigen Medizinstudenten sind etliche Jahre älter als Huxley, der damals noch ein Jugendlicher war und das Erlebnis traumatisch empfand. Er verfiel in einen »seltsamen Zustand der Teilnahmslosigkeit«, eine Krankheit, die Huxley für die körperliche Folge einer Vergiftung hielt. Das war zu jener Zeit, als man Leichen noch nicht konservierte, eine durchaus plausible Hypothese, aber der psychische Schock trug sicher ebenfalls dazu bei. Huxleys Vater versuchte verzweifelt, seinen Sohn von dem raschen Gesundheitsverfall zu heilen, der auf den Tod hinzuführen schien, und schickte ihn zu Freunden ins ruhige Warwickshire. Huxley erzählte später:

»Ich erinnere mich noch, wie ich an dem hellen Frühlingsmorgen nach meiner Ankunft von meinem Bett ans Fenster taumelte und die Scheiben aufstieß. Das Leben schien auf den Schwingen der Brise zurückzukehren, und der schwache Geruch von Holzrauch, wie er frühmorgens über den Gutshof streicht, war für mich an jenem Tag so gut wie der süße Südwind über einem Veilchenbeet.«[9]

Er hatte sich für das Leben entschieden.

Eigentlich neigte Huxley zum Ingenieurberuf, aber sein Interesse daran, wie die Dinge funktionierten, richtete sich wieder einmal auf die Medizin, den Beruf seiner beiden Schwäger. Mit 16 Jahren ging Huxley zu einem Dr. Chandler in die Lehre, dessen Patienten arme Bewohner der Londoner Dockgebiete waren. Die Familie Huxley lebte zwar in etwas beengten Verhältnissen, aber in Chandlers Praxis lernte Huxley ein so erschreckendes Ausmaß von Verwahrlosung, Unwissenheit und Armut kennen, wie er es nie zuvor erlebt hatte und auch nie mehr vergessen sollte. Nach ein paar Monaten ging er als Helfer des Bruders seiner Lieblingsschwester Elizabeth Salt, der ebenfalls Arzt war, nach Regent's Park; jetzt hatte er mehr Zeit zum Studieren.

Obwohl er nur eine zweijährige formale Schulausbildung genossen hatte, erwog er, sich an der Londoner Universität einzuschreiben, und zu diesem Zweck besuchte er eine Vorlesungsreihe über Botanik.

»Eines Morgens [so erinnerte er sich später] beobachtete ich, wie ein Aushang aufgehängt wurde – eine Notiz über einen öffentlichen Wettbewerb um Medaillen usw., der (wenn ich mich recht erinnere) am 1. August stattfinden sollte. Es war ungefähr Ende Mai oder so etwas. Ich weiß noch, wie ich die Ankündigung lange ansah, und dann sagte jemand zu mir: ›Geh' doch hin und versuch's!‹ Ich lachte über die Idee, denn ich war noch sehr jung, und mein Wissen war höchst nebelhaft. Dennoch erwähnte ich die Angelegenheit [gegenüber John Salt], als ich nach Hause kam. Er riet mir ebenfalls, ich solle es versuchen, also entschloß ich mich, es zu tun.«[10]

Er gewann die Silbermedaille für Botanik der Apothekergesellschaft und ein Stipendium der Charing Cross Hospital Medical School für Studiengebühren, die seine Familie niemals hätte bezahlen können. Es war die erste von vielen Medaillen und Preisen, die Huxley während seiner Ausbildung noch erhalten sollte, denn er war von Natur aus begabt und besaß die Fähigkeit, sich gewaltig zu konzentrieren und sehr hart zu arbeiten, wenn ihn das Thema interessierte. Er verbrachte soviel Zeit am Fenster über ein Mikroskop gebeugt, daß seine Freunde ihn neckten und meinten, seine Silhouette eigne sich als Schild für ein ausgedachtes Wirtshaus namens »Kopf und Mikroskop«.[11] Im Rückblick auf seine Laufbahn sinnierte Huxley:

»Ich bin heute manchmal entsetzt, wenn ich daran denke, wie wenig ich jemals wußte oder mich darum kümmerte, Medizin als Heilkunst zu betrachten. Der einzige Teil meines Berufsweges, der mich wirklich und zutiefst interessierte, war die Physiologie, die Ingenieurkunst der lebenden Maschinen ... worum ich mich bemühte, war der Architekten- und Ingenieurteil der Angelegenheit, die Aufdeckung jenes wunderbar einheitlichen Plans in den vielen tausend verschiedenartigen lebenden Konstruktionen und die Abwandlungen ähnlicher Apparate, die verschiedenen Zwecken dienen sollen.«[12]

Es war eine neue, fruchtbare Art, Lebewesen zu betrachten. Mit 20 Jahren veröffentlichte Huxley seinen ersten wissenschaftlichen Aufsatz, sammelte Preise in Chemie, Anatomie und Physiologie und machte sein Examen an der Medical School. Nun stand er vor der Aufgabe, sich seinen Lebensunterhalt zu verdienen. Sich in eine Praxis einzukaufen kam nicht in Frage, und Stellen in der Forschung, die zudem noch dünn gesät waren, brachten nicht viel ein. Obwohl ihm die familiären Kontakte fehlten, die solche Übereinkünfte gewöhnlich erleichterten, entschloß er sich, in die Royal Navy einzutreten; er wagte es, unmittelbar an Sir William Burnett zu schreiben, den Generaldirektor des medizinischen Dienstes der Marine, führte seine Auszeichnungen an und bat um eine Anstellung. Er wurde zu einem Vorstellungsgespräch eingeladen, legte vor dem College of Surgeons eine Prüfung ab und wurde ordnungsgemäß zum Leutnant Huxley unter dem Kommando des Arktiserforschers,

Naturforschers und Chirurgen Sir John Richardson. Huxley erhielt unter ihm die Stelle des Assistenzarztes auf der H.M.S. *Rattlesnake*, die auf eine vierjährige Reise nach Australien, Neuguinea und den Pazifischen Inseln gehen sollte. Zu Huxleys Aufgaben gehörte es auch, dem Naturforscher des Schiffes, John MacGillvray, beim Sammeln und Untersuchen naturhistorischer Fundstücke zu assistieren.

Voller Glück schrieb er an seine Schwester Eliza:

»[Wir] sollen eine große Sammlung von Fundstücken anlegen und sie im Britischen Museum oder einem anderen öffentlichen Ort unterbringen; mit diesem Hauptziel im Blick steht es uns frei, nach Belieben zu sammeln und für uns zu arbeiten. Wenn mich nicht ein unvermittelter Anfall von Faulheit überkommt, werde ich mir eine solche Gelegenheit nicht entgehen lassen, da kannst du sicher sein.«[13]

Wie 15 Jahre zuvor Darwins Reise auf der *Beagle*, so sollten auch Huxleys Erlebnisse auf der *Rattlesnake* zur Grundlage seiner weiteren Laufbahn werden. Wie man an den Notizen in seinem Tagebuch eindeutig ablesen kann, hatte Huxley sich einen genauen Plan gemacht, wie er von dieser Gelegenheit profitieren wollte. Studien mit dem Ziel einer Systematik – das heißt die taxonomische Einordnung der Lebewesen – waren nicht nach seinem Geschmack, und sie wären ohne Vergleichssammlungen aus anderen Teilen der Welt auch kaum durchzuführen gewesen. Die biologische Systematik überließ man lieber denen, die sich in den Museen vergraben hatten. »Aber was ich kann und sie nicht«, fügte er glücklich hinzu, »und worin ich deshalb den Hauptwert meiner Stellung sehe: Ich kann 1. die ›Gewohnheiten‹ lebender Objekte beobachten, 2. die Art ihrer Entwicklung und Zeugung, 3. ihre Anatomie durch Sezieren frischer Exemplare, 4. ihre Histologie durch mikroskopische Beobachtung.«[14]

Seine Arbeitsbedingungen waren, gelinde gesagt, eine Herausforderung. Der fast 1,80 Meter große Huxley bewohnte eine enge Kabine auf einem der unteren Decks, die 2,10 mal 1,80 Meter maß und nur 1,45 Meter hoch war. Auf einem Tisch befestigte er ein Mikroskop, um im Dämmerlicht Fundstücke zu untersuchen, wobei er manchmal in knöcheltiefem Wasser stand. Sogar die Schmetterlingsnetze mußten er und MacGillvray provisorisch konstruieren, obwohl das Anlegen einer Sammlung ausdrücklich zu den Aufgaben der Reise gehörte.

Ihre Bitten um Nachschlagewerke hatte man bei der Admiralität höflich überhört. Die einzigen wissenschaftlichen Bücher an Bord waren deshalb seine hochgeschätzten Exemplare der Schriften des bekannten französischen Naturforschers Comte de Buffon. Für die Seeleute war das ein Anlaß, seine Fundstücke mit fröhlicher Toleranz als »Buffons« zu bezeichnen (wenn sie sie nicht über Bord warfen, weil sie stanken und im Weg standen). Zum Vergnügen hatte er ein italienisches Wörterbuch, einen Band Dante auf Italienisch und Carlyles *Sartor Resartus* und *Miscellanies* dabei; diese Werke »gehörten zu den wenigen Büchern, die teilweise von mir selbst und teilweise von den gewaltigen Schabenherden in meiner Kabine verschlungen wurden«, schrieb er.[15] Das Essen war einfach und eintönig, im Schiffszwieback saßen die Käfer, und die Tage zogen sich in die Länge.

Aber es machte ihm Spaß, wie Darwin die Reise auf der *Beagle* Spaß gemacht hatte. Bis hierher hatte Huxleys Leben ganz anders ausgesehen als das von Darwin, aber vielleicht führte die Tatsache, daß beide in jungen Jahren eine herrliche Reise gemacht hatten, für Huxley und Darwin zu einer Art gemeinsamer Erfahrung, die ihre spätere Verbindung besonders eng werden ließ.

Huxley richtete sich in den beengten Verhältnissen ein, lernte seine Tischkameraden schätzen, war entzückt von neuen Lebewesen und fremden Orten, und wurde zu einem Wissenschaftler und Künstler, der die Funde gleichermaßen wegen ihrer natürlichen Schönheit und aus wissenschaftlichem Interesse sammelte. Er sezierte die empfindlichen Geschöpfe aus dem Meer, die sie mit den Netzen einholten, und zeichnete ausgezeichnete, detailgenaue Darstellungen davon; lange und tiefschürfend dachte er über Lebensweise und Anatomie nach, angewiesen nur auf seinen Verstand, seine Augen und das Wissen, das er und MacGillvray in ihren Köpfen gespeichert hatten.

Noch bevor die Reise zu Ende war, reichte er per Post wissenschaftliche Aufsätze an Londoner Zeitschriften ein, aber enttäuschenderweise blieben die Reaktionen aus – offensichtlich nur wegen des unregelmäßigen Reiseplans der *Rattlesnake*. Als er nach England zurückkehrte, stellte er fest, daß zwei Artikel bereits erschienen waren, und ein dritter befand sich gerade zur Begutachtung bei der Linnaean Society. Seine wissenschaftliche Karriere war ins Rollen gekommen, aber das wußte er noch nicht. Noch wichtiger war etwas anderes: Er hatte sich in Henrietta Heathorn verliebt, eine reizende junge Frau, deren Familie 150 Kilometer von Sydney entfernt in der australischen Wildnis lebte; sie sollte seine Gattin und lebenslange Gefährtin werden.

Huxley war jung, dunkelhaarig, hübsch, selbstbewußt, romantisch, voller Lebensfreude, und ohne gute Aussichten, Frau und Familie zu ernähren. Im Jahr 1847, nachdem die beiden einander nur viermal begegnet waren, verlobten sie sich; in den folgenden Jahren sahen sie sich insgesamt vielleicht sechs Monate lang, da die *Rattlesnake* die Umgebung erkundete und immer wieder nach Sydney zurückkehrte. Am Ende hatte die geduldige Henrietta sieben Jahre gewartet, bevor sie endlich mit ihrem »Hal« getraut wurde. Obwohl die unsichere Zukunft, die lange Trennung und die kurze Bekanntschaft dagegen sprachen, sollte sich ihre Beziehung als höchst erfolgreich erweisen. Das Haus Huxley, voller Kinder, Katzen, Kunst und Bücher, hieß bei Freunden »glückliche Familie« – eine Anspielung auf ein Spiel der Kinder.

Als Huxley 1850 wieder in London war, beantragte er bei der Admiralität sowohl einen bezahlten Urlaub, um seine Arbeiten fertigzustellen, als auch Finanzmittel für ihre Veröffentlichung. Der Urlaub wurde bei halbem Sold bewilligt, aber was die Kosten für die Publikation anging, machte man ihm keinerlei Zusagen. Zunächst schien es, als seien Huxleys Bemühungen vom Erfolg gekrönt. In verblüffend schneller Folge wurde er in die Royal Society gewählt und für ihre Medaille vorgeschlagen (die er aber erst im folgenden Jahr, mit frühreifen 27 Jahren, erhalten sollte). Solche Anerkennung war für den jungen Mann etwas Berauschendes, und Huxley blühte mit dem Stipendium, dem Lob und der geistigen Anregung durch die Herren in den wissenschaftlichen Gesellschaften Londons geradezu auf – mit Größen wie dem Botaniker Joseph Hooker, dem Physiker John Tyndall, dem Philosophen Herbert Spencer und natürlich Charles Darwin, den er hoch schätzte. Huxley vervollkommnete seine Schreibfähigkeit und entwickelte einen scharfzüngigen, knappen Stil. Bald merkte er, daß das Schreiben ihm mehr einbringen konnte als der Dienst bei der Marine, aber noch immer verdiente er nicht soviel Geld, daß er Henrietta zu sich holen und heiraten konnte.

Im Januar 1854 wartete Huxley immer noch auf eine positive Entscheidung wegen der Veröffentlichung seiner Berichte von der *Rattlesnake* oder auf eine Beförderung – beides hatte man ihm bei seiner Einstellung als Anreiz in Aussicht gestellt. Sein Antrag auf Verlängerung des Urlaubs wurde mit dem Befehl beantwortet, sich in Portsmouth auf die *Illustrious* zu begeben, und das beinhaltete unausgesprochen auch die Aufforderung, seine Veröffentlichungsversuche aufzugeben. Huxley, der schier am Verzweifeln war, bediente sich wieder der ungewöhnlichen Taktik, die ihm schon einmal gute Dienste geleistet hatte: Er schrieb unmittelbar an den Marineminister und wies darauf hin, er habe weder die versprochene Beförderung noch die Unterstützung für die Veröffentlichung erhalten. »Angesichts der eindeutigen Zusage, die mir in der genannten Minute [seines ursprünglichen Einstellungsgesprächs] gegeben wurde, scheint die Einlösung für die Ehre Eurer Lordschaft von fast ebenso großer Bedeutung zu sein wie für meinen Vorteil.«[16]

Es war ein unverfrorener, derber Vorwurf, den kein Gentleman aus der Oberschicht (der übliche Typ des Offiziers) ausgesprochen hätte. Die Antwort war ein einmonatiges bedrohliches Schweigen, und dann folgte der knappe Befehl, sich wie zuvor angeordnet auf die *Illustrious* zu begeben oder den Dienst bei der Navy zu quittieren. Huxley, der sich im Recht glaubte, lehnte den Dienst auf dem neuen Schiff ab, solange in der Frage der Finanzierung seiner Veröffentlichung keine eindeutige Entscheidung getroffen wurde. Die Navy hatte an einer klaren Entscheidung jedoch kein Interesse und entledigte sich bald darauf des lästigen jungen Mannes. Jetzt ging es Huxley schlechter als je zuvor, abgesehen davon, daß es ihm freistand, eine neue Stellung anzunehmen, falls sich eine finden sollte.

Er schrieb ein paar Artikel, hielt öffentliche Vorträge und machte einfach weiter, während er auf eine Veränderung hoffte. Nachdem er eine große Geschicklichkeit im öffentlichen Reden erworben hatte – einer Aufgabe, die ihm früher als schreckliche Last erschienen war –, wurde er sogar, was wissenschaftliche Themen anging, bald als einer der brillantesten und scharfsinnigsten Redner seiner Zeit bekannt. Das oder auch die Zeit schien sein Glück zu wenden. Als erstes bekam er die Gelegenheit, eine Vorlesungsreihe an der Royal (oder Government) School of Mines zu halten, was in eine ständige Lehrtätigkeit und später in eine Professur für Naturgeschichte mündete. Dann bot man ihm eine Teilzeitbeschäftigung bei der Geological Survey und später eine weitere an der Abteilung für vergleichende Anatomie des St. Thomas Hospital an. Huxleys Ruf, den er sich allein durch harte Arbeit und Begabung erworben hatte und nicht im geringsten familiären Beziehungen verdankte, verbreitete sich. Schließlich tat sich die Royal Society, die keine Veröffentlichung eines Marineoffiziers unterstützen wollte, mit der Ray Society zusammen, und gemeinsam ermöglichten sie die Publikation von Huxleys Bericht über die Reise der *Rattlesnake*. Im Jahr 1855 war er endlich soweit, daß er heiraten konnte.

Huxleys Vorlesungen und Artikel sind von vorbildlicher logischer Klarheit: Aus einfachen Beobachtungen macht er aufschlußreiche Beispiele von weitreichender Bedeutung. Und dennoch gab es immer auch das spielerische Wesen, die Bereitschaft, über sich selbst zu lachen, und den Witz eines großzügigen Mannes, die hinter der Maske der vollendeten Ehrbarkeit und Seriosität hervorlugten. Es ist kein Wunder, daß Huxley mit dieser Kombination aus Scharfsinn und Humor in die Kreise der noblen Wissenschaftsliebhaber eindringen konnte, die den Angehörigen guter Mittelschichtfamilien in der Regel verschlossen blieben.

Im Jahr 1855 begann Huxley auch mit einer Vorlesungsreihe, die für jeden anderen Mann der Wissenschaft zu jener Zeit völlig ungewöhnlich gewesen wäre: Die Vorträge richteten sich an die arbeitenden Menschen, die man für uninteressiert, sprachlich unfähig und von Geburt an geistig beschränkt hielt. Nach seiner Überzeugung sollten und konnten einfache Menschen Wissenschaft verstehen, und wissenschaftliche Kenntnisse sollten ihr Leben erhellen. Die einfachen Leute in London waren für Huxleys »glorreiche, vollendete«[17] Vorträge ebenso empfänglich wie Studenten oder Akademikerkollegen. Er sprach vor einem 600köpfigen Publikum in Räumen, wo es nur Stehplätze gab, in Hörsälen mit Mechanikern, Kutschern, Gesellen aller Art und einfachen Arbeitern. Dabei entwickelte er die seltene Fähigkeit zu jener Gratwanderung, die weder in der Wahrheit noch in der Klarheit Kompromisse schließt. Er wurde zu einer Art Berühmtheit. Einmal gab ein Droschkenkutscher ihm das Fahrgeld mit den Worten zurück: »O nein, Professor. Ich hatte bei Ihrem Vortrag soviel Spaß und Profit, daß ich Ihnen kein Geld aus der Tasche ziehen kann – ich bin stolz, Sie gefahren zu haben, Sir!«[18]

Aber so war es nicht immer. Huxley selbst, stets geneigt, aus selbstzufriedenem Stolz – auch dem eigenen – die Luft abzulassen, berichtet über einen seiner ersten Auftritte als Redner:

»In meiner Anfangszeit als Redner hatte ich wenig Vertrauen in meine allgemeinen Fähigkeiten, aber auf eines war ich immer stolz, und zwar auf meine Klarheit. Einmal sprach ich vor einem großen, gemischten Publikum über das Gehirn, und ich merkte schon bald, daß mich niemand im Raum verstand. Schließlich sah ich das durch und durch aufmerksame Gesicht einer Zuhörerin, und dann tröstete ich mich damit, daß ich den Rest des Vortrags unmittelbar an sie richtete. Hinterher bestätigte sich mein Eindruck von ihrem Interesse, denn sie kam zu mir und bat mich, mir eine Frage zu einem Punkt stellen zu dürfen, den sie nicht ganz verstanden hatte. ›Natürlich‹, erwiderte ich. ›Nun, Professor‹, sagte sie, ›liegt das Kleinhirn innerhalb oder außerhalb des Schädels?‹«[19]

Die Art, wie hier der Stolz des Redners in sich zusammenfiel, war ein guter Wink, daß man das Publikum nicht falsch einschätzen darf – und Huxley vergaß diesen Vorfall nie.

Als kommender Star der Anatomie und Paläontologie, der darauf aus war, nebelhaft und langatmig redende, selbstzufriedene Wissenschaftler (aber auch sich selbst) aufs Korn zu nehmen, mußte Huxley wahrscheinlich zwangsläufig mit Richard Owen aneinandergeraten, dem »britischen Cuvier«. George Cuvier war ein berühmtes Genie der vergleichenden Anatomie im Frankreich des ausgehenden 18. und beginnenden 19. Jahrhunderts – ein Mann, der mit seinen umfassenden anatomischen Kenntnissen angeblich in der Lage war, ein vollständiges ausgestorbenes Tier anhand eines einzigen Knochens zu rekonstruieren. Wäre Cuvier noch am Leben gewesen, hätte er wahrscheinlich seine Witze darüber gemacht, daß man Owen mit seinem Namen belegte. Owen selbst tat das sicher, denn er war zweifellos davon überzeugt, daß er (Owen) der bessere von beiden war. Owen fühlte sich tatsächlich den meisten seiner Mitmenschen überlegen »und verbirgt auch nicht, daß er es weiß«, wie Huxley nach ihrer ersten Begegnung gequält anmerkte.[20]

Obwohl die Unterschiede zwischen den beiden in Temperament und Auftreten nicht größer hätten sein können, gab es seltsamerweise eine Reihe von Parallelen zwischen Huxley und dem zehn Jahre älteren Owen. Wie Huxley stammte auch Owen aus der Mittelschicht und war mit 16 Jahren bei einem Arzt in die Lehre gegangen, weil das Medizinstudium jenseits seiner finanziellen Möglichkeiten lag. Owens Lebensweg war wie der von Huxley stark durch das Sezieren von Leichen beeinflußt worden. Allerdings erinnert sich Owen an den Vorgang nicht mit der Empfindsamkeit und dem Schrecken wie Huxley. Im Gegenteil: Während Huxleys erste Reaktion auf die makabre, wenn auch unentbehrliche Tätigkeit des Sezierens menschlicher Körper darin bestand, daß er ernsthaft krank wurde, sprach Owen oft voller Begeisterung von den glücklichen Tagen seiner Jugend, als er die Leichen der Häftlinge seziert hatte, die im Gefängnis Lancaster Gaol gestorben waren.

Es muß eine entsetzliche Tätigkeit gewesen sein, denn sie vereinigte in sich den üblichen Schrecken des Sezierens (vermutlich in überfüllten und nicht gerade sauberen Räumen) mit der widerlichen Handhabung von Körpern, die fast immer schmutzig, verwahrlost und krank waren. Dennoch waren solche Autopsien vielleicht erträglicher, denn der Abschaum der Gesellschaft, den man ins Gefängnis steckte, bestand in den Augen der meisten viktorianischen Ehrenmänner kaum aus Menschen; emotional ähnelte das Ganze vielleicht eher der Untersuchung von Tieren als dem Sezieren von Mitmenschen. Jedenfalls war es bei allen Nachteilen eine glänzende und fast beispiellose Gelegenheit zum Lernen. Normale Medizinstudenten hatten in der viktorianischen Zeit vielleicht einmal im Jahr die Gelegenheit, bei einer Sektion zuzusehen, es sei denn, sie wollten Grabräuber bezahlen, die ihnen gestohlene Leichname lieferten.

Die Tätigkeit verschaffte Owen eine gewaltige Chance, die menschliche Anatomie kennenzulernen und zu verstehen; sogar seinen Sammeltrieb konnte er dabei befriedigen. In Owens Biographie findet sich eine Geschichte aus jener Zeit, die er unter dem Titel »der Kopf des Negers« oft bei gesellschaftlichen Anlässen zum besten gab:

»Mein Eifer und meine Geschicklichkeit als Assistent bei Sektionen hatten mir das selten ausgesprochene Lob des Doktors, unseres Lehrers, eingebracht. Ich hatte mir schon eine kleine anatomische Sammlung angelegt und meiner Reihe von Hunden und Katzen sowie den Skeletten von Mäusen und ähnlichem Kleinvieh einen menschlichen Schädel hinzugefügt. Zufällig fiel mir auch gerade an dem Tag, als ein farbiger Patient im Gefängniskrankenhaus gestorben war, eine Abhandlung über die ›Varietäten der menschlichen Rasse‹ in die Hände, die meine kraniologischen Sehnsüchte erheblich verstärkte. Die Untersuchung des Körpers war vorüber und die gerichtliche Untersuchung eilig vollzogen, da ließ ich ein wenig Silber in die Hand des alten Wärters gleiten, als wir den Raum verließen, und sagte ihm, ich würde ihn abends rufen müssen, um die Angelegenheit noch einmal genauer zu betrachten, bevor der Sarg endgültig zugeschraubt wurde...

[Nach einigen Stunden] machte ich mich mit einer kräftigen braunen Papiertüte ausgerüstet auf den Weg ... um mir mein Exemplar der äthiopischen Rasse zu sichern. Ich war dort inzwischen Stammgast und brauchte mich nicht mehr von einem Aufpasser begleiten zu lassen. Ich nahm Laterne und Schlüssel, öffnete jede Tür und jedes Tor, und verschloß sie pflichtschuldigst wieder, wenn ich hindurchgegangen war... Die Laterne machte gerade eben die düstere Stimmung der Zimmerflucht sichtbar, aber das nützte der bevorstehenden Aufgabe. Die verschiedenen Instrumente hatte man verständnisvoll liegen lassen; und als ich, die Tasche unter dem Mantel, durch die Türen zurückging, wurde die Andeutung, daß nun alles für die Beisetzung bereit sei, von dem alten Wärter mit einem klugen Nicken aufgenommen...

Sobald ich draußen war, eilte ich den Hügel hinunter; aber das Pflaster war mit einer dünnen Eisschicht bedeckt, mein Fuß glitt aus, und da mich der Mantel behinderte, verlor ich das Gleichgewicht und fiel mit einem Schlag hin, der den Kopf des Negers aus der Tasche schleuderte, so daß er auf der schlüpfrigen Straße steil bergab kullerte. Sobald ich meine Beine wieder in der Gewalt hatte, rannte ich verzweifelt hinterher, aber es war zu spät – ich konnte den Lauf der Dinge nicht mehr aufhalten. Ich sah, wie er gegenüber der Steigung gegen die Tür eines kleinen Hauses prallte, die daraufhin aufsprang und mich im gleichen Augenblick aufnahm, weil ich nicht in der Lage war, meinen Abwärtslauf zu bremsen. Ich hörte schrille Schreie und sah die schnelle Bewegung eines weiblichen Kleidungsstücks, das durch eine Tür im Inneren entwischte; das Zimmer war leer; der gruselige Kopf lag vor meinen Füßen. Ich packte ihn, steckte ihn unter meinen Mantel und zog mich zurück. Ich nehme an, ich habe die Tür hinter mir zugezogen, aber ich hörte nicht mehr auf zu laufen, bis ich das Sprechzimmer erreichte.«[21]

Es ist eine makabre Geschichte, gut erzählt und voller Atmosphäre, aber ihr fehlt zu sehr die Einfühlsamkeit, als daß man sie mögen könnte. Owens eingestandene Gier nach einem Skeletteil einer anderen Rasse unterstreicht nur, wie wenig wissenschaftliche Kenntnis er über die Variabilität der Menschen besaß.

Owen wurde ein aufgeblasener Mann, groß, aber ohne Würde, mit hervortretenden, weit aufgerissenen Augen und einem kräftigen Kinn. Seine Sprechweise war voller überlanger Worte und gewundener Phrasen, die mehr der Darstellung seiner Belesenheit als der Kommunikation dienten, und seinen Schreibstil charakterisierten andere als »bestenfalls betäubend schwerfällig und im schlimmsten Fall unverständlich«.[22] Was seine gesellschaftliche Stellung und seinen Beruf anging, war er überempfindlich, vielleicht weil er durch harte Arbeit aus der Mittelklasse aufgestiegen war.

Dennoch war Owen zweifellos produktiv, und er erfreute sich allgemein des Rufes, ein hochbegabter Anatom und Paläontologe zu sein. Aus dem Hunterian Museum des Royal College of Surgeons, das lange ein Durcheinander aus nicht beschrifteten Gläsern mit konserviertem Inhalt und nicht bestimmten Knochen war, machte er »die am schönsten geplante und am angenehmsten angeordnete Sammlung vielleicht in ganz Europa«.[23] Im Jahr 1856 ging er ans Britische Museum.

Leider war Owen kein liebenswerter Mensch. Nur wenige Kollegen betrachteten ihn als Freund, und viele verabscheuten ihn sogar rundheraus. Er war bekannt für bösartige Verleumdungen, die Vereinnahmung der Ideen anderer und seinen eifersüchtigen Ehrgeiz. Sogar der sanfte, freundliche Darwin, der im Zweifel immer an das Gute im anderen glaubte, mochte ihn nicht und ging ihm aus dem Weg, und in seiner Autobiographie beschreibt er Owen mit groben Worten.

Im gleichen Jahr, als Owen die Stellung am Britischen Museum antrat, verschaffte er sich die Erlaubnis, in dem Hörsaal der Royal School of Mines (Huxleys Institution) einen Kurs in Paläontologie abzuhalten. Es war ein seltsamer Schachzug, denn Owen hätte wahrscheinlich Zugang zu allen Hörsälen des Royal College of Surgeons und des Britischen Museums gehabt. Im folgenden Jahr ernannte Owen sich selbst in Churchills *Medical Dictionary* zum »Professor für Vergleichende Anatomie und Paläontologie, Government School of Mines«. Das war eine absichtliche Beleidigung Huxleys, der als Professor für Naturgeschichte an der School of Mines genau für die Themen zuständig war, für die Owen dort keinerlei Lehrauftrag besaß.

Es war der erste Schlag in einem akademischen Duell, das Huxley von nun an mit Begeisterung ausfocht. Er genoß es zum Beispiel, Owen Irrtümer und Ungenauigkeiten nachzuweisen, als dieser in einer Analyse den Schädel der Wirbeltiere nur als einen umgebildeten Wirbel bezeichnete oder als er fälschlicherweise anatomische Merkmale identifizierte, die angeblich Menschen und Menschenaffen unterschieden. Die Feindseligkeiten zwischen Huxley und Owen griffen schließlich auch auf andere Bereiche über, unter anderem auf Darwins Evolutionstheorie.

Wenn Huxley die Evolutionstheorie unterstützte, mußte

Owen dagegen sein. Huxley schloß sich den Darwin-Anhängern an und wußte dabei genau, was ihm bevorstand. Er schrieb an Darwin:

»Ich bin bereit, mich erforderlichenfalls zur Unterstützung des Kapitels IX [über die Unvollständigkeit der geologischen Urkunden als Erklärung für das Fehlen der Übergangsformen] und für die meisten Teile der Kapitel X, XI und XX [über die geologische Reihenfolge organischer Wesen und über die geographische Verbreitung der Lebewesen] einzusetzen; und das Kapitel XIII [über die Verwandtschaft organischer Wesen nach Morphologie, Embryologie und rudimentären Organen] enthält viel höchst Bewundernswertes, aber an einem oder zwei Punkten möchte ich einen Vorbehalt anbringen, bis ich alle Seiten der Frage gesehen habe.
Was die ersten vier Kapitel angeht [in denen Darwin Parallelen zwischen der Variation bei Haustieren und ›in der Natur‹ zieht und seine Ideen über den Kampf ums Dasein, die natürliche Selektion und das Überleben des Geeignetsten darlegt], so stimme ich voll und ganz mit den darin ausgeführten Prinzipien überein...
Ich vertraue Ihnen, daß Sie es sich nicht gestatten werden, sich nicht in irgendeiner Weise zu ekeln oder zu ärgern, wenn es zu dem erheblichen Mißbrauch und zu den falschen Darstellungen kommen wird, die Ihnen, wenn mich nicht alles täuscht, bevorstehen werden.
Ganz gewiß ist Ihnen der Dank aller denkenden Menschen sicher. Und was die Köter angeht, die bellen und jaulen werden, so müssen Sie sich daran erinnern, daß einige Ihrer Freunde in jedem Fall mit einem Ausmaß an Kampfesgeist ausgestattet sind (auch wenn Sie es oft gerügt haben), der Ihnen jetzt vielleicht gut zustatten kommt.
Ich wetze schon Schnabel und Klauen in freudiger Bereitschaft.«[24]

Wenn behauptet wird, daß Huxley Zweifel an verschiedenen Gesichtspunkten in Darwins Theorien anmeldete, dann stimmt das. Huxley hatte Befürchtungen und Vorbehalte, was die Wirkungsweise der natürlichen Selektion anging, denn er betrachtete sie noch nicht als soweit bewiesen, daß er voll und ganz zufrieden gewesen wäre. Als Empiriker, der aus der Laborarbeit kam, erkannte Huxley sofort: »Es gibt derzeit keine positiven Belege, daß aus einer Tiergruppe durch Variation und selektive Kreuzung eine andere Gruppe [d. h. eine neue Art] hervorgegangen ist, die auch nur im geringsten mit der ersten unfruchtbar gewesen wäre.«[25]

Darwin hatte eine etwas andere Einstellung zur Wissenschaft und deshalb auch andere Vorstellungen davon, was ein Beweis war. Er meinte:

»Diese Hypothese kann überprüft werden – und das erscheint mir die einzige gerechte und legitime Art, die ganze Frage zu behandeln –, indem man ausprobiert, ob sie mehrere große, unabhängige Klassen von Tatsachen erklärt, beispielsweise die geologische Reihenfolge der organischen Wesen, ihre Verteilung in früherer und heutiger Zeit, und ihre gegenseitigen Verwandtschaftsverhältnisse und Homologien. Wenn das Prinzip der natürlichen Selektion diese und andere große Tatsachenkomplexe erklären kann, sollte man es [als wahr] anerkennen.«[26]

Mit anderen Worten: Huxley suchte nach experimentellen Belegen, Darwin dagegen ging es um Erklärungsmöglichkeit und Plausibilität. Huxley wollte im Experiment *sehen*, wie eine neue Art entstand; er wollte Varianten durch Kreuzung erzeugen, streng selektionieren und so zeigen, daß zwei neue Arten entstanden, die untereinander nicht mehr fruchtbar waren. Darwin wollte einen hypothetischen Mechanismus zusammenstellen, mit dem er seine vielfältigen, verwirrenden Beobachtungen plausibel erklären konnte. Warum nimmt die Zahl der Tiere immer viel schneller zu als ihre Überlebensfähigkeit? Wie kommt es, daß es in einzelnen geographischen Regionen Gruppen von Arten gibt, die einander in großen Zügen ähnlich sehen? Wie läßt sich das langsame, aufeinanderfolgende Auftauchen neuer fossiler Arten in den geologischen Funden erklären? Und wie entsteht die Eignung, also die Anpassung eines Lebewesens an seinen Lebensraum und seine Lebensweise? Bei solch unterschiedlichen Grundansichten über das Wesen der Wissenschaft war es kein Wunder, daß Huxley gegenüber Darwins Arbeiten ein paar Vorbehalte hatte.

Aber wenn man die Meinungsverschiedenheiten betont, verschleiert man vielleicht den viel wichtigeren Punkt: Huxley setzte für *The Origin of Species* seine berufliche Laufbahn aufs Spiel. Er mochte mehr Beweise und zusätzliche experimentelle Befunde fordern, aber sein grundsätzliches öffentliches Eintreten für die Evolutionstheorie erlaubt keinen Zweifel daran, zu welcher Partei er gehörte. Die Evolutionstheorie war *seine* Theorie, sie gab seiner Welt einen Sinn und brachte grundlegende Naturgesetze ans Licht. Sie mochte das Kind eines anderen sein, das verstoßen und auf seiner Türschwelle abgelegt worden war, aber er war gewillt, es zu sich zu nehmen. Einen fürsorglicheren Vater als Huxley, der seinen Schützling leidenschaftlich unter seine Fittiche nahm, konnte man sich nicht vorstellen.

Huxleys Handlungen waren entschlossen und mehr als bloße Fürsorge. Er adoptierte die Theorie und zog sie groß, und anders als Darwin zeigte er, was in ihr steckte. Man könnte sogar behaupten, nicht nur Huxleys Geist, sondern auch seine Karriere habe unbewußt auf eine große Theorie gewartet, auf die sie sich stürzen konnten.

Bevor Huxley die *Entstehung der Arten* gelesen hatte, war er ein Mann von starkem Verstand und bewundernswerter Begabung gewesen, aber er hatte noch nicht den ausreichend gewichtigen Grund, die ausreichend bedeutsame Theorie gefunden, um sein Leben mit etwas Größerem zu beseelen. Seine zufällige Partnerschaft mit Darwin gab ihm beides, und sie bewirkte noch etwas anderes: Ihre Beziehung hauchte der Evolutionstheorie Leben ein, sie sicherte den Bestand dieser machtvollen und dennoch zerbrechlichen Idee in den gefährlichen Tagen ihrer Jugend, und sie wandte die Idee ihrem größten Gegenstand zu: der Menschheit.

3
Die Frage der Fragen für die Menschheit

Sowohl Huxley als auch Darwin wußten, welche Feindseligkeiten und Leidenschaften Darwins Theorie erwecken würde – und dann auch tatsächlich erweckte. Das Thema mit dem meisten Sprengstoff würde ohne Zweifel die Evolution der Menschen sein, obwohl Darwin es in seinem Manuskript fast völlig gemieden hatte. Stellung und Wert der Menschen wurden ohnehin in der Öffentlichkeit zunehmend zu einem Thema, denn die Europäer traten immer stärker dem Elend des in Afrika blühenden Sklavenhandels und der allmählichen schrecklichen Ausrottung der Aborigines in Australien entgegen – ganz zu schweigen von der Beinahe-Sklaverei der europäischen Straftäter, die für den Rest ihres Lebens in dieses unwirtliche Land transportiert wurden. Die Evolutionstheorie mußte unvermeidlich mit radikalen und umstrittenen Ideen in Verbindung gebracht werden, wie sie zum Beispiel die Sklavenbefreiungsbewegung oder die Gefängnisreformer vertraten. Konnte man das viktorianische England und die übrige Welt angesichts derart drängender moralischer Probleme davon überzeugen, daß Wissenschaft und Vernunft glanzvoller und tröstlicher waren als die hergebrachte Religion? Es war zumindest einen Versuch wert.

Darwin hatte sich auf seine eigene Art gewappnet. Zwanzig Jahre lang hatte er Daten gesammelt und Episode auf Episode, Beobachtung auf Beobachtung gehäuft, und alles schien seine Hypothese zu bestätigen. Der zurückhaltende, streitscheue Darwin hatte beim Schreiben des Buches so weit wie möglich versucht, sein umstrittenes geistiges Kind in einen dicken Schutzmantel aus leicht hinnehmbaren Tatsachen zu hüllen. Indirekt hatte er alle seine Freunde und viele Wissenschaftlerkollegen bearbeitet, sie sollten doch nicht schlecht von ihm denken, weil er die Idee von der Wandelbarkeit der Arten vertrat, sondern mit ihm ihre geschätzte Meinung über sein armes Geschöpf teilen.

Aber das reichte nicht. Zufällig hatte der Mann, der *The Origin of Species* für die *Times* rezensieren sollte, ein Mr. Lucas, von biologischen Fragen schlicht und ergreifend keine Ahnung – er war »von wissenschaftlichen Kenntnissen so unbeleckt wie ein neugeborenes Kind«, wie er selbst zugab.[1] Er bat Huxley, die Rezension als sein Ghostwriter zu schreiben, und Huxley sagte erfreut zu.[2] Eine weitere Rezension schrieb er für *The Westminster Review*. In beiden Fällen war der Schleier der Anonymität dünn bis zur Durchsichtigkeit. Dennoch waren es wichtige Präventivschläge, die Huxley die Gelegenheit boten, das Buch öffentlich zu unterstützen und dafür zu sorgen, daß jeder es lesen mußte.

»Diese höchst geniale Hypothese [gestand Huxley ein] versetzt uns in die Lage, eine Ursache für viele scheinbaren Anomalien in der räumlichen und zeitlichen Verteilung der Arten zu nennen, und daß sie den Haupterscheinungen von Leben und Organisation nicht widerspricht, scheint uns außer Frage zu stehen; bisher muß man einräumen, daß sie gegenüber allen ihren Vorläufern enorme Vorzüge aufweist.«[3]

Dann steckte er recht klug das Schlachtfeld ab, auf dem die Auseinandersetzung nach seiner Ansicht ausgefochten werden sollte. Was noch festzustellen blieb, war weder die Überzeugungskraft der Theorie noch die Existenz der »Ursachen der Abwandlung und der Selektionskraft, von der Mr. Darwin zufriedenstellend gezeigt hat, daß es sie in der Natur gibt«[4], sondern nur, ob Darwin die Wirksamkeit der natürlichen Selektion überschätzt hatte. Es war keine Frage des Ob, sondern nur eine Frage des Wieviel.

Die Rezension, die an herausragender Stelle erschien und glänzend formuliert war, sorgte dafür, daß man Darwins Ideen auf den Prüfstand stellen und nicht einfach totschweigen würde: »Und was sie auch tun«, schrieb Huxley in einem Brief an Hooker, »sie *werden* Darwin respektieren.«[5] Sicher, *The Origin of Species* hätte vermutlich auch ohne Huxleys Rezensionen eine Kontroverse ausgelöst. Durch Darwins Praxis, Vorabexemplare zu verteilen, war das Buch in ganz Großbritannien, Europa und Amerika verbreitet, und sein Thema war schon im voraus gut bekannt. In den Buchhandlungen stand es erstmals am 24. November 1859; die zweite Auflage mit Korrekturen und Ergänzungen erschien am 7. Januar 1860.

Kritik und Widerspruch ließen nach Huxleys Lob nicht lange auf sich warten. Sie kamen so schnell und waren in manchen Fällen so sachdienlich, daß nach der zweiten Auflage in kurzen Abständen mehrere weitere verbesserte und erweiterte Versionen erschienen. Nicht immer handelte es sich nur um kleine Veränderungen; Darwin schlug sich mit seiner alten Gewohnheit herum, unverblümte Behauptungen zur Klärung seiner Ansichten zu umgehen, und suchte statt dessen nach Möglichkeiten, sein Thema durch die Beschreibung unzähliger Beobachtungen auszudrücken. Außerdem versuchte er, den Kritikern zu antworten. Morse Peckham, ein Schüler Darwins, stellte fest: »Von den 3878 Sätzen der ersten Auflage wurden fast 3000, etwa 75 Prozent, jeweils ein- bis fünfmal umgeschrieben. Über 1500 Sätze wurden hinzugefügt, und von den ursprünglichen und diesen Sätzen wurden fast 325 gestrichen.«[6]

Wie nicht anders zu erwarten, schrieb Richard Owen, Huxleys alter Widersacher, eine besonders giftige Rezension über *The Origin of Species*. Sie erschien im April 1860 im *Edinburgh Review*. In einer einzigen Ausgabe der Zeitschrift schaffte er es, Darwins Buch, eine Vorlesung Huxleys und dann auch noch einige Arbeiten von Hooker zu verreißen. An Lyell, einen der wenigen Getreuen, die Owen beim Giftspritzen ausgespart hatte, schrieb Darwin:

»Ich habe gerade die Rezension im *Edinburgh Review* gelesen, zweifellos von Owen. Sie ist äußerst bösartig, schlau, und, so fürchte ich, schädlich. Er ist schrecklich scharf zu Huxley und sehr unfreundlich zu Hooker. Wir drei hatten also gemeinsam *das Vergnügen*. Ein wirkliches Vergnügen war es für mich aber nicht, denn es bereitete mir eine unangenehme Nacht; aber heute bin ich darüber hinweg... Es ist schmerzlich, in dem starken Maß gehaßt zu werden, wie Owen mich haßt.«[7]

In einem Brief an Hooker zu demselben Thema fügt er hinzu: »Um die Wahrheit zu sagen, bin ich sehr wütend über Owen – noch schlimmer als Huxley... aber ich werde nie seinen herzlichen Händedruck vergessen, während er über mich so gehässig schrieb, wie es ihm vermutlich überhaupt möglich war.«[8]

Was hatte Owen gesagt, daß Darwin so verwirrt war? Er hatte mit als Witz getarntem Sarkasmus geschrieben:

»Die wissenschaftliche Welt hat mit großem Interesse darauf gewartet zu erfahren, welche Tatsachen Mr. Darwin als angemessen erachten würde, um damit seine Theorie über diese wichtigste Frage der Biologie zu unterstützen, und welchen Verlauf die originellen Forschungen genommen haben, die am Ende Licht in dieses ›Geheimnis der Geheimnisse‹ [d. h. die Entstehung der Arten] bringen könnten. Aber nachdem ich damit bereits die Hauptsache oder sogar die Gesamtheit der Originalbeobachtungen zitiert habe, die der Autor in dem vor uns liegenden Band anführt, wird unsere Enttäuschung vielleicht verständlich. In Ermangelung solcher Beobachtungen, die nicht nur Überzeugung vermitteln, sondern der Hypothese auch Farbe verleihen könnten, bleibt uns nichts anderes übrig, als der überlegenen Begriffsfähigkeit des Geistes, der Stärke der Vernunft, der Klarheit und Genauigkeit von Gedanken und Ausdruck zu vertrauen, die einen Mann so weit über seine Zeitgenossen hinausheben, daß er aus dem gemeinsamen Bestand an Tatsachen, zufälligen Zusammentreffen, Beziehungen und Analogien der Naturge-

schichte tiefere und wahrere Schlußfolgerungen herauslesen kann, als es seinen Forscherkollegen gelungen ist.
Diese Erwartungen, so müssen wir gestehen, erhielten beim Lesen des allerersten Satzes in dem Buch einen Dämpfer.«[9]

Und so ging es weiter. Er machte sich über jede Formulierung Darwins lustig, mißverstand manche Aussagen absichtlich, um sie absurd erscheinen zu lassen, und zitierte andere zu dem gleichen Zweck wissentlich falsch. Während sich die Verteidiger um Huxley sammelten, strömten die Angreifer zu Owen.

Owens Rezension war natürlich nicht die einzige, in der Kritik geäußert wurde, bei weitem nicht. Adam Sedgwick, Darwins früherer Professor in Cambridge, war ebenso gegen die Idee von der Evolution eingestellt wie Owen. Er war vielleicht sogar noch mehr dagegen, weil er Darwins Geist an der Universität genährt hatte – und aus dem gleichen Grund war Darwin durch Sedgwicks Worte noch stärker verletzt:

»Ich kann nicht schließen [so schrieb Sedgwick im März 1860 im *Spectator*], ohne meine Abscheu gegenüber der Theorie zum Ausdruck zu bringen, und zwar wegen ihres unerschütterlichen Materialismus; – weil sie den Weg der Induktion verlassen hat, der als einziger zur physikalischen Wahrheit führt; – weil sie letzte Ursachen völlig leugnet und damit auf ein demoralisiertes Verständnisvermögen ihrer Fürsprecher hinweist. In einigen seltenen Fällen zeigt sie eine wunderbare Leichtgläubigkeit…
Aber jedes verblüffende und (angeblich) neue Paradoxon, das energisch und mit so etwas wie zwingender Plausibilität vertreten wird, erzeugt in manchen Gemütern eine Art lustvoller Erregung, die sie zu seinen Gunsten einnimmt; und wenn sie nicht an sorgfältiges Nachdenken gewöhnt sind und eine Abneigung gegen die Mühen genauer Untersuchung hegen, werden sie wahrscheinlich zu der Schlußfolgerung gelangen, alles, was (scheinbar) *originell* ist, müsse von einem originellen *Genie* hervorgebracht worden sein, und bei allem, was den herrschen-

den Vorstellungen widerspricht, müsse es sich um eine großartige *Entdeckung* handeln – kurz gesagt, alles, was aus den ›Tiefen des Guten‹ kommt, muß die Wahrheit sein, die angeblich dort verborgen liegt.«[10]

Energisch vertretene Paradoxa, lustvolle Erregung, wunderbare Leichtgläubigkeit und ein Mangel an sorgfältigem Nachdenken – das klingt ganz und gar nicht nach dem Darwin in mittleren Jahren aus dem Down House, der 20 Jahre gezögert hatte, seine Theorie zu veröffentlichen; der junge Darwin, den Sedgwick in Cambridge kennengelernt hatte, entsprach dieser Beschreibung vielleicht ein wenig eher. Man kann seine Worte tatsächlich so verstehen, als wollten sie nahelegen, Darwin habe sich gutgläubig von einem Scharlatan hereinlegen lassen, der ihm zweifelhafte Wissenschaft verkauft hatte.

Neben solchen vollmundigen Rezensionen war *The Origin of Species* auch der Anlaß für ganze Waschkörbe voller Leserbriefe an die Zeitungen, flammende Predigten (das Buch wurde zu einer Art Antibibel[11]), theologische Proteste von Naturwissenschaftlern und naturwissenschaftliche Proteste von Theologen, und – von einem kleinen Teil derer, die Darwins Theorie für richtig hielten – die Behauptung, die Idee sei schon früher von anderen (in der Regel vom Schreiber selbst) vorgetragen worden. Man verdammte Darwin wahlweise als Ketzer oder als Dummkopf, gratulierte ihm als stolzem Vater der Theorie, oder stürzte ihn mit (für ihn) unverständlicher Kritik in Verwirrung. Er war Gegenstand von Karikaturen und Glossen in den Zeitungen, und das ging so weit, daß man nicht von Affen sprechen konnte, ohne daß sofort Darwins Name genannt wurde; er war, kurz gesagt, ein Mann der Öffentlichkeit.

»Narren aus halb Europa schreiben mir und stellen die dümmsten Fragen«, murrte er,[12] wobei ihm vielleicht ironisch bewußt wurde, daß seine Briefe mit endlosen Fragen, die er während der Arbeit an dem Buch geschrieben hatte, auf einige Empfänger möglicherweise ähnlich gewirkt hatten. Das alles nagte letztlich natürlich an seiner Gesundheit, so daß er sich an dem Streit nur noch aus der Abgeschiedenheit von Down House heraus und aus der Entfernung beteiligte. Er hatte die Idee hervorgebracht; jetzt war sie das Problem der anderen.

Also fiel Huxley die Aufgabe zu, Darwins Ideen auf der berühmten Tagung der British Association for the Advancement of Science im Juni 1860 in Oxford zu vertreten. Es war genau der richtige Zeitpunkt: Seit *The Origin of Species* erschienen war, lagen gerade so viele Monate zurück, daß das Buch oder die darin geäußerten Ideen zum umstrittenen Gegenstand mehrerer Tagungssitzungen werden konnten. Der Kernpunkt des Streits, das war jetzt eindeutig klar, jener Angelpunkt, um den sich die Parteien drehten, war die Evolution des Menschen mit den theologischen Folgerungen, die sich daraus ergaben.

Die Tagungsbeiträge am Donnerstag, 28. Juni, brachten das Thema aufs Tapet. Dr. Charles Daubeny, Botanikprofessor aus Oxford, sprach über Sexualität bei Pflanzen und führte die botanischen und geologischen Beobachtungen seines ganzen Lebens zur Unterstützung von Darwins Theorie an. In der anschließenden Diskussion vermied Huxley jeden Kommentar, denn er ahnte, daß dies nicht das richtige Forum war. Der Präsident der Gesellschaft, Richard Owen, litt nicht unter solchen Empfindlichkeiten. Er setzte zu offener Kritik an *The Origin of Species* an und nannte eine bestimmte anatomische Struktur, den Hippocampus minor, der, wie er versicherte, im Gehirn des Menschen vorhanden war, nicht aber in dem des Gorillas. Der Hippocampus minor spreche also dagegen, daß der eine vom anderen abstamme. Huxley wußte aufgrund eigener Forschungsarbeiten sehr wohl, daß Owen in diesem Punkt unrecht hatte, und sprang auf, um eine »unmittelbare und uneingeschränkte Widerlegung«[13] von Owens Behauptung anzubieten. Dabei machte er deutlich, daß die Wahrheit bald durch entsprechende Veröffentlichungen nachgewiesen werden würde. Im Publikum gab es zwar nur wenige, die den Hippocampus minor kannten oder sich dafür interessierten, aber daß Huxley Owen herausforderte und daß Owen nicht mit Darwin übereinstimmte, war nicht zu übersehen.

Seinen Höhepunkt sollte der Streit am nächsten Tag mit der Rede von Samuel Wilberforce erreichen; der Bischof von Oxford war ein geistlicher Vertreter von Owens Ansicht und in diesem Fall sozusagen die Kirche in Menschengestalt. Wilberforce hatte bereits für die *Quarterly Review* eine kritische Analyse über *The Origin of Species* geschrieben. Im Gegensatz zu Owen war er jedoch ein wirkungsvoller, überzeugender Redner und eine angesehene Persönlichkeit des öffentlichen Lebens. Er war unter dem Spitznamen »Soapy Sam« (»seifiger Sam«) bekannt, nachdem der Kronanwalt Sir Richard Bethell einmal bemerkt hatte, Urteile von Bischöfen seien »ölig und seifig und deshalb schwer zu fassen«.[14] Der Bischof hatte vor, Darwins Theorie in der Sitzung am Samstagnachmittag niederzumachen. Der Vorwand für seine Rede war, wie sich offenbar allgemein herumgesprochen hatte, ein Vortrag des Amerikaners Dr. Draper über »die geistige Entwicklung Europas unter dem Gesichtspunkt der Ansichten von Mr. Darwin«.

Huxley, der von der langen Tagung ermüdet war und sich nach Ruhe und Frieden sehnte, war drauf und dran zu gehen, statt sich vor einem Publikum, das sicher stark mit Owen-Anhängern durchsetzt war, »bischöflich zermalmen« zu lassen.[15] Aber Robert Chambers, der Verfasser der recht nebelhaften und schlecht angesehenen *Vestiges of Creation* – das unklare Buch über Evolution war 1844 erschienen –, hielt Huxley auf der Straße auf und warf ihm »Fahnenflucht« vor. Also blieb Huxley und wohnte der schicksalsträchtigen Sitzung bei – und mit ihm so viele Zuhörer, daß man kurzfristig den Saal wechseln mußte, um alle unterzubringen.

Über 700 – nach manchen Berichten sogar 1000 – Laien und Frauen, Studenten, Geistliche und Wissenschaftler drängten sich in dem langen Raum auf der Westseite des Museums. Sie saßen auf Stühlen und in den Fensternischen oder standen, so gut es ging, in den Gängen. Die Sommersonne fiel durch die Fenster und beleuchtete die Diskussionsteilnehmer auf dem Podium. Karikaturen, die kurz darauf in der Zeitschrift *Spy* erschienen, zeigen den Gegensatz zwischen dem bulligen, alternden, rotgesichtigen Bischof in prächtigem Priesterornat und schneeweißem Leinenhemd und dem blassen, schlanken Huxley mit schwarzem Gehrock, pechschwarzen Haaren, langen Koteletten und einem Kneifer auf der Nase.

Der arme Draper leierte etwa eine Stunde lang, ohne viel Aufmerksamkeit zu finden, denn alles wartete ungeduldig auf die bevorstehende Explosion. Hitze und Spannung nahmen zu; die Geduld ging vor allem bei den ungestümen Studenten zu Ende. Schließlich war Drapers schier endloser Vortrag vorüber, und die Diskussion wurde eröffnet. Drei Leute meldeten sich zu Wort – oder versuchten es – und wurden innerhalb der ersten neun Minuten niedergeschrien. Schließlich reagierte der Bischof auf die Forderung nach seinen Äußerungen und begann huldvoll zu sprechen.

Es war eine wortreiche Rede, überzeugend, aber weitgehend ohne wissenschaftliche Substanz, und gut darauf berechnet, das Publikum zu gewinnen. Sie war schon wegen ihrer Unbestimmtheit schwer anzugreifen. Huxley saß da, hörte zu und wartete auf den Hauch einer Gelegenheit, den Fetzen eines handfesten Arguments, auf den er seine Erwiderung aufbauen konnte. Die zeitgenössischen Berichte über Wilberforces Vortrag gehen ein wenig auseinander, aber alle sagen übereinstimmend aus, daß er gegen Ende seiner Rede einen verhängnisvollen Fehler machte. An Huxley gewandt, der auf dem Podium neben Sir Benjamin Brodie, dem Präsidenten der Royal Society, saß, machte er eine hinterhältige und unverzeihliche Bemerkung: »Ich möchte Professor Huxley, der hier neben mir sitzt und mich in Stücke reißen wird, wenn ich mich gesetzt habe, fragen, wie es mit seinem Glauben an die Abstammung vom Affen steht. Hat er über die Seite seines Großvaters oder seiner Großmutter mit den Affen als Vorfahren zu tun?«[16]

Huxley schlug sich mit der Hand auf den Schenkel, wandte

sich an Brodie und rief aus: »Der Herr hat ihn mir in die Hand gegeben!«[17]

Wilberforce hatte mit seiner Boshaftigkeit eine eiserne Anstandsregel der viktorianischen Zeit verletzt. Kein Gentleman äußerte jemals unbegründete Verleumdungen über den Ruf einer Dame – und eine Dame war Huxleys Großmutter sicher gewesen. Es war zumindest eine vulgäre und taktlose Äußerung, insbesondere für einen Geistlichen. Aus ähnlichen Gründen wurde bei »beruflichen« Diskussionen nie der Name einer Dame ins Spiel gebracht. Diese Vorstellung, daß man Damen von der Alltagswelt abschließen müsse, äußerte sich am deutlichsten in dem militärischen Verbot, in der Messe den Namen einer Dame auszusprechen; tat man es, hatte man nicht nur eine Strafe zu gewärtigen, sondern auch die sofortige Mißbilligung der Kollegen. Wilberforce, vielleicht ein wenig benommen von seinem schönen Redefluß an diesem heißen Nachmittag, hatte sich mit der Erwähnung von Huxleys Großmutter selbst ein Bein gestellt.

Sofort nachdem der Bischof mit seiner Rede zu Ende war, erhob sich Huxley. John Richard Green, ein Student, der dem Streit beiwohnte, erinnert sich in einem Brief an Huxleys niederschmetternde Schlußbemerkungen:

»Ich behaupte, und ich wiederhole hiermit, daß ein Mensch sich nicht zu schämen braucht, wenn er einen Affen zum Großvater hat. Wenn es einen Urahnen gibt, bei dem ich Scham empfinde, wenn ich mich an ihn erinnere, dann ist das vielmehr ein *Mensch* von ruhelosem, vielseitigem Geist, der mit einem zweifelhaften Erfolg in seinem eigenen Tätigkeitsbereich nicht zufrieden ist und sich in wissenschaftliche Fragen einmischt, mit denen er eigentlich nicht vertraut ist, nur um sie durch ziellose Rhetorik zu verdunkeln und die Aufmerksamkeit seiner Zuhörer von den wichtigen zur Debatte stehenden Punkten abzulenken, indem er beredt abschweift und an religiöse Vorurteile appelliert.«[18]

Huxley überging die Beschimpfung seiner Großmutter völlig (oder er wollte darauf nicht antworten). Einen Augenblick lang herrschte betretenes Schweigen, aber dann taten die Zuhörer mit Applaus und Gelächter lautstark ihre Zustimmung kund.

Damit war das Ereignis aber noch keineswegs vorüber. Eine Zuhörerin reagierte auf die unheilvolle Spannung mit »einem Ausdruck, den wir nicht mehr kennen«[19], und fiel in Ohnmacht, so daß man sie aus dem Saal tragen mußte. Hooker fürchtete ein wenig, Huxleys tödlich ruhige Äußerung könne nicht bis zu allen in der Menge durchgedrungen sein, und erhob sich, um mit derben Worten darauf hinzuweisen, Wilberforce habe offenbar nicht die leiseste Ahnung von Botanik und sei offensichtlich mit Darwins Buch nicht vertraut. Admiral FitzRoy, Darwins früherer Kapitän auf der *Beagle*, stand auf, schwenkte ein Exemplar von *The Origin of Species* über dem Kopf und äußerte seinen Schmerz darüber, daß Darwin ein so unreligiöses Werk geschrieben habe. Zu seiner Rechtfertigung sagte er, er habe Darwin oft seine Ansichten vorgeworfen, die der biblischen Schöpfungsgeschichte widersprachen. Aber nach allen Zeitungsberichten und privaten Erzählungen gab es keinen Zweifel daran, daß Huxley die Schlacht für Darwin gewonnen hatte.

Darwin saß wie üblich krank und deprimiert zu Hause. Aber ein Brief von Hooker, der ihm das große Finale der Tagung bei der British Association beschrieb, munterte ihn hervorragend auf. Er schrieb an Hooker zurück:

»Es ging mir sehr schlecht, 48 Stunden lang fast ständig mit schweren Kopfschmerzen, und ich war so niedergedrückt, daß ich darüber nachdachte, was ich mir selbst und anderen für eine Last bin, als Ihr Brief kam... Ihre Freundlichkeit und Zuneigung rühren mich zu Tränen. Worte von Ruhm, Ehre, Freude, Wohlstand, alles ist Dreck im Vergleich zur Zuneigung... Ich bin erstaunt über Ihren Erfolg und Ihre Kühnheit... Ich habe in letzter Zeit so viele feindselige Ansichten gelesen, daß ich langsam schon dachte, ich sei völlig im Unrecht und Owen habe recht, wenn er meinte, die ganze Sache werde in zehn Jahren vergessen sein; aber wo ich nun höre, daß Sie und Huxley öffentlich kämpfen (was ich sicherlich niemals könnte), glaube ich ganz und gar, daß unsere Sache auf lange Sicht siegen wird.«[20]

Wie gut Darwin sich doch kannte und wußte, was er anderen verdankte! Zu Huxley scherzte er: »Wie konnten Sie es wagen, einen leibhaftigen Bischof so anzugreifen? Ich schäme mich für Sie! Haben Sie denn keinen Respekt vor Ärmeln aus feinem Batist? Donnerwetter, ich glaube, Sie haben es gut gemacht!«[21]

Die Scharmützel gingen weiter, und erst später stellte sich heraus, daß auf der Tagung in Oxford die Entscheidungsschlacht stattgefunden hatte. In den wissenschaftlichen Zeitschriften erschienen wunderbar verklausulierte Angriffe und Gegenangriffe über den Hippocampus minor und andere anatomische Einzelheiten von Menschen und Affen, mit denen Nichtfachleute kaum etwas anfangen konnten. (Die Kontroverse über den Hippocampus minor sollte sich sogar so sehr in die Länge ziehen – und klang für Laien so lächerlich –, daß Charles Kingsley sie in seinem Buch *Water Babies* satirisch aufs Korn nahm: Er sprach vom »Hippopotamus major«, den man angeblich im Kopf von Männern finden sollte.)

Aber vielleicht am interessantesten war, daß Huxley mit seinem üblichen Hang zur Erziehung des einfachen Mannes 1860 mit einer neuen Vortragsreihe begann; das Thema lautete »Die Beziehung des Menschen zu den niederen Tieren«. Die Vorträge und ein kleines Buch, das daraus hervorging – es trug den Titel *Evidence as to Man's Place in Nature* (»Hinweise auf den Platz des Menschen in der Natur«) und erschien 1863 – zeigte, was ein Mann von Huxleys Begabung mit Darwins Theorie anfangen konnte. Huxley drang sofort zum Kern der Sache vor – keine endlosen Anekdoten über Katzen mit sechs Zehen oder Hummeln oder seltsame Ergebnisse der Taubenzucht, kein schüchternes »Licht mag über den Ursprung des Menschen und seine Geschichte verbreitet werden«.[22] Nein. Er griff das umstrittenste und wichtigste Thema auf, stellte sich ihm von Angesicht zu Angesicht vor Hunderten von Zuhörern, die entsetzlich unhöflich sein konnten, wenn der Redner ihrer Ansicht nach Unsinn von sich gab.

Evidence as to Man's Place in Nature ist ein Juwel von einem Buch. »Wozu soll es gut sein, daß ich ein mächtig dickes Buch [*The Origin of Species*] schreibe, wenn alles in diesem kleinen grünen Bändchen von so jämmerlichem Umfang steht«, schrieb Darwin an Huxley,[23] nachdem er es gelesen hatte – im Scherz zwar, aber auch ein wenig eingeschnappt. »Im Namen von allem, was gut und schlecht ist, ich könnte ebensogut dichtmachen.« Wenn das Buch tatsächlich eine genaue Wiedergabe der Vorträge ist, müssen es phantastische Veranstaltungen gewesen sein. Beliebt waren sie sicher.

»Meine Arbeiter hängen wunderbar an mir«, schrieb Huxley an seine Frau; offenbar war er sich also bewußt, daß die Teilnehmerzahl bei einer Vortragsreihe immer geringer wird, wenn nicht jede einzelne Darstellung verständlich und fesselnd ist. »Der Saal war gestern abend voller als je zuvor. Nächsten Freitag habe ich sie alle davon überzeugt, daß sie Affen sind.«[24]

Als er 1862 in Edinburgh, einer Hochburg des kirchlichen Widerstandes gegen die Evolutionstheorie, Vorträge über das gleiche Thema hielt, erntete er so viel Begeisterung, daß das Publikum ebenso aus dem Häuschen gewesen sein soll wie bei einem Sieg über England im Fußball. Aber wer nicht teilgenommen hatte, war schockiert und entsetzt. Die *Witness*, eine Zeitung in Edinburgh, zeigte sich empört: Warum hatte das Institut in der Stadt Professor Huxley – »den Fürsprecher des schändlichsten und viehischsten Paradoxons, das in alter oder neuer Zeit unter Heiden und Christen jemals geäußert wurde« –, aufgefordert, öffentlich zu sprechen »und seine antibiblische und höchst verderbte Theorie über den Ursprung und die Verwandtschaft des Menschen zur Schau zu stellen«? Angesichts der freundlichen Reaktion des Publikums auf Huxleys Worte wunderte sich der Autor, daß »die Zuhörer am Ende des Vortrages sich nicht zu einer Gorilla-Emanzipazionsgesellschaft zusammenschlossen und nicht sofort Maßnahmen ergriffen, um ihre unglücklichen Brüder zu vermenschlichen und zu zivilisieren«.[25]

Sogar als Huxley die Vorträge veröffentlichte, enthielt das Thema noch Zündstoff. Später einnerte er sich so:

»›Magna est veritas et praevalebit!‹ Die Wahrheit ist groß, sicherlich, aber angesichts ihrer Größe ist es schon seltsam, wie lange sie braucht, um zu siegen. Als ich Ende 1862 mit dem Schreiben von ›Man's Place in Nature‹ fertig war, konnte ich guten Gewissens sagen, daß ich meine Schlußfolgerungen nicht ›hastig gezogen oder ungehobelt ausgesprochen‹ hatte. Nach meiner Überzeugung hatte ich mir das Recht erworben, sie zu veröffentlichen, und ich bildete mir sogar ein, man werde mir dafür danken, statt es zu mißbilligen. In meiner Angst, nur ja nichts Falsches zu verkünden, bat ich dennoch einen höchst fähigen Anatomen und guten Freund [Lyell], die Fahnen durchzusehen und mich wenn möglich auf sachliche Fehler hinzuweisen. Ich war sehr erfreut, als er sie ohne derartige Kritik zurückgab, aber meine Genugtuung zerstob bei der sehr ernsten Warnung vor den Folgen einer Veröffentlichung, die mein Freund mir aus Interesse an meinem Wohlergehen gab. Aber wie ich schon an anderer Stelle gestanden habe, gab es in meinen jungen Jahren an meiner Zielstrebigkeit ein wenig – nur eine Spur – von etwas, das einen anderen Namen trägt; und ich war mir sicher, daß alle die schlimmen Dinge, die mir prophezeit wurden, nicht so schmerzlich sein würden wie das Aufgeben dessen, wozu ich mich aus Gründen, die nach meiner Überzeugung richtig waren, entschlossen hatte. Also erschien das Buch; und ich muß meinem Freund Gerechtigkeit widerfahren lassen und sagen, daß er mit seiner Vorhersage völlig recht hatte. Der kalte Wind der Kritik blies ein paar Jahre lang mit den Böen der falschen Darstellung und des Spotts; ich war sogar so etwas wie der Leibhaftige. Manchmal wundere ich mich, wie jemand, der so weit gesunken war, seither doch zu einem gewissen Ansehen aufsteigen konnte.

[Seitdem hat die Idee] die Ehre, daß sie freimütig und ohne Dank von angesehenen Autoren benutzt wird; schließlich wurde sie sogar von einem Schicksal ereilt, das den sanften Tod wissenschaftlicher Arbeit bedeutet: Sie wurde unter das Geröll der Grundlagen späteren Wissens gemengt und vergessen.«[26]

Was hatte Huxley gesagt, das derartige Gefühlswallungen – positive oder negative – entstehen ließ? Im ersten Aufsatz beschäftigte er sich systematisch mit der Naturgeschichte der Menschenaffen, also der Schimpansen, Gorillas, Orang-Utans und Gibbons, und zwar von den ersten Berichten der Entdecker bis zu Paul Du Chaillus neueren schauerlichen Geschichten über wilde Gorillas. Durch den ganzen Artikel ziehen sich fesselnde Vergleiche zwischen Menschenaffen und Menschen, was Gang, Anatomie, Gesichtsausdruck und Verhalten betrifft. Huxley legte also die Grundlage dafür, daß die große Ähnlichkeit zwischen Menschen und Affen später (wie in menschlichen Familien) als Argument für eine gemeinsame Abstammung angeführt werden konnte.

Kernstück des Buches ist der zweite Aufsatz »On the Relations of Man to the Lower Animals« (»Über die Beziehungen des Menschen zu den niederen Tieren«). Darin beschäftigt sich Huxley mit

»der Frage der Fragen für die Menschheit – dem Problem, das allen anderen zugrunde liegt und von tieferem Interesse ist als alle anderen ... die Absicherung des Platzes, den der Mensch in der Natur einnimmt, und seiner Beziehung zum übrigen Universum. Woher kommt unsere Rasse? Wo liegen die Grenzen unserer Macht über die Natur? Und die der Natur über uns? Auf welches Ziel steuern wir zu? [Das] sind die Probleme, die sich jedem auf der Welt geborenen Menschen immer neu und mit unvermindertem Interesse stellen.«[27]

Im weiteren Verlauf führt er dann Befunde aus Embryologie und vergleichender Anatomie an, die den Leser (oder Zuhörer) Schritt für Schritt zu der unausweichlichen Schlußfolgerung führen, daß die Menschen und alle anderen Säugetiere einen gemeinsamen Bauplan haben: »identisch in den physikalischen Vorgängen, durch die er entstanden ist – identisch in den ersten Stadien seiner Entwicklung – identisch in der Art seiner Ernährung vor und nach der Geburt ... [und] eine hervorragende Ähnlichkeit des Aufbaus.«[28]

Die Menschen, so Huxleys Argumentation, sind nur ein Punkt in einem bruchlosen Zusammenhang der Lebewesen. Wären wir »Wissenschaftler vom Saturn ... die die Verwandtschaft [der Tiere auf der Erde] mit einem neuen, einzigartigen ›aufrecht gehenden, federlosen Zweibeiner‹ diskutieren, nachdem er ihnen zur Untersuchung gebracht wurde, konserviert vielleicht in einem Faß Rum«[29], würden wir das neue Fundstück sofort in die Kategorie der Plazenta-Säugetiere einordnen und es zweifellos am nächsten zu den Menschenaffen stellen.

Anschließend gibt Huxley eine gedrängte Zusammenfassung über die Anatomie der Affen von den Lemuren bis zum Menschen, und zwar vom Aufbau des Gehirns bis zu den Zehenknochen. Die Beschreibung des Gehirns nutzte er als ausgezeichneten Vorwand für eine lange, ausführliche Fußnote, in der er mit Owens falscher Behauptung aufräumte, das menschliche Gehirn unterscheide sich in seinem Aufbau von dem der Affen – ein weiterer Schuß in der Debatte um den Hippocampus. In dem Nachdruck des Buches von 1900 ließ Huxley die Fußnote jedoch weg, weil »das Urteil der Wissenschaft in dieser Frage längst gefällt ist«[30] – und zwar, so könnte man hinzufügen, zu Huxleys Gunsten. Mario di Gregorio, in jüngerer Zeit ein Fachmann für Huxleys Arbeiten, wies darauf hin, das Buch sei »mehr gegen Owen als für Darwin«[31] geschrieben worden, so daß Bedeutung und Absicht des Buches sich durch die Streichung der Fußnote beträchtlich veränderten.

Es steht zwar außer Zweifel, daß Huxley die Behandlung des

Themas besonders genoß, weil er Owen damit ausstechen konnte, aber ebenso zweifelsfrei ist es auch ein darwinistisches Manifest. Huxley hoffte mit Sicherheit, daß der Leser (oder Zuhörer) mit der Überzeugung wegging, Owen sei ein Narr und Huxley ein kenntnisreicher, scharfsinniger Anatom. Aber er wollte seine Zuhörer auch überzeugen, daß sie alle Affen waren, wie er an seine Frau schrieb – das heißt, daß sie jedes kleine Detail ihres Wesens mit den nichtmenschlichen Primaten gemeinsam hatten und daß diese Gemeinsamkeit des Aufbaus ein Zeichen für eine gemeinsame Abstammung war. Das war der springende Punkt in dem zweiten Aufsatz.

»Wären aber die Menschen durch keine größere Schranke des Aufbaus von den Bestien getrennt als voneinander [so Huxleys Argumentation] – dann scheint daraus zu folgen: Wenn man den Vorgang der körperlichen Verursachung entdecken kann, durch den die Gattungen und Familien der gewöhnlichen Tiere erzeugt worden sind, dann reicht dieser Vorgang der Verursachung auch völlig aus, um den Ursprung des Menschen zu erklären. Mit anderen Worten: Könnte man zum Beispiel zeigen, daß die Krallenaffen durch allmähliche Abwandlung aus den gewöhnlichen Platyrrhini [Neuweltaffen] hervorgegangen sind oder daß sowohl Krallenaffen als auch Platyrrhini abgewandelte Verzweigungen einer primitiveren Ahnenreihe darstellen – dann gäbe es keinen vernünftigen Grund, daran zu zweifeln, daß ein Mensch in einem Fall durch die allmähliche Abwandlung eines menschenähnlichen Affen entstanden sein könnte, oder im anderen Fall als Verzweigung aus derselben Abstammungslinie wie diese Menschenaffen.«[32]

Im nächsten Absatz führt er Darwins These ausdrücklich und mit entwaffnender Offenheit an; er räumt einerseits ein, wie gut sie sich sich als Erklärung eignet (»Mr. Darwin hat zufriedenstellend bewiesen, daß das, was er Selektion oder selektive Abwandlung nennt, in den Natur ablaufen muß und auch tatsächlich abläuft; er hat außerdem bis zum Übermaß bewiesen, daß diese Selektion in der Lage ist, so unterschiedliche Formen des Aufbaus hervorzubringen, daß es sogar verschiedene Gattungen sind«[33]), und äußert andererseits seinen eigenen Wunsch, Darwins Thesen mit weiteren, physiologischen Experimenten zu belegen.

Diese Diskussion wird oft als Zeichen für Huxleys zwiespältige Einstellung zu Darwins Arbeit angeführt. Man muß sich aber daran erinnern, daß er Darwins Ansichten öffentlich unterstützte: »Ich bin fürs erste vollständig überzeugt, daß diese Hypothese, wenn nicht ganz genau wahr, so doch eine so große Annäherung an die Wahrheit ist, wie es beispielsweise die Hypothese von Kopernikus für die wahre Theorie über die Planetenbewegungen war.«[34] Es lag durchaus innerhalb von Huxleys intellektuellen Fähigkeiten, Darwins Evolutionstheorie zu verteidigen, zu verbreiten und, wie er es nannte, zu »übernehmen« und gleichzeitig nach zusätzlichen Belegen zu suchen, die in ihrer Art seinem Temperament und seiner Ausbildung stärker entsprachen. Sein nachdenkliches Zögern und seine Einschränkungen waren sogar überzeugender, als wenn er alles blind angenommen hätte.

Da Huxley voraussah, wie sein Publikum reagieren würde, wenn es merkte, wie weit es ihm gefolgt war, schloß er mit einem glänzenden Argument. Er drückte zuerst ihren Einwand aus:

»Ich höre schon den Schrei von allen Seiten – ›Wir sind Männer und Frauen, nicht nur eine bessere Sorte Affen, ein bißchen länger in den Beinen, mit etwas kompakteren Füßen und einem größeren Gehirn als Ihre brutalen Schimpansen und Gorillas. Die Macht von Gut und Böse, die mitleidsvolle Zartheit der menschlichen Leidenschaften, hebt uns aus jeder wirklichen Gemeinschaft mit den Bestien heraus, so eng sie sich uns auch angenähert haben mögen.‹«

Huxley konterte mit seiner eigenen Antwort – ohne dabei freilich einem weiteren Seitenhieb auf Owen widerstehen zu können:

»Darauf kann ich nur antworten, daß dieser Aufschrei höchst gerechtfertigt wäre und meine volle Sympathie hätte, wenn er nur von Bedeutung wäre. Aber nicht ich bin es, der die Würde des Menschen auf seinen großen Zeh zu gründen versucht oder unterstellt, wir wären verloren, wenn ein Affe einen Hippocampus minor hat. Im Gegenteil, ich habe mein bestes getan, um diese Nichtigkeiten hinwegzufegen. Ich habe zu zeigen versucht, daß man keine absolute Grenzlinie der Struktur zwischen der Tierwelt und uns selbst ziehen kann, die breiter ist als die zwischen den Tieren, die uns auf der Leiter unmittelbar folgen ... Gleichzeitig ist niemand stärker als ich von der Weite der Kluft zwischen dem zivilisierten Menschen und den Bestien überzeugt; und, auch da ist niemand sicherer als ich, ob wir nun *von* ihnen stammen oder nicht, wir gehören sicher nicht *zu* ihnen.«[35]

In dem letzten Aufsatz gibt Huxley einen ähnlich meisterhaften Überblick über die Fossilfunde, die mit der Herkunft des Menschen zu tun haben. Hier war er Darwin gegenüber im Vorteil. Im Jahr 1859, als *The Origin of Species* erschien, gab es keine überzeugenden Belege für menschliche Fossilien in der Form altertümlicher Wesen mit anderer Form als die Jetztmenschen, deren Erhaltungsbedingungen ihr hohes Alter bewiesen hätte. Zwar hatte man solches Material gefunden – im Neandertal bei Düsseldorf, nach dem Fossilien des Typs, wie man sie hier entdeckt hatte, von nun an benannt wurden. Aber obwohl in Deutschland sofort eine hitzige Debatte über Alter und normales Aussehen des Neandertalerskeletts entbrannte, war darüber zu der Zeit, als Darwin sein Buch schrieb, noch nichts in die englischsprachige Literatur gedrungen.

Natürlich vermutete man schon lange, daß es Vormenschen

gab, und das war auch durch Funde von Steinwerkzeugen bestätigt worden, die man hier und da in Verbindung mit ausgestorbenen Tieren der Eiszeit entdeckte. Aber roh behauene Steinwerkzeuge, manchmal in Verbindung mit Steingegenständen, bei denen menschliche Bearbeitung so zweifelhaft war, daß man sie nicht ernsthaft als Werkzeuge bezeichnen konnte, sind etwas ganz anderes als Schädel. Die versteinerten Überreste menschlicher Skelette, die man bis dahin gefunden hatte, unterschieden sich kaum von denen heutiger Menschen. Im englischen Sprachraum erschien der erste stichhaltige Bericht über einen fossilen, anders aussehenden Menschen im April 1861, als der Anatom George Busk, ein Freund Huxleys und Darwins, einen Artikel des deutschen Anatomen Hermann Schaaffhausen über die neu entdeckten Überreste aus dem Neandertal übersetzte.

Das Fazit von Schaaffhausens Analyse lautete: Das Skelett war tatsächlich alt und hatte massive, robuste Gliedmaßen sowie einen großen Schädel mit stark vorspringenden Augenbrauenwülsten, wie man sie auch bei Affen findet. Einige Stimmen – vor allem eine Clique um Richard Owen, zu der auch C. Carter Blake und James Hunt gehörten – stellten zwar sowohl das Alter als auch seinen normalen Zustand in Frage (der zweite Punkt war auch in Deutschland sehr umstritten gewesen, denn dort hatte man die Überreste als pathologisch eingestuft), aber Huxley und andere verstanden sehr schnell genau, was dieses Fossil bedeutete.

Huxley ließ sich Fotos und einen Gipsabguß des Neandertalerschädels schicken, so daß er ihn mit einem anderen fossilen Schädel vergleichen konnte, der 1833 bei Engis in Belgien gefunden worden war. Er arbeitete systematisch, mit einem Standardsystem von Messungen, Winkeln und Formeln, die zu jener Zeit etwas völlig Neues waren. Entscheidend war, daß es sich bei dem Schädel von Engis, obwohl er zusammen mit bearbeitetem Feuerstein und den Knochen ausgestorbener Tiere gefunden worden war, nach Huxleys Einschätzung um einen »recht durchschnittlichen menschlichen Schädel« handelte – zum Vergleich hatte er Schädel heutiger Menschen oder solche aus der jüngeren Vergangenheit und von verschiedenen Rassen vermessen; das Fossil von Neandertal zeigte dagegen eine entschieden primitivere und urtümlichere Anatomie.

»Und tatsächlich ist der Schädel von Neandertal, obwohl er wirklich der pithecoideste [affenähnlichste] bekannte menschliche Schädel ist, keineswegs so isoliert, wie es zunächst scheint; in Wirklichkeit bildet er das äußerste Ende einer Reihe, die von ihm allmählich bis zu den am höchsten und weitesten entwickelten menschlichen Schädeln führt.
...Die bisher entdeckten fossilen Überreste von Menschen rükken uns, wie mir scheint, nicht nennenswert näher an die niedere pithecoide Form, durch deren Abwandlung er vermutlich zu dem wurde, was er heute ist. Und wenn man die altertümlichsten Rassen der Menschen betrachtet; wenn man sieht, daß sie Feuersteinäxte und Feuersteinmesser und Dolche aus Knochen formten, und zwar sehr nach den gleichen Prinzipien wie die niedrigsten heutigen Wilden ... dann haben wir allen Grund zu der Annahme, daß die Gewohnheiten und Lebensweise solcher Menschen seit der Zeit des Mammuts und des ... Nashorns bis heute die gleichen geblieben sind. Um also die fossilen Knochen eines menschenähnlicheren Affen oder eines affenähnlicheren Menschen zu finden, müssen wir die großzügigsten Schätzungen für das Alter der Menschen um lange Epochen erweitern.«[36]

Anhand seiner Übersicht über die Fossilfunde argumentierte Huxley folgendermaßen: Erstens sei gezeigt, daß der Mensch sehr alt ist; zweitens sei bewiesen, daß es eine pithecoide oder affenähnliche Form gibt, die primitiver ist als alles, was man bis dahin gekannt hatte; und drittens könne man in älteren geologischen Schichtungen mit Fossilfunden rechnen, die noch überzeugendere Übergangsformen zwischen Affen und Menschen darstellen. Zusammengenommen zeigte die Vortrags- und Artikelserie anhand von Verhalten, Anatomie, Embryologie und Paläontologie, daß die Menschen den gleichen Naturgesetzen unterliegen wie andere Lebewesen und daß sie unwiderlegbar mit anderen Primaten verwandt sind, vor allem mit den Menschenaffen. Das waren die Belege für die Evolution *des Menschen*, die Darwin entweder nicht kannte oder in *The Origin of Species* nicht darzustellen wagte.

Obwohl Huxleys Buch nicht uneingeschränkt bewundert wurde, hatte es wegen seiner Klarheit, Kürze und Straffheit großen Einfluß – diese drei Eigenschaften wurden Darwins Buch kaum zugesprochen. *Man's Place in Nature* wird oft als Ausgangspunkt der physischen Anthropologie genannt, der Wissenschaft von den körperlichen Abweichungen und der Evolution des Menschen. Aber Huxleys Buch wäre damals seiner Bedeutung beraubt gewesen, hätte es nicht in dem von Darwin vorgegebenen breiteren theoretischen Zusammenhang gestanden.

Wäre die Kampagne eine absichtliche Strategie gewesen – was sie nicht war –, hätte sie nicht besser geplant sein können. Zuerst Darwins breiteres Themenspektrum und seine weitreichenden Ideen, die das Feuer auf sich zogen und den Hauptstoß der Angriffe abfingen; dann die Verteidigung der Evolutionstheorie durch den schlagwilligen und schlagfertigen Redner, der aus der nebelhaften Theorie das Wesentliche herausdestillierte und jedermann die Tatsache zu Bewußtsein brachte, daß die Evolution des *Menschen* der entscheidende Knackpunkt ist; und schließlich die sorgfältig geordneten Armeen der sachdienlichen Hinweise, die angeführt und eingespannt wurden, bis man zugeben mußte, daß sie den Kampf gewonnen hatten. Erst Huxley wies in seinem Buch anatomisch und paläontologisch nach, daß die Menschen untrennbar zur Natur gehören und – genauer gesagt – schlicht eine andere Art von Primaten sind.

In England war der Streit um die Anerkennung der Evolutionstheorie schon vor 1870 vorüber. Das heißt nicht, daß man die Theorie aus vollem Herzen als herrschende Gesetzmäßigkeit anerkannte; in vielen Kreisen mußte diese Umwälzung warten, bis die Darwinsche Theorie mit der modernen Genetik zusammengeführt wurde.[37] Aber das öffentliche Getöse hatte aufgehört, und die erbitterten Angriffe flauten ab; bezeugt wird diese Entwicklung auch dadurch, daß Darwin 1871 den Mut hatte, das Buch *The Descent of Man and Selection in Relation to Sex* (»Die Abstammung des Menschen und die geschlechtliche Zuchtwahl«) zu veröffentlichen, in dem er sich mit einem Thema herumschlug, das er zuvor als zu gefährlich aufgegeben hatte.

In England ebnete die Evolutionstheorie auf seltsame Weise den Weg für die menschlichen Fossilien, die man jetzt allmählich entdeckte und erkannte. Huxley hatte es geschafft, Darwins zarte Theorie zu schützen, indem er für die Wissenschaft und gegen die Religion arbeitete, so daß sie überleben und gedeihen konnte.

In den Vereinigten Staaten (wo selbst der tobende Bürgerkrieg das intellektuelle Leben nicht völlig zum Erliegen brachte) übernahm die Rolle Huxleys der amerikanische Botaniker Asa Gray, dessen Befunde über die Verteilung der Pflanzen Darwin benutzt hatte und der vorgeschlagen hatte, eine amerikanische Ausgabe von *The Origin of Species* herauszubringen. Grays wichtigster Gegenspieler war Louis Agassiz, ein Schweizer Anatom und Geologe, der 1846 in die USA ausgewandert war. Aber die Händel zwischen Gray und Agassiz hatten weder die Heftigkeit noch die Dramatik der Scharmützel in England. Beide waren weniger feurig, weniger schlagfertig oder einfach in der Auseinandersetzung weniger engagiert. Und die erbitterten Streitigkeiten über das menschliche oder nichtmenschliche Wesen der afrikanischen Sklaven konzentrierten sich leider ebenso stark auf politische und wirtschaftliche Fragen wie auf die spärlichen biologischen Befunde.

Eine interessantere Auseinandersetzung bahnte sich in Deutschland an, ausgelöst durch die Übersetzung der *Entstehung der Arten* im Jahr 1860. Auf der einen Seite stand der Biologe Ernst Haeckel, ein guter Freund Huxleys; die andere vertrat Haeckels früherer Lehrer, der Pathologe Rudolf Virchow, der auch als Papst oder Pascha der Medizin bekannt war. Beide waren große Persönlichkeiten ihrer Zeit, führende Figuren der deutschen Wissenschaft, und von unversöhnlicher Gegnerschaft.

Es war ein beißender Kampf, und er tobte über viele Jahre zwischen den beiden Männern, die sich in Körpertypus und Charakter stark unterschieden: Haeckel war germanisch kräftig, blond und gutaussehend, mit einem stark romantischem Hang und einer Vorliebe für die freie Natur. Virchow, der vollendete Laborforscher, war klein, dunkelhaarig, drahtig, genau bis zur Pedanterie und von Natur aus sarkastisch. Zuerst schien es eine einfache Angelegenheit zu sein: Haeckels überzeugte Offenheit, mit der er die Evolutionstheorie vertrat, prallte auf Virchows bestimmende, skeptische Unterdrückung der neuen Ideen. Aber irgendwie waren die Umstände bizarr verwandelt, bis Licht sich als Dunkelheit erwies und Vernunft sich zu entsetzlicher Verzerrung verbog. Am Ende bekämpfte Virchow, der natürliche Schurke des Stücks, eine zutiefst finstere Entartung von Darwins Theorie, die bei dem scheinbar wohlmeinenden Haeckel ihren Ausgangspunkt hatte.

Teil II
Die Evolution der Evolutionstheorie

4
Begeisterte Verbreiter

So kraftvoll Darwins Worte und Ideen auch waren, allein wandern konnten sie nicht. Sie brauchten einen Kurier, einen Boten, der sie anderen in verständlicher Sprache übermittelte und sie als eifriger Fürsprecher zum Brennpunkt einer neuen Denkrichtung machte. In England spielte Huxley diese Rolle des Götterboten, unterstützt von Darwins übrigen Freunden wie Lyell und Hooker. In Deutschland stammte der wichtigste Antrieb für ihre Verpflanzung von Ernst Haeckel, den Darwins Sohn Francis einmal als »begeisterten Verbreiter«[1] bezeichnete.

Aber der erste, der *The Origin of Species* in Deutschland präsentierte, war Heinrich Georg Bronn, ein älterer, sehr angesehener Paläontologe der Heidelberger Universität. Ihn als Übersetzer zu wählen war nur logisch. Bronn gewann 1857 den Grand Prix, einen internationalen Preis der Académie des Sciences in Paris, für einen Aufsatz über die Entwicklungsgesetze der Natur. In erweiterter Form wurde dieser Aufsatz auf deutsch 1858 veröffentlicht, zwei Jahre bevor Bronns Übersetzung von Darwins Buch erschien. Im Gegensatz zu Darwin war Bronn jedoch Berufswissenschaftler – weder Deutschland noch Frankreich erfreuten sich der weiten Verbreitung wohlhabender Amateurforscher, die für die englische Gesellschaft typisch war –, und er stand in einer streng hierarchisch geordneten Institution auf dem Höhepunkt seiner Laufbahn.

Bronns Ansichten über die Wirklichkeit gründeten sich zum Teil auf das lebenslange peinlich genaue Zusammentragen tierischer Überreste, die er als Fossilien in verschiedenen geologischen Schichtungen gefunden hatte. Wie er dabei feststellte, unterschieden sich die Faunen, das heißt die Ansammlungen gemeinsam versteinerter Arten, von einer Schicht zur nächsten, aber diese Veränderungen schienen ihm allmählich abzulaufen und nicht abrupt oder plötzlich. Für die Katastrophentheorie – also die Vorstellung, daß das Leben auf der Erde mehrfach von großen geologischen Katastrophen dezimiert wurde, welche die Kontinente leerfegten, so daß sie durch eine neue Schöpfung wieder besiedelt werden konnten – fanden sich in seinen Untersuchungen wenig Belege. Bronn lehnte die Katastrophentheorie ab, die der französische Anatom Georges Cuvier als erster vertreten hatte, und entwickelte statt dessen ein eigenes Modell, das sich auf die empirischen Befunde der Fossilien selbst stützte und seinem Motto entsprach: *Natura doceri*[2] (»sich von der Natur lehren lassen«).

Aber Bronn war theoretischen Einflüssen gegenüber nicht immun. Seine Ideen waren wie die vieler anderer deutscher Naturforscher jener Zeit stark von Goethe und seiner Naturphilosophie geprägt. Diese romantische Denkschule ging von der Vorstellung aus, im Aufbau der Lebewesen spiegele sich ein Archetypus oder Grundbauplan wider, den ein höheres Wesen entworfen hatte. Die Naturphilosophie betonte in einem mystischen Sinn die Einheit von Gott und Natur. Für Bronn drückte sich diese Philosophie in seiner Theorie von der Geschichte des Lebens aus, die danach die ständige Weiterentwicklung von Gottes Plan oder Absicht war. Die Arten waren zwar nach Bronns Vorstellung festgelegt und unveränderlich, aber das Artenspektrum zu einem bestimmten Zeitpunkt spiegelte einen heranreifenden Plan wider, ganz ähnlich wie bei der Entwicklung eines Lebewesens von der Geburt bis zum Erwachsenenalter. Die später aufgetauchten Lebenwesen waren weiter entwickelt und stellten im Vergleich zu älteren, ähnlich gebauten Formen den Fortschritt dar. Und der Endpunkt dieser Evolution war natürlich der Mensch.

Eine Regel der Natur war es auch, daß Lebewesen eine Angepaßtheit oder Eignung für die Umgebung brauchten, in der sie sich befanden. Im Laufe der Zeit brachte die Schöpferkraft also neue, wirklich neuartige Arten hervor, die jeweils offenbar geschickter an verschiedene Gewohnheiten und Lebensweisen angepaßt waren als ihre Vorgänger – ein Ausdruck der hervorragenden Entfaltung eines meisterhaften (und mit ziemlicher Sicherheit göttlichen) Plans.

Für Bronn verlief die Evolution ausdrücklich analog zur Entwicklung eines Lebewesens mit ihrem vorbestimmten Weg vom Embryo bis zur ausgereiften Form.[3] Diese Idee legte den gleichen Beobachtungen, die Darwin unter einem anderen Blickwinkel gemacht hatte, eindeutig teleologische Untertöne bei. Bronns Ansicht war allgemein verbreitet, und ähnliche, auf die individuelle Entwickung gegründete Lesarten für die Evolution erlebten gegen Ende des 19. Jahrhunderts einen beträchtlichen Aufschwung. Bronn war also ein durchaus fachkundiger und interessierter Übersetzer, der aber für das Buch keine besonderen Sympathien hegte und auch nicht frei von Vorurteilen war.

Vielleicht war es dieses mangelnde Engagement für den Darwinismus, das ihn veranlaßte, in seiner Übersetzung eine entscheidende Veränderung anzubringen: Er entschloß sich, Darwins bedeutungsvollsten Satz »Licht mag über den Ursprung des Menschen und seine Geschichte verbreitet werden«[4] wegzulassen. Dieser scheinbar harmlose Satz mit seiner ganzen Untertreibung und Schmucklosigkeit war in England das Symbol für den Haken an der ganzen Angelegenheit. Kaum jemand scherte sich auf einer tiefgreifenden geistigen oder gefühlsmäßigen Ebene um Ursprung und Vergangenheit beispielsweise von Rankenfüßern oder Primeln. Was Darwin, Huxley, Soapy Sam Wilberforce und Tausende von Laien wirklich interessierte, war die Frage, wo die Menschen in dem großen Schema standen und ob sie mehr oder weniger als die Bestien waren, oder einfach nur anders.

Damit wurde die Frage viel abstrakter und theoretischer; die Abgrenzung des Menschen von den Tieren, in denen man das

Symbol der schlimmsten menschlichen Verhaltensweisen und Impulse sah, wurde sehr ernst genommen. Und »menschlich« bedeutete im allgemeinen auch »wie wir« im Sinne von Klasse, Kultur und ethnischer Zugehörigkeit, nicht nur »ein Angehöriger der Spezies Mensch«.

Den Gelehrten des 19. Jahrhunderts war schlicht und einfach nicht klar, daß alle Menschen zu einer einzigen biologischen Art gehören. Die auffallenden körperlichen Unterschiede zwischen den verschiedenen Rassengruppen, auf die europäische Entdecker, Missionare und Siedler mit einer gewissen Regelmäßigkeit stießen, legten etwas anderes nahe. Selbst die Frage, ob die Rassen sich untereinander paaren und gesunde Nachkommen hervorbringen können, war ernsthaft umstritten.[5] Diese beobachteten körperlichen Unterschiede wurden durch andersartige Kleidungsstücke, Sitten, Gewohnheiten und Glaubensrichtungen weiter hervorgehoben und verstärkt. Diejenigen, die unter Menschen entfernter Kulturkreise lebten, waren verwirrt und manchmal auch enttäuscht wegen der Kluft in Sozialstruktur und Verhalten, die sie trennte. Welchen *Wert* hatten die Unterschiede?

Darwin selbst hielt den Stamm von Jemmy Button, ein Eingeborenenvolk auf Feuerland, für ein Relikt, für das letzte überlebende Überbleibsel urtümlicher, primitiver Menschen. Wie viele in seiner Zeit und Gesellschaftsschicht glaubte er einfach nicht, daß diese Wilden (»völlig nackt und mit Farbe beschmiert ... der Mund schäumend vor Erregung ... der Gesichtsausdruck ... wild, erschrocken und mißtrauisch ... wie wilde Tiere«[6]) Menschen in demselben Sinne waren wie er selbst. Er war über ihre Lebensweise eher entsetzt, als daß ihn die Ähnlichkeit zu denen, mit denen er aufgewachsen war, beeindruckt hätte. Die Anthropologen des 19. Jahrhunderts beschäftigten sich meist damit, die Wanderungen verschiedener Völkerstämme (Kelten, Sachsen und so weiter) in den Kontinenten der Alten Welt nachzuzeichnen. Das führte zu einer gewissen Versessenheit auf das Sammeln und Vermessen von Schädeln verschiedener »Rassen«, die in Wirklichkeit meist eher ethnische Gruppen oder Stämme waren. Noch höher schätzte man urtümliche Schädel, ob sie nun fossil oder einfach nur alt waren. Aber wie und was man messen sollte und was die deutlichen Unterschiede der Meßergebnisse *bedeuteten*, war alles andere als klar. Die physische Anthropologie steckte noch in den Anfängen und war gekennzeichnet von der Vorherrschaft der Anekdoten gegenüber den Messungen sowie der Beschreibungen gegenüber der Überprüfung von Hypothesen.

Ob einfach ohne schriftliche Überlieferung oder wirklich prähistorisch, die Völker, deren Schädel man in der ersten Hälfte des 19. Jahrhunderts so eifrig untersuchte, waren uneingeschränkt Menschen und glichen anatomisch vollkommen der heutigen Form. Nach Ansicht der Polygenisten, deren führende Gestalten in England Richard Owen und in Deutschland Rudolf Virchow waren, waren die Rassen getrennt erschaffen worden (oder entstanden) und deshalb so unterschiedlich wie zum Beispiel Rotkehlchen und Pelikane. Die Monogenisten wie Darwin und Huxley dagegen vertraten die gemeinsame Abstammung aller Menschen von einem einzigen, affenähnlichen Vorfahren. Auf dem europäischen Kontinent wie in England wurde die Debatte zwischen Mono- und Polygenisten lange und verbittert geführt, insgesamt über Jahrzehnte hinweg und sogar noch zu einer Zeit, als die Möglichkeit der Evolution allgemein eingeräumt wurde.

Wenn es der gebildeten Mittel- und Oberschicht jener Zeit schon nicht klar war, worin Menschlichkeit oder Menschsein bestand, so waren die Merkmale von Tierischem, von Primitivität, Wildheit und Bestialität noch weit weniger gut definiert. Ob man Angehörige der tieferstehenden Klassen, Rassen oder Arten durch Erziehung und Ausbildung zu Menschen machen konnte, blieb strittig. Um diese Frage ging es unter anderem auch, als Kapitän FitzRoy Jemmy Button und die drei anderen Feuerländer nach London brachte, und genau das gleiche Thema behandelte George Bernard Shaw später satirisch in seinem Schauspiel

Pygmalion, in dem es um die erstaunliche Verwandlung einer abgerissenen, derben Blumenverkäuferin aus der Gosse in eine hübsche, vornehme junge Frau der besseren Gesellschaft geht.

Bronns Übersetzung vernebelte diese Verbindung zwischen *The Origin of Species* und den Fragen des Menschseins und der menschlichen Evolution. Bronn fügte sogar eine langatmige Darlegung seiner Einwände und Kritik an dem Werk hinzu, womit er Darwins Glaubwürdigkeit allgemein untergrub. Dennoch blieben die Kraft von Darwins Ideen und ihre Bedeutung für die Evolutionstheorie dem jungen, aufstrebenden Naturforscher und Anatomen Ernst Haeckel nicht verborgen.

Als Haeckel *Die Entstehung der Arten* las, war er sechsundzwanzig, viel jünger und in seinen Ideen flexibler als der alternde Bronn. Haeckel, ein strammer junger Mann, war breitschultrig, blond, bärtig und gutaussehend; er hegte eine tief verwurzelte Liebe für die ländlichen Gebiete Deutschlands und für Sportarten wie Bergsteigen, Wandern und Schwimmen. Seine derbe, energische germanische Art sollte sich später für die ruhigen, zurückhaltenden Darwins als Plage erweisen, als der junge Mann zu Füßen seines Helden saß.

»Häckel [sic] kam am Dienstag«, schrieb Emma an ihren Sohn Leonard. »Er war sehr nett und herzlich und voller Zuneigung, aber er brüllte sein schlechtes Englisch mit einer Stimme heraus, daß wir fast taub wurden.« Während dieses Besuches gab es im Hause der Darwins eine Teegesellschaft, an der neben Haeckel auch ein anderer deutscher Professor mit seiner tauben Frau teilnahm. In ihrem Bericht seufzt Emma: »...so etwas wie die Geräusche, die sie machten, habe ich noch nie gehört. Beide Besuche waren kurz, und Vater war froh, daß sie gekommen waren.«[7] Emma selbst, so läßt der Brief vermuten, sah die Gäste lieber von hinten, denn sie wußte genau, wie verheerend sich laute Stimmen und ausgelassener Humor auf die Gesundheit ihres Mannes auswirken konnten.

Warum griff Haeckel und nicht Bronn Darwins Evolutionstheorie auf? Die Gründe für Haeckels Aufnahmefähigkeit waren vielleicht seine Jugend und seine besonderen Erfahrungen. Er war wie Bronn völlig von den Ideen der Naturphilosophie durchdrungen, aber bei Haeckel hatte sie die Form eines leidenschaftlichen Kindheitshobbys, das sich hervorragend als Vorwand für lange, planlose Wanderungen auf dem Land eignete und ihm außerdem auch noch geistige Anregung bot: Er konnte Pflanzen für sein Herbarium sammeln und bestimmen. Durch seine Liebe zur Botanik ergab sich für Haeckel eine besondere praktische Schwierigkeit. Später erinnerte er sich:

»Das Problem von der Konstanz oder Transmutation der Spezies (Dauer oder Wandelbarkeit der Arten) hat mich schon lebhaft interessiert, als ich, vor nunmehr zwanzig Jahren, als zwölfjähriger Knabe zum ersten Male mit leidenschaftlichem Eifer die ›guten und schlechten Spezies‹ der Brombeeren und Weiden, Rosen und Disteln vergeblich zu bestimmen und zu unterscheiden suchte. Mit heiterer Genugtuung muß ich jetzt der kritischen Beängstigungen gedenken, welche damals mein zweifelsüchtiges Knabengemüt in die schmerzliche Aufregung versetzten, da ich beständig hin- und herschwankte, ob ich (nach der Art der meisten sogenannten ›guten Systematiker‹) die ›guten‹ Exemplare allein in das Herbarium aufnehmen und die ›schlechten‹ ausweisen, oder aber durch Aufnahme der letzteren eine vollständige Kette von vermittelnden Übergangsformen zwischen den ›guten Arten‹ herstellen sollte, welche die Illusionen von der ›Güte‹ vernichteten. Ich beseitigte diesen Zwiespalt damals durch einen Kompromiß, welchen ich allen Systematikern zur Nachahmung empfehlen kann: ich legte zwei Herbarien an, ein offizielles, welches den teilnehmenden Beschauern alle Arten in ›typischen‹ Exemplaren als grundverschiedene Formen, jede mit ihrer schönen Etikette beklebt, vor Augen führte, und ein geheimes, nur einem vertrauten Freunde zugängliches, in welchem nur die verdächtigen Genera Aufnahme fanden, welche Goethe treffend die ›charakterlosen oder liederlichen Geschlechter‹ genannt hat, ›denen man vielleicht kaum Spezies zuschreiben darf, da sie sich in grenzenlosen Varietäten verlieren‹, *Rubus, Salix, Verbascum, Hieracium, Rosa, Cirsium* etc. Hier zeigten Massen von Individuen, nach Nummern in eine lange Kette geordnet, den unmittelbaren Übergang von einer guten Art zur andern. Es waren die von der Schule verbotenen Früchte der Erkenntnis, an denen ich in stillen Mußestunden mein geheimes, kindisches Vergnügen hatte.«[8]

Diese hübsche Geschichte ist, wie so viele Erinnerungen großer Persönlichkeiten, vielleicht ein wenig ausgeschmückt, aber sie zeigt Haeckels Bereitschaft, Arten als wandelbar und variabel anzusehen – zwei entscheidende Elemente von Darwins Hypothese. Während Bronn sich sein ganzes Leben lang mit toten, unveränderlichen Versteinerungen beschäftigt hatte, die er säuberlich in geologische Abteilungen einordnete, schlug Haeckel sich mit der lebendigen Wandelbarkeit der Natur herum. Außerdem hatte Haeckel als beeinflußbares Kind die Berichte Darwins über die Expedition mit der *Beagle* gelesen und in Heldenverehrung für diesen scheinbar glänzenden reisenden Naturforscher geschwelgt; gleichzeitig hatte er sich vorgenommen, ebenfalls auf eine solche Reise zu gehen, wenn er erwachsen war.

Als *Die Entstehung der Arten* in Deutschland zur Verfügung stand, hatte Haeckel eine beträchtliche geistige Entwicklung hinter sich, obwohl sie körperlich noch nicht besonders lang erschien. Er hatte zwar vor, Botaniker zu werden, aber sein Vater drängte ihn zu einer mehr praxisbezogenen Berufswahl, und daraufhin schrieb sich der junge Haeckel pflichtschuldigst an der medizinischen Fakultät der Universität Würzburg ein. Haeckels Briefe an seine Eltern, mit denen ihn eine warmherzige, liebevolle Beziehung verband, offenbaren seinen liebenswürdigen, begeisterungsfähigen Charakter, aber auch seine jugendliche Konzentrationsunfähigkeit. In einem Brief singt er das Lob seiner hervorragenden Professoren – und eine begabte Gruppe war es wirklich, denn Würzburg war zu jener Zeit führend in der neuen Wissenschaft der Histologie –, und im nächsten verfällt er aus der geistigen Erregung in Langeweile, Überarbeitung und den heftigen Wunsch, das Studium hinzuwerfen.

Langfristig profitierte er jedoch gewaltig von dieser Ausbildung. Würzburg rühmte sich einer Fakultät, welche die Grenzen des Wissens erweiterte und Millimeter für Millimeter die Zellstrukturen und Funktionen des Körpergewebes sowie ihre Bedeutung für Gesundheit und Krankheit vermaß. Zu Haeckels Lehrern gehörten Albert Kölliker, der gerade sein berühmtes Handbuch der Histologie herausbrachte, Franz Leydig, der sich mit Struktur und Funktion der Fortpflanzungszellen beschäftigte, und Rudolf Virchow, der die Verbindung zwischen Zellfehlfunktion und Krankheit herstellte.

Anfangs war der junge Haeckel vor allem von Virchow gefesselt. Virchow sammelte zu jener Zeit die Kenntnisse, die ihn später zum Vater der modernen Zellpathologie machen sollten – das Gebiet trug sogar diesen Namen, weil er 1858 ein Buch mit dem Titel *Cellularpathologie* veröffentlicht hatte. Sein geistiges Format läßt sich vielleicht daran ablesen, daß die *Cellularpathologie* noch fast 100 Jahre später als eines der vier größten medizinischen Werke seit Hippokrates bezeichnet wurde.[9] Virchows Vorlesungen waren anregend, lebhaft und neuartig; ein paar Jahre später wurden sie zur Grundlage seines Buches. Die Studenten besuchten sie eifrig.

»Dies Kolleg ist so einzig in seiner Art, daß ich Dir unmöglich jetzt schon ein vollständiges Bild davon geben kann. Das Kolleg behandelt größtenteils Sachen, die noch gar nicht gedruckt sind und die von Virchow selbst erst neu entdeckt sind. Aus diesem Grunde ist auch der Andrang dazu ein ganz ungeheurer. Der sehr große, amphitheatralische Hörsaal mit weit über 100 Plätzen ist vollständig gefüllt. Während die andern Kollegien meist periodisch geschwänzt werden, sucht hier jeder womöglich auch nicht einmal zu fehlen, weil er hier Dinge hört, die er sonst nirgends erfährt und liest. … Der Vortrag Virchows ist (nämlich) schwer, aber außerordentlich schön; ich habe noch nie solche prägnante Kürze, gedrungene Kraft, straffe Konsequenz, scharfe Logik und doch dabei höchst anschauliche Schilderung und anziehende Belebung des Vortrags gesehen, wie sie hier vereinigt ist.«[10]

Haeckel war hingerissen vom Scharfsinn seines jungen Professors, der ein »absolute(r) Verstandesmensch« war, »mit schneidender Schärfe« und »tiefer Verachtung und höchst feinwitziger Verspottung Andersdenkender«.[11] Kurze Zeit versuchte er vergeblich, Virchow nachzuahmen, dessen kühle, leidenschaftslose und zutiefst analytische Persönlichkeit so völlig anders war als seine eigene romantische, warmherzige und begeisterungsfähige Art. Haeckel mühte sich bis zum Schreibkrampf, um in Virchows Vorlesungen mitzuschreiben, und verbrachte viele Stunden im Labor, weil er »mikroskopisch sehen« lernen wollte.

Aber Virchow war nicht der einzige Professor, zu dem Haeckel sich hingezogen fühlte. Den Sommer 1854 verbrachte er zum Teil in Berlin und zum Teil auf der Nordseeinsel Helgoland, wo er Meerestiere mikroskopisch untersuchte; sein Mentor war hier der bekannte Physiologe Johannes Müller, der auch Kölliker, Virchow und viele andere führende Wissenschaftler unterrichtet hatte. Müller war ein anderer Biologentyp als die meisten seiner Kollegen: Er stand mit an der Spitze der Bestrebungen, Tiere lebendig und in ihrem Lebensraum zu untersuchen, nicht tot und konserviert im Labor. Müller und seine Studenten tauchten improvisierte Netze aus feiner Gaze ins Wasser und sammelten so zauberhaft schöne Lebewesen für ihre Untersuchungen. Diese Art der Wissenschaft sprach den Maler in Haeckel ebenso an wie den Forscher. Er erzählte:

»Niemals werde ich das Erstaunen vergessen, mit dem ich zum erstenmale das Gewimmel der pelagischen Glastiere bewunderte, die Müller durch Umstülpen seines ›feinen Netzes‹ in ein Glasgefäß mit Seewasser entleerte; dieses bunte Durcheinander von zierlichen Medusen und schillernden Ctenophoren, von pfeilschnellen Sagitten und schlangenartigen Tomopteris, diese Massen von Copepoden und Schizopoden, von pelagischen Larven der Würmer und Echinodermen.«[12]

Bevor Haeckel sich dieser ästhetischen Spielart der Wissenschaft hingab, machte er noch einmal einen Versuch, Virchows Strenge zu übernehmen. Während des Sommers 1856 war er Virchows »Königlich Bayerischer Assistent am Pathologico-anatomischen Institut zu Würzburg«.[13] Vielleicht hatte Virchow inzwischen Haeckels Hang zur Emotionalität und seine schlampige Arbeitsweise erkannt, so daß er meinte, er müsse ihn an die Kandare nehmen, oder vielleicht war er schlicht unglaublich unsensibel gegenüber den Gefühlen des jungen Mannes. Jedenfalls gab Virchow seinem neuen Assistenten als erstes den Auftrag, an einem Kommilitonen und Freund, der an Tuberkulose gestorben war, eine Obduktion vorzunehmen. Es war ein groteskes, entsetzliches Vorhaben selbst für jemanden, der gegen den Gestank und die Widerlichkeiten beim Sezieren einer nicht konservierten Leiche in der sommerlichen Hitze abgehärtet war. Haeckel hielt den Sommer über durch und erntete von seinem Lehrer Lob für die Qualität seiner Aufzeichnungen, aber im Herbst trennten sich ihre Wege: Haeckel blieb in Würzburg, Virchow dagegen ging nach Berlin, wo er eine noch angesehenere Stelle als Professor und Leiter des neuen pathologischen Instituts übernahm.

Haeckel schloß das Medizinstudium ab und reiste mehrmals ans Mittelmeer, um Fundstücke für seine Doktorarbeit über Langusten zu sammeln und einige weitere Studien an Meereskrebsen vorzunehmen. Um seinem Vater einen Gefallen zu tun, machte er einen kurzen, oberflächlichen Versuch, eine Arztpraxis zu eröffnen; bei Sprechstunden von fünf bis sechs Uhr morgens hatte er in einem ganzen Jahr nur drei Patienten. Dann verlegte er sich auf die Untersuchung der Radiolarien (Rädertierchen), einer Gruppe wunderschöner einzelliger Meerestiere mit raffinierten, hübsch gestalteten Kalkskeletten, aus deren Löchern geleeartige Scheinfüße ragen. Als er im Mai 1860 vom Mittelmeer nach Berlin zurückkehrte, um seine meisterhaften Arbeiten zur Veröffentlichung vorzubereiten, hörte Haeckel zum erstenmal von einem verblüffenden neuen Buch des Engländers Charles Darwin.

Haeckel war jetzt in beruflicher Laufbahn und geistiger Entwicklung an einem entscheidenden Wendepunkt angelangt. Er hatte eine eindrucksvolle Menge von Arbeiten über Radiolarien zusammengetragen, die ihm internationalen Ruf eintragen und ihm eine Stellung an der Universität Jena verschaffen würden, jenem Ort, an den er am liebsten ziehen wollte – aber noch hatte er sie nicht veröffentlicht. Er hatte mehr als genug Daten und war noch nicht zu theoretischen Überlegungen gekommen. An das Christentum glaubte er nicht mehr, und deshalb stellten die damals als religionsfeindlich empfundenen Folgerungen aus Darwins Arbeit für ihn keine Beleidigung dar. Außerdem war er jung, tatkräftig und anfällig für lebhafte Begeisterung.

Er war kein Dummkopf; Haeckel wußte, daß Darwins Ideen in Berlin skeptisch aufgenommen wurden. Aber als er das Buch selbst las – einschließlich des Anhangs mit Bronns Kritik –, konnte er Darwin nicht beiseite schieben, wie so viele andere es taten. An seinen Biographen Wilhelm Bölsche schrieb er:

»Schon beim ersten Lesen packte es mich gewaltig. Da aber alle Berliner Größen (mit einziger Ausnahme von Alexander Braun) in der Verwerfung einig waren, blieb meine Verteidigung desselben wirkungslos. Erst als ich bald darauf (Juni 60) Gegenbaur in Jena besuchte, atmete ich auf, und die eingehenden Gespräche mit ihm bestärkten mich definitiv in meiner Überzeugung von der Wahrheit des Darwinismus, respektive Transformismus.«[14]

Nun machte Haeckel sich zu Darwins Fürsprecher und wurde sein edler Knappe in Deutschland. Sowohl das von Darwin genannte »Großartige in dieser Ansicht vom Leben«[15] als auch der bescheidene, allgemeinverständliche Stil von Darwins Beispielen und Logik sprachen Haeckel an. Hier war eine handfeste, weitreichende neue Theorie, die verblüffend originell war, hervorragende Erklärungen bot und doch für jeden aufgeweckten jungen Landmann verständlich war, der etwas von Getreide und Nutztieren verstand. Jetzt brauchte man keinen herumhantierenden Schöpfer und keine geheimnisvolle Lebenskraft mehr, um die Welt zu erklären. Das paßte genau zu Haeckels Temperament und Weltanschauung.

Im Jahr 1861 bot man Haeckel die Stelle eines Privatdozenten bei seinem Freund Gegenbaur an der Universität Jena an, und er sagte freudig zu. Während er sein Werk über die Radiolarien niederschrieb, das 1862 erscheinen sollte, erkannte er immer wieder, wie Darwins Ideen Licht in sein Material brachten. Es war Haeckels erste größere Veröffentlichung, und er entschloß sich, darin eindeutig Stellung für die Evolutionstheorie zu beziehen. Er beschrieb seine systematische Einteilung der Radiolarien und wies auf die zahlreichen Übergangsformen hin, welche die einzelnen Gruppen verbinden, so daß es manchmal schwer war, sie in der Klassifikation zu trennen. Er erwähnte ausdrücklich Darwins Namen und zeigte, wie wichtig die Frage nach der Veränderlichkeit der Arten für seine Theorie war. Dann ordnete er die Radiolarien in einem Stammbaum an, einer Phylogenie, wie man ihn nun mit einem von Haeckel geprägten Wort nannte; so war deutlich zu erkennen, wie gut die Beobachtungen zu der Ansicht paßten, daß alle Radiolarien von einer einzigen Vorläuferform abstammten. »Es soll«, so windet er sich vorsichtig, »damit natürlich nicht im entferntesten behauptet werden, daß alle Radiolarien grade aus dieser Urform hervorgegangen sein müssen, sondern es soll nur gezeigt werden, wie in der Tat alle hier so reich entwickelten Formen aus einer solchen gemeinsamen Grundform abgeleitet werden *können*.«[16]

In einer langen Anmerkung drückt er seine Ansichten deutlich aus:

»Ich kann nicht umhin, bei dieser Gelegenheit der hohen Bewunderung Ausdruck zu geben, mit der mich Darwins geistvolle Theorie von der Entstehung der Arten erfüllt hat. Um so mehr als diese epochemachende Arbeit bei den deutschen Fachgenossen vorwiegend eine ungünstige Aufnahme gefunden zu haben, teilweise wohl auch völlig mißverstanden worden zu sein scheint ... Ich glaube aus diesem Grunde meine Überzeugung von der Veränderlichkeit der Arten und von der wirklichen genealogischen Verwandtschaft sämtlicher Organismen hier aussprechen zu müssen. Obgleich ich Bedenken trage, Darwins Anschauungen und Hypothesen nach allen Richtungen hin zu teilen und die ganze von ihm versuchte Beweisführung für richtig zu halten, muß ich doch in seiner Arbeit den ersten, ernstlichen, wissenschaftlichen Versuch bewundern, alle Erscheinungen der organischen Natur aus einem großartigen, einheitlichen Gesichtspunkte zu erklären und an die Stelle des unbegreiflichen Wunders das begreifliche Naturgesetz zu bringen ... So unbestreitbar wichtige Prinzipien von der größten Bedeutung auch die natürliche Züchtung, der Kampf um das Dasein, die Beziehung der Organismen untereinander, die Divergenz des Charakters und alle andern von Darwin zur Stütze seiner Theorie angeführten Gesetze jedenfalls sind, so ist es doch leicht möglich, daß ebensoviele und wichtige andere Prinzipien, die auf die Erscheinungen der organischen Natur in gleicher Weise oder noch mehr bedingend einwirken, uns noch gänzlich unbekannt sind ... Der größte Mangel der Darwinschen Theorie liegt wohl darin, daß sie für die Entstehung des Urorganismus, aus dem alle andern sich allmählich hervorgebildet haben – höchstwahrscheinlich eine einfache Zelle – gar keinen Anhaltspunkt liefert.«[17]

Als diese Worte gedruckt wurden, bekleidete Haeckel bereits die sicherere und angesehenere Stelle des außerordentlichen Professors für Zoologie und Direktors des Zoologischen Museums der Universität Jena. Auf einem Kongreß, der 1863 in Stettin stattfand, bezog Haeckel in aller Öffentlichkeit noch eindeutiger Stellung: Er ging daran, Darwins »Irrtum« zu korrigieren, der darin bestand, daß er seine Theorie nicht auf die Menschen angewandt hatte. Im ersten Absatz seines Vortrags sagte er:

»Was uns Menschen selbst betrifft, so hätten wir also konsequenterweise, als die höchstorganisierten Wirbeltiere, unsere uralten gemeinsamen Vorfahren in affenähnlichen Säugetieren, weiterhin in känguruhartigen Beuteltieren, noch weiter hinauf in der sogenannten Sekundärperiode in eidechsenartigen Reptilien, und endlich in noch früherer Zeit, in der Primärperiode, in niedrig organisierten Fischen zu sehen.«[18]

Dann schlug er die Metapher des Evolutionsstammbaums vor, dessen Wurzeln in der entfernten Vergangenheit lagen:

»Die vielen tausend grünen Blättchen des Baumes, die die jüngeren, frischeren Zweige bedecken und in ungleicher Höhe und Breite von dem Hauptstamm abstehen, entsprechen den jetzt noch fortlebenden Tier- und Pflanzenarten, die um so vollkommener sind, je weiter sie sich vom Urstamm entfernt haben. Die welken, verdorrten Blättchen hingegen, die sich an den älteren, abgestorbenen Ästen vorfinden, stellen die vielen erloschenen und ausgestorbenen Arten dar, welche in früheren Perioden die Erdrinde bevölkerten und um so mehr der ursprünglichen einfachen Stammform gleichen, je weiter sie zurückliegen.«[19]

Darin liegen zwei klare Herausforderungen an die bis dahin übliche Denkweise. Erstens behauptete Haeckel, die Menschen seien aus den Affen hervorgegangen; und zweitens erarbeitete er eine überzeugende Metapher, welche die Geschichte und Vielfalt des Lebendigen als einheitliches Gebilde darstellte, das einem einzigen System von Naturgesetzen unterliegt. Es war kein Zufall, daß sein Bild den Fortschritt betonte und mit dem

Hauptstamm geradewegs zu den am weitesten entwickelten, vollkommensten Formen führte: den Menschen. Haeckel war ein liebenswürdiger Mann, ein angesehener Wissenschaftler und in der Öffentlichkeit ein überzeugender Redner, aber selbst er konnte nicht alle seine Zuhörer überzeugen.

Wen forderte Haeckel heraus? Das personifizierte wissenschaftliche Establishment war niemand anderes als Rudolf Virchow, Haeckels früherer Lehrer. Auf der Tagung von 1863 hielten beide Vorträge – Virchow unmittelbar im Anschluß an Haeckel –, und dabei zeigten sich die ersten Anzeichen ihrer wachsenden Entfremdung. Im verborgenen waren die Meinungsverschiedenheiten sicher schon seit Jahren vorhanden gewesen, denn zwei solche Männer, die in Temperament und Lebensauffassung völlig gegensätzlich waren, konnten nicht lange einer Meinung sein. Als Haeckel zu immer größerem Ansehen aufstieg, wurde er zum Konkurrenten Virchows um Macht sowie um nationalen und internationalen Ruhm. Haeckel besaß vielleicht nie einen so scharfsinnigen Intellekt wie Virchow, aber dafür war er ein kreativer Theoretiker mit einer gewaltigen Überzeugungskraft im gesprochenen und geschriebenen Wort.

So kam es zu einem verbitterten Kampf um Vorherrschaft und Einfluß, der unter dem Vorwand der Evolutionstheorie ausgefochten wurde. Es ging um eine politische Frage, die durch die besondere persönliche Beziehung der beiden besondere Dringlichkeit und Spannung erhielt. Virchow konnte seinen Anhängern keine Gedanken- oder Handlungsfreiheit zugestehen: Einem Studenten verzieh er nie, daß dieser ohne seine Einwilligung geheiratet hatte. Virchow erwartete, daß Haeckel ihn weiterhin als den Herrn Professor Doktor behandelte, dessen Anweisungen ohne Murren zu befolgen waren. Im gleichen Maße fand Haeckel die Vorstellung unmöglich, der Untergebene seines früheren Lehrers zu bleiben – schließlich hatte der ihn doch gedrängt, selbständig und ohne die Fesseln der Gefühle zu denken, oder etwa nicht?

Der Konflikt war unausweichlich vorgezeichnet. Anders als in England hatte die nach Deutschland verpflanzte Evolutionstheorie kaum etwas mit Religion zu tun. In diesem Streit stand Wissenschaftler gegen Wissenschaftler, und beide bemühten sich um einer politischen Überzeugung willen.

5
Freiheit in der Wissenschaft

Virchows Leben hatte ganz anders begonnen als das von Haeckel, und seine Lebensgeschichte war der Hauptgrund, daß er die Evolutionstheorie unter politischen Gesichtspunkten interpretierte und sich ihr in jedem Punkt entgegenstellte.

Für jemanden, dessen wissenschaftlicher Ruhm auch nach über einem Jahrhundert noch nicht verblaßt ist, stammte er aus einer überraschend einfachen Familie polnischer Abstammung in Pommern. Pommern war damals eine ländliche Provinz Preußens und wurde noch stark von den Landjunkern beherrscht, einer Klasse adliger Familien. Virchows Familie war weder adelig noch wohlhabend; sein Vater, ein Bauer und Kämmerer einer Kleinstadt, ging ständig schlecht mit Geld um. Virchow sicherte sich einen Platz am Friedrich-Wilhelms-Institut, das handverlesenen jungen Männern, die für eine Laufbahn als Stabsärzte vorgesehen waren, kostenlose Ausbildung anbot. Während seines gesamten Studiums mußte er jeden Pfennig umdrehen: Schon Monate im voraus plante er, wann er sich eine neue Hose kaufen wollte. Er war sich völlig bewußt, daß Studenten mit Stipendien als gesellschaftlich minderwertig betrachtet wurden. In den Briefen an seine Eltern erklärt er jede Ausgabe, bittet um zusätzliches Geld und brüstet sich mit seinen akademischen Erfolgen (die er reichlich hatte); gleichzeitig moralisiert er in einer kaltschnäuzigen, starrsinnigen Art, die zwischen Sohn und Eltern seltsam wirkt.

Intellektuell war er begabt – die meisten seiner Kollegen und Kommilitonen erkannten Virchows Genie schnell –, aber ihm fehlte die Wärme, die Freundlichkeit und die Geschicklichkeit im Umgang mit Menschen, die Haeckel auszeichneten. Virchow wurde geachtet und sogar gefürchtet, weil er scharfsinnig war und weder schlampige Arbeit noch oberflächliches Denken ertrug, aber geliebt wurde er kaum. Selbst sein Vater beschwerte sich über die gefühlsmäßige Distanz und erhielt als Antwort förmliche Briefe, in denen Virchow sich zu seiner »natürlichen äußeren Kälte und ... seiner zurückgezogenen, selbstgenügsamen Art« bekannte. Als Geburtstagsgeschenk schickte er seinem Vater »ein Bild, was unser Herrscherpaar in dem Augenblick, wo sie in den Renaissancesaal treten, darstellt«[1] – ein Wandschmuck, den man in einem Laden oder an einem öffentlichen Ort als Loyalitätsbeweis hätte aufhängen können.

Menschen erregten einfach nie Virchows Aufmerksamkeit. Offenbar konnten nur zwei Themen seine Leidenschaft entfachen: Lernen und Politik. In einem weiteren Brief an seinen Vater, der deutlich die ständigen Unstimmigkeiten zeigt, schreibt er:

»Du erklärst mich für einen Egoisten; möglich. Aber du klagst mich der Selbstüberschätzung an; das kann in dem Maße nicht der Fall sein. Echtes Wissen ist sich des Nicht-Wissens bewußt; und wie sehr, wie schmerzlich fühle ich die großen Lücken meiner Kenntnisse. Darum stehe ich auch nie und in keinem Teile des Wissens stille; ich lerne gerne, aber meine Meinungen verteidige ich aus Überzeugung ... Ein großer Gedanke reißt mich über das Maß fort ... Alle meine Zeit wird mit Hören, Lernen, Repetieren von teilweise ganz seichten Sachen ausgefüllt, und meiner Neigung kann ich beinahe nur auf Kosten meiner Gesundheit ein Stündchen aufheben. Dennoch treibe ich eifrig auch das Unerfreuliche, nicht Gewünschte, denn es kann ja leicht einst das einzige Mittel meiner Subsistenz werden.«[2]

Er war stolz, unnahbar, egoistisch und mit seinen eigenen Fehlern ebenso unbarmherzig wie mit denen anderer. Seine knochige, asketische Erscheinung und sein korrektes Auftreten offenbarten seinen Charakter ebenso deutlich wie bei Haeckel die derbe, lautstarke Fröhlichkeit. Virchow, ein kleiner, drahtiger Mann, hatte Eulenaugen, denen die Augenlider zu fehlen schienen. Der durchdringende Blick traf sein Gegenüber durch einen Kneifer, der fest auf seiner gebogenen Nase saß.

Sein berufliches Ansehen erwarb sich Virchow, indem er seine älteren Kollegen angriff; in einer Art geistigem Vatermord legte er ihre Schwächen und fehlerhaften Überlegungen bloß. Die unbarmherzige Klarheit der Jugend blieb ihm sein ganzes Leben lang treu. Er zog mit Vergnügen ungenaue Beobachtungen bekannter Forscher ins Lächerliche, machte ihre Krankheitstheorien zunichte und ersetzte sie durch seine eigenen, peinlich genau durchdachten und gut belegten Ideen. Er traute keiner Beobachtung eines anderen und beschwerte sich:

»Alles muß man selbst von vornher wieder selbst durcharbeiten, und das ist soviel, daß man manchmal wirklich den Mut verliert. Hätte ich nicht das Resultat vor mir, daß ich jetzt in wissenschaftlichen Dingen von jedem in der Charité als Autorität betrachtet werde ... so hätte ich vielleicht wirklich schon aufgehört. Ich, der ich so kurze Zeit gearbeitet, und der ich so unendlich viel nicht weiß, ich eine Autorität? Es ist wirklich lächerlich! Wie wenig müssen die erst wissen, die mich wenig Wissenden fragen!«[3]

Wenn schon seine Lernleidenschaft Untertöne von Wissenseroberung und der Ermordung intellektueller Drachen hatte, dann war er politisch noch viel kampfeslustiger. Aus voller Überzeugung beteiligte er sich an dem wachsenden Widerstand gegen die Regierung. Als man ihn 1848 auf eine Rundreise durch Oberschlesien schickte, das von Hungersnot und einer Typhusepidemie verwüstet war, gab Virchow eindeutig der Regierung die Schuld: Sie sei für Gleichgültigkeit, fehlende Hygiene und Mangel an Nahrungsmitteln verantwortlich und leiste so der Krankheit Vorschub. Sein Bericht war unverblümt bis zur Beleidigung. Ein Beamter kritzelte an den Rand: »Diese sogenannte Offenheit erscheint mir als völlige Unterwerfung unter verrückte politische Phantasien. Ich hatte Virchow in politischen Angelegenheiten für vernünftiger gehalten ... welch traurige Vergeudung von Talent!«[4]

Er schloß sich einer Gruppe radikaler Ärzte an, die in öffentlichem Gesundheitswesen und Politik umfassende Reformen forderten, am ausdrücklichsten in einer von ihm herausgegebenen (und zum größten Teil auch geschriebenen) Zeitschrift mit dem Titel *Die medizinische Reform*; außerdem gründete er eine stärker medizinische Zeitschrift, das *Archiv für pathologische Anatomie und Physiologie und für klinische Medizin*, nach 1903 bekannt als *Virchows Archiv*.

Im Jahr 1848 griff er tatsächlich zu den Waffen und kämpfte auf den Straßenbarrikaden, als die Revolution für kurze Zeit militärische Wirklichkeit wurde. Nachdem die Regierung die Lage wieder unter Kontrolle hatte, wurde Virchow aus seiner Stellung an der Charité entlassen. Man stellte ihn »auf Bewährung« wieder ein, aber ohne freie Kost und Logis, die er bis dahin gehabt hatte. In den folgenden fünf Hungermonaten wuchs sein Märtyrerbewußtsein, während die Regierung weiterhin versuchte, ihn aus Berlin zu vertreiben. Schließlich bot man ihm eine Stelle an der Universität Würzburg in Bayern an, allerdings unter der Bedingung, daß er Würzburg nicht zum »Tummelplatz« für seine radikalen Neigungen machte. Zumindest oberflächlich eingeschüchtert, gab Virchow sein Wort, ließ seine radikale Zeitschrift fallen und nahm eine eher vorsichtige Haltung ein, die er selbst als »zuschauende Rolle« bezeichnete.[5]

Der neue, unpolitische Virchow war wissenschaftlich ein Schrecken. Sein scharfer Verstand und seine peinlich genauen Beobachtungen machten ihn schon bald in Deutschland und dann auch international bekannt. Kernpunkt seiner Arbeit waren zwei entscheidende Ideen, die ihn gegenüber der Evolutionstheorie voreingenommen machten. Die erste läßt sich in dem

Satz *Omnis cellula ex cellula* zusammenfassen, jede Zelle geht aus einer anderen Zelle hervor. Zu jener Zeit war die Vorstellung von der Spontanzeugung lebender Materie aus unbelebten Überresten noch lebendig. Nein, so behauptete Virchow, der Organismus besteht aus Zellen, er ist eigentlich ein »demokratischer Zellstaat«[6], eine »föderalistische Einheit«[7] gleichberechtigter »Individuen«[8], von denen jedes seine Pflicht tut, und diese Zellen durchlaufen kontinuierliche Vermehrungszyklen. Zellen werden nicht aus dem Nichts neu erschaffen; Zellen bringen Zellen hervor, die Zellen hervorbringen, die Zellen hervorbringen … bis in alle Ewigkeit. Das System bleibt immer gleich, selbstzeugend, endlos weiterlaufend – *außer* wenn etwas schiefgeht.

Hier lag Virchows zweiter wichtiger Glaubenssatz: Krankheit war eine Fehlfunktion der Zellen, kein Ungleichgewicht der Säfte oder eine Störung des Nervensystems, wie andere behaupteten. Zwar hatte er einen inneren Widerwillen gegen Theorien – er meinte, es sei an der Zeit, Einzelheiten zu erforschen und nicht theoretische Systeme aufzustellen[9] –, aber diese Überzeugung war ein Eckpunkt seiner medizinischen Arbeit. Er versuchte zu zeigen, daß eine Zelle, die sich von ihren Vorfahren unterscheidet und nicht die ihr zugewiesene Funktion erfüllt, den ganzen Zellstaat krank macht. Jede Abweichung vom elterlichen Typus war anormal und krankheitsauslösend; die Veränderung als solche war etwas Schlechtes. Kurz gesagt, war Abstammung mit Abweichung – diesen Begriff hatte Virchow noch nicht gehört, aber er kam ihm mit seiner Formulierung »Leben unter veränderten Bedingungen« nahe – *die* Definition des Krankhaften schlechthin. Kein Wunder, daß Virchow sich dem Darwinismus heftig widersetzte, als er nach Deutschland drang!

Daß Virchow den Darwinismus unterdrücken konnte, war die unmittelbare Folge einer Wendung seines Schicksals, die er erlebt hatte, kurz bevor Darwins explosive Ideen das deutsche Publikum erreichten. Nachdem Virchow 1849 Berlin verlassen hatte, baute er sich stetig und systematisch seinen Ruf als erstklassiger Wissenschaftler auf. Er veröffentlichte Artikel voller neuer, aufsehenerregender Beobachtungen, hielt blendende Vorlesungen und eroberte die Fachtagungen, bis es für die preußische Regierung zu einer Peinlichkeit wurde, daß er nicht in Berlin war, dem Zentrum der Gelehrsamkeit und der Macht. Seine radikalen politischen Ansichten blieben in der Schwebe und durchbrachen nur gelegentlich den Mantel seiner Vorsicht.

Es muß Virchow zutiefst befriedigt haben, als er 1856 den Ruf zurück nach Berlin erhielt, diesmal als Professor für den neu geschaffenen Lehrstuhl für Pathologie. Nun war es an ihm, die Regierung zappeln zu lassen; er verlangte, daß man ihm ein ganzes Institut baute und Stellen für den akademischen Mittelbau einrichtete, die er besetzen konnte. Man erfüllte seine Bedingungen, und er kehrte nach Berlin zurück, wo er zu einem unbezwingbaren Machtfaktor wurde, so daß man ihn schon bald als Papst oder Pascha der Medizin bezeichnete. Tatsächlich regierte er seinen Bereich wie ein orientalischer Potentat – allmächtig, manchmal willkürlich, mit allerhöchsten Anforderungen an persönliche Loyalität und Aufopferung, aber auch mit großzügigen Belohnungen für alle, die sich fügten. Er bildete einen großen Teil der nächsten Wissenschaftler- und Professorengeneration in verschiedenen Gebieten der Medizin aus und sorgte persönlich dafür, daß sie Professorenstellen bekamen. »Wenn sie von der deutschen Schule [der Wissenschaft] sprechen, meinen sie mich«, stellte er selbstzufrieden fest.[10]

Virchows Ruf nach Berlin kennzeichnet den Wendepunkt seines Aufstiegs zur Berühmtheit auf drei Gebieten: Medizin, Politik und Anthropologie. Er war 1856 bereits Herausgeber zweier wichtiger medizinischer Fachzeitschriften und hatte mit der Veröffentlichung seines sechsbändigen *Handbuches der speziellen Pathologie und Therapie* begonnen. Zwei Jahre später festigte er mit seinem größten Werk, der *Cellularpathologie*, endgültig seine beherrschende Stellung in der deutschen medizinischen Forschung.

Kurz danach kehrte auch der politische Virchow zurück, und

zwar zunächst mit seiner Wahl in den Stadtrat, gefolgt 1860 von der Berufung in die Wissenschaftliche Deputation, das Gremium wissenschaftlicher Berater bei der preußischen Regierung, und 1861 von seiner Mitwirkung bei der Gründung der radikalen Deutschen Fortschrittspartei. Er wurde zu einem klugen, offenen Gegenspieler des militanten Ministerpräsidenten Otto von Bismarck, dessen politische Ideen und Reichsgründungspläne er mit mutigen Reden und unbarmherziger Kritik bekämpfte. Zwar gelang es Virchow nicht, Bismarck aufzuhalten, aber er erwies sich zumindest als schmerzhafte Belästigung. Bismarck erfand sogar einen Vorwand, um Virchow zum Duell herauszufordern, zweifellos in der Absicht, ihn zum Invaliden zu machen oder zu töten (was Bismarck, der an Militärakademien zu einem hervorragenden Fechter und Schützen ausgebildet worden war, bereits mit anderen Gegnern getan hatte). Virchow lehnte ab, angeblich indem er die Bedingung stellte, er werde sich nur mit einem Skalpell als Waffe duellieren.

Auch in der Anthropologie wurden Virchows Ruhm und Macht zusehends größer. Er trug zur Gründung von Museen, wissenschaftlichen Gesellschaften und Fachzeitschriften bei, die sich einem breiten Spektrum von Themen aus der Archäologie und physischen Anthropologie widmeten. Wie viele seiner Zeitgenossen war er besessen von Fragen nach der Herkunft der Rassen und ihren Wanderungen in prähistorischer Zeit, aber er beschäftigte sich nur mit relativ jungen, anatomisch modernen Überresten. Seine tiefsitzende Ablehnung der Darwinschen Vorstellung von Abstammung mit Abwandlung war ein erhebliches Hindernis für ihre Anerkennung.

So wichtig Virchows Einstellung und Macht für die Aufnahme von Darwins Ideen auch waren – die Diskussion um die Evolution des Menschen hatte schon begonnen, bevor es *The Origin of Species* gab. Auslöser war keine Theorie, sondern eine Tatsache, die so konkret und handfest war, wie man sich nur denken konnte.

Im Jahr 1856 fanden einige Arbeiter, die Kalkstein abbauten, im Schlamm einer Höhle in der Nähe von Düsseldorf, die als »Feldhofer Kirche« bekannt war, ein paar große, massive, seltsame Knochen. Die Höhle lag im sogenannten Neandertal. Man übergab die Knochen dem örtlichen Schulmeister Johannes Karl Fuhltrott, einem eifrigen Antiquitätensammler und Naturforscher. Er wandte sich schon bald ratsuchend an Hermann Schaaffhausen, einen Anatomen an der Universität Bonn.

Bei den Fundstücken handelte es sich um die ersten menschlichen Fossilien, bei denen man die sehr alte Herkunft und die vom Jetztmenschen abweichende Anatomie erkannte. Der Schädel war voluminös, lang und flach, mit Augenhöhlen, die leer unter stark vorspringenden Brauenwülsten hervorstarrten; die Oberschenkelknochen waren kräftig und stark gebogen, sahen aber erstaunlich vertraut aus; und so ging es mit allen Teilen des Skeletteils weiter. Es war der greifbare Beleg für die Evolution des Menschen, der Beweis für die Existenz eines anderen, älteren, primitiveren Menschentypus.

Schaaffhausen und Fuhltrott stellten das Skelett Anfang 1857 der wissenschaftlichen Welt vor. Anfangs als Feldhofer-Skelett bezeichnet, war es der ursprüngliche »Neanderthaler«. Als man die deutsche Rechtschreibung um die Jahrhundertwende vereinfachte, um Orthographie und Aussprache in Übereinstimmung zu bringen, entstand auch der heutige umgangssprachliche Name für das Fundstück (und ähnliche, die später gefunden wurden): Neandertaler.[11]

Im Juni 1857 präsentierte Schaaffhausen einem höchst skeptischen Publikum einen längeren, überzeugteren Artikel. Darin beschrieb er das Fundstück als zweifelsfrei verschieden vom Jetztmenschen, eindeutig älter als die keltische und germanische Rasse in Europa und wirklich versteinert: kurz gesagt, als bisher unbekannten, altertümlichen Menschentypus. Neben der fachlichen Beschreibung des seltsam verlängerten Schädels mit den rätselhaft vorspringenden Augenbrauen nennt Schaaffhausen die massiv gebauten, kräftigen, stark gebogenen Oberschenkelknochen und die Hinweise auf einen gebrochenen und schlecht verheilten linken Ellenbogen, durch den die Knochen des linken Arms deutlich kleiner sind als die des gewaltigen rechten. Ansonsten, so versicherte er, sei an dem fossilen Skelett nichts Krankhaftes (und damit hatte er recht).

Virchow und seine Anhänger bauten daraufhin sofort eine Gegenposition auf. Wenn Krankheit eine Abweichung vom elterlichen Typus war – und diese Idee wandte Virchow ausdrücklich auch auf die Entstehung der Rassen an[12] –, dann war es schlicht und einfach unmöglich, daß *gesunde* Europäer von einem anderen Menschentypus abstammten. In einer köstlichen Verwechslung von individueller Pathologie und Art- oder Rassenpathologie gingen Virchow und seine Jünger daran, den Neandertaler aus der Feldhofer Kirche als pathologisches Individuum und nicht als eine neue Art von Vorfahren des Menschen zu interpretieren.

Einer der Kritiker, August Franz Mayer, äußerte die Vermutung, die gebogenen Beine seien ein Hinweis auf Rachitis in der Kindheit und lebenslanges Reiten. Die vergrößerten Brauenwülste, so meinte er, seien durch häufiges Stirnrunzeln oder andere Betätigungen der Stirnmuskulatur entstanden. Und was das Alter anging, so hielt Mayer es für viel wahrscheinlicher, daß es sich bei dem Skelett um einen der russischen Soldaten handelte, die 1814 auf dem Weg nach Frankreich durch Deutschland gekommen waren. In Huxleys verzerrter Zusammenfassung von Mayers Argumenten war der Fund

»einfach ein rachitischer, krummbeiniger, finster blickender Kosak, der sich sorgfältig seiner Arme, Ausrüstungsgegenstände und Kleider (von denen keine Spuren gefunden wurden) entledigt hatte, zum Sterben in eine Höhle gekrochen war und dann durch den ›Rückschlag‹ des schlammigen Wasserfalls, der (hypothetisch) über den Höhleneingang gerauscht sein soll, zwei Fuß hoch mit Lehm bedeckt wurde«.[13]

Ironischerweise führte dieses Fossil in Deutschland zur Ablehnung der Evolutionstheorie, während es in England zum Beweis für die Evolution werden sollte.

Virchow selbst hielt sich mit der Veröffentlichung seiner Kommentare einige Jahre lang zurück, aber daß er die Vorstellung von der Gesundheit und dem hohen Alter des Neandertalers stillschweigend ablehnte, war allgemein bekannt. Später unterstützte er Mayers Interpretation, die Knochen seien rachitisch. Das war eine für Virchow verblüffende Abweichung von der intellektuellen Redlichkeit. Die Knochen waren sehr dick und enthielten (wie alle Neandertalerknochen) außergewöhnlich viel Knochengewebe, im Gegensatz zu dem dünnen, porösen und calciumarmen Zustand, der für Rachitis typisch ist. Diese Tatsache kann er nicht übersehen haben, denn Schaaffhausen erwähnt ausdrücklich die besondere Dicke und Festigkeit der Knochen, und es ist auch ausgeschlossen, daß Virchow mit der Krankheit nicht vertraut war. Rachitis war im 19. Jahrhundert ein verbreitetes Leiden, über das er 1853 und 1854 zwei Fachartikel verfaßt hatte.

Dafür, daß er die sichtbaren Belege nicht beobachtete und verstand, gibt es nur eine Erklärung: seine abweichenden Ansichten. Erstens hatte er seine feste Überzeugung über das Wesen der Krankheiten – Leben unter veränderten Bedingungen oder die Unfähigkeit der Zellen, ihresgleichen hervorzubringen. Diese Knochen aus dem Neandertal sahen nicht so aus wie die der heutigen Menschen, und deshalb mußten sie logischerweise krankhaft sein, oder (was aber undenkbar war) die heutigen Menschen waren krank. Unterstützt und begünstigt wurde diese Interpretation durch ein echtes pathologisches Merkmal, den ehemals gebrochenen Armknochen, der mit der Anatomie des übrigen Skeletts nichts zu tun hatte.

Das zweite waren die politischen Folgen, die sich ergaben, wenn man den toten Neandertaler als normalen Menschen betrachtete; es würde bedeuten, daß der Transformismus richtig war, eine ziemlich Lamarckistische Theorie, die in Deutschland,

Frankreich und anderen Ländern der Darwinschen Evolutionstheorie vorausging. Gemeinsam war beiden Theorien die Grundannahme, daß Lebensformen sich im Laufe der Zeit ändern; sie unterstellten dafür aber unterschiedliche Mechanismen – bei Darwin war es die natürliche Selektion, bei den Transformisten ein ungenau definiertes Streben der Lebewesen nach Selbstvervollkommnung. Dennoch war der Transformismus das wissenschaftliche Gegenstück zur Französischen Revolution: eine gefährliche Lehre von der Möglichkeit des Wandels im gesellschaftlichen und biologischen Bereich. Sosehr Virchow auch auf politische Reform aus war, so stellte er sich doch zwangsläufig gegen eine Idee, die das Chaos heraufbeschwören konnte.

Nur wenige Jahre nachdem man das Skelett des Neandertalers beschrieben und erörtert hatte, kam der Darwinismus nach Deutschland; diejenigen, die (wie Haeckel) die Evolutionstheorie unterstützten, erkannten sofort, daß es sich um mehr als nur eine wissenschaftliche Hypothese handelte, und auch Virchow wußte das. Aber Haeckel und seine Anhänger reagierten nicht ablehnend, sondern mit Zustimmung. Nach den Worten eines Wissenschaftshistorikers war der Darwinismus für Haeckel »eine vollständige und endgültige Erklärung für das Wesen des Kosmos … [ein Mittel zur] Untersuchung der Welt und aller Dinge, die in ihr sind, einschließlich des Menschen und der Gesellschaft als Teile eines organisierten und einheitlichen Ganzen«.[14] Die Evolutionstheorie erklärte die Biologie des Menschen ebenso wie das menschliche Verhalten und die menschliche Gesellschaft. Als Haeckel anfing, auf der Grundlage des Darwinismus seine Vorstellungen von Staat und Gesellschaftspolitik zu entwickeln, stellte er eine enge Verbindung zwischen den Fossilien, der Evolutionstheorie und politischen Ideen her. Diese recht gefährliche Erweiterung des Darwinismus war der Katalysator, der Virchows Leugnen der Existenz menschlicher Fossilien zu einem lebenslangen Kreuzzug werden ließ.

Wenn Virchow sich von den ungenauen Überlegungen des

Transformismus abgestoßen fühlte, um wieviel schlimmer war dann erst Darwins nebelhafte Art, seine These mit einer Anekdote nach der anderen zu verdeutlichen und weitschweifig naturgeschichtliche Beschreibungen aneinanderzureihen. Daß Darwins Vorstellung von der natürlichen Selektion sich hervorragend als Erklärung eignete, machte alles nur noch schlimmer, denn die Idee, daß Abstammung mit Abweichung und Leben unter veränderten Bedingungen *die Norm* war, die gesunde Gesetzmäßigkeit und nicht die krankhafte Abweichung, wäre für Virchow unannehmbar gewesen. In Deutschland wie in England kritisierte man Darwin wegen seiner Achtlosigkeit mit Fußnoten und richtigen Zuschreibungen. Auch diese amateurhafte Schwäche widerte den peinlich genauen Virchow an.

Zu Virchows persönlicher Abneigung gegen Darwins literarischen Stil kam noch etwas anderes hinzu: Haeckels Eintreten für Darwins Hypothese wuchs sich zu einer Bedrohung für Virchows Vormachtstellung in der deutschen Wissenschaft aus. Als Haeckel nach Darwins Prinzipien seine eigenen Ideen entwikkelte und die Ranken seiner romantischen Vorstellungen mit den Pfosten der natürlichen Selektion abstützte, wuchs bei Virchow die Entschlossenheit, das alles auszumerzen. Das Leugnen der Fossilien wurde zu einem wesentlichen Bestandteil seiner Strategie, die Ideen auszurotten.

Die wissenschaftliche Tagung von 1863 in Stettin stellte in den Beziehungen zwischen Haeckel und Virchow einen entscheidenden Wendepunkt dar. Hier wurde offensichtlich, daß Haeckel für die Evolutionstheorie eintrat; er verknüpfte Darwins Ideen eng mit der Naturphilosophie und seiner eigenen, recht emotionalen und unwissenschaftlichen Weltanschauung. Der Darwinismus war das Kernstück einer weitreichenden Philosophie, die nicht nur körperliche Eigenschaften, sondern auch Institutionen der menschlichen Gesellschaft erklärte. Er war »nur ein Bruchteil einer viel umfassenderen Wissenschaft, nämlich der universalen Entwicklungslehre, welche ihre unermeßliche Bedeutung über das ganze Gebiet aller menschlichen Erkenntnis erstreckt«.[15]

Diese umfassende Theorie bezeichnete Haeckel später als Monismus, womit er die Einheit des gesamten Universums andeuten wollte. Der Monismus stand ausdrücklich im Gegensatz zur Philosophie des Dualismus, derzufolge die materielle und geistige oder intellektuelle Welt getrennt nebeneinander existieren. Die Durchsetzungskraft von Darwins Theorie war in Virchows Augen schon schlimm genug, aber die noch weiter ausholenden Schläge von Haeckels »erweitertem Darwinismus« – der an anderer Stelle als Sozialdarwinismus bekannt werden sollte – waren für ihn unerträglich.

Virchow fühlte sich noch aus anderen Gründen angegriffen. Haeckels Stammbaum der entwicklungsgeschichtlichen Abstammung ging von einem ursprünglichen, einzelligen Lebewesen aus, und dieses Lebewesen mußte von anorganischer Materie abstammen, denn alles im Universum – Materie, Seele, Organisches und Anorganisches gleichermaßen – funktionierte nach einem großen Regelsystem. Die Haeckelsche Evolution beinhaltete also die Spontanzeugung lebender Materie aus Leblosem als Antwort auf die Frage nach dem »Ursprung des Lebens«. Und schließlich äußerte sich Haeckel in seinem Vortrag stark kirchenfeindlich und hochpolitisch: Er vertrat die Ansicht, der Darwinismus zeige, daß Wandel ein wesentliches Kennzeichen der Geschichte und für den Fortschritt notwendig sei, und deshalb sei es an der Zeit, die »Tyrannen« und »Priester« zu stürzen.[16]

Virchow verfolgte auf dieser Tagung einen ganz anderen Kurs und versuchte, die Wissenschaft völlig von Philosophie und Religion zu trennen. Man kann seinen Vortrag sogar überwiegend als Warnung an seine Wissenschaftlerkollegen (insbesondere an Haeckel) lesen, sich aus der Domäne der Philosophen herauszuhalten und bei den handfesten Tatsachen zu bleiben – als könne man Daten ohne theoretischen Zusammenhang sammeln, interpretieren und darstellen. Virchow glaubte offenbar, eine solche Einstellung sei möglich, aber in seinen eigenen Arbeiten bewies er das Gegenteil. Virchow war überzeugt, man müsse auf jedem

Gebiet andere Methoden anwenden: Wissenschaft verlangte Daten und Experimente, Philosophie und Religion dagegen waren das geeignete Gebiet für Spekulationen ohne die Notwendigkeit (oder die Möglichkeit) eines wissenschaftlichen Beweises.

Für Virchow war also die interessante Theorie des Transformismus, dieser »höchst befruchtende Gedanke [von Darwin]... ein energisches Ferment«[17], obwohl völlig unbewiesen und ohne Grundlage, der nüchternen, vorurteilslosen Untersuchung wert. Man konnte sie analysieren, diskutieren, betrachten und vielleicht sogar überprüfen, aber sie war nie der Anlaß zu gedankenloser, rückhaltloser Unterstützung gewesen, wie Haeckel sie nach seinem Eindruck bot.

Eigentlich fürchtete Virchow eine Rückkehr zu der romantischen Sichtweise für Wissenschaft, welche die Naturphilosophie in seiner Jugend mit sich gebracht hatte. An Haeckels anschließenden Arbeiten war nichts, was diese Befürchtungen hätte zerstreuen können, denn er interessierte sich auch für die Evolution und Vererbung der Seele. (»Der *Seele*??!!« kann man Virchow förmlich schnauben hören.) In verzerrter Analogie zu Virchows Zellstaat schrieb und sprach Haeckel über die Staatsseele, die Seele des ganzen Organismus; sie war nach seiner Hypothese die Vermischung der unzähligen einzelnen Zellseelen, die das größere Ganze, den menschlichen Geist oder die geistige Individualität entstehen ließ. In seinen Veröffentlichungen der sechziger und siebziger Jahre des 19. Jahrhunderts äußerte Haeckel die Vermutung, jede Zelle sei ihrerseits aus kleineren Einheiten zusammengesetzt, den »Plastidulen«, jedes mit einer eigenen Seele, einem Gedächtnis (der Wurzel der Vererbung) und einer Lernfähigkeit (der Wurzel der Anpassung). Heute kann man diese Vorstellung zwar als eine Art Vorläufer der modernen genetischen Theorie betrachten, aber das völlige Fehlen von Belegen und die Freizügigkeit, mit der Haeckel neue Einheiten erdachte und dann als erwiesene Tatsachen betrachtete, entsetzten Virchow.

Haeckels Unbekümmertheit zeigt sich auch an einer anderen, berühmteren »Erfindung«: an dem »fehlenden Verbindungsglied«, das er *Pithecanthropus alalus* (sprachloser Affenmensch) nannte und an dessen fossilen Formen – so Haeckels Voraussage – man Elemente von Affen und Menschen finden würde. Der besondere Reiz von Haeckels fehlendem Verbindungsglied bestand darin, daß es den jungen holländischen Anatomen Eugene Dubois dazu veranlaßte, nach Java zu reisen, wo er genau dieses Fossil tatsächlich fand: Wir kennen es heute als *Homo erectus*. Dieser verblüffende Erfolg kann aber nicht darüber hinwegtäuschen, daß Haeckel sein Lebewesen erdachte, beschrieb und benannte, ohne daß es für seine Existenz auch nur den geringsten Beleg gab. Der Pragmatiker Virchow, der mit Daten arbeitende Wissenschaftler, fand diese Einstellung zur Wissenschaft unerträglich, insbesondere da (in seinen Augen) ohnehin erst noch bewiesen werden mußte, daß es menschliche Fossilien gab, die sich von den heute lebenden Menschen unterschieden.

Im Gegensatz zu Haeckel hütete Virchow sich davor, mächtige staatliche Institutionen allzu offen anzugreifen. Er hatte nicht vergessen, wie der Staat die Macht besessen hatte, jungen Wissenschaftlern den Lebensunterhalt zu entziehen, weil sie die bestehenden Verhältnisse durcheinandergebracht hatten, und in dieser harten Schule hatte er Vorsicht gelernt. Obwohl er nicht an Gott glaubte, entschloß sich Virchow, sich 1863 der Macht der Kirche nicht zu widersetzen.

Als Virchow und Haeckel 1877 noch einmal auf dem Podium einer wissenschaftlichen Tagung aneinandergerieten, hatte ihre Feindschaft den Höhepunkt erreicht. Haeckel war in den dazwischenliegenden Jahren immer spekulativer geworden, und mit Charisma und seiner Begabung zum Aufbau von Bindungen hatte er in Deutschland und auch in Teilen Europas eine riesige Gefolgschaft hinter sich gebracht. Seine populären Bücher handelten von Schöpfung, Evolution, der Seele der Menschheit und zahllosen anderen Themen und wurden zu Hunderttausenden verkauft.

In seiner Rede von 1877, die unter dem Titel »Freiheit in

Forschung und Lehre« veröffentlicht wurde, drängte Haeckel auf eine völlige Umstellung der Lehrpläne an den Schulen, die sich auf die Evolutionstheorie als das vereinheitlichende Prinzip von Natur und Gesellschaft konzentrieren sollten. Er hatte das Ziel, die Deutschen in ein einheitliches Volk mit gemeinsamer Zukunft zu verwandeln und es von der »Degeneration« zu befreien, die aus der Anerkennung der anachronistischen, verführerischen und monströsen Glaubenssätze der hergebrachten christlichen Zivilisation erwuchs.[18] Diese Perversion oder Verunreinigung des wirklichen deutschen Volkes und der wirklich deutschen Ideale führten nach seiner Ansicht zu der Schwäche und den Schwierigkeiten seiner Zeit. Die Deutschen sollten sich vereinigen, reinigen und die ihnen zustehende (überlegene) Stellung in der Welt einnehmen.

Wie immer ging es nicht nur um Erziehung, sondern auch um Politik. Ein Aspekt in den hergebrachten Überzeugungen, der für Haeckel zum Zielpunkt besonders heftiger Kritik wurde, war die Vorstellung von der Gleichheit aller Menschen. Arthur de Gobineau hatte 1853 in einem Buch mit dem Titel *Die Ungleichheit der menschlichen Rassen* den Prototyp der überlegenen nordischen oder arischen Rasse definiert – blond, kräftig, intelligent, moralisch und tapfer. Als die Kolonialreiche der europäischen Mächte sich ausdehnten, wurde die Frage, was man mit Eingeborenenvölkern anfangen und wie man sie behandeln solle, vom Gegenstand theoretischer Diskussionen zu einem heftig umkämpften Thema, bei dem die verschiedenen Überzeugungen täglich durch Kulturkonflikte belastet wurden, die auf unterschiedliche Erwartungen und Sitten zurückgingen. Haeckel setzte die Arier mit den wahren Germanen gleich, mit dem Volk der Deutschen, das mit Macht ausgestattet und von Natur aus gut war und auf mystische Weise mit der heiligen deutschen Landschaft in Verbindung stand. Ende der siebziger Jahre des 19. Jahrhunderts hatte Haeckel gewaltigen, beispiellosen Einfluß auf die öffentliche Meinung und die kulturellen Einstellungen in Deutschland.[19] Damit hatte er genau die richtige

Stellung, um eine radikale Neuorientierung des deutschen Erziehungswesens in Gang zu setzen.

Virchow dagegen saß nach wie vor in der Kommandozentrale der deutschen biologisch-medizinischen Forschung, aber er erfreute sich bei weitem nicht der gleichen öffentlichen Lobhudelei, und seine Ideen weckten bei den Leuten keine zutiefst emotionalen Reaktionen. Sogar seine politischen Aktivitäten blieben, so tapfer und gut gemeint sie auch waren, weitgehend ohne Wirkung. Erstaunlicherweise arbeitete Virchow jetzt mit seinem langjährigen Gegner Bismarck in einer unheiligen Allianz gegen die katholische Kirche zusammen. Der Auslöser war die Verkündigung des Dogmas von der Unfehlbarkeit des Papstes (unter bestimmten Voraussetzungen) im Jahr 1870, über die Virchow zutiefst entsetzt war. Gefährlich wurde die Doktrin vor allem dadurch, daß die Kirche in Deutschland praktisch das gesamte Schulwesen unter Kontrolle hatte. Nach Virchows Überzeugung wurde die Frage zu nichts Geringerem als einem Kampf für die Zivilisation, einem Kulturkampf – so die Bezeichnung für eine Bewegung, die eigentlich kaum mehr war als der nur schwach verhüllte Versuch, die katholische Kirche in Deutschland zu entmachten. Während Virchow für eine echte Trennung von Kirche und Staat eintrat (in Erinnerung an seine Philosophie der Trennung von Philosophie und Wissenschaft), verfolgte Bismarck das Ziel, die Kirche seiner Vorstellung vom Staat zu unterwerfen – ein Unterschied in den Absichten, der Virchows Aufmerksamkeit zu jener Zeit vermutlich entging. Bismarck hatte bereits große, früher selbständige Gebiete erobert und dem neuen Deutschen Reich einverleibt, und jetzt ging er daran, die Massen mit Hilfe des Antisemitismus zu einer fügsamen, reaktionären Gruppe zu machen. Die katholische Kirche war für Bismarcks Vereinigungsabsichten eine Bedrohung, insbesondere weil der Papst in jeder Angelegenheit, für die er das Unfehlbarkeitsdogma in Anspruch nahm, völligen Gehorsam fordern konnte. Bismarck erklärte, die Macht des Papstes müsse und könne gebrochen werden, und diesmal stimmte Virchow zu.

Nun könnte man annehmen, diese Wendung der Ereignisse könne Virchows Gegnerschaft zu Haeckel gemildert haben, da dieser sich ebenfalls offen gegen die Kirche stellte, aber so kam es nicht. Mit seinem wachsenden Mystizismus und seiner Evolutions-»Religion« unterschied Haeckel sich kaum von der Kirche, die nicht auf Vernunft, sondern auf Glauben beharrte. Virchow bestand wieder unbeugsam auf Tatsachen und Befunden, die schon 1863 zur Grundlage für seine gegen Haeckel gerichteten Bemerkungen geworden waren. Symbolisch betrachtet, kämpfte Virchow verzweifelt gegen eine scheinbar unbesiegbare Hydra, deren Köpfe »Haeckel«, »Kirche«, »Mystizismus«, »Ariertum«, »Glaube« und »Darwinismus« hießen.

Im Jahr 1877 veröffentlichte Virchow seine Ansichten unter der Überschrift »Die Freiheit der Wissenschaft im modernen Staat«. Den Titel hatte er absichtlich so gewählt, daß er Haeckels »Freiheit in Forschung und Lehre« aus dem gleichen Jahr ähnelte. Der ausdrückliche Unterschied bestand darin, daß Virchow von der Freiheit der Wissenschaft *in politischem Zusammenhang* sprach. Er wandte sich in seinem Werk strikt dagegen, den Darwinismus (oder Haeckelismus, wie er in Deutschland genannt wurde) an den Schulen zu lehren. An den Anfang stellte er eine Behauptung zur politischen Strategie, die eine Lektion in Zweckmäßigkeitsüberlegungen darstellte. Der Kulturkampf war, was die Verminderung der kirchlichen Macht anging, nur begrenzt erfolgreich gewesen. Statt für dieses Extrem einzutreten und damit die Chance aufs Spiel zu setzen, daß die Naturwissenschaften im Lehrplan mehr Beachtung fanden, war es nach Virchows Überlegungen besser, Selbstbeschränkung zu üben und weniger umstrittene Themen zu lehren.

»Wir müssen strenge unterscheiden zwischen dem, was wir *lehren* wollen, und dem, wonach wir *forschen* wollen. Das, wonach wir forschen, das sind Probleme ... Die Forschung nach solchen Problemen ... darf keinem verschränkt sein. Das ist die *Freiheit der Forschung*. Aber das Problem soll nicht ohne weiteres Gegenstand der *Lehre* sein. Wenn wir lehren, so müssen wir uns an jene kleineren und doch schon großen Gebiete halten, die wir wirklich beherrschen.

Meine Herren! Mit einer solchen Resignation, die wir uns selbst auferlegen, die wir gegenüber der übrigen Welt üben, bin ich überzeugt, werden wir allein im Stande sein, den Kampf gegen unsere Widersacher zu führen und siegreich zu führen. Jeder Versuch, unsere Probleme zu Lehrsätzen umzubilden, unsere Vermutungen als die Grundlagen des Unterrichtes einzuführen, der Versuch insbesondere, die Kirche einfach zu depossedieren und ihr Dogma ohne weiteres durch eine Deszendenzreligion zu ersetzen, ja, meine Herren, dieser Versuch muß scheitern, und er wird in seinem Scheitern zugleich die höchsten Gefahren für die Stellung der Wissenschaft überhaupt mit sich bringen.

Darum, meine Herren, mäßigen wir uns, üben wir die Resignation, daß wir auch die teuersten Probleme, die wir aufstellen, doch immer nur als Probleme geben, daß wir es hundert und hundertmal sagen: haltet das nicht für feststehende Wahrheit, seid darauf vorbereitet, daß es vielleicht anders werde; nur für den Augenblick haben wir die Meinung, es *könnte so sein.*«[20]

Dieses Argument erscheint vernünftig und sogar gemäßigt, aber es verbirgt eine leidenschaftlich vertretene Wahrheit: Virchow konnte die Evolutionstheorie nicht anerkennen. Im Innersten glaubte er nicht einen Augenblick lang, sie könne stimmen, selbst nachdem Haeckel so meisterhaft die gewaltigen Ähnlichkeiten zwischen Menschen und Affen demonstriert hatte, die auf eine gemeinsame Abstammung hinweisen. Für Virchow fehlten die Tatsachen in der Evolutionstheorie praktisch völlig. Er fuhr fort:

»...Ich muß doch erklären: jeder positive Fortschritt, den wir in dem Gebiete der prähistorischen Anthropologie gemacht haben, hat uns eigentlich vom Nachweise dieses Zusammenhanges [zwischen Menschen und Affen] mehr entfernt.

Die Anthropologie studiert in diesem Augenblicke die Frage des fossilen Menschen …

Noch vor zehn Jahren, wenn man einen Schädel im Torfe fand oder in Pfahlbauten oder in alten Höhlen, glaubte man, wunderbare Merkmale eines wilden, noch ganz unentwickelten Zustandes an ihm zu sehen. Man witterte eben Affenluft. Allein das hat sich allmählich immer mehr verloren. Die alten Troglodyten, Pfahlbauern und Torfleute erweisen sich als eine ganz respektable Gesellschaft. Sie haben Köpfe von solcher Größe, daß wohl mancher Lebende sich glücklich preisen würde, einen ähnlichen zu besitzen … Ja, wenn wir die Summe der bis jetzt bekannten fossilen Menschen zusammennehmen und sie parallel stellen dem, was die Jetztzeit bietet, so können wir entschieden behaupten, daß unter den lebenden Menschen eine viel größere Zahl relativ niedrigstehender Individuen vorhanden ist als unter den bis jetzt bekannten Fossilen.«[21]

Sollte er die Belege nicht vernichtend genug geleugnet haben, wiederholte Virchow seinen Kernpunkt in gesperrter Schrift:

»Aber ich muß sagen: irgend ein fossiler Affenschädel oder Affenmenschenschädel, der wirklich einem menschlichen Besitzer angehört haben könnte, ist noch nie gefunden worden … Wir können nicht lehren, wir können es nicht als eine Errungenschaft der Wissenschaft bezeichnen, daß der Mensch vom Affen oder von irgend einem anderen Tiere abstamme.«[22]

Die Fossilien aus dem Neandertal, ergänzt zu jener Zeit bereits durch einen weiteren Neandertalerkiefer aus La Naulette in Belgien und einen vollständigen Schädel aus Gibraltar, konnten Virchow nicht davon überzeugen, daß es altertümliche, vom Jetztmenschen verschiedene menschliche Formen gab – ebensowenig wie alle übrigen Fossilien, die bis zu seinem Tod Anfang des 20. Jahrhunderts noch gefunden wurden.

Im letzten Abschnitt seiner Schrift führt er noch einmal einen Schlag gegen Haeckel, dessen poulärwissenschaftliche Bücher über die Evolutionstheorie ein großes Publikum ansprachen, wobei seine Schludrigkeit mit den genauen Tatsachen meist unbemerkt blieb.

»Sehen Sie, meine Herren, darin liegt die Schwierigkeit für jeden Naturforscher, der in die Außenwelt hineinspricht. Wer für die Öffentlichkeit spricht oder schreibt, der, meine ich, müßte sich gerade jetzt doppelt prüfen, wie viel von dem, was er weiß und sagt, objektiv wahr ist. Er müßte sich möglichst bemühen, alle nur induktiven Erweiterungen, die er macht, alle weitergehenden Schlüsse nach Gesetzen der Analogie, sie mögen auch noch so naheliegend erscheinen, mit kleinen Lettern unter dem Text drucken zu lassen, und in den Text eben nur das zu setzen, was wirklich objektive Wahrheit ist.«[23]

Den Darwinismus auf dem Altar der politischen Nützlichkeit zu opfern war für Virchow nicht schwer; es diente ihm als willkommener Vorwand, um eine unangenehme und in seinen Augen völlig unsinnige Theorie loszuwerden. Mit einem gewaltigen Schlag wollte er Haeckels Mystizismus, die spekulative Pseudowissenschaft der Evolutionstheorie und die Kirche zerschmettern.

In Wirklichkeit war Wissenschaft für Virchow auf Gedeih und Verderb die Handlangerin für Politik und soziale Reformen. Eindeutige Belege sind seine Arbeit für Hygiene, Abwasserreinigung und andere Maßnahmen im öffentlichen Gesundheitswesen, aber auch Anthropologie und Evolution wurden nach seinen umfassenderen Empfindlichkeiten zurechtgebogen. Seine Rede von 1877 war nur einer von mehreren Angriffen auf Ideen, die er verabscheute.

Zu diesen verhaßten Vorstellungen gehörte auch der Ariermythos; ihn griff Virchow 1876 mit einer großangelegten anthropologischen Übersichtsuntersuchung an, bei der er die Augen-, Haar- und Hautfarbe von 676000 deutschen Schulkindern erfaßte. Es war ein unbeholfener Versuch, die Anthropologie von einer exzentrischen, amateurhaften Sammelleidenschaft für seltsame Schädel zu einer quantitativen, modernen Wissenschaft zu machen: eine Umwandlung ähnlich der, für die er in der Pathologie gesorgt hatte. Vielleicht spürte Virchow auch, welche gefährliche Wendung der Rassismus und insbesondere der Antisemitismus unter Bismarcks Ermutigung und mit Haeckels »wissenschaftlicher« Rechtfertigung allmählich nahm. Und ebenso fühlte Virchow sich vielleicht mit seiner deutlich erkennbaren slawischen Abstammung unwohl, die sich sowohl an seinem Namen als auch an seinem Aussehen zeigte. Was auch seine Motive gewesen sein mögen, jedenfalls ging er daran, den Mythos vom großen, blonden, blauäugigen Arier zu zerstören, einem Typus, für den sein Erzfeind Haeckel Modell gestanden haben könnte. Die Kinder wurden in den Schulen begutachtet, was zu erschreckenden Gerüchten führte. In einem Bericht über die Untersuchung heißt es:

»Überall hatte sich die Nachricht verbreitet, man werde katholische Kinder mit schwarzen Haaren und blauen Augen außer Landes schicken, manchen Angaben zufolge nach Rußland; andere erklärten, der König von Preußen habe mit dem türkischen Sultan Karten gespielt und 40000 blonde, blauäugige Kinder verloren, und Mohren führen in Wagen herum, um sie einzusammeln; die Lehrer halfen angeblich, weil sie für jedes angelieferte Kind fünf Taler erhielten. Eine Zeitlang herrschte im Volk große Erregung ... Ein Schulmeister, der seine Pappenheimer offensichtlich kannte, versicherte den entsetzten Eltern, es würden nur Kinder mit blauen Haaren und grünen Augen gesucht – eine Erklärung, mit der sie erleichtert nach Hause gingen.«[24]

Das einfache Volk fürchtete offenbar, es drohe offiziell geduldete Diskriminierung, Exil oder sogar der Tod aufgrund von Aussehen oder Religion. Daß solche Gerüchte in den siebziger

Jahren des 19. Jahrhunderts so weite Verbreitung fanden, zeigt deutlich, wie tief die Wurzeln der nationalsozialistischen Endlösung lagen. An der albernen Versicherung des Lehrers erkennt man aber auch den Hochmut der Gebildeten gegenüber den Unwissenden, welche die Wahrheit angeblich selbst dann nicht verstanden, wenn man sie ihnen anbot, die aber (so glaubte man offensichtlich) schieren Unsinn für wahr hielten, wenn er nur mit Autorität vorgetragen wurde.

Virchows Übersichtsuntersuchung, die 1886 veröffentlicht wurde, belegte seinen Standpunkt: Die Deutschen waren weder vorwiegend blond noch blauäugig; jüdische Kinder (die man in der Untersuchung getrennt erfaßt hatte) waren insgesamt allerdings dunkler als die Deutschen. Virchows Befunde konnten die Panzerplatten des arischen Ideals nicht einmal ankratzen – es blieb weiterhin das Vorbild, wie ein guter Deutscher aussehen sollte –, und ebensowenig erschütterten sie die Überzeugung, die christlichen Deutschen seien eine einheitliche Rassengruppe. Vergeblich erklärte er: »Wir wissen, daß jede Nationalität, beispielsweise die deutsche oder die slawische, von zusammengesetztem Charakter ist, und niemand kann aus der Eingebung des Augenblicks heraus sagen, aus welchem der beiden Stämme jemand sich entwickelt hat.«[25] Die scheinbar zufällige Wahl der Beispiele – deutsch oder slawisch – zeigt seine Sorgen um seine eigene Abstammung.

Virchow tat alles, was in seiner Macht stand, um die physische Anthropologie in Deutschland zu lenken und die Anerkennung des Darwinismus zu behindern. Im Laufe der Jahre wurde Darwin immer mehr akzeptiert und war nun weniger umstritten, insbesondere in England, Belgien und Frankreich. Nach weiteren Funden wurden auch die fossilen Hinweise auf altertümliche Menschen in Form der Neandertaler allgemein anerkannt (außer in Deutschland). Als 1886 an einer Stelle namens Spy in Belgien zwei weitere Neandertalerskelette gefunden wurden, war – in den Augen der meisten Menschen – bestätigt, daß diese menschlichen Fossilien sehr alt und gesund waren.

Das galt aber nicht für Virchow und seine Anhänger. Im Jahr 1889 konnte er freudig eine Stellungnahme abgeben, in der er hartnäckig behauptete, die Evolutionstheorie sei so gut wie erledigt.

»Vor 20 Jahren hatte der Darwinismus gerade seinen Siegeszug durch die Welt angetreten ... Zu jener Zeit hoffte man, die Abstammungstheorie werde nicht nur in der von Darwin vertretenen Form obsiegen, sondern auch in der seiner Nachfolger [d. h. Haeckel] – denn wir haben es heute nicht mit Darwin, sondern mit den Darwinisten zu tun. Niemand zweifelte daran, daß der Beweis kommen würde, denn man wollte zeigen, daß der Mensch vom Affen oder zumindest von irgendeiner Tierart abstammt ... Aber das ist dem Darwinismus nicht gelungen. Vergeblich haben seine Anhänger nach den Verbindungsgliedern gesucht, die zwischen dem Menschen und dem Affen stehen; man hat nicht ein einziges gefunden ... Es wurde aus Glaubensgründen vermutet, aber es gehörte nie zur Wissenschaft.«[26]

Virchow unterdrückte und leugnete die Tatsache der menschlichen Evolution weiterhin aus seinen zwei Gründen: wegen der politischen Nützlichkeit und aufgrund seiner Ansichten über richtige wissenschaftliche Arbeit. Aber in den letzten Jahren vor seinem Tod 1902 schwand seine Macht.

Haeckel kämpfte nach wie vor für die Evolutionstheorie und übertraf Virchow dabei vielleicht nicht an Logik, wohl aber an Langlebigkeit. Auch für ihn war der Darwinismus ein politisches Thema. Noch größer wurde Haeckels Einfluß um die Jahrhundertwende, nachdem 1899 sein erfolgreichstes populärwissenschaftliches Buch mit dem Titel *Die Welträtsel* erschienen war. Es wurde in 25 Sprachen übersetzt, und allein in Deutschland verkaufte man im ersten Jahr über 100 000 Exemplare; im Laufe der Jahre wurden es über eine halbe Million.[27] Daniel Gasman, ein moderner Wissenschaftshistoriker, erklärt den Reiz des Buches so:

»In *Die Welträtsel* stellte Deutschlands größter Biologe die wissenschaftlichen und philosophischen ›Wahrheiten‹ der Welt scheinbar klar und offen dar. Die Geheimnisse der Welt und des Lebens, so versicherte Haeckel seinen Lesern, seien leicht erklärbar und lägen im Begriffsbereich der Wissenschaft ... Außerdem boten die *Welträtsel* eine moderne religiöse Weltanschauung. Haeckel legte die Vorstellung nahe, die Wissenschaft von der Natur sei keine riesige, unpersönliche Disziplin. Im Gegenteil: Sie bot die Basis für einen ebenso überzeugenden Glauben wie die hergebrachte Religion.«[28]

Gasman zufolge betrachtete man Haeckel selbst als gottähnlichen Propheten, als Genie, das bei seinen Anhängern einen glühenden nationalistischen Glauben erweckte. Seine Worte waren mystisch, romantisch, überzeugend – so gut wie heilig. Virchow war tot, und Haeckels Vision herrschte vor.

Im Jahr 1906 gründete er den Monistenbund, der seine Ziele verfolgen sollte. Schreckliche Dogmen, die sich lose auf Haeckels Interpretation der Evolutionstheorie gründeten, lösten einander ab und taumelten in einem beängstigend plausiblen Strom von Überzeugungen davon. Darwins harmlose Theorie war bis zur Unkenntlichkeit verfälscht. Wenigstens erfuhr Darwin, der seit 1882 tot war, nicht mehr, welche düsteren Worte in seinem Namen geäußert wurden.

Der Kernpunkt in Haeckels Theorien war eine verzerrte Vorstellung von den Menschenrassen. Eine Rasse war für ihn nicht das, was Biologen heute darunter verstehen: eine regionale Untergruppierung einer Art (menschlich oder nicht), eine räumlich begrenzte Population, lose zusammengehörig wegen einer Neigung zu bestimmten Variationen im Phänotyp (dem äußeren Erscheinungsbild) oder Genotyp (der Genausstattung). Für Haeckel war eine Rasse eine Nationalität, ein Stamm oder auch eine ethnische Gruppe, die sich nicht genetisch, sondern kulturell von ihren Nachbarn unterschied. Eine andere Rasse war »die« im Gegensatz zu »wir«, und auch alle Zahlen von Virchow, die zeigten, daß »wir« uns im Phänotyp unterscheiden, waren ohne Bedeutung.

Völlig offen vertrat Haeckel seine Überzeugung, biologische Gesetzmäßigkeiten müßten auch die menschliche Gesellschaft beherrschen. »Daher«, so schrieb er, »wirkt auch die natürliche Züchtung durch den Kampf ums Dasein ebenso in der menschlichen Gesellschaft, wie im Leben der Tiere und Pflanzen umgestaltend ein ...«[29] Er glaubte schlicht und einfach, Rassen unterschieden sich voneinander ebenso stark wie Tierarten, und damit lieferte er ein scheinbar wissenschaftliches Argument für unverblümten Rassismus.[30] Er überlegte: »Diese Naturmenschen (z. B. [indische] Weddas, Australneger) stehen in psychologischer Hinsicht näher den Säugetieren (Affen, Hunden), als dem hochzivilisierten Europäer; daher ist auch ihr individueller Lebenswert ganz verschieden zu beurteilen.«[31]

Wegen der Rassenunterschiede war die Erhaltung (oder Wiederherstellung) der deutschen Rassereinheit für ihn von größter Wichtigkeit für das Wohlergehen der Welt. Deutschland stellte natürlich in der Evolution den Gipfel des Menschlichen dar und mußte den Weg in die Erhaltung des besonderen Charakters der Nationen und Rassen eröffnen[32], weil der größte Fortschritt von den größten Völkern ausgehen mußte. In Haeckels Augen war Nation im allgemeinen gleichbedeutend mit Rasse, und gleichzeitig war sie die allein wirksame Einheit im Prozeß der gesellschaftlichen Evolution.

Haeckels Monisten verlangten neben anderen Veränderungen[33] auch ein Klassenwahlrecht, so daß die Stimmen der Intelligenteren mehr zählten als die der einfachen Arbeiter. Nur durch Unterwerfung des einzelnen unter das Wohl des Staates, so glaubten sie, könne die richtige inner- und zwischenstaatliche Ordnung hergestellt werden; nur so ließen sich Wohlstand und Glück für die ganze Welt erreichen. Die Demokratie sei offenkundig zum Scheitern verurteilt, ebenso wie die unkontrollierte Vermischung aller Teile der Gesellschaft ohne Rücksicht auf Eignung und Wert. Haeckels Überzeugungen waren so stark, daß er außergewöhnliche Erklärungen abgeben konnte, offenbar ohne ihre offenkundigen Schwachpunkte zu bemerken: die »Beseitigung anormaler neugeborener Säuglinge«, wie sie im antiken Sparta praktiziert wurde, sei, so Haeckel, von großem Vorteil sowohl für die beseitigten Kinder als auch für die Gemeinschaft gewesen.[34] In welcher Form die Beseitigung für die toten Säuglinge ein Vorteil gewesen sein soll, kann man sich nur schwer vorstellen.

Mit der Hitze seiner leidenschaftlichen »Wissenschaft« verschmolz Haeckel Rasse und Staat.[35] Die deutsche Rasse mußte autoritärer Macht unterworfen und durch Eugenik verbessert werden; er brachte Tausende dazu, seine Ansicht zu übernehmen. Er verkündete eine neue, machtvolle wissenschaftliche Wahrheit, die den Schmerz einer bedrückten Nation in schwieriger Zeit lindern konnte, und die Leute hörten ihm zu. Haeckel war blind für die Übel, die er verteidigte, und für die Verzerrung der Evolutionstheorie, in deren Namen er angeblich sprach.

Gemeinsam hatten Haeckel und Virchow die empirische Wissenschaft in Deutschland völlig zugrunde gerichtet. Mit der Wissenschaft als Waffe der politischen Reform hatte der eine sich verleiten lassen, die auf der Hand liegenden Belege für die Evolution zu leugnen, und der andere hatte Darwins arme Theorie bis zur Unkenntlichkeit verändert, erweitert und verbogen.

Teil III
Evolutionsrassismus

6
Überleben des Ungeeignetsten

Im englischen Sprachraum war man nicht immun gegenüber den geistigen und wirtschaftlichen Kräften, die Haeckels Ideen in Deutschland einen so großen Reiz verliehen. Schon recht lange vor der Veröffentlichung von *The Origin of Species* hatte der Philosoph Herbert Spencer Vorstellungen von Gesellschaft und Staat entwickelt, die fast mit den später von Darwin formulierten Ideen von der Evolution übereinstimmten. Eine Formulierung, die man heute fast mit der Evolutionstheorie gleichsetzt, nämlich die vom Überleben des Geeignetsten (*survival of the fittest*), war sogar Spencers und nicht Darwins Erfindung. Darwin war ohne Zweifel stark von Spencers Gedanken beeinflußt.

Herbert Spencer wurde 1820 als Sohn eines Lehrers geboren und war als Wirtschaftsjournalist tätig, bis die Erbschaft von einem Onkel ihn von der Notwendigkeit befreite, seinen Lebensunterhalt durch Arbeit zu verdienen. Er lehnte es ab, die Universität zu besuchen, und leistete immer nur Mittelmäßiges, wenn es um Aufgaben wie das Sprachenlernen ging, die ein gutes Gedächtnis erfordern. In Geometrie, Physik und Zeichnen war er gut. Er las viel und dachte originell, vielleicht weil er auf vielen seiner Arbeitsgebiete wegen der fehlenden akademischen Ausbildung nicht durch die herrschenden Lehrmeinungen vorbelastet war. Im Jahr 1851 veröffentlichte er das Werk *Social Statics*, in dem er seine Ideen über die richtige Führung der Gesellschaft umriß. Weitere Bücher folgten, darunter vor allem sein umfassendes Werk *The Synthetic Philosophy* (geplant seit 1860, fertiggestellt 1896), in dessen verschiedenen Bänden er seine Ansichten über Biologie, Psychologie, Moral und Soziologie darstellte. Hier verfeinerte er sein philosophisches System, wobei er Darwins von ihm beeinflußte Ideen wiederum in sein eigenes Gedankengebäude einfließen ließ.

Wie für Haeckel, so war Evolution auch für Spencer nicht einfach Darwins niedliche Theorie über die Entstehung der Arten, sondern ein allgemeingültiges Prinzip. Spencer sah keine dünne Ranke, sondern einen wuchernden, durchdringenden Darwinismus, der sich mit seinen gewundenen Zweigen an jedem Riß und jeder Beule in der Mauer des Lebens festklammerte. Jeden Aspekt des Lebens, so seine Argumentation, sollte man unter dem Gesichtspunkt fortschreitender Entwicklung sehen, von der Evolution des Sonnensystems bis zu den Tierarten und der menschlichen Gesellschaft. Auch die Produkte der Menschen wie Kunst, Wissenschaft, Industrie und Sprache machten in seinen Augen eine Evolution durch, die von einem niedrigen, einheitlichen Zustand zu immer stärkerer Differenzierung führte. Einfachheit und Einheitlichkeit machten Heterogenität und »Individuation« Platz. Nach Spencers Ansicht war das ein zwangsläufiger und guter Prozeß, der am besten funktionierte, wenn man ihn nicht störte, und deshalb sprach er sich für eine äußerst lockere Regierungsführung aus. Manche Menschen würden auf dem langen Weg zwar unter die Räder kommen – das hielt er sogar für unvermeidlich –, aber die Folge, so meinte er, sei mehr soziales Wohlergehen, eine Gesamtverbesserung von Menschheit und Gesellschaft.

Diese Sicht auf das Leben erinnerte stark an das protestantische Weltbild früherer Generationen. Weltlicher Erfolg galt von vornherein als Beleg für Tugend oder göttliche Zustimmung; jetzt, wo man keinen religiösen, sondern einen wissenschaftlichen Anspruch erfüllen mußte, war der weltliche Erfolg offenkundig ein Anzeichen für Darwinsche Eignung und genetische Überlegenheit. Die Armen und die Arbeiterklasse, die in Schmutz und Elend lebten, litten nur deshalb, weil sie aus minderwertigem Material waren; ihre Schwierigkeiten waren einfach ein Ausdruck des Planes der Natur und der natürlichen Selektion; einzugreifen hieß, die Gesellschaft, die Rasse oder sogar die gesamte Menschheit zugrunde zu richten. Gesellschaft und Wirtschaft wurden demnach von denen geführt, die sich am besten zum Führen eigneten und über lange Phasen überlegener Leistungen herausselektioniert worden waren – deshalb sei es töricht, über schnelle oder tiefgreifende Veränderungen nachzudenken. Solche Ideen paßten gut zu der seit langem üblichen Praxis, neue Bekannte zu beurteilen, indem man nach ihrer Familie fragte; wenn man die »Leute« eines anderen kannte, dann glaubte man, man wisse auch über die Neigungen und Persönlichkeitsmerkmale Bescheid, die der Betreffende wahrscheinlich geerbt hatte.

Herbert Spencer gehörte zu den bekanntesten Denkern, die sich mit der Bedeutung der Darwinschen Evolution für andere Bereiche beschäftigten; allerdings war er in den Vereinigten Staaten bekannter als in seiner britischen Heimat. Beide Länder erlebten gerade eine industrielle Revolution: Die Industrieproduktion veränderte sich stark, das einfache Volk zog in die Städte, und zwischen den sozialen und wirtschaftlichen Klassen entstanden immer deutlichere Abgrenzungen. Zum Adel mit seinem ererbten Grundbesitz und Wohlstand gesellten sich schon bald die Neureichen, jene begüterten Opportunisten, die für sich aus der technischen Revolution das beste gemacht hatten. Zusammen bildeten sie einen festgefügten, konservativen Block, der zutiefst gegen staatliche Eingriffe in angeblich natürliche Vorgänge war. Nach Ansicht dieser Gruppe würden Sozialgesetze, staatlich finanzierte Ausbildung, Hygieneüberwachung, Wohnungsverwaltung, Tarifverträge, Bankenaufsicht und sogar das Postsystem die fortschreitende Verbesserung der Gesellschaft behindern.

Natürlich war Spencer wie Darwin vertraut mit Malthus und den mathematischen Gesetzmäßigkeiten, wonach auf Überbevölkerung eine Phase des Massensterbens folgen mußte. Wenn die ungeeigneten unteren Klassen sich weiterhin vermehrten, mußten sie die unausweichlichen Folgen ihrer Unklugheit tragen. Er war tatsächlich der Ansicht, die Armen hätten den Hunger verdient, aber ein Minimum an Mildtätigkeit, so räumte er ein, könne dem Charakter des Spenders so nützen, daß es vermutlich keinen dauerhaften Schaden anrichtete.

Kurz gesagt, entwickelte sich die Gesellschaft in Spencers Augen genauso wie die Lebewesen; Darwins Erkenntnis war eine große Wahrheit und erstreckte sich weit über den begrenzten Bereich hinaus, für die Darwin sie erdacht hatte. Während die Vererbung bei den Lebewesen innerhalb einer Art auf nicht genau bekannte Weise – die genetischen Mechanismen waren Ende des 19. Jahrhunderts noch ein Rätsel – für Variabilität zwischen den Individuen sorgte, gab es nach Spencers Theorie für die Variabilität zwischen Individuen, Klassen, Kulturkreisen oder Rassen eine andere Ursache. Auch sie entwickelten sich in Richtung immer größerer Vervollkommnung und unterlagen ebenfalls der natürlichen Selektion. Nach diesem Dogma gab es eine geheimnisvolle Kraft, die große Unbekannte, die auf der Erde ständig wirkte und Variationen, Individuation, Spezialisierung und Höherentwicklung schuf. Diese unergründliche Kraft, wie er sie manchmal nannte, war ein schlaues Zugeständnis an die Religion, denn die große Unbekannte konnte man ohne weiteres mit Gott gleichsetzen (was auch oft geschah). Spencer stellte sich Gott mehr oder weniger als Uhrmacher vor, der eine unglaublich raffinierte Welt mit eingebauten Regeln und Eigenbewegungen konstruiert hatte und sie aufzog, so daß sie ohne weitere Eingriffe laufen konnte. Die große Unbekannte schuf einfach die anfängliche Vielfalt, auf die die natürliche Selektion dann mechanisch einwirkte.

In Amerika erwuchsen in den siebziger und achtziger Jahren des 19. Jahrhunderts aus ähnlichen sozialen und wirtschaftlichen Veränderungen auch ähnliche Überzeugungen. Der Bürgerkrieg hatte eine beunruhigte Bevölkerung hinterlassen; man war sich schmerzlich der Unterschiede zwischen den Rassen bewußt, die nun gesetzlich für gleichberechtigt erklärt wurden, und man bemerkte die wachsende Ungleichheit zwischen den gesllschaftlichen und wirtschaftlichen Klassen. Der industrialisierte Norden erlebte einen Aufschwung, der ländliche Süden dagegen hatte mit Wiederaufbau und einer ruinierten Wirtschaft zu kämpfen. Den Raubrittern in der Industrie ging es gut, während andere, die zuvor reich gewesen waren, ins Elend gerieten. Für ehemalige Sklaven, die meisten ungebildet, verarmt und ohne jegliche Vorstellung von der Gestaltung des eigenen Lebens, war die Freiheit ein saurer Apfel, nicht Milch und Honig, wie man ihnen vielfach prophezeit hatte. Viele Angehörige der gebildeteren Schichten wandten sich der Wissenschaft und insbesondere den inzwischen allgemein anerkannten Vorstellungen von natürlicher Selektion und Darwinismus zu, um dort Richtlinien und Hoffnung zu finden.

Spencers Schriften und Arbeiten waren Ende des 19. Jahrhunderts in den USA weithin bekannt; dies zeigt sich zum Beispiel an einer beliebten Vortragsreihe über Evolution, die 1888 von der Brooklyn Ethical Association finanziert wurde. Auf dem Programm standen Berichte über Spencers und Darwins Ideen sowie Vorträge über Themen wie »Die Evolution des Geistes«, »Die Evolution der Gesellschaft« und »Die Evolution der Moral«. Bei dieser Gelegenheit dozierte eine eindrucksvolle Mischung selbsternannter Philosophen, Wissenschaftler (unter ihnen der berühmte Paläontologe Edward Drinker Cope) und Geistlicher.

Aber Amerika hatte auch eigene Philosophen von Format. Professor William Graham Sumner von der Yale University, ein temperamentvoller und einflußreicher Mann, verteilte den Dünger der protestantischen Arbeitsmoral auf dem Boden der Malthusianischen Wirtschaftslehre, in der die Darwinsche Evolutionstheorie wurzelte. Seine Worte sprachen ein breites Publikum an. Sumner lehnte zwar die Bezeichnung »Sozialdarwinist« ab, die allgemein im abwertenden Sinne gebraucht wurde, aber seine Ansichten ähnelten sicher denen von Spencer. Für ihn war deutlich zu erkennen, daß die Menschen biologisch und – was wichtiger war – auch moralisch nicht gleich sind. Er behauptete, man müsse der natürlichen Selektion ihren Lauf lassen, und hegte tiefe Feindschaft gegenüber den »Zudringlichen«, die ständig den Ungeeigneten helfen wollten. Armut war einfach die Folge einer angeborenen Unterlegenheit und eines Mangels an Sparsamkeit, Fleiß, Ehrlichkeit und Besonnenheit. Sie zu lindern hieß, schlechtes Verhalten zu fördern, die Ausbreitung der unerwünschten Eigenschaften in der Bevölkerung zu begünstigen und in unfairer Weise diejenigen zu belasten, die mit harter Arbeit Erfolg gehabt hatten. Die einzige vertretbare Funktion des Staates bestand darin, das Eigentum der Männer und die Ehre der Frauen zu verteidigen. Die natürliche Selektion konnte nach Sumners Ansicht hart sein, aber sie war gerecht. Die einzige Alternative zum Überleben des Geeignetsten, so witzelte er einmal, sei das Überleben des *Un*geeignetsten. Konkurrenz war etwas Großartiges, die neue Erlösung, die das Los aller verbessern würde.

Spencer und Sumner selbst hätten zwar betont, daß sie unterschiedlicher Ansicht waren, aber sie hatten viele Gemeinsamkeiten. Beide sprachen die konservative Mittel- und Oberschicht an; beide wandten sich gegen Sozialprogramme und staatliche Eingriffe in die Wirtschaft; und beiden diente Darwins Theorie als wissenschaftliche Rechtfertigung, mit der sie ihre sozial- und wirtschaftspolitischen Ansichten untermauerten. Indem sie ihre Ideen auf die Wissenschaft gründeten, welche die neue Religion jener Zeit war, verliehen Spencer und Sumner ihren Überzeugungen das Flair der unausweichlichen Berechtigung. Der Fortschritt war vorbestimmt, und daß er sich zum Nachteil der einen und zum Vorteil der anderen ereignete, war zwar bedauerlich, aber nicht anders zu erwarten. Darwin selbst dagegen hatte zwar sicher einige seiner Ideen über die Natur aus der viktorianischen Sprachregelung abgeleitet, aber der Gegenstand seiner Theorie war die Biologie und nicht die Politik. Jetzt jedoch wirkten Darwins Vorstellungen, die sich auf die Kreuzung von Tauben und die Vielfalt der Primeln gründeten, mit großer Macht zurück auf die Gesellschaftstheorie. In dieser Verschiebung der Darwinschen Theorie aus der Biologie in viel größere Bereiche hallte noch einmal der Streit zwischen Haeckel und Virchow wider, der einige Zeit zuvor getobt hatte. Seine größten politischen Auswirkungen hatte der Darwinismus immer in Deutschland.

In dem geistigen und gesellschaftlichen Klima, das in England und den Vereinigten Staaten herrschte, war es nur ein kleiner Schritt vom Darwinismus zur Eugenik – den Begriff hatte Francis Galton, Darwins Cousin, 1883 geprägt. Der Naturwissenschaftler und Mathematiker Galton hatte die griechische Wurzel für »gut geboren« herangezogen und damit seine Vorstellung von einer Wissenschaft ausgedrückt, welche die Spezies Mensch verbesserte, indem sie »den geeigneteren Rassen oder Blutsstämmen eine größere Chance verschaffte, schnell die Vorherrschaft über die weniger Geeigneten zu gewinnen«.[1] Obwohl die Genetik bedauerlicherweise noch kaum entwickelt war, legte Galton den viktorianischen Optimismus an den Tag, mit Wissenschaft und Entschlossenheit sei alles zu erreichen. Wie Darwin, so war auch Galton bestens vertraut mit den eindrucksvollen Wirkungen sorgfältiger Kreuzung, mit der man Nutzpflanzen und Haustiere gleichermaßen verbessern konnte. »Könnte man die Rasse der Menschen nicht auf ähnliche Weise voranbringen?« fragte er arglos. »Könnte man nicht die Unerwünschten loswerden, während sich die Erwünschten vermehren?«[2]

Galton war fast genau ebenso alt wie Spencer und Huxley, also etwa 13 Jahre jünger als sein Vetter Darwin. Er gehörte zu der Generation aufgeweckter junger Männer, für die *The Origin of Species* eine Offenbarung war. »Ihr Buch hat die Beschränkungen meines alten Aberglaubens beiseite geräumt, als wenn sie ein Alptraum gewesen wären«, schrieb er an Darwin.[3] Zu der Zeit, als er Darwins Worte las, befand er sich allerdings auch auf einer geistigen und geographischen Irrfahrt, die ihn für solche neuen Ideen besonders empfänglich machte.

Galton wurde in Birmingham geboren; der Reichtum seiner

Familie gründete sich anfangs auf die Herstellung von Gewehren und in der Generation seines Vaters auf Bankgeschäfte. Seine Mutter war die Tochter von Darwins unkonventionellem Großvater Erasmus, der auch eine eigene, recht ungenaue Evolutionstheorie formuliert hatte. Galton zeigte schon in jungen Jahren gewaltige geistige Fähigkeiten – mit zweieinhalb Jahren konnte er lesen und mit vier Jahren arithmetische Aufgaben lösen –, aber seine Versuche mit einer normalen Ausbildung endeten unglücklich. Offenbar war er schon als Jugendlicher zu Höchstleistungen bestimmt, aber auf Kosten seiner Gesundheit und seines Wohlbefindens. Da er vorhatte, in Erasmus' Fußstapfen zu treten und Arzt zu werden, immatrikulierte er sich an der Kings College Medical School in London; dort plagten ihn starke Kopfschmerzen, aber das hinderte ihn nicht daran, hervorragende Beurteilungen zu erzielen. Im Jahr 1840 wechselte er an die Universität Cambridge, um auf einen Abschluß in Mathematik hinzuarbeiten. Dieses anstrengende Unternehmen führte in seinem letzten Studienjahr zu einem Nervenzusammenbruch, dem ersten in seinem Leben, dem noch mehrere weitere folgen sollten. Er bestand das Examen, allerdings ohne Auszeichnung, und nahm ohne rechten Ehrgeiz sein Medizinstudium wieder auf. Im Jahr 1845 lockerte sich der Druck: Sein Vater starb, und Galton erbte so viel, daß er sich seinen Lebensunterhalt nie wieder durch Arbeit verdienen mußte. Nun reiste er mit zwei Freunden nach Ägypten.

Es war die erste Station in einer Reihe verschlungener Reisen, die für Galtons charakterliche Entwicklung von großer Bedeutung waren. Statt in der angenehmen Umgebung Alexandrias herumzutrödeln oder auf einem luxuriösen Kreuzfahrtschiff den Nil hinaufzufahren, reiste Galton auf Kamelen und einem einfachen Nilkahn nach Khartum. Von dort gelangte er über eine längere Zwischenstation in Damaskus, wo er Arabisch lernte, schließlich nach Beirut und Jerusalem. Ein paar Jahre nachdem er nach England zurückgekehrt war, unternahm er eine weitere langwierige Reise; diese Expedition führte ins südliche Afrika und in die Gegend, wo die Völker der Namaqua und Damara Krieg führten. Er handelte eine Pax Britannica* aus, wobei er den Namaqua-Häuptling mit seinem roten Jagdmantel beeindruckte, und verschaffte der Royal Geographical Society eine Fülle neuer Informationen über das bis dahin nicht kartierte Gebiet, was ihm eine Goldmedaille und die Mitgliedschaft in der Royal Society einbrachte.

Wie bei vielen anderen Entdeckern und Reisenden der viktorianischen Zeit scheint Galtons Aufenthalt in den Kolonien recht genußreich gewesen zu sein; er selbst spricht von seinem »sehr orientalischen Leben«[4] im Nahen Osten. Die Angehörigen vernichteten offenbar die meisten seiner Briefe von dieser Reise, aber es blieben Berichte über den Kauf eines schönen Sklavenmädchens aus Abessinien, das ihm vermutlich als Konkubine diente. Diese Reisen vermittelten ihm aus erster Hand und sicher sehr eindringlich einen Eindruck davon, wie die Angehörigen anderer Rassen lebten.

Seine Auslandserfahrungen wirkten sich langfristig aus. Trotz seiner offenkundigen Vorliebe für viele der Nichteuropäer, unter denen er sich aufhielt, war Galton nicht frei von dem Rassismus, der zu jener Zeit für Engländer seines Standes typisch war. Die Zweischneidigkeit seiner Gefühle zeigt sich deutlich an seinen Handlungen und ihren Folgen. Mit irgend jemandem – vielleicht mit dem schönen abessinischen Sklavenmädchen – war er auf seiner Reise so intim, daß er sich während dieses Zwischenspiels eine Geschlechtskrankheit zuzog. Obwohl er medizinisch behandelt wurde, machte ihn das Leiden offenbar unfruchtbar. Über die betreffende Frau und ihr weiteres Schicksal gibt es keinerlei Berichte. Galtons spätere, äußerst ehrbare und öffentlich bekannte Ehe mit Louisa Butler, der Tochter des Direktors der Schule von Harrow und Dekans der Peterborough Cathedral, blieb kinderlos – ein seltsamer und ironischer Um-

* Gewaltsam aufgezwungener Friede in den von Großbritannien abhängigen Ländern (Anm. d. Übers.).

stand bei einem Intellektuellen, dessen wichtigstes Thema die Eugenik war.

Wie der Wissenschaftshistoriker Daniel Kevles in jüngerer Zeit feststellte, galt Galtons Vorliebe für dünn besiedelte Gebiete für wissenschaftliche Projekte ebenso wie für seine Reisen:

»Zwar ähnelte Galton dem typischen Amateurwissenschaftler des 19. Jahrhunderts, denn er hatte keine Ausbildung in der Forschungsrichtung, die er letztlich verfolgte, aber er fühlte sich in untypischer Weise zu weitgehend unbearbeiteten Gebieten hingezogen, und dazu gehörten zu seiner Zeit auch Statistik und menschliche Vererbung. Wenn er sich manchmal einem Thema widmete, zu dem andere bereits etwas beigetragen hatten, begann er seine Forschungen nicht damit, daß er die vorhandene wissenschaftliche Literatur analysierte; seine Bibliothek enthielt kaum zwei Dutzend Bände, die er erworben hatte, um seine verschiedenen Untersuchungen voranzubringen. Er lernte aus den Arbeiten anderer, ging sie aber nicht systematisch an. Auf nützliche Abhandlungen stieß er durch Zufall, oder er suchte sie heraus, wenn er sie zufällig brauchte ... Er war ein roh behauenes Genie, ein Pionier, der sich von einem Gebiet auf das andere begab und die im einen entwickelten Methoden im nächsten anwandte, oft ohne strenge Beurteilung, aber häufig mit verblüffender Effektivität. Galtons wissenschaftlicher Erfindungsreichtum war eng verknüpft mit seiner relativen geistigen Einsamkeit – ein Hang, der sich aus einem großen Maß von Zweifeln an seinen Fähigkeiten und dem damit verbundenen Drang zu außergewöhnlichen Leistungen ergab.«[5]

Ob er nun bei anderen Rassen im Ausland lebte oder die Pferderennen von Epsom besuchte – eine von Galtons Stärken war seine Zahlenbesessenheit. Sein Motto lautete: »Zähle, was du zählen kannst!«[6] Er verlieh den Frauen, die auf der Straße vorübergingen, einen Zahlenwert für ihre Attraktivität, stellte eine Schönheitskarte von England auf und zählte die unruhigen Zuhörer bei den Zusammenkünften der Royal Geographic Society. Unfähig, der Herausforderung durch solch außergewöhnliches Rohmaterial in Südafrika zu widerstehen, vermaß er indirekt die stattlichen Hinterteile der fettsteißigen Hottentottenfrauen; dazu veranlaßte er sie, langsam an ihm vorüberzugehen, während er durch einen Sextanten blickte. »Ich habe Figuren gesehen, die die Frauen in unserem Land zur Verzweiflung treiben würden«, schrieb er seinem älteren Bruder Darwin, »Figuren, die über eine Krinoline nur lachen können.«[7] Er numerierte alles, was sich zählen ließ, denn er war in die Zahlen als solche verliebt. Ihre Muster und Anordnungen enthielten für ihn Schönheit, Macht und Wahrheit.

Den Wendepunkt seiner Laufbahn brachte das Jahr 1869, als sein Buch *Hereditary Genius* erschien. Es war eine erweiterte Darstellung der Ideen, die er einige Jahre zuvor in einer Publikumszeitschrift geäußert hatte; er hatte darin die Frage aufgeworfen, ob natürliche Begabung – »jene Fähigkeiten des Geistes und der Veranlagung, die ... zu Ansehen führen ... [diese Eigenschaften] eines Meinungsführers ... eines Schöpfers«[8] – erblich sei. Er nahm aus biographischen Enzyklopädien wie dem *Dictionary of Men of the Time* eine Stichprobe von herausragenden Leistungsträgern aus einem Zeitraum von 200 Jahren – von Dichtern bis zu Wissenschaftlern, von Musikern bis zu Militärkommandanten. Dann untersuchte er ihre Verwandtschaftsverhältnisse und stellte dabei fest, daß manche Familien besonders häufig solche Männer hervorbrachten. Damit war in seinen Augen zweifelsfrei nachgewiesen, daß Charakter, Intelligenz und Erfindungsreichtum ebenso erblich sind wie Körpergröße, Länge der Nase oder abstehende Ohren. Nun zog er die logische Schlußfolgerung, es sei »durchaus praktikabel, durch wohlüberlegte Eheschließungen innerhalb mehrerer Generationen eine hochbegabte Menschenrasse zu erzeugen«.[9]

Galton leugnete energisch jeden Einwand, wonach gesellschaftliche Stellung oder Reichtum hervorragende Leistungen förderten; nach seiner Überzeugung spiegelte der Erfolg eines

Menschen einfach die Qualität des Erbmaterials wider. Er schlug vor, die britische Regierung solle wohlüberlegt bestimmte Verbindungen fördern, indem sie die Bevölkerung auf Erbqualität untersuchte und für die genetische Elite festliche öffentliche Trauungen in Westminster Abbey finanzierte. Eugenik, entweder auf rein freiwilliger Basis oder vom Staat gelenkt, war in seinen Augen ganz offenkundig das wissenschaftliche, geeignete Hilfsmittel zur Verbesserung der Nation. Und der Prophet dieser neuen Religion war Galton.

Die Zeit war für solche Überzeugungen reif. Der Amerikaner Richard Dugdale veröffentlichte 1877 seine Studien an der Familie Jukes, deren Name dadurch zum Synonym für krankhaftes Sozialverhalten wurde. Dugdale hatte die Jukes, eine Familie mit vielen Prostituierten, Kriminellen und Taugenichtsen, über sieben Generationen zurückverfolgt und war dabei bis zu einem einzigen »genetisch nachteiligen« Paar im Staat New York gelangt. Die Studie schien die schlimmsten Vermutungen über unerwünschte Menschen zu bestätigen; kaum jemand hielt inne und überlegte, ob hier vielleicht die Umwelt und nicht die Genetik wirksam war (obwohl sogar Dugdale selbst der Umwelt eine beträchtliche Bedeutung beimaß). Eine Hetzschrift, die später von der American Eugenics Society veröffentlicht wurde, beschrieb die Auswirkungen unkontrollierter Fortpflanzung bei einem solchen Paar unter dem Gesichtspunkt des Geldwertes: Danach belief sich der Wert einer lebenslangen Trennung des ersten Jukes-Paares von der übrigen Gesellschaft auf »etwa 25000 Dollar« – Anfang des 20. Jahrhunderts eine gewaltige Summe. In belehrendem Ton heißt es in dem Pamphlet weiter:

FRAGE: Ist das eine echte Ersparnis?
ANTWORT: Ja. Nach Schätzungen hat der Staat New York bis 1916 über 2000000 Dollar für die Nachkommen dieser Menschen ausgegeben.
FRAGE: Wieviel hätte es gekostet, das ursprüngliche Jukes-Paar zu sterilisieren?

ANTWORT: Weniger als 150 Dollar.[10]

Es war eine kalte wirtschaftliche Lehre, die sich mancher Amerikaner zu Herzen nahm.

In England dagegen brauchte Galton dringend neue Befunde über die Erbeigenschaften der Bevölkerung und keine Einzelfallgeschichten, so verblüffend ihre Auswirkungen auch sein mochten. Im Jahr 1884 gründete er ein anthropometrisches Labor auf der internationalen Gesundheitsausstellung im späteren British Museum (Natural History) in South Kensington. Dort sammelte man von über 9000 Menschen standardisierte Meßwerte von Körpergröße, Gewicht, Armspannweite und so weiter, darunter auch viele Werte von Familien mit Eltern und Kindern. Galton veröffentlichte und verteilte auch einen Fragebogen zur Vererbung mit dem Titel *Record on Family Faculties* (Bericht über die Fähigkeiten von Familien), und er setzte Preise für diejenigen aus, die ihm Informationen über große Familien mit zwei Generationen lieferten. Bei der Arbeit mit diesen Daten suchte und fand Galton eine Bestätigung dafür, daß es die in der Statistik als Gaußsche Normalverteilung bekannte glockenförmige Kurve gibt. Die Gaußsche Glockenkurve ist die graphische Darstellung der Verteilung einer meßbaren oder zahlenmäßig zu erfassenden Eigenschaft wie Fußlänge oder Kopfumfang in der Bevölkerung. Ein paar Meßwerte sind klein, ein paar sind groß, und die überwiegende Mehrheit bildet in der Mitte die Wölbung der Kurve. Die Glockenkurve hat die wichtige Eigenschaft, daß die Meßwerte sich symmetrisch beiderseits des Mittelwertes verteilen. Wegen der Symmetrie und Vorhersagbarkeit der Kurvenform bei allen möglichen Merkmalen kann man das Muster der Abweichungen vom Mittelwert statistisch beschreiben, wobei man sich als Maß der sogenannten Standardabweichung bedient. Definitionsgemäß liegen 83 Prozent aller gemessenen Personen innerhalb einer Standardabweichung vom Mittelwert. Die beiden Schwänze der Kurve stellen Individuen dar, die immer extremer werden – die beispielsweise besonders lange oder besonders kurze Füße haben. Nach Galtons Ansicht folgte die Verteilung von Genie oder Begabung bei den Menschen ebenso einer Gauß-Kurve wie das Gewicht von Wickensamen (an denen er das Prinzip überprüft hatte).

Die anthropometrischen Messungen, die er gesammelt hatte, eigneten sich hervorragend als Ausgangsmaterial, um die Vererbung auf diese neue, statistische Art zu analysieren. Anhand der Gaußschen Normalverteilung konnte er zum Beispiel abschätzen, wie viele männliche musikalische Genies im Jahr 1860 geboren werden würden, denn Form und Höhe der Kurve bleiben über die Generationen hinweg gleich. Galton spielte mit den Befunden herum und entwickelte mehrere wichtige statistische Methoden und Gesetzmäßigkeiten, bei denen es unter anderem darum ging, in welchem Umfang ein Merkmal (zum Beispiel der Kopfumfang) gemeinsam mit einem anderen (wie der Kopflänge) schwankte. Er verbesserte aber nicht die Genauigkeit der Unterscheidung zwischen Merkmalen wie der Augenfarbe, die ausschließlich erblich sind, und solchen, die stark von gesellschaftlichem Umfeld, Umgebung und Ausbildung beeinflußt werden wie Intelligenz oder Moral.

Trotz der Schwachpunkte in Galtons Analysen und Schlußfolgerungen wurde die Eugenik im englischen Sprachraum schnell zu einem wichtigen Anliegen. In seinen Gedanken über die Notwendigkeit, eine wissenschaftliche Basis für die menschliche Fortpflanzung zu schaffen, drückten sich die Hoffnungen und Ängste der Generation um die Jahrhundertwende aus, und seine statistischen Verfahren verliehen seinen Aussagen Autorität. Daß statistische Überlegungen für den Durchschnittsbürger schwer zu durchschauen sind, schreckte niemanden ab, sondern verstärkte möglicherweise sogar Galtons Ruf als intelligenter, gebildeter Mann. Seine Eugenik wurde keineswegs als rassistisch oder diskriminierend angegriffen, sondern galt als höchst achtbares Anliegen. 1909 wurde er sogar geadelt.

Die Eugenik wurzelte in der im 19. Jahrhundert typischen Verwechslung von nationaler Identität und Rasse, und genährt wurde sie durch das ungute Gefühl über die bestürzenden gesellschaftlichen und wirtschaftlichen Veränderungen in der Zeit um die Jahrhundertwende. Die schnelle Industrialisierung ließ übervölkerte Städte entstehen; arme, schlecht ausgebildete Obdachlose und Einwanderer drohten die angesehene Gesellschaft zu überschwemmen; die ruhigen, geordneten, bequemen Regeln, die viele Generationen lang die Klassen getrennt hatten, schienen an den Nahtstellen in die Brüche zu gehen. Und als der Erste Weltkrieg sich abzeichnete, schienen Moral, Zivilisation und Sicherheit noch mehr am seidenen Faden zu hängen.

Solche Befürchtungen führten zwar dazu, daß eugenische Ideen ohne weiteres angenommen wurden, aber erst Galton rückte die Eugenik selbst in den Mittelpunkt des Interesses. Dem jüngeren Karl Pearson, mit dem Galton in seinen letzten Lebensjahren befreundet war, blieb es überlassen, die Bewegung weiter voranzutreiben. Pearson war mit Abstand der bessere Statistiker und besaß Fähigkeiten zur Förderung der Eugenik, die Galton fehlten.

Pearson war der Sohn eines höchst ehrgeizigen Quäkeranwalts, eines kalten, herrschsüchtigen Mannes, der kaum Sorge oder Liebe für seine Familie zeigte. Karl sollte seinem Vater in die Rechtswissenschaft folgen, aber statt dessen ging er mit einem Stipendium für Mathematik an das Kings College in Cambridge und von dort nach dem Examen nach Berlin und Heidelberg. Er bereitete sich auf den Anwaltsberuf vor, aber 1884 versuchte er verzweifelt, den stahlharten Plänen seines Vaters zu entgehen, und es gelang ihm, am University College in London eine Stelle als Mathematiker zu bekommen.

Pearson war bereits so etwas wie ein Radikaler: Nach seiner Ansicht mußte sich die Masse der Bürger dem Wohl des Staates unterordnen, und Moral bestimmte sich danach, was für die größte Zahl von Menschen den größten Nutzen brachte. Er bewunderte Spencers Vorstellung von einer lockeren Regierungsführung und betrachtete sie als natürliche Fortentwicklung von Darwins Ideen, aber der wichtigste Überlebenskampf fand für

Pearson nicht zwischen Einzelpersonen, sondern zwischen Nationen oder Rassen statt. Die geeignetste Nation würde überleben, und zu diesem Zweck mußte man das britische Volk verbessern. Für Pearson und viele andere bedeuteten die Begriffe »Rasse« und »Nation« praktisch das gleiche; »Rasse« war nicht wie heute eine biologische Kategorie, sondern eine gesellschaftliche oder kulturelle Gruppe.

Pearsons Ideen entwickelten sich durch Gespräche und Vorträge in seinem Londoner Freundes- und Bekanntenkreis weiter, zu dem unter anderem die Sexualreformer George Bernard Shaw und Havelock Ellis, Sidney und Beatrice Webb sowie die Tochter von Karl Marx gehörten. Im Jahr 1885 gründete Pearson den Men and Women's Club, in dem offen über die Beziehungen zwischen Männern und Frauen diskutiert werden sollte – und in dem man sich bald auch mit freier Liebe und sexuellen Experimenten beschäftigte. Dort lernte er Maria Sharpe kennen, eine intelligente, selbständige, radikale Denkerin, in die er sich verliebte. Für sie war die Vorstellung von einer herkömmlichen Ehe oder sexuellen Beziehungen so verwirrend, daß sie nach Pearsons Antrag einen Nervenzusammenbruch erlitt. (Sie erholte sich aber und heiratete ihn 1890.)

Die menschliche Vererbung war immer noch ein problematisches Thema. Um die Jahrhundertwende wurden die Mendelschen Gesetze wiederentdeckt, aber wie die Vererbung im einzelnen funktioniert, war nicht geklärt. In den achtziger und neunziger Jahren des 19. Jahrhunderts formulierte August Weismann die Theorie von einem Keimplasma, das über die Generationen hinweg erhalten blieb und das Erbmaterial beinhalten sollte. Er fand sogar dieses Kernstück der genetischen Information in den Chromosomen, die man bei mikroskopischer Untersuchung gefärbter Zellen erkennen konnte. Galton war zu einer ähnlichen, allerdings ungenaueren Vorstellung von einem Stamm- oder Wurzelelement gelangt, das Merkmale von den Eltern auf die Nachkommen weitertragen sollte. Wenn Weismann und Galton recht hatten, konnten erworbene Eigenschaften nicht vererbt werden, weil sie das Keimplasma nicht beeinflußten. Aber wie konnte die Evolution ablaufen, wenn das Keimplasma unverändert von Generation zu Generation weitergegeben wurde? Die Antwort mußte in den Gesetzen der Wahrscheinlichkeit und in der Fruchtbarkeit verschiedener Untergruppen der Arten liegen, was Galton vermutet hatte, ohne es jedoch mathematisch beweisen zu können.

Aber auch diese neuen Erkenntnisse über die Vererbungsmechanismen führten nicht dazu, daß die heute bekannte Komplexität des Systems deutlich wurde. Heute wissen wir, daß Erbeigenschaften durch Wechselwirkungen vieler Gene und ebenso auch durch Umwelt- und Ernährungseinflüsse bestimmt werden können. Die Hautfarbe ist beispielsweise beim Menschen genetisch vorgegeben, aber die Hautfarbe eines Erwachsenen vorauszusagen ist schwierig. Ein Kind erbt mehrere Gene für die Hautpigmentierung – wobei es nicht nur um »Schwärze« vom Vater und »Pfirsichhaut« von der Mutter geht –, und diese Gene wirken offenbar nicht nach der einfachen Gesetzmäßigkeit der Dominanz zusammen: Ein »schwarzes« Gen überdeckt ein »helles« nicht. Unabhängig vom Genotyp wird die Hautfarbe eines Kindes auch von der Ernährung beeinflußt, möglicherweise auch durch bestimmte Krankheiten und ganz sicher durch Gewohnheiten und Beruf.

Anders sehen wir heute auch die Frage, welche Merkmale erblich sind. Viele Eigenschaften und Verhaltensweisen, die leicht erkennen lassen, aus welcher Gegend der Welt ein Mensch (wahrscheinlich) stammt, sind vielleicht überhaupt nicht erblich oder haben nur einen kleinen genetischen Anteil. Sind Italiener redselig und Finnen schweigsam? Manchmal. Liegt es daran, daß Italiener häufiger Gene für Redseligkeit tragen als Finnen? Das ist höchst unwahrscheinlich, denn wie sollte ein solches Gen wirken? Alle Unterschiede (wenn es sie gibt) führt man besser auf Gewohnheiten, Familie oder ethnische Gruppen zurück und nicht auf einen National- oder Rassen-Genotyp.

Pearson hatte eine einfachere Sichtweise dafür, was vielleicht erblich ist, und er beschäftigte sich mehr mit der Statistik der Vererbung als mit ihrem Geltungsbereich. Er arbeitete jetzt mit Walter Weldon zusammen, einem Wissenschaftler aus Cambridge, der sich mit der statistischen Untersuchung von Krebsen und Krabben befaßte. Die beiden stellten folgendes fest: Wenn die Ausprägung bestimmter Merkmale mit einer höheren oder niedrigeren Sterblichkeit verbunden ist, entspricht die Eignung eines Individuums in Ausmaß und Richtung ungefähr seiner Abweichung vom Mittelwert der Population für dieses Merkmal. Pearson und Weldon arbeiteten jahrelang zusammen an diesem und anderen Themen im Zusammenhang mit Vererbung und Selektion, was zu über 100 Veröffentlichungen Pearsons führte. Die Folgerungen für die menschliche Vererbung waren offenkundig, und irgendwann ging Pearson dieses Problem unmittelbar an, wobei er einige Theorien Galtons über die Vererbungsgesetze revidierte.

Galton hatte eine beunruhigende Tendenz entdeckt, die er »Regression zum Mittelwert« nannte. Wie er feststellte, lagen die Eigenschaften der Nachkommen in der Regel näher am Durchschnittswert der Gesamtbevölkerung als die entsprechenden Werte der Eltern – und diese Neigung stellte ein Problem dar, wenn man den entwicklungsgeschichtlichen Wandel verstehen wollte. Wenn es einen inneren Trend zur Rückkehr zum Vorläufertypus gab, wie spielte sich die Evolution dann im einzelnen ab? Nun zeigte Pearson, daß es nur einen Weg gab, um die gesamte Kurve in einer bestimmten Richtung zu verschieben – zum Beispiel um die durchschnittliche Intelligenz der Briten zu steigern: Bei denjenigen, die auf der erwünschten Seite der Kurve standen, mußte die Zahl der Nachkommen steigen, und zwar auf Kosten derer auf der anderen Seite: eugenische Züchtung. Dann mußte man nur noch eine ausreichende Zahl von Generationen abwarten, bis sich das Ergebnis zeigte. Galton jubelte. Pearson wandte sich einem weiteren Lieblingsproblem von Galton zu: der heiklen Frage nach der Erblichkeit der Intelligenz.

Da es für Intelligenz keinen objektiven oder auch nur angeblich objektiven Maßstab gab, war Pearson auf Lehrer angewiesen, die das Temperament und die Fähigkeiten von etwa 4000 Schulkindern beurteilten. Wie er feststellte, stimmten die Bewertungen für Geschwister erstaunlich gut überein, nämlich fast ebenso gut wie die körperlichen Merkmale der Haut- und Augenfarbe. Wenn Temperament und Intelligenz stark durch Erziehung und Umwelt beeinflußt werden, was wir heute annehmen, dann teilen Geschwister ihre Erfahrungen natürlich mit der gleichen Wahrscheinlichkeit wie ihre Gene. Die Schwierigkeiten beim Vergleich von Unterschieden auf einer nicht kontinuierlichen Skala (wie die Augenfarbe, die nur Blau, Grün oder Braun sein kann) mit kontinuierlichen Variationen (wie der Intelligenz) wurden beiseite gewischt. Wie vor ihm Galton, so gelangte auch Pearson zu der Schlußfolgerung, Intelligenz und Charakter seien ebenso erblich wie Augen- und Haarfarbe oder Körperbau. Dann führte Pearson scheinbar strenge Untersuchungen zur unterschiedlichen Geburtenrate bei verschiedenen Rassen oder Gruppen durch (unter anderem auch bei den schwachsinnigen und kriminellen »Klassen«), die viel dazu beitrugen, daß die breite Masse immer stärker von der Wichtigkeit und Genauigkeit der Eugenik überzeugt war. Die Unerwünschten schienen sich schneller fortzupflanzen als die Elite. Es war an der Zeit, daß die wissenschaftliche Kontrolle über die Fortpflanzung der Menschen – nach ihrer Überzeugung die Verkörperung der Darwinschen Ideale – in die Praxis umgesetzt wurde.

Zusätzliche Glaubwürdigkeit erhielt die Eugenik durch die Wiedererweckung von Mendels Arbeiten. Schon bald gab es offenbar überall entsprechende Institutionen und Organisationen, obwohl sich nur eine begrenzte Zahl von Fachleuten mit Themen der Eugenik beschäftigte. Galton bot dem Londoner University College 1904 ein Stipendium von 500 Pfund im Jahr zur Finanzierung einer Forschungsstelle für Eugenik. Sein erster und einziger Empfänger, ein junger Mann aus Oxford namens Edgar Schuster, gründete in der Gower Street in London das Eugenics Record Office. Nach wenigen Jahren wurde die Organisation jedoch wieder von Pearson geleitet, und mit Galtons beträchtlichem Vermächtnis von 45 000 Pfund wurde daraus das Galton Laboratory for National Eugenics. Außerdem hatte Galton testamentarisch eine Galton Eugenics Professorship gestiftet (die natürlich Pearson innehatte) und eine neue Abteilung für angewandte Statistik sowie die Galton Eugenic and Biometric Laboratories gegründet.

Man sammelte in Familien Befunde über Häufigkeit und Verteilung höchst unterschiedlicher Merkmale. Einer Quelle zufolge waren es unter anderem »wissenschaftliche, geschäftliche und juristische Fähigkeiten ... Hermaphroditismus, Hämophilie, Gaumenspalte, Hasenscharte, Tuberkulose, Zuckerkrankheit, Taubstummheit, Polydaktylie (Auftreten von mehr als fünf Fingern), Brachydaktylie (Kurzfingerigkeit), Geisteskrankheit und geistige Behinderung ... Alkoholismus ... [und] Sehstörungen«[11] – über alle diese Merkmale lieferte eine kleine Armee von Freiwilligen die Befunde. Auch mit noch so viel Phantasie konnte man sie nicht alle als erbliche Defekte bezeichnen; heute würden wir sie einer bunten Mischung von Ursachen zuschreiben, darunter Vererbung, Umwelt (sowohl im Sinn von Ausbildung als auch von Giftstoffen, mit denen Schwangere in Kontakt kamen), Infektionen und Verhalten. Pearson beschäftigte eine große Belegschaft – darunter viele Frauen, denen er weniger bezahlen mußte als Männern –, die statistische Methoden entwickelten und diese Überfülle von Rohdaten analysierten; die Ergebnisse wurden zum größten Teil in *The Treasury of Human Inheritance* veröffentlicht.

Aber die weitaus einflußreichste Forschungsarbeit, auf die Pearson Anspruch erheben konnte, war seine Untersuchung der unterschiedlichen Fortpflanzungsraten; darin zeigte er, daß die Angehörigen der Oberschicht, die sozusagen die Sine qua non der Eignung darstellten, weniger Nachkommen hatten als die untersten Klassen, der Abschaum der Gesellschaft. Die Guten, Edlen, Intelligenten und Empfindsamen würden von den Niedrigen, Selbstsüchtigen, Dummen und Tierischen besiegt werden, denn die letzteren waren rein zahlenmäßig überlegen. Diese Vorstellung wurde zu einem solchen Gemeinplatz, daß Theodore Rossevelt die Mittel- und Oberklasse einmal schalt, sie begehe »Rassenselbstmord«[12] durch Begrenzung der Familiengröße. Die Wissenschaft der Eugenik, gestützt vom Darwinismus und von der Mendelschen Genetik und dringend gemacht durch solche Untersuchungen, erfreute sich wachsender Beliebtheit.

Darwin selbst war nicht so sicher, jedenfalls als er zum erstenmal von der Eugenik hörte. Nachdem er Galtons Buch *Hereditary Genius* gelesen hatte, schrieb er an seinen Cousin: »Sie haben in einem gewissen Sinne aus einem Gegner einen Bekehrten gemacht, denn ich habe immer behauptet, daß die Menschen, von Idioten abgesehen, sich im Geist nicht stark unterscheiden, sondern nur in Eifer und harter Arbeit; und ich denke immer noch, daß das ein höchst wichtiger Unterschied ist.«[13]

Das Eugenics Record Office ähnelte stark dem eugenischen Register, das Galton schon 1873 zum erstenmal vorgeschlagen hatte; es hätte irgendwann als Informationsmaterial über Eignung und Wert bestimmter Menschen für die Fortpflanzung dienen können, das man befragte, wenn die Aussicht auf eine Verlobung bestand. Darwin reagierte auf diese Idee auf seine typische, zögernde und zweideutige Art. Die große praktische Schwierigkeit bestand nach seiner Auffassung darin, »zu entscheiden, wer es verdient, in das Register aufgenommen zu werden ... Obwohl ich so viele Schwierigkeiten sehe, ist es ein großartiges Projekt ... aber ich fürchte, es ist utopisch.«[14] Wie seine Briefe und Aufsätze jedoch zeigen, glaubte er im Laufe der Zeit immer stärker an die Eugenik – oder vielleicht hatte er das auch schon immer getan, ohne sich aber immer die Mühe zu machen, seine Gedanken mitzuteilen.[15]

Nach Darwins Tod 1882 trieb Galton mit anderen Prominenten Bestrebungen voran, die in Darwins Beisetzung in der Westminster Abbey gipfelten. Es war eine köstlich paradoxe Angelegenheit: Die öffentliche Feier für Leben und Werk eines

Mannes, der mehr als jeder andere dazu beigetragen hatte, die Macht der Kirche zu zerstören, und das Ganze sollte an der bekanntesten religiösen Stätte Englands stattfinden. Die Winkelzüge, die Darwins Begräbnis nach sich zog, waren beabsichtigt; Galton wußte genau um den Propagandawert einer solchen öffentlichen Heiligsprechung der Evolutionstheorie, und wer verkörperte diese Theorie besser als Darwin? Außerdem war die symbolische Versöhnung von Religion und Wissenschaft zeitlich angemessen und wichtig. Darwin, der einst als Feind von Moral und Religion verschrien war, wurde nun rehabilitiert und zum Heiligen stilisiert, der für alle Teile der Gesellschaft anzuerkennen war. Seine Moral, Geduld, Tugend und Großherzigkeit wurden in Tageszeitungen und kirchlichen Publikationen gleichermaßen gelobt. Unausgesprochen war damit auch gesagt, daß seine einst revolutionären Gedanken in die Fundamente des allgemeinen Denkens eingesickert waren, und das in nur 23 Jahren.

Angesichts des gewaltigen Reizes, den die Eugenikbewegung auf die konservativen, gutsituierten und gebildeten Schichten ausübte, war es kein Zufall, daß auch Darwins Sohn, der pensionierte Major Leonard Darwin von den Royal Engineers Ihrer Majestät, zu einem Anhänger der neuen Mode wurde. Es lag ihm fast im wahrsten Sinne des Wortes in den Genen. Von 1891 bis 1928 war Leonard Präsident der englischen Eugenics Society, und im Laufe dieser Zeit nahm das Interesse der Öffentlichkeit deutlich zu. Mit seiner Beteiligung sorgte er für die Darwinsche Unterstützung, die, wie Galton, Pearson und die anderen wußten, entscheidend sein würde. In der Widmung des Buches *The Need for Eugenic Reform* von Leonard Darwin aus dem Jahr 1926 heißt es sogar:

Gewidmet dem Andenken
MEINES VATERS,
denn wenn ich nicht daran geglaubt hätte,
daß er von mir so viel Hilfe wie möglich wünschte,
damit sein Lebenswerk der Menschheit dient,
hätte ich mich nie verleiten lassen,
dieses Buch zu schreiben.[16]

Besser hätte man die Absicht, der Eugenik-Bewegung die Zustimmung der damals schon legendären Autorität Darwins zu verschaffen, nicht ausdrücken können.

7
Der Weg in den rassischen Abgrund

In den ersten Jahren des 20. Jahrhunderts hatte sich die Betrachtungsweise für Darwins Theorie völlig verändert: Man sah in ihr weniger eine Erklärung für die Entstehung der Arten als vielmehr eine Aussage über die Prinzipien der Eugenik. Man hatte daraus den Lehrsatz abgeleitet, daß die Menschen zum Wohl der Gesellschaft für das Überleben der geeignetsten Personen sorgen können und sollen. Die Eugenik, auf den Grundstock des Darwinismus verpflanzt, blühte und gedieh in England. Von dort fiel sie auch in anderen Ländern auf fruchtbaren Boden, insbesondere in Deutschland und in den Vereinigten Staaten. In diesem neuen Umfeld keimte und überlebte die auf Evolution gegründete Eugenik, unterstützt durch die wachsenden, aber immer noch ungenauen Kenntnisse über die Vererbung; aus den besonderen Eigenschaften der anderen Umgebung schöpfte sie Kraft und einen neuen Charakter. Kurz gesagt, machte die Theorie wieder einmal eine Evolution durch.

In Amerika machte Charles Davenport die Eugenik populär. Der in Harvard ausgebildete Biologe, der für die damalige Zeit ungewöhnlich große mathematische Kenntnisse besaß, war der Prototyp des protestantischen Angelsachsen von der Ostküste. Er kam in einer großen, wohlhabenden Familie zur Welt, die von einem streng autoritären Vater beherrscht wurde. Charles lehnte die Bestrebungen seines Vaters ab, der ihn zum Landvermesser machen wollte, aber er übernahm von diesem die strengen ethischen Maßstäbe und eine starke Arbeitsmoral. Als Davenport erwachsen war, heiratete er Gertrude Cotty, eine

Doktorandin der Zoologie an der Society for Collegiate Instruction of Women (dem heutigen Radcliffe College), die ihn bei seinen Arbeiten unterstützte und die Karriere ihres Mannes in Biometrie und Eugenik förderte. Im Jahr 1899 verließ er seine Stelle an der Harvard University und ging zunächst an die Universität von Chicago, wo sich sein Ruf als gescheiter junger Mann weiter ausbreitete. Ein paar Jahre darauf trat er dreist an die Carnegie Institution in Washington heran, eine neue Forschungsförderungsorganisation, die gerade von Andrew Carnegie mit zehn Millionen Dollar ausgestattet worden war, und schlug vor, ein Institut zur experimentellen Untersuchung der menschlichen Vererbung einzurichten. Sein Wunsch wurde erfüllt, und er wurde Direktor einer Forschungsstation in Cold Spring Harbor im Staat New York. Sein Jahresbudget war großzügig bemessen: 21 000 Dollar, mehr als das Doppelte von Pearsons Etat in London.[1]

Davenport hatte sich genau den richtigen Zeitpunkt ausgesucht: Eugenik und die Vererbung verschiedener Merkmale waren Themen, für die sich die Öffentlichkeit und insbesondere die wohlhabende Carnegie Institution interessierten. Die Vereinigten Staaten erlebten zu Beginn des Jahrhunderts eine starke und für manche ihrer Bewohner alarmierende Zunahme der Einwanderung, vor allem durch Immigranten aus Südosteuropa. Die Eingliederung dieser Menschen unterschiedlicher ethnischer Herkunft in die amerikanische Gesellschaft war manchmal aufreibend und schwierig. Der Dramatiker Israel Zangwill schrieb 1908 ein Stück über das Thema und prägte darin ein Bild, das viele Jahre lang nachwirken sollte: »Amerika ist der Schmelztiegel Gottes«, so erklärte eine von Zangwills Figuren, »in dem alle Rassen Europas eingeschmolzen und neu geformt werden.«[2]

Der Engländer Zangwill war Jude und Zionist; man kannte ihn, weil er als einer der ersten das Leben der jüdischen Einwanderer in der populären Literatur beschrieb. In großen Teilen der westlichen Welt waren die Juden das Ziel erheblicher, unverhohlener Vorurteile und großen Mißtrauens. Wenn Zangwill nun die neue amerikanische Rasse pries, die in dem Schmelztiegel geschaffen wurde, trug das nicht dazu bei, die Eugeniker zu beruhigen. Sie waren vorwiegend weiße, protestantische Angelsachsen, die aus der Ober- und Mittelschicht stammten und verzweifelt bestrebt waren, ihre Kultur und Privilegien gegen die Neuankömmlinge zu verteidigen. In manchen Köpfen war der Schmelztiegel kein Symbol der Hoffnung, sondern er war gleichbedeutend mit dem Niedergang der »weißen« Rasse. Genau mit diesem Thema beschäftigte sich das beliebte Buch *The Passing of the Great Race* des Amerikaners Madison Grant, das 1916 zum erstenmal erschien.

Auszüge aus diesem vielgelesenen Werk (das übersetzt wurde und sich auch in Deutschland einer hohen Auflage erfreute) zeigen, in welch erstaunlichem Ausmaß Vorurteile, Rassismus und Halbwissenschaft akzeptiert und akzeptabel waren. Grant vertritt zum Beispiel prägnante Ansichten über die neuen Immigranten und ihre Auswirkungen auf die Gesellschaft:

»Was der Schmelztiegel in der Praxis bewirkt, kann man in Mexiko sehen: Dort hat die Aufnahme des Blutes der ursprünglichen spanischen Eroberer in die eingeborene Indianerbevölkerung zu einer Mischrasse geführt, die wir mexikanisch nennen und die heute zeigt, daß sie nicht zur Selbstverwaltung in der Lage ist.«[3]

Die Geschichte der Einwanderung in die Vereinigten Staaten war in Grants Augen eigentlich nur ein Märchen mit schönem Anfang und katastrophalem Ende. Er verwendet oft den Begriff »eingeborene Amerikaner«, aber damit meint er nicht die amerikanischen Indianer, die von der Welle der europäischen Kolonisatoren verdrängt oder getötet wurden. In einem Sprachgebrauch, der damals üblich war, heute aber verpönt ist, waren Grants »eingeborene Amerikaner« jene westeuropäischen Siedler, die sich von den nach dem Bürgerkrieg hinzugekommenen Einwanderern abheben wollten. Die Gruppe der Ureinwohner, die man heute allgemein als eingeborene Amerikaner bezeichnet, waren für Grant kaum oder gar nicht von Interesse.

»Diese neuen Immigranten [so klagte Grant] waren nicht mehr ausschließlich Angehörige der nordischen Rasse wie die früheren ... Die Schiffahrtslinien priesen Amerika als Land an, in dem Milch und Honig fließen, und die europäischen Regierungen nutzten die Gelegenheit, dem sorglosen, wohlhabenden und gastfreundlichen Amerika den Abschaum aus ihren Zuchthäusern und Asylen aufzuladen ... Unsere Gefängnisse, Irrenanstalten und Armenhäuser sind mit diesem menschlichen Treibgut gefüllt, und der ganze Ton des gesellschaftlichen, moralischen und politischen Lebens in Amerika wurde durch sie niedriger und vulgärer.«[4]

In der Überzeugung, daß »moralische, intellektuelle und seelische Eigenschaften ebenso beständig sind wie körperliche Merkmale und im wesentlichen unverändert von Generation zu Generation weitergegeben werden«[5], ließ Grant bei seinen Lesern keinen Zweifel daran aufkommen, zu welchem Ergebnis die Darwinsche Selektion schließlich führen würde, wenn man zuließ, daß der Bestand der »eingeborenen Amerikaner« in dieser Weise verunreinigt wurde. Vor fast 150 weiteren Seiten mit Anhängen, Landkarten und Zitaten, die seine Argumente unangreifbar machen sollten, steht seine donnernde Schlußfolgerung:

»Wir Amerikaner müssen uns darüber klar werden, daß die altruistischen Ideale, die unsere gesellschaftliche Entwicklung in den letzten hundert Jahren bestimmt haben, und die weinerliche Gefühlsduselei, durch die Amerika zur ›Zuflucht der Unterdrückten‹ wurde, die Nation in den rassischen Abgrund treiben. Wenn man den Schmelztiegel unkontrolliert sieden läßt und wenn wir weiterhin unserem nationalen Wahlspruch folgen und blind für alle ›Unterschiede der Rasse, des Glaubens und der

Hautfarbe‹ sind, wird der Typus des eingeborenen Amerikaners kolonialer Abstammung ebenso aussterben wie die Athener des perikleischen Zeitalters oder die Wikinger aus den Tagen Rollos.«[6]

Es war ein rassistisches, reaktionäres, volksverhetzendes und verbohrtes Buch, das an die schlimmsten Ängste der Leser appellierte. Leider war es aber sehr beliebt, und bis zum Zweiten Weltkrieg wurde es mindestens siebenmal neu aufgelegt und dabei zum Teil auch überarbeitet.

Davenport hatte über den Schmelztiegel ähnliche, allerdings spitzfindigere Ansichten. Mit Grant teilte er die allgemein übliche Meinung, Rasse sei das gleiche wie ethnische oder nationale Zugehörigkeit; wie Grant glaubte er auch unerschütterlich daran, daß sowohl körperliche als auch charakterliche Eigenschaften erblich seien. Davenports selbstgewählte Lebensaufgabe bestand darin, das »nationale Protoplasma« vor der Bedrohung durch Zersetzung und Niedergang zu bewahren: Genau das hatte Grant mit seinem Buch ebenfalls im Sinn. (Grant zitiert Davenport sogar als Autorität hinter seinen offenkudig dogmatischen Behauptungen.) Aber Davenports Ansichten waren immerhin so liberal, daß er es als falsch ansah, ganze Rassen als unerwünscht oder ungeeignet zu betrachten: »Nicht Rasse als solche, sei sie nun slowakisch, ruthenisch, türkisch oder chinesisch, ist gefährlich oder unerwünscht«, sagte er.[7]

Davenport drängte darauf, man solle die Einwanderungspolitik nach der Erbgeschichte der jeweiligen Person und ihrer Familie ausrichten und nicht nach dem Geburtsort. Diese Einstellung hinderte ihn aber nicht daran, Italiener stereotyp als anfällig für »Verbrechen mit Gewalt gegen Personen«, Polen als »unabhängig und selbstsicher, aber stammesbewußt«, Serben und Griechen als »unordentlich« und Schweden oder Deutsche als »ordentlich« zu bezeichnen.[8] Und natürlich hielt er diese Verhaltensmerkmale für erblich. Er behauptete, eine Vermischung oder Verschmelzung der Eigenschaften verschiedener Rassen sei ohnehin nicht möglich, sondern man könne nur den Anteil der Bevölkerung steigern oder senken, der bestimmte Gene trage. »Die Idee vom ›Schmelztiegel‹ gehört in das vor-Mendelsche Zeitalter. Heute haben wir erkannt, daß Eigenschaften als Einheiten vererbt werden und sich nicht einfach aufteilen lassen.«[9]

Der nächste naheliegende Schritt bestand in umfangreichen Untersuchungen, mit denen man genau feststellen wollte, welche Eigenschaften erblich sind, damit man nützliche Entscheidungen über die eugenische Eignung eines Menschen treffen konnte. Davenport sprach sich nicht nur für positive Eugenik aus (bei der man die Geeignetsten veranlassen wollte, mehr Kinder zu bekommen), sondern auch für die negative Variante (bei der man die Fortpflanzung der weniger Geeigneten aktiv verhindert). Nach Davenports Ansicht war es sowohl gerechtfertigt als auch vernünftig, Menschen mit »defektem Protoplasma« zu sterilisieren, wenn man sie identifizieren konnte. Im allgemeinen hielt er die Geschlechtertrennung bei den Ungeeigneten jedoch für den weniger kostspieligen Weg.

Mit einem kleinen Stab handverlesener Mitarbeiter erweiterte Davenport seine eigenen Untersuchungen der Haut-, Haar- und Augenfarbe, und daneben beschäftigte er sich auch mit einer Unmenge schwerwiegenderer Themen wie Brachydaktylie, Polydaktylie, Albinismus, Hämophilie, Otosklerose, Farbenblindheit, Huntington-Krankheit, Wahnsinn, Epilepsie, Alkoholismus, Armut, Kriminalität, Tuberkulose, Kropf und Schwachsinn, aber auch mit außergewöhnlichen Eigenschaften wie Nomadentum, sportlichen Fähigkeiten, Trägheit und Thalassophilie (Liebe zum Meer). Wie in Galtons Studien handelte es sich um sehr vielfältige Merkmale, die nach heutiger Kenntnis keineswegs alle erblich sind. Aber Davenport sammelte unglaublich viel Datenmaterial mit Hunderten von Stammbäumen, die mindestens drei Generationen umfaßten; seine Quellen waren sowohl medizinische Fachzeitschriften als auch Familien-Erfassungsformulare, die er an verschiedene Institutionen, Wissenschaftler und Gesellschaften schickte.

Die Finanzierung durch die Carnegie Institution war großzügig, aber Davenports Vision von einem riesigen Zentralbüro für Eugenik mit Informationen über das nationale Protoplasma und die Familien, die es trugen, erforderte noch größere Mittel. Entscheidend für seinen Erfolg war eine junge Frau namens Mary Harriman. Sie hatte am Barnard College ihr Examen in Biologie gemacht und arbeitete einen Teil des Sommers 1905 bei Davenport am Cold Spring Harbor Biological Laboratory. Sie war die Erbin eines Eisenbahnmagnaten und gleichzeitig eine gesellschaftliche Aktivistin, die sich später mit Eleanor Roosevelt anfreundete. Durch ihren Kontakt mit Davenport gelangte sie zu der Überzeugung, daß diese Angelegenheit den Aufwand lohnte, und arrangierte ein Treffen zwischen Davenport und ihrer Mutter E. Harriman, die nach dem Tod des Vaters die Verfügungsgewalt über das Familienvermögen besaß.

Davenports Wirkung war genau berechnet; er wußte, daß Mrs. Harriman sowohl die Tochter als auch die Frau eines Reiters gewesen war. Davenport hatte sich schon früher eines Arguments bedient, das hier sicher angebracht war: Sie könnten »die fortschrittlichste Umwälzung der Geschichte« bewerkstelligen, wenn man nur »die Paarung der Menschen auf das gleiche hohe Niveau bringen könnte wie die der Pferde«.[10]

Mrs. Harriman war überzeugt. Sie stellte über acht Jahre verteilt eine halbe Million Dollar für das Eugenics Record Office zur Verfügung, das dem biologischen Labor in Cold Spring Harbor angegliedert wurde. Dieser Glücksfall bescherte Davenport 30 Hektar Land, ein Haus, einen feuersicheren Panzerschrank (für die Stammbäume) und die Betriebskosten einschließlich der Gehälter für Außendienstmitarbeiter aus Colleges im ganzen Land wie Vassar, Radcliffe, Wellesley, Harvard, Cornell, Oberlin und Johns Hopkins. Mit Merkmalsbüchern in der Hand sammelte diese eifrige Mannschaft Befunde über die Vererbung bei Insassen von Heimen für Schwachsinnige, Geistesgestörte und Psychopathen, und ebenso studierten sie Albinos und die Gruppe der Amish. In den Akten des Eugenics Record Office wurden genaue Familiengeschichten von 750000 Personen gesammelt und zur Analyse aufbewahrt. Davenport antwortete bereitwillig und bestimmt auf zahlreiche Anfragen über die Tunlichkeit beabsichtigter Eheschließungen und veröffentlichte Merkblätter, Bücher und Ratschläge über Sterilisationsmaßnahmen, Einwanderungspolitik und eugenische Theorien.

Das Ganze hatte spürbare Auswirkungen auf die Gesellschaft. Davenport schrieb an Mrs. Harriman in Formulierungen, die damals höchst optimistisch waren und heute erschreckend prophetisch wirken: »Was für ein Feuer haben Sie angezündet! Es wird eines Tages zu einer reinigenden *Feuersbrunst* werden!«[11] So kam es auch, insbesondere in Deutschland, wo der Begriff *Feuersbrunst* entsetzlich genau auf das zutraf, was folgen sollte.

Eher harmlos waren dagegen Wettbewerbe, in denen bei staatlichen Feierlichkeiten die »geeignetste Familie« ermittelt wurde, was ähnlich lustig klingt wie ein Preisbullen- oder Kirschkuchenwettbewerb. Die gleichen Empfindungen waren aber auch die Triebkraft von Bestrebungen, die Intelligenz der Menschen wissenschaftlich zu überprüfen und zu beurteilen – scheinbar ein lobenswertes Ziel, das aber eine Reihe grober Ungerechtigkeiten entstehen ließ. Die französische Regierung hatte 1904 den Psychologen Alfred Binet beauftragt, eine Methode zur Messung geistiger Fähigkeiten auszukochen, und zusammen mit seinem Kollegen Theodore Simon tat er, wie man ihn geheißen hatte. Henry Goddard brachte die Methode – den direkten Vorläufer der heutigen Intelligenztests – kurz darauf in die Vereinigten Staaten und wandte sie bei Tausenden von Kindern an, zuerst an denen der Vineland Training School, einer Institution für geistig behinderte Jungen und Mädchen in New Jersey. Mit Hilfe der Ergebnisse teilte Goddard die Schüler in verschiedene Schwachsinnsgrade ein, von »Idioten« (mit einem geistigen Alter von einem oder zwei Jahren) bis zur »leichten Demenz« (mit einer Alterseinstufung von elf oder zwölf Jahren). Nachdem Goddard eine große Familie aus den Pine Barrens in New Jersey untersucht hatte, veröffentlichte er über die Vererbung mehrerer unerwünschter Merkmale ein maßgebliches Werk mit dem Titel *The Kallikak Family: A Study in the Heredity of Feeblemindedness* (»Die Kallikak-Familie: Eine Studie zur Vererbung des Schwachsinns«).

Die Kallikaks, die nur unter dem dünnen Schleier eines Pseudonyms verborgen waren, schienen die ideale Bestätigung der eugenischen Prinzipien zu bieten: Wie bei der Familie Jukes, so fanden sich auch im Stammbaum der Kallikaks so viele Arme, Kriminelle, Prostituierte und verwahrloste oder schwachsinnige Personen, daß ihr Name geradezu zum Synonym für das Unerwünschte wurde. Alle Kallikaks ließen sich auf den illegitimen Nachwuchs eines großgewachsenen Mannes und einer schwachsinnigen Kellnerin zurückführen. Da derselbe Mann später eine gottesfürchtige Quäkerin heiratete und eine ausgezeichnete, gesetzestreue Familie hervorbrachte, gab Goddard den defekten Genen der Kellnerin die Schuld. Daß Armut, Umfeld, gesellschaftliche Ächtung und mangelnde Ausbildung das Verhalten der Kallikaks beeinflußten, hielt man nicht für glaubwürdig; die Familie galt schlicht als genetisch und von innen heraus böse. Fotos von den Kallikaks, die Goddard veröffentlichte, wurden sogar absichtlich verändert, damit die Familie finster und diabolisch aussah.[12]

Mit Goddards begeisterter Unterstützung wurde der Binet-Test 1913 auch bei den Einwanderungsanwärtern auf Ellis Island angewandt, weil man wissen wollte, wie viele geistig Behinderte ins Land kamen. Die Prüfer waren zwei Frauen, denen man die Anweisung gegeben hatte, die offensichtlich Gesunden zu übergehen; da eindeutig Behinderte bereits von den Regierungsbeamten abgelehnt worden waren, glaubte man, die Stichprobe repräsentiere den durchschnittlichen Einwanderer, der nach diesen Kriterien weder gesund noch defekt war. Die meisten Tests wurden auf englisch abgehalten (und nicht in der jeweiligen Muttersprache), und natürlich hatte kaum jemand eine Ahnung, was diese seltsame Prüfung zu bedeuten hatte oder ob Mitarbeit zur Verweigerung der Einreise führen würde. Daß unter diesen Umständen erstaunliche 40 bis 50 Prozent der Untersuchten als schwachsinnig eingestuft wurden, ist eigentlich keine Überraschung. Goddard folgerte daraus, es seien harte Maßnahmen erforderlich, auch wenn man eine gewisse Zahl an leicht Schwachsinnigen für Arbeiten brauchen konnte, die für normale, intelligente Menschen zu stumpfsinnig oder eintönig waren. Er schloß sich denen an, die strengere Einwanderungsgesetze forderten. Im Jahr 1924 wurden neue gesetzliche Richtlinien verabschiedet. In dem plumpen Versuch, den ethnischen Status quo zu bewahren, schrieb das neue Gesetz jährliche Quoten vor. Die Zahl der Immigranten aus jedem Land wurde auf zwei Prozent derer begrenzt, die aus demselben Land stammten und in der guten alten Zeit von 1890 bereits in den Vereinigten Staaten gelebt hatten.

Unmittelbar auf Goddards Fersen folgte eine Reihe ernsthafter Psychologen – die berühmtesten waren Lewis Therman und Robert Yerkes –, die mit Reihenuntersuchungen begannen und sich dabei einer sich ständig weiterentwickelnden Sammlung von Intelligenztests bedienten. Eine naheliegende, leicht zugängliche Zielgruppe waren Rekruten; eine peinlich hohe Zahl von ihnen zeigte ein verblüffend geringes geistiges Alter – der Durchschnitt lag etwa bei 13 Jahren. Noch niedriger waren die Werte bei Negern sowie bei Polen und Angehörigen anderer osteuropäischer Nationen. Auch hier übergingen Yerkes und seine Mitarbeiter die Tatsache, daß die Untersuchten in ihrer Mehrzahl Analphabeten waren, keine Ausbildung hatten oder nicht fließend englisch sprachen. Therman war zutiefst davon überzeugt, daß sein abgewandelter Test, der unter dem Namen Stanford-Binet bekannt wurde, tatsächlich die Intelligenz maß. Ebenso sicher war er, daß hohe Intelligenz eng mit Moral und Erfolg zusammenhängt, während geringe Intelligenz mit Kriminalität gekoppelt war, und deshalb drängte er darauf, alle Kinder zu testen. Dahinter stand die Vorstellung, die Machthaber könnten jeden einzelnen in den Aufgaben ausbilden, die am besten zu seinen Fähigkeiten paßten; beim Militär sollte man also mit den Tests die zukünftigen Offiziere und die Anwärter für höher qualifizierte Tätigkeiten auswählen, und Zivilisten sollten in Berufe gelenkt werden, die ihren angeborenen geistigen Fähigkeiten am besten entsprachen. Therman äußerte ausdrücklich die Hoffnung, man könne für jeden Beruf einen Mindest-IQ ermitteln.

Unter solchen Gesichtspunkten erscheint der Trend zum Intelligenztest nützlich oder zumindest gut gemeint. Die andere Seite des Januskopfes war aber das häßliche Gesicht der negativen Eugenik. Zwischen 1907 und 1917 wurden in 16 Bundesstaaten der USA Sterilisierungsgesetze erlassen – den Anfang machte Indiana. Diese Gesetze erlaubten es, Kriminelle bestimmter Gruppen zu sterilisieren, und das gleiche galt vielfach auch für Epileptiker, Geisteskranke, Drogenabhängige, Schwachsinnige und – in Iowa – weiße Sklavenhändler. Wegen der verbreiteten Verwechslung von Kastration (Entfernung der Hoden) und Sterilisation (chirurgische Blockade des Weges der Ei- oder Samenzelle zum Partner) wurden häufiger Personen sterilisiert, die eines Sexualverbrechens wie Vergewaltigung oder moralischer Verkommenheit überführt waren, weil man fälschlicherweise annahm, die Sterilisierung werde den Sexualtrieb vermindern. Sicher, es gab auch scharfe öffentliche Kritik an den Sterilisationsgesetzen. Der New Yorker Rechtsanwalt Charles A. Boston argumentierte, da in jedem Jahr mehr Menschen durch Autounfälle ums Leben kamen, als vergewaltigt wurden, sei es sinnvoller, statt der Vergewaltiger die »leichtsinnigen Chauffeure« zu sterilisieren.[13] Walter E. Ferdinand, ein Fachmann für geistige Behinderungen, äußerte 1919 Zweifel, ob geistige Defekte ein einziges Krankheitsbild seien, das sich immer auf genetische Ursachen zurückführen lasse. Aber solche Proteste stießen offenbar auf taube Ohren.

Während das Land mit dem Ersten Weltkrieg beschäftigt war, ebbte die Welle der Sterilisierungen zwar ab, aber Ängste und Fremdenfeindlichkeit wurden durch das Gefühl, daß die vertraute Welt zu Ende ging, höchstens noch verstärkt. Vor dem

Obersten Gerichtshof der Vereinigten Staaten wurde 1927 das berühmte Verfahren *Buck gegen Bell* verhandelt, in dem es um die Sterilisation einer »moralisch verwahrlosten« Siebzehnjährigen namens Carrie Buck ging. Sowohl Carrie als auch ihre Mutter waren aktenkundige Schwachsinnige; jetzt hatte Carrie ein uneheliches Kind namens Vivian zur Welt gebracht. Die entscheidende Frage leutete: War Vivian normal? Harry Laughlin vom Eugenics Record Office befragte den Stammbaum der Bucks und erklärte das Kind (das zum Zeitpunkt des Verfahrens gerade sieben Monate alt war) für schwachsinnig wie die Mutter und die Großmutter; bestätigt wurde dieser Befund von seinem Kollegen Arthur Estabrook, der das Kind ebenfalls untersuchte und als unterdurchschnittlich beurteilte. Der Oberste Gerichtshof bestätigte das Sterilisierungsgesetz des Staates Virginia – zur großen Freude der Eugeniker in ganz Amerika. Der Richter Oliver Wendell Holmes schrieb:

»Wir haben mehr als einmal gesehen, daß das öffentliche Wohlergehen von den besten Bürgern das Leben fordern kann. Es wäre seltsam, könnte es nicht von jenen, die bereits die Kraft unseres Seins untergraben, diese kleineren Opfer verlangen … um zu verhindern, daß unser Leben von Unfähigkeit überschwemmt wird … Drei Generationen von Minderbemittelten sind genug.«[14]

Carrie wurde mit Billigung des höchsten Gerichtes der USA sterilisiert. Außerdem wurde ihre Schwester Doris 1928 auf der Grundlage des gleichen Gesetzes ebenfalls sterilisiert, ohne daß man sie über den wahren Grund der Operation aufgeklärt hätte. Man sagte ihr, der Blinddarm müsse herausgenommen werden.

Als in den dreißiger Jahren die Weltwirtschaftskrise einsetzte, verstärkten sich die Befürchtungen der Öffentlichkeit. »Die Zivilisation macht die Welt reif für die Dummheit«, warnte der Eugeniker Albert Wiggam[15] sein Publikum bei einem Vortrag im American Museum of Natural History. Die staatlichen Leistungen für Kranke, Geistesgestörte, Arme und Kriminelle waren eine schwere Last für die immer kleinere Zahl derer, die Arbeit hatten. Sterilisierung wurde in Amerika immer beliebter als Mittel zum Umgang mit Gewohnheitsverbrechern, Armen und denen, die angeblich von Geburt an geistig minderbemittelt waren – eine ins 20. Jahrhundert verpflanzte Form der Verbannung nach Australien. Die Zwangssterilisation von Heim- und Gefängnisinsassen war völlig legal, und bis 1941 hatte man den Eingriff bei 36 000 Menschen vorgenommen.

Mit der Zahl derer, welche die Sterilisierung befürworteten, wuchs aber auch die Zahl ihrer Gegner, insbesondere in Großbritannien, wo es noch keine Sterilisierungsgesetze gab. Die Besorgnis hatte zwei Gründe. Nachdem sich immer mehr Daten über Schwachsinn und ähnliche Krankheiten ansammelten, wurde deutlich, daß bis zu 90 Prozent der geistig Behinderten gesunde Eltern hatten. Wie allmählich klar wurde, hätte man also eine Riesenzahl von Menschen mit normaler Intelligenz sterilisieren müssen, um die defekten Gene völlig aus der Bevölkerung zu beseitigen. Selbst diese drastische Maßnahme hätte nur dann gewirkt, wenn die geistige Behinderung ausschließlich genetische Ursachen gehabt hätte – ein Schwachpunkt, der schon in der ersten Hälfte des 20. Jahrhunderts gelegentlich erkannt wurde und in den folgenden Jahren allgemein anerkannt war. Der zweite Grund war das wachsende Gespenst der Zwangssterilisierung. Die in England vorgesehenen Gesetze sollten den Eingriff zwar nur auf freiwilliger Basis gestatten, beispielsweise bei geistig Behinderten, die in der Lage waren, außerhalb der Heime zu leben, ohne daß sie aber die Verantwortung für ein Kind hätten übernehmen können, aber das Parlament lehnte die Vorlage dennoch ab.

In Deutschland sah man die Dinge anders. Die deutsche Bevölkerung hatte von Haeckel und anderen Denkern des 19. Jahrhunderts ein starkes Gefühl für Romantik geerbt, das ungenaue Wissenschaft mit Rassismus verschmelzen ließ, so daß man die ungesunden, unerwünschten Eigenschaften der minderwertigen

Rassen dem körperlichen, moralischen und intellektuellen Glanz der echten Deutschen gegenüberstellte: großer, blonder, blauäugiger, wohlproportionierter Landbewohner mit arischer oder nordischer Abstammung. Die arische Rasse war im wesentlichen ein erfundener Mythos: Ihre Angehörigen sollten jene europäische Ursprache gesprochen haben, die der gemeinsame Ausgangspunkt von Sanskrit, Zend, Armenisch, Griechisch, Latein, Litauisch, Slawonisch, Deutsch, Keltisch, Englisch, Französisch, Italienisch, Spanisch usw. war. In ihrem Körperbau sollte der Arier einen alten, rassisch reinen Stamm darstellen, der diese Sprache in prähistorischer Zeit von ihrem Ursprungsort am Ganges nach Westeuropa gebracht hatte. Proteste wie die von Huxley 1890 – »gemeinsame Sprache ist kein Beweis für gemeinsame Rasse, ja noch nicht einmal ein vorläufiges Indiz für rassische Identität«[16] – und Virchows Übersichtsuntersuchung, wonach die meisten Deutschen weder blond noch blauäugig waren, wirkten sich auf diese weitverbreitete Überzeugung nicht nennenswert aus. Die arische oder nordische Rasse existierte und war der Urquell alles Guten, Schönen und Wertvollen in Europa; für die Deutschen war sie fast das gleiche wie das mystische Volk ihres Vaterlandes.

In den Augen vieler war es völlig klar, daß Darwinsche Prinzipien zum Erfolg der Arier und ihrem Aufstieg in der deutschen Gesellschaft geführt hatten; Haeckel verkündete das schon seit Jahren und gründete 1906 mit Gleichgesinnten eine einflußreiche Organisation, den Monistenbund. Er wuchs schnell auf mehrere tausend Mitglieder an und verbreitete sich über Deutschland und Österreich. Seine Tagungen, Vorträge und Schriften waren nicht die einzige Art der Einflußnahme; zusammen mit 14 anderen sogenannten Freidenkerorganisationen bildete er zwischen 1907 und 1909 das Weimarer Kartell, eine Gruppe von Kirchengegnern. Der Freidenkerbund hämmerte den Leuten ein, die Verdünnung des arischen Blutes durch minderwertige Rassen führe zur Degeneration der deutschen, arischen oder nordischen Rasse. Der gesellschaftliche Fortschritt, so der Bund, hinke weit hinter dem wissenschaftlichen Fortschritt her, der seinerseits von den lächerlichen, antiquierten Vorstellungen der Kirche behindert werde. Nach ihrer Ansicht war es Zeit für einen neuen Ansatz, der sich auf die wissenschaftlichen Lehren Darwins gründete. Anderenfalls werde die wachsende Zahl der Ungeeigneten – die sicher bereits für die geringe Zahl und die Armut der deutschen Überseekolonien und für das wirtschaftliche und geistige Tief in Deutschland nach dem Ersten Weltkrieg verantwortlich war – das großartigste Volk der Welt im Vergessen versinken lassen.

Zu den bekanntesten deutschen Sozialdarwinisten zählten Alfred Ploetz und Wilhelm Schallmayer. Der letztere war Mitglied in Haeckels Monistenbund und ein Pionier der Eugenik in Deutschland. Ploetz und Schallmayer vertraten nicht die Auffassung von einer locker geführten Wirtschaft wie ihre Gesinnungsgenossen in England und den Vereinigten Staaten, sondern entsprechend einer in Deutschland seit langem verbreiteten Überzeugung, wonach der einzelne sich bereitwillig für das höhere Wohl des Staates opfern sollte, plädierten sie für Eingriffe, um den heimtückischen Niedergang des deutschen National- und Rassencharakters aufzuhalten und ihm entgegenzuwirken. Ploetz behauptete zum Beispiel, Krieg, Revolution oder staatlich finanzierte medizinische Versorgung für die Kranken und Ungeeigneten seien »Gegenselektion«, die zum Zerfall der Rasse führten. Er prägte den Begriff »Rassenhygiene« für ein Prinzip, wonach staatliche Entscheidungen sich nicht nach dem Wohl des einzelnen, sondern nach dem Nutzen für die Rasse richten sollten. Schwachen Elementen durfte man nicht erlauben, zu gedeihen, und vor allem durften sie sich nicht fortpflanzen.

Friedrich Alfred Krupp, der bekannte Hersteller von Rüstungsgütern, schrieb 1900 einen Preis von 30000 Reichsmark für einen Aufsatzwettbewerb aus. Das Thema lautete: »Was können wir aus der Evolutionstheorie über die innenpolitische Entwicklung und die staatliche Gesetzgebung lernen?« Zur Jury gehörten neben Haeckel selbst Heinrich Zeigler und Professor

J. Conrad, zwei Mitglieder des Monistenbundes. Der Sieger war Schallmayer – er plädierte wie die meisten anderen Teilnehmer, deren Artikel in einem zehnbändigen Werk veröffentlicht wurden, für eine sorgfältig geplante Verbesserung der Rasse. Die Eugenik hatte sich in Deutschland durchgesetzt.

Unter Leitung von Ploetz unternahm man erste Schritte in Richtung dieser Verbesserung: 1904 wurde die Zeitschrift *Archiv für Rassen- und Gesellschaftsbiologie* gegründet, und ein Jahr später rief man die »Gesellschaft für Rassenhygiene« ins Leben, deren Mitgliederzahl vor allem nach dem Ende des Ersten Weltkrieges stark zunahm. Die erste Ausgabe der Zeitschrift war zwei Wissenschaftlern gewidmet, deren Arbeiten die theoretische Grundlage der »Rassenhygiene« bildeten: Ernst Haeckel, der den Darwinismus nach Deutschland gebracht hatte, und August Weismann, der den Mechanismus für die Darwinsche Evolution geliefert hatte, indem er unterstellte, daß besondere Keimzellen im Körper die genetische Information tragen und weitergeben. Die Herausgeber gehörten fast ausnahmslos zum Monistenbund, und einige von ihnen wurden später prominente Nazi-Wissenschaftler. Die Zeitschrift war ein wichtiges Mittel zur Verbreitung der eugenischen Vorstellungen Haeckels und seiner Anhänger; nachdem die nationalsozialistische Partei Anfang der dreißiger Jahre an die Macht gelangt war, wurde sie zu einem angesehenen wissenschaftlichen Schaufenster für nazistische Ansichten, das sich im Inhalt kaum von der Zeitschrift der früheren Jahre unterschied.

Bei Gründung der Gesellschaft für Rassenhygiene wurden Haeckel und Weismann zu Ehrenvorsitzenden ernannt. Sie wurden gewissermaßen zu den Schutzheiligen der Eugenik in Deutschland, die mit ihren genialen Fähigkeiten »bewiesen« hatten, daß körperliche und moralische Eigenschaften erblich waren. Die Gene waren alles, Umwelt war nichts. Im Jahr 1930 brüstete sich die Gesellschaft mit 1300 Mitgliedern in ganz Deutschland, und fast jeden Monat wurden neue Untergruppierungen gegründet. Die Mitglieder mußten sich verpflichten, auf eine Eheschließung zu verzichten, wenn sie ungeeignet waren, aber wie der Wissenschaftshistoriker Robert Proctor feststellte, gibt es keinerlei Belege, daß irgend jemand in der Gesellschaft jemals einen solchen Mangel eingeräumt hätte.[17]

Wenn das menschliche Verhalten überhaupt nicht formbar war und allein die Vererbung zählte, waren Schutz und Reinigung des Erbgutes der Rasse von größter Dringlichkeit. Jeder Glaube an die Fähigkeit der Menschen, sich selbst durch Bildung, Ernährung oder medizinische Versorgung zu verbessern, galt als gleichbedeutend mit dem Lamarckistischen Glauben an die Vererbung erworbener Merkmale, den man für hoffnungslos altmodisch und überholt hielt. Eine Flut von Schriften argumentierte ganz ähnlich wie im englischen Sprachraum, die Ungeeigneten, Arbeitsunfähigen, Schwachsinnigen und Kriminellen vermehrten sich viel stärker als die Kräftigen, Gesunden und hart Arbeitenden. Als die nationalsozialistische Partei 1933 an die Macht kam, wurde die Rassenhygiene zur offiziellen Politik. Im Jahr 1937 brachte die Partei das *Handbuch für die Hitlerjugend* heraus, ein kaltschnäuzig-wissenschaftliches Bändchen, das für die sieben Millionen jungen Mitglieder der Organisation zur Pflichtlektüre wurde. Neben anderen Themen enthielt es eine Zusammenfassung von Darwins Theorie, Mendels Genetik und Weismanns Experimenten, die die Vorstellung von der Vererbung erworbener Merkmale widerlegten.

»Was wir aus diesen Versuchen erkennen wollen, ist das Folgende: Durch Umwelteinwirkungen ist es bis jetzt in keinem Fall zur Bildung einer neuen Rasse gekommen. Das ist ein Grund mehr für unsere Erkenntnis: Ein Jude bleibt auch im Deutschen Reich und in allen anderen Staaten nur ein Jude. Er kann durch den jahrhundertelangen Aufenthalt in einem anderen Volk niemals seine Rasse ändern ...«[18]

Daß der Jude als Beispiel gewählt wurde, war natürlich kein Zufall. Der Antisemitismus hatte in ganz Europa und insbesondere in Deutschland eine lange, düstere Geschichte. Seit dem Mittelalter war den europäischen Juden der Zugang zu vielen Berufen verwehrt – eine der wenigen Ausnahmen war die Medizin. Vor dem 19. Jahrhundert war es Juden in Deutschland gesetzlich verboten, Land zu besitzen oder öffentliche Ämter zu bekleiden. Seit Ende des 19. Jahrhunderts gab es in Deutschland die Antisemitische Volkspartei, die 1907 mit 21 Abgeordneten in den Reichstag einzog.

Nach allgemeiner Ansicht waren Juden leicht zu erkennen, aber die offizielle Methode, mit der man in Deutschland feststellte, ob jemand Jude war, gestaltete sich höchst kompliziert. Zu den entscheidenden Merkmalen gehörten Einzelheiten im Gesichtsausdruck und die Form der Ohrläppchen, aber diese Beurteilungen waren unbefriedigend subjektiv. Große Hoffnungen setzte man auf die Blutgruppen, die der Wiener Bakteriologe Karl Landsteiner 1900 entdeckt hatte; als biochemische Merkmale, die im Labor von weißbekittelten Wissenschaftlern nachgewiesen wurden, schienen sie genauer und den Genen näher zu sein als Morphologie oder Form anatomischer Merkmale, mit denen man Vermutungen über Vaterschaft oder Rasse anstellte. Die Blutgruppen wurden offenbar dominant und nach einer einfachen Gesetzmäßigkeit vererbt, wobei es drei Varianten (Allele) des Gens gibt: B, A und o. B und A sind dominant über o, das heißt, ein A- oder B-Allel überdeckt die o-Form des Gens. Durch Kombination ergeben sich also vier Phänotypen (Blutgruppe A, B, AB oder o) aus sechs Genotypen (AA und oA ergeben A; BB und oB ergeben B; AB ergibt AB; und oo ergibt o). Die anderen Einteilungssysteme für Blutgruppen, die heute verwendet werden, wie das Rhesus- und MN-System, kannte man damals noch nicht.

Nach übereinstimmender Ansicht der genetischen Anthropologen in Deutschland und anderen Ländern unterschieden sich Rassen und Bevölkerungsgruppen in der Häufigkeit der Gene für A, B und o. Dieser Tatsache bediente sich Otto Reche, ein prominenter deutscher Professor für Rassenwissenschaft, als mögliches Mittel zur Identifizierung von Rassen. Nach seiner Auffassung war A die Blutgruppe der Nordeuropäer (Arier), B stammte ursprünglich aus Asien und dem Nahen Osten und war bei Juden häufiger, und die Gruppe o hatte ihren Ursprung bei den präkolumbianischen Indianern Amerikas. (Wie sich nach dem Krieg in Übersichtsuntersuchungen herausstellte, ist das Allel für B bei Nichtjuden in Europa geringfügig häufiger als bei Juden,[19] aber in der Rassenkunde ging es oft mehr um die Unterstützung politischer Ziele als darum, die Wahrheit herauszufinden.) Nach Reches Vorstellungen waren A und B »feindliche« Blutgruppen, die sich nicht mischen sollten; diese Metapher erwuchs aus den Gefahren bei der Transfusion von Blut der Gruppe B auf einen Empfänger der Gruppe A. Es war kein Zufall, daß das B-Allel auch das Kennzeichen der Juden sein sollte, der Feinde des deutschen Staates.

Man fürchtete die Juden wegen ihrer wenig bekannten und kaum verstandenen religiösen Riten und machte sie bereitwillig für alles Schlechte in Deutschland verantwortlich. Juden waren keine Arier und wurden deshalb definitionsgemäß zum Sündenbock für alles. Als die wirtschaftlichen und sozialen Verhältnisse sich zwischen den Weltkriegen verschlechterten, wurden die Juden immer stärker zum willkommenen Ziel für Unzufriedenheit, Chauvinismus und Ablehnung durch die Bevölkerungsmehrheit.

Ein besonders unverblümter Antisemit war Haeckel; neben anderen empörenden Ansichten vertrat er die Meinung, der Vater Jesu sei in Wirklichkeit ein römischer Offizier gewesen, der Maria verführt habe, und deshalb sei Jesus nur Halbjude gewesen; die Juden, so Haeckel, hätten den Antisemitismus selbst provoziert, und er sei die einzig vernünftige Antwort auf ihr Verhalten; und schließlich hätten die Juden sich nicht nur der Eingliederung in die deutsche Gesellschaft entzogen, sondern sie seien sogar biologisch nicht in der Lage, in vollem Umfang an der deutschen Kultur teilzunehmen. Haeckels antisemitische Ansichten hatten wegen seiner großen Anhängerschaft und seines wissenschaftlichen Ansehens gewaltigen Einfluß auf die deutsche Gesellschaft und die nationalsozialistische Partei. Mit ziemlicher Sicherheit hallten Haeckels Worte sogar Adolf Hitler selbst in den Ohren wider. Nach Ansicht des Wissenschaftshistorikers Daniel Gasman sind einige Schriften Hitlers in Inhalt und Formulierung »eine erweiterte Umschreibung und manchmal sogar ein Plagiat von *Natürliche Schöpfungsgeschichte* und *Welträtsel*«[20], Haeckels beiden bekanntesten Büchern. Hitler teilte auch Haeckels Vorliebe für den Begriff »Kampf«.[21] Die Annahme, daß Hitler diese Bücher las, ist nur vernünftig: Mit Sicherheit bezieht Hitler sich gelegentlich auf Haeckels wichtigste Ideen, unter anderem von der biologischen Minderwertigkeit der Juden und von dem Untergang, der dem deutschen Volk bevorstehe, wenn es sich nicht von solchen Verunreinigungen befreite. Professor Gerhard Heberer verkündete 1934 in einer Laudatio zu Haeckels 100. Geburtstag:

»Bei dieser Gelegenheit aber ist zu erwähnen, daß *Haeckel* einer der ersten Vorkämpfer eugenischer Maßnahmen war. Seine Vorschläge werden im neuen Reich verwirklicht!«[22]

Das stimmte. In den Jahren zwischen den Weltkriegen wurde Rassenhygiene in Deutschland zu einer Institution, ausgestattet mit Segen und Unterstützung höchster Stellen in Regierung und Wissenschaft. Im Jahr 1927 wurde das Kaiser-Wilhelm-Institut für Anthropologie, menschliche Erblehre und Eugenik gegründet. Es sollte Forschungen dienen, die den Kampf um die Wiederherstellung von Rassereinheit und Kraft im deutschen Volk unterstützten. Wie die Eugenik-Institutionen in den Vereinigten Staaten und England führte dieses Institut umfangreiche Untersuchungen zu Auftreten und Vererbung einer breiten Palette von Leiden durch; außerdem halfen die an dem Institut beschäftigten Wissenschaftler, Entwürfe für Ehegesetze zu formulieren. Eugen Fischer, der erste Leiter des Instituts, war den Nazis offenbar zu gemäßigt. Im Jahr 1933 wies man ihn indirekt auf die

Ansichten der Partei hin: Er wurde als Vorsitzender der Gesellschaft für Rassenhygiene von Ernst Ruden abgelöst und später von mehreren anderen Wissenschaftlern denunziert. Fischer reagierte auf diese eindeutige Drohung, indem er sich stärker der herrschenden Doktrin der Nazis anschloß.

Aber die Feststellung, die nationalsozialistische Partei habe den Wissenschaftlern in Biologie, Medizin und Anthropologie die Rassenhygiene aufgezwungen, ist nicht die ganze Wahrheit. Man muß sich daran erinnern, daß gerade diese Gruppe die Rassenhygiene erfunden hatte – am überzeugendsten belegt dies Robert Proctor in seinem Buch *Racial Hygiene: Medicine under the Nazis*. Im allgemeinen übten Wissenschaftler verschiedener Denkschulen gegenseitig Druck aufeinander aus; die Ansichten der Nazis wurden nicht von bösen Politikern den arglosen, widerstrebenden Wissenschaftlern übergestülpt. Die Wurzeln der radikalen nationalsozialistischen Politik reichen in wissenschaftlichen Fragen bis zu Haeckel zurück, und was gesellschaftliche Einstellungen wie Antisemitismus und Fremdenfeindlichkeit angeht, sind sie sogar noch älter.

Als die Macht der Nazis in den dreißiger Jahren wuchs, stieg auch die Zahl der Gesetze, die sich mit Eugenik und Rassenhygiene beschäftigten, dramatisch und schleichend an. Institutionen, Behörden und politische Gremien gediehen so stürmisch wie Unkraut in einem vernachlässigten Garten, aber sie waren nicht das Produkt von Nachlässigkeit, sondern von eifriger Kultivierung. Seit 1931 war es Angehörigen der Eliteeinheit SS verboten, Nichtarierinnen zu heiraten, und der SS-Führer Heinrich Himmler richtete eine Rassenbehörde der SS ein, um sicherzustellen, daß alle Ehen und Sexualbeziehungen der Nazi-Doktrin entsprachen. Im Jahr 1934 wurde auch eine staatliche Rassenbehörde gegründet, die die gesamte Schulung und Propaganda im Bereich der Bevölkerungs- und Rassenpolitik koordinieren und vereinheitlichen sollte.[23] Die Behörde produzierte Schriften, Tagungen und Filme, alles mit dem Ziel, die Öffentlichkeit über die Gefahren durch die minderwertigen Rassen und insbesondere über die Juden »aufzuklären«. Neue Gesetze schlossen die Juden systematisch von der Beschäftigung im öffentlichen Dienst aus, unter anderem auch von Professorenstellen an den Universitäten und vielen Positionen im Gesundheitswesen.

Die große Zahl der Juden im Medizinerberuf war für Hitler und das Dritte Reich besonders beunruhigend, denn für viele ihrer politischen Handlungen diente eine verzerrte Art der »Darwinistischen« Biologie als geistige Grundlage. Juden machten 1933 weniger als ein Prozent der deutschen Bevölkerung aus, aber sie stellten 13 Prozent der Ärzte, weil dieser Beruf einer der wenigen war, die ihnen seit jeher offenstanden.

Nach Ansicht der Nazis war es gefährlich, den Juden eine solche Macht und »Vorherrschaft« über die Gesundheit und den als äußerst wichtig eingestuften Fortpflanzungserfolg der arischen Bevölkerung einzuräumen. Um die Geburt arischer Kinder zu fördern, stiftete Hitler das Mutterkreuz in Bronze (für vier Kinder), Silber (sechs Kinder) und Gold (acht Kinder); diese Auszeichnung erhielten viele Tausend oder vielleicht sogar Millionen Frauen. Männer, deren Frauen ihren Beruf aufgaben und zu Hause blieben, konnten große Darlehen erhalten, bei denen sich die zurückzuzahlende Summe mit jedem Kind um 25 Prozent verringerte.[24] Die Frauen wurden an einer Tätigkeit in den meisten Berufen so weit wie möglich gehindert, ja in einigen Fällen wurde die Berufstätigkeit regelrecht verboten. Man hielt es für einen Widerspruch, einerseits die Mutterschaft als heilige Pflicht deutscher Frauen zu verherrlichen und andererseits die Gesundheit der Frauen und Kinder den Händen von Juden anzuvertrauen.

Die Vertreibung der Juden aus dem Medizinerberuf begann im Dritten Reich sehr frühzeitig. Die Regierung verabschiedete nacheinander mehrere Vorschriften, wonach jüdische Ärzte ihre Honorare nicht mehr mit den staatlichen Krankenkassen abrechnen konnten, und 1935 wurde das gesamte Gesundheitswesen staatlicher Kontrolle unterstellt. Viele Juden wurden durch immer schärfere Gesetze und Belästigungen aus dem Beruf getrieben, bis 1939 die vierte Änderung der Nürnberger Rassengesetze verabschiedet wurde, die alle an Juden vergebenen medizinischen Approbationen für ungültig erklärte. Jüdische Ärzte durften nur noch Juden behandeln, und wenigen wurde mit Sondergenehmigungen gestattet, arischen Ärzten zu assistieren, damit diese nicht überlastet wurden. An medizinischen Fakultäten, Krankenhäusern und anderen Institutionen wurden zahlreiche Stellen für arische Ärzte frei, von denen viele in der schlimmsten Zeit der Wirtschaftskrise arbeitslos gewesen waren und nach Angaben mancher Behörden sogar Hunger gelitten hatten. Diese dringend benötigte finanzielle Verbesserung hielt offenbar viele arische Ärzte davon ab, gegen die antisemitischen Maßnahmen zu protestieren.[25]

Eingestreut in die Gesetze, mit denen man Juden aus dem Medizinerberuf entfernen wollte, waren andere antisemitische Vorschriften: Alle Juden mußten sich registrieren lassen, eine breite Palette von Berufen wurde ihnen verboten, und schließlich durften Juden keine deutschen Theater, Konzerte, Vorträge, Kabaretts, Zirkusveranstaltungen, Varietés, Tanzdarbietungen oder Kunstausstellungen und auch keine deutschen Schulen mehr besuchen. Es war die systematische, absichtliche, grausame und heimtückische Diskriminierung der Juden in Deutschland, aber sie enthielt viele Elemente des eugenischen Denkens, das in Großbritannien und den Vereinigten Staaten Allgemeingut war. Ein wichtiger Unterschied bestand darin, daß man in Deutschland eine einzige Gruppe, nämlich die Juden, als ungeeignet betrachtete. Ein anderer war die verblüffende Leichtigkeit, mit der die Diskriminierung dieser Gruppe *aus angeblich biologischen Gründen* hingenommen wurde.

Neue Gesetze, mit denen die Rassereinheit in Deutschland verbessert werden sollte, folgten in den dreißiger Jahren immer schneller aufeinander. Die Nürnberger Rassengesetze, die im Herbst 1935 erlassen wurden, schrieben eine Eheberatung vor, das heißt, heiratswillige Paare mußten sich einer Untersuchung unterziehen und sich bescheinigen lassen, daß sie von Rasse und körperlichem Zustand her für die Ehe geeignet waren; wer entgegen der Ablehnung durch die Beratungsstelle heiratete, dem drohte Gefängnis. Diese Gestze wurden weithin schlicht als Maßnahmen zur Verbesserung der Volksgesundheit angesehen, ganz ähnlich wie die obligatorische Untersuchung auf Geschlechtskrankheiten, die auch heute noch in vielen Teilen der USA vor einer Eheschließung vorgeschrieben sind, oder wie das Verbot für Typhus-Dauerausscheider, in der Lebensmittelindustrie zu arbeiten. Sie waren Teil eines breit angelegten Programms. Schon 1933 war das Gesetz zur Verhütung erbkranken Nachwuchses in Kraft getreten. Es erlaubte die Sterilisierung aus eugenischen Gründen, zum Beispiel wenn man annahm, daß jemand an einer genetisch bedingten Krankheit litt – dazu zählte man Epilepsie, Chorea Huntington, Schwachsinn, manisch-depressive Störungen, erbliche Blindheit oder Taubheit, Schizophrenie und schweren Alkoholismus. In solchen Fällen war die Sterilisierung zwingend vorgeschrieben, und der Durchsetzung des Gesetzes dienten 181 »Erbgesundheitsgerichte«, deren Arbeit und Berichte geheim waren.

Zur gleichen Zeit nahm in der Öffentlichkeit das Bewußtsein für die Last des »lebensunwerten Lebens« durch eine wirksame Propagandakampagne zu. Die Euthanasie an geistig oder körperlich Behinderten wurde in Büchern und Filmen als Freundlichkeit und Erlösung vom Leiden dargestellt. Plakate zeigten den strammen deutschen Arbeiter, der unter der »Last« der Erbkranken wankte, häßlicher Gestalten, die er auf einem Balken auf den Schultern trug – das Bild erinnerte an die Darstellungen von Jesus, der sein Kreuz zum Berg Golgatha schleppt.[26] Schulkinder mußten als Mathematikaufgabe ausrechnen, was die Pflege eines geistig Behinderten kostete: Gefragt wurde zum Beispiel, wie viele der dringend benötigten Wohnungen für gute deutsche Arbeiter man von dem gleichen Betrag bauen könnte.[27] Die Euthanasiepolitik der Nazis gründete sich im Kern auf die wirtschaftlichen Verhältnisse und auf die vorherrschende Überzeugung, daß die Zeiten schlecht waren; und Kranke waren teuer. Beonders listig war diese Strategie, weil man sie als einfache medizinische Lösung für ein epidemiologisches Problem ausgab.

Das systematische Morden begann 1939 bei geistig und körperlich behinderten Kindern unter drei Jahren, die in Heimen lebten. Die Tötungsmethoden waren Injektionen, Vergiftung, Vergasung, langsames Verhungern oder sogar Erfrieren, weil die Heime nicht geheizt wurden, aber die meisten von ihnen starben unter der Obhut berufsmäßiger Mediziner. Am düstersten ist dabei die Tatsache, daß man diesen Ärzten und Krankenschwestern nicht *befohlen* hatte, die Patienten zu töten; sie waren nur dazu *ermächtigt*. Bald wurden in die Ermordungen auch erwachsene Psychiatriepatienten einbezogen; bis 1941 hatte man 70273 solche Personen umgebracht. Die Gerüchte über die Tötungen wurden so stark, daß manche Älteren sich weigerten, in Altersheime zu ziehen, weil sie fürchteten, sie würden die nächsten sein.[28]

Das offenkundigere Ziel jedoch war die jüdische Gemeinschaft. Nachdem die Verbindung zwischen den genetisch Gestörten (in dem Sinne, daß sie eine geistige oder körperliche Behinderung zeigten) und der Euthanasie hergestellt war, ließ sich das Prinzip leicht so erweitern, daß man auch die Vernichtung der Juden rechtfertigen konnte. In den Augen der Nazi-Ärzte waren Juden etwas Pathologisches – eine kranke Rasse. Ein Mediziner verglich die Juden mit Tuberkulosebakterien: Wie fast jeder Mensch die Bazillen in sich trage, so hätten sich auch die Juden in fast jedem Volk eingenistet, und eine Infektion sei nur schwer zu bekämpfen.[29] Kurz gesagt, erklärte man die »Judenfrage« zu einem medizinischen Problem, und unter diesem Gesichtspunkt wurde die Endlösung geplant, genau wie zuvor die unzähligen Gesetze, die den Juden die Ehe mit Ariern ebenso verboten wie das Aufsuchen öffentlicher Plätze, wo sie die deutsche Bevölkerung »infizieren« könnten. Die Juden hatten immer die Neigung, in bestimmten Gebieten zu wohnen; von 1939 an waren sie gesetzlich auf die Gettos beschränkt – aus »hygienischen« Gründen. In einigen Fällen, so in Warschau, baute man Mauern um die Gettos und bezeichnete das Ganze als Quarantänemaßnahme. Durch die Zwangsumsiedlung von Juden aus ländlichen Gebieten kam es zur Überlastung der Wasserversorgung und der Kanalisation in den Gettos, was zu Epidemien von Typhus, Tuberkulose und anderen Massenkrankheiten führte; damit waren scheinbar die Behauptungen bestätigt, Juden seien schmutzig und krank. Die Regierung hatte das Problem geschaffen, für vordringlich erklärt und in medizinische Begriffe gegossen, und dann übte sie Druck auf die Mediziner aus, eine Endlösung zu finden.

Eine der vorgeschlagenen Lösungen war die Sterilisation. Viktor Brack regte an, man solle alle arbeitsfähigen Juden sterilisieren – die anderen sollten beseitigt werden –, indem man sie ohne ihr Wissen mit Strahlen behandelte, während sie vor einem Schalter standen und ein Formular ausfüllten. Da es bereits Gaskammern zur Tötung der Geisteskranken gab, die, wie sich gezeigt hatte, gut und ohne viel Aufhebens funktionierten, wurde die Vergasung der Juden die Methode der Wahl. Sie begann bei Juden in psychiatrischen Kliniken und setzte sich 1941 bei allen Juden fort, die aus irgendeinem Grund im Krankenhaus lagen. Man isolierte die Juden in Konzentrationslagern von der übrigen Bevölkerung, angeblich aus Gründen der Volksgesundheit. Körperlich Gesunde wurden gezwungen, zum Nutzen des Staates zu arbeiten, und der naheliegende nächste Schritt, die Ermordung der Schwachen, Erschöpften und Kranken sowie derer, die keine Juden waren, aber als politisch gefährlich oder »gesellschaftsschädigend« galten, wurde Ende 1941 oder Anfang 1942 unternommen. Dabei machte man keinen Unterschied zwischen Häftlingen, die aus medizinischen Gründen beseitigt wurden, und solchen, die man aus politischen oder rassischen Gründen umbrachte, denn man hielt sie alle gleichermaßen für eine Quelle der Verunreinigung. Juden, Homosexuelle, Zigeuner, Kommunisten, Prostituierte und Personen mit Tuberkulose, Geisteskrankheiten, Behinderungen, Taubheit und einer breiten Palette anderer Krankheiten wurden zur Ermordung vorgesehen. Zwar gab es Proteste gegen diese Vorgehensweise, aber sie waren nicht wirksam genug, um etwas Wesentliches zu verändern.

Jenseits des schlichten Schreckens der Massenmorde führte man mit einigen Häftlingen brutale »medizinische Experimente durch«. Dahinter steckte die fadenscheinige Überlegung, daß alle Gefangenen ohnehin sterben mußten und daß die Versuche zu einer besseren Überlebensfähigkeit für die Nazi-Soldaten oder zu gesundheitlichen Verbesserungen bei dem guten deutschen Volk führen könnten. Natürliche Selektion und Evolutionstheorie, verzerrt von der mächtigen Linse der nationalsozialistischen Lehre, machten es eindeutig klar: Was zählte, war allein das Überleben des Geeignetsten.

Diese Politik war eine beschämende, schreckliche Verdrehung von Darwins Ideen, und sie löste in der übrigen Welt Schrecken und heftige Proteste aus. Während des Zweiten Weltkrieges herrschte weithin das Gefühl, es handele sich einfach um den Kampf des Guten gegen das Böse – eine berechtigte Lesart, denn sie verlieh den Kriegsanstrengungen eine Bestimmtheit, wie es sie seither in keinem größeren Krieg mehr gab. Die Endlösung und die furchtbare Verstümmelung der Evolutionstheorie, auf die sie sich stützte, war in einem grundlegenden Sinn böse.

Am peinlichsten ist dabei, daß im Europa der Alliierten ganz ähnliche allgemeine Gefühle herrschten wie in Deutschland – Frustration über die wirtschaftliche Not und der starke Unmut gegenüber den Ungeeigneten, die angeblich eine Last darstellten und für die Schwierigkeiten verantwortlich waren. Die Eugenikbewegung gedieh in Großbritannien und den Vereinigten Staaten, aber auch in vielen anderen europäischen Ländern, und zwar aus den gleichen Gründen, deretwegen sie in Deutschland so große Popularität erlangte. Zwangssterilisationen gab es nicht nur in Deutschland; man praktizierte sie auch in den Vereinigten Staaten, Kanada, Dänemark, Finnland, Schweden, Norwegen und Island. Die Euthanasie der Ungeeigneten oder unheilbar Kranken wurde sogar noch in wesentlich mehr Ländern vorgeschlagen. Ein weiteres Beispiel sind die Gesetze gegen »Mischehen«. Noch 1942 gab es in 30 Bundesstaaten der USA Gesetze, die verschiedene Arten der Rassenmischung verboten.[30] Untersagt waren unter anderem Ehen von »Weißen« mit »Negern« (die unterschiedlich definiert waren, zum Beispiel durch den Anteil an Negerblut, die afrikanische Abstammung oder die Zahl der Generationen seit dem letzten Neger), Mongolen, Indern, Hindus, Chinesen, Japanern, Äthiopiern, Koreanern, Südseeinsulanern, Mulatten, Mestizen, Mischlingen, Farbigen und Malaiien. So beunruhigend diese Gesetze und Überzeugungen aus heutiger Sicht scheinen mögen, sie erreichen doch bei weitem nicht die staatlich geplante Vernichtung aller, die als minderwertig angesehen wurden.

In der ganzen westlichen Welt herrschten ähnliche gesellschaftliche Verhältnisse und verbreitete Vorurteile wie in Deutschland, wo man aus Darwins gutartiger Theorie ein Instrument des himmelschreienden, bösartigen Völkermordes gemacht hatte. Glücklicherweise unterschieden sich die Voraussetzungen so stark, daß es anderswo nicht zu den gleichen entsetzlichen Folgen kam, auch wenn die Eugenik in einer gemäßigteren, aber immer noch heimtückischen Form vorübergehend florierte.

Als die ganze Wahrheit über die deutsche Endlösung nach außen drang, versiegten die Bestrebungen zu Eugenik und Sterilisation. Plötzlich wurde deutlich, wie hohl und unbegründet die Prinzipien der Eugenik und die Sorge um das entwicklungsgeschichtliche Wohl der menschlichen Rasse waren. Die Eugeniker erkannten nur allzu genau die Ähnlichkeit zwischen ihren Argumenten und denen der Nazis; mit ernüchternder Deutlichkeit sahen sie die entsetzliche Realität, der sie so nahegekommen waren, ohne zu wissen, daß es sie gab, und nun schreckten sie davor zurück.

Überreste der Bewegung blieben jedoch erhalten. Immer noch gab es diejenigen, nach deren Ansicht die Vererbung von Fähigkeiten oder Krankheitsanfälligkeit wichtig war und einen Leitfaden für die Verbesserung der Gesellschaft darstellen sollte. Diese Gruppe distanzierte sich entschieden von der negativen Eugenik mit ihrer Neigung, die Bevölkerung zu manipulieren oder sogar zu unterdrücken; sie gehörten zu denen, die am lautesten »Nie wieder« schrien. Aber die Versuche, die Darwinsche Evolution auf den Menschen anzuwenden, starben nicht aus. Die Biologen, nach deren Ansicht das Studium der Evolution der Menschen Verbesserungen mit sich bringen könnte, wandten sich dem angeseheneren Gebiet der Humangenetik zu.

Teil IV
Die Genetik der Evolution

8
So blond wie Hitler

Interesse an Humangenetik macht aus einem Wissenschaftler keinen Nazi. Eine neue Biologengeneration schreckte vor Eugenik und Rassismus zurück, abgestoßen von den Schrecken in Nazideutschland, die schließlich ans Licht gekommen waren.[1] Als Reaktion bildete sich ein Kreis von Forschern, die an die Fähigkeit der modernen Wissenschaft glaubten, ebensoviel Gutes wie Böses zu tun. Und als die Alliierten Staaten zusammenrückten, um sowohl die Nazis als auch ihren Mißbrauch der Darwinistischen Lehre zu bekämpfen, verstärkten sich Verständigung und Zusammenarbeit zwischen den Wissenschaftlern in Großbritannien und den Vereinigten Staaten, angetrieben von Not, Verzweiflung und der gemeinsamen Sprache. Wenn der Krieg die Alte Welt zerstörte, war es an der Zeit, eine neue, bessere aufzubauen und dazu die wirksamen neuen Hilfsmittel der Wissenschaft zu benutzen.

Die menschliche Evolution war in Deutschland schon zu einem politischen Thema geworden, als Darwins Worte in diesem Land zum erstenmal bekannt wurden. Haeckel und Virchow hatten diese Tradition aus unterschiedlichen Gründen fortgesetzt und ließen in die Evolutionstheorie die damals brennenden Fragen nach Rassenidentität und Abstammung einfließen. Aber die Rassenforschung, wie sie manchmal genannt wurde, entwickelte ein Eigenleben, und als sie von der nationalsozialistischen Partei vereinnahmt wurde, nahm sie an Dynamik und Einfluß zu. Mediziner und Anthropologen wurden unter dem Druck der Nazis zu Rassenwissenschaftlern und münzten verzerrte Ansichten über die Rassen in die entsetzliche Realität »öffentlicher Hygienemaßnahmen« um, die unausweichlich auf das zutiefst Böse hinausliefen. Ein ausdrücklich gewollter Bestandteil dieses »Hygieneprogramms« war eine überwältigende Flut rassistischer Propaganda in Filmen, Büchern, Artikeln, Vorträgen, Plakaten und Rundfunksendungen.

Politisch interessierte Wissenschaftler antworteten darauf mit der naheliegenden Reaktion einer eigenen, antirassistischen Propaganda, mit der sie die wissenschaftliche Wahrheit über die Rassenunterschiede bekanntmachten. Diese Handlungsweise war der greifbare Ausdruck des wachsenden Unbehagens über einige Methoden und Schlußfolgerungen von Versuchen, sich wissenschaftlich mit den Rassen zu beschäftigen. Es war an der Zeit, für den Darwinismus zu kämpfen – den Darwinismus, wie die politisch Liberalen ihn verstanden: als Waffe für das Gute.

Obwohl die Anthropologen seit Jahren mit Begeisterung Schädel vermessen hatten – in der Überzeugung, die Schädelform sei ein unveränderliches, erbliches Rassenmerkmal –, waren die Ergebnisse unbefriedigend. Ein erwähnenswertes Beispiel war um die Jahrhundertwende William Z. Ripley: Als er sein Buch *Races of Europe* zusammenstellte, schrieb er an Otto Ammon, der in Europa eine umfangreiche anthropometrische Studie durchgeführt hatte, und bat ihn um ein Foto des »rein alpinen Typus«, den er für den Schwarzwald beschrieben hatte. Ammon war nicht in der Lage, der Bitte nachzukommen. »Er hat Tausende von Köpfen vermessen«, wunderte sich Ripley, »und antwortete dennoch, er habe kein in allen Einzelheiten vollkommenes Exemplar finden können. Alle seine rundköpfigen Männer waren entweder blond, groß oder mit einer schmalen Nase, oder sie hatten eine andere Eigenschaft, die sie nicht haben sollten.«[2] Irgend etwas stimmte nicht, entweder mit den Methoden oder mit den Schlußfolgerungen.

Dennoch schien Wissenschaft die richtige Waffe gegen die Pseudowissenschaft zu sein. Zur treibenden Kraft, welche die Weiterentwicklung der Evolutionstheorie und ihre Anwendung auf die Menschheit steuerte, wurde dabei wieder einmal ein Huxley: Julian, der Enkel von Thomas Henry, schrieb zusammen mit Alfred C. Haddon eines der einflußreichsten antirassistischen Bücher jener Zeit, das 1935 unter dem Titel *We Europeans: A Survey of »Racial« Problems* erschien. Huxley bediente sich darin aller seiner stilistischen Fähigkeiten, und Haddon trug seine ganze Glaubwürdigkeit sowie sein umfassendes Wissen bei.

Julian Huxley ähnelte in Temperament und Intelligenz stark seinem Großvater. »Ich mag den Burschen«, hatte Thomas Henry Huxley einmal über seinen aufgeweckten vierjährigen Enkel gesagt. »Ich mag die Art, wie er einem gerade ins Gesicht sieht und nicht gehorcht. Ich habe ihm gesagt, er soll nicht wieder ins nasse Gras gehen. Er sah mich frech und offen an, als wolle er sagen ›Was hast *du* mir schon zu befehlen?‹, und dann lief er absichtlich über die Wiese.«[3] In einer anderen Familie hätte ein derart frühzeitig lebhaftes, selbständiges und widerspenstiges Kind nicht gedeihen können, aber die Huxleys schätzten Klugheit und Originalität immer hoch ein, während sie auf Konventionen wenig Wert legten. Als Julian in Cambridge studierte, waren seine geistige Begabung und seine Kreativität deutlich zu erkennen.

Dieser Huxley war groß, schlagfertig, ein genauer Beobachter und ein origineller Denker. Der Rassismus war in seinen Augen ein ebenso lohnender Gegner, wie es die Kirche in den Tagen seines Großvaters gewesen war. In den folgenden Jahrzehnten erlangte Julian großen Einfluß auf die allgemeinen Ansichten über Themen der Evolution und der Rassen. Wie die Worte von Thomas Henry Huxley das Verständnis für Darwins Evolutionstheorie im 19. Jahrhundert ein für allemal gefärbt hatten, so sollte Julian Huxley im 20. Jahrhundert den Meinungen über die Evolution des Menschen seinen Stempel aufdrücken.

We Europeans war aber nicht sein erster Schritt ins Rampenlicht. Schon 1920, als junger Biologe, hatte Julian Huxley die Aufmerksamkeit der Tagespresse mit einem Experiment erregt:

Es schien zu beweisen, daß es ein »Lebenselixier« gibt, mit dem man ein neues Tier erschaffen kann. In Wirklichkeit hatte Huxley einen Schilddrüsenextrakt entdeckt, und mit seinem Experiment wies er als einer der ersten nach, wie tiefgreifend Hormone über Wachstum und Reifung bestimmen. Bei dieser Gelegenheit zeigte sich, daß dieser Huxley Wissenschaft ebenso scharfsinnig, klar und wirksam erklären konnte wie sein Großvater. Von nun an galt Huxley als einer der herausragendsten Wissenschaftler, der den einfachen Leuten in Großbritannien die Biologie so erklären konnte, daß diese sie fesselnd und verständlich fanden. In den dreißiger Jahren stand Huxley in dem Ruf einer wissenschaftlichen Berühmtheit, und diese Stellung nutzte er in vollem Umfang in einer höchst populären Rundfunkserie, deren Themen von der Naturgeschichte über die letzten Neuigkeiten der embryologischen Forschung bis zur Rolle der Wissenschaft bei der Verbesserung der Gesellschaft reichten.

Auf dieses letzte Thema legte das Buch von Huxley und Haddon besonderes Gewicht. Sie erfreuten sich einer sicheren Leserschaft, eines garantierten Publikums aus denen, die Huxley bereits regelmäßig im Radio hörten. Die beiden kannten die heimtückische Mischung aus Halbwahrheiten, Lügen und Ängsten, welche die Nazis verbreiteten, und griffen die »Rassenforschung« deshalb unmittelbar an. Mit Hilfe der modernen Genetik wiesen sie auf Schwachpunkte in Büchern wie Madison Grants *The Passing of the Great Race* hin, das in England und Amerika tausendfach gelesen wurde, und unausgesprochen nahmen sie damit auch der noch feurigeren Nazipropaganda die Wirkung. Noch schlagkräftiger wurden ihre Argumente durch das ganze Gewicht von Huxleys Einfluß in Öffentlichkeit und Wissenschaft.

Eine ihrer wichtigsten Aussagen lautete: Reine Menschenrassen sind Phantasiekonstruktionen; es gab sie nie und kann sie nicht geben, und deshalb gibt es auch keine einheitlichen Verhaltens- oder Temperamentseigenschaften. Aus diesem Grund war es auch mit noch so viel Erfindungsreichtum unmöglich, Rassen einheitlich zu definieren. Selbst im Deutschland Hitlers erwies es sich als schwierig, genau herauszufinden, wer ein Jude war und wer nicht, was zu einer Versessenheit auf Familienstammbäume führte.

Haddon und Huxley wiesen darauf hin, daß auch die modernsten und objektivsten wissenschaftlichen Methoden in der Frage der Rasseneinteilung versagten. Haut- und Haarfarbe sowie die Beschaffenheit der Haare waren, wie Virchow gezeigt hatte, äußerst vielfältig und unzuverlässig. Zwar konnte jeder Dummkopf beim Betrachten von Fotos aus Oslo, Beijing und Lagos feststellen, daß die Bewohner dieser Städte unterschiedlich aussahen, aber statistisch ist die Angelegenheit kompliziert; die Merkmale mit den offenkundigsten Unterschieden sind auf genetischer Ebene nicht gekoppelt. Dunkle Augen können zusammen mit blonden Haaren, eine Adlernase mit breiten Wangenknochen, ein hochgewachsener Körperbau zusammen mit der als mongolisch bezeichneten Epikanthusfalte auftreten und so weiter. Die Fossilfunde, die Mitte des 20. Jahrhunderts viel vollständiger waren, belegten den uralten Hang der Menschen, zu wandern und sich zu vermischen. Auf der Grundlage der Blutgruppen gelangte man zu einer Rasseneinteilung der Weltbevölkerung, mit Messungen der Kopfform erhielt man eine andere, und linguistische Untersuchungen ergaben eine dritte. Und, worauf es mehr ankam: Haddon und Huxley erklärten nachdrücklich, Intelligenz, moralische Einstellung und andere Charaktereigenschaften seien nicht zuverlässig mit einer jener sogenannten Rassen gekoppelt, welche die Nazis und andere abgegrenzt hatten; in allen Fällen solle man besser von ethnischen Gruppen sprechen. Vielleicht kam auch der berüchtigte Huxleysche Familienwitz ins Spiel, als sie die berühmteste Stelle ihres Buches schrieben und sich über die Allgemeinplätze der Nazis lustig machten, indem sie aus den politischen und ideologischen Führern Deutschlands einen echt arischen oder teutonischen Typus konstruierten: »So blond wie Hitler, so dolichozephal (langschädelig) wie Rosenberg, so groß wie Goebbels, so schlank wie

Göring und so männlich wie Streicher«.[4] Satire ist, wie mehrere Huxleys gezeigt haben, eine mächtige Waffe.

Mit seinen weitgespannten Interessen, die sich auf die neuen molekularen Gesichtspunkte der Biologie ebenso erstreckten wie auf die älteren Vorlieben der Naturhistoriker, war Huxley in den Jahren zwischen den Weltkriegen als Biologe eine Ausnahmeerscheinung. Nicht nur sein soziales Bewußtsein, sondern auch sein Eklektizismus verschaffte ihm in dieser Zeit eine bedeutende Rolle.

Zu der Zeit, als der Zweite Weltkrieg ausbrach, steckte die Biologie in einer seltsamen Sackgasse.[5] Darwins wichtigster Stolperstein – die Frage, wie Merkmale vererbt werden – war weitgehend aus dem Weg geräumt. Die grundlegenden Prinzipien von Genetik und Vererbung waren Anfang des 20. Jahrhunderts deutlich geworden, unter anderem durch die Arbeiten von August Weismann, der die Vermutung geäußert hatte, es gebe Keimzellen, die sich von den normalen Körperzellen unterscheiden: Diese Keimzellen trugen demnach das genetische Material, das umgeordet und neu sortiert wurde, wenn sich die Eizelle der Mutter mit der Samenzelle des Vaters vereinigte, so daß ein neues Lebewesen entstand. Weitere Erkenntnisse ergaben sich aus der Wiederentdeckung der peinlich genauen Untersuchungen des österreichischen Mönchs Gregor Mendel, dessen heute berühmte Forschungsarbeiten über die Vererbung bei Erbsenpflanzen seit 1866 weitgehend in Vergessenheit geraten waren. Im Jahr 1900 ergründeten drei Botaniker – der Niederländer Hugo de Vries, der Deutsche Carl Correns und in geringerem Umfang der Österreicher Karl Tschernak – innerhalb weniger Monate den Mechanismus der Vererbung. Zu ihrer Überraschung entdeckten sie anschließend, daß Mendel ihnen um Jahrzehnte zuvorgekommen war, allerdings in sehr kleinen, unbekannten Publikationen. Im Jahr 1909 schlug man den Begriff *Gen* für die stoffliche Grundlage einer erblichen Eigenschaft vor, weil man den Unterschied zwischen den ausgeprägten Merkmalen (Phänotyp) und den ihnen zugrundeliegenden Einheiten für die

Vererbung dieser Merkmale (Genotyp) erkannt hatte. Aber die unterschiedlichen Auswirkungen der Vererbung von Merkmalen spalteten die Biologie in zwei Lager, die kaum miteinander in Verbindung standen, und nur wenige Wissenschaftler gehörten beiden an. Lediglich ein paar Sonderlinge wie Huxley blieben mit beiden Teilen der modernen Biologie in Kontakt und entschlossen sich, ihre Wissenschaft in den Dienst des Friedens und des menschlichen Verstehens zu stellen.

Das eine Lager war die Naturgeschichte, jenes vornehme, ungenau abgegrenzte und umfassende Forschungsgebiet, zu dem Zoologie und Botanik, Paläontologie und vergleichende Anatomie, Vererbungs- und Variationslehre sowie die Untersuchung von geographischer Verbreitung und ökologischer Anpassung gehörten. Zwar beherrschte nur selten ein einzelner alle diese Gebiete, aber alle, die zu diesem Lager gehörten, waren im weitesten Sinne Freilandforscher: Sie untersuchten die Lebewesen in der freien Natur oder aber – das galt für die Paläontologen und biologischen Anthropologen – an den Fossilien.

Das andere Lager war das aufstrebende Gebiet der experimentellen Biologie oder Genetik. Die experimentelle Biologie löste sich von der Darwinschen Freilandarbeit und konzentrierte sich auf Labor und Notizbuch. Die auf diesem Gebiet Tätigen wollten die Einzelheiten der Vererbung erforschen und herausfinden, wie sich Merkmale in Populationen ausbreiten; oft arbeiteten sie vorwiegend mit Zahlen.

Den Begriff »Genetik« prägte William Bateson, der sich der Bedeutung von Mendels Vererbungsgesetzen vollauf bewußt war. Eugeniker wie Karl Pearson hatten viele statistische und mathematische Hilfsmittel entwickelt, mit denen man große Mengen an Erblichkeitsdaten verarbeiten konnte; jetzt fingen Bateson und andere an, Kreuzungen, Untersuchungen und andere Eingriffe an großen Populationen von Versuchstieren vorzunehmen; dabei konzentrierten sie sich auf Arten wie den Meeres»wurm« *Balanoglossus.* Diese Tiere besaßen leicht erkennbare und quantitativ meßbare Merkmale, die über die sehr schnell aufeinanderfolgenden Generationen hinweg weitergegeben wurden. In den Vereinigten Staaten gründete Thomas Hunt Morgan eine berühmte Genetiker-Arbeitsgruppe, die sich mit dem idealen Versuchstier beschäftigte: mit der Taufliege *Drosophila*, die sich sehr schnell vermehrt. Morgan und seine Kollegen wurden zu den führenden Köpfen bei der Aufklärung der genetischen Bedeutung von Mutation, Variation und Geschlechtskopplung.

Manche dieser experimentellen Biologen hätte man zutreffender mathematische Genetiker genannt. Sie hofften tatsächlich, sie könnten die *menschliche* Genetik in Populationen verstehen – dieses Ziel verfolgten unter anderem Ronald A. Fisher und J. B. S. Haldane in Großbritannien sowie Sewall Wright in den Vereinigten Staaten. Bis in die vierziger Jahre beherrschten Briten das Gebiet, gewaltig unterstützt durch die Kriegsmedizin wegen der Risiken und Vorteile von Bluttransfusionen. Dokumentation und Aufklärung der Erblichkeit von Blutgruppen war offenkundig von praktischem und humanitärem Nutzen, und eine Gruppe von Wissenschaftlern mit Zentrum in London machte sich mit Begeisterung an das Problem. Wer für den Dienst in der Armee untauglich war – Fisher war beispielsweise so kurzsichtig, daß er es buchstäblich fertigbrachte, seine Pfeife in der Butter auszuklopfen[6] –, konnte sich durch solche Arbeiten das wichtige Gefühl verschaffen, zu den Kriegsanstrengungen beizutragen.

Bis zu einem gewissen Grade entsprachen diese neuen Biologen dem Klischee vom echt englischen Geheimforscher: abgehoben, geistesabwesend und weltfremd. Fisher war zum Beispiel nicht nur kurzsichtig, sondern galt auch in anderer Hinsicht als Sonderling: unbeholfen im Umgang mit Frauen und Fremden, unfähig oder nicht willens, in Cambridge sein erstes Examen zu machen, und gelegentlich regelrecht unhöflich. Außerdem war er ein unverhohlener Eugeniker und seit den ersten Semestern ein enger Freund von Darwins Sohn Leonard, der lange Vorsitzender der Eugenics Education Society war. Haldane war ähnlich schüchtern – eine Eigenschaft, die er manchmal hinter unpassend vulgären Bemerkungen verbarg – und ungeschickt in manuellen Tätigkeiten. Er war kein Mann der Tat, kein Freilandbiologe mit Schlamm an den Stiefeln und Fundstücken im Garten; Zahlen und Ideen standen ihm näher als Lebewesen. Aber jetzt, wo man die Mechanismen der Vererbung aufgeklärt hatte, war es an der Zeit für eine abstrakte Theorie darüber, wie sich Genotypen und Phänotypen in einer Population im Laufe der Zeit verändern – und für solche Arbeiten waren Leute wie Fisher und Haldane bestens geeignet. In den USA, und zwar an der Universität von Chicago, war Sewall Wright ein Mann mit ähnlichen Vorlieben. Er machte Kreuzungsexperimente mit Meerschweinchen und leistete daneben die Arbeit, deretwegen man ihn heute eher kennt: die Entwicklung komplizierter mathematischer Modelle für die Vererbung in dynamisch veränderlichen Populationen.

Diese Leute schlugen sich mit einem drängenden theoretischen Problem herum: Welche Veränderungen der Genotypen spielen sich in einer Population über längere Zeiträume hinweg im einzelnen ab? Können kleine, vorteilhafte Abweichungen sich über eine ganze Population oder Spezies verbreiten und sie zu etwas Neuem machen? Wenn nicht, war die Darwinsche Evolutionstheorie tatsächlich tot, wie manche Leute behaupteten. Ihre bejahenden Antworten, die sich aus gewissenhaften Berechnungen ableiteten, brachten neue Erkenntnisse darüber, wie die Evolution ablaufen könnte.

Aber was man als Bestätigung für Darwin hätte ansehen können, erwies sich als Schuß nach hinten. Statt die Aufmerksamkeit auf die natürliche Selektion als wichtigste oder einzige Triebkraft entwicklungsgeschichtlichen Wandels zu lenken, waren die Genetiker hingerissen von einer Idee, die unter dem Namen *Gendrift* bekannt wurde. Sewall Wright prägte den Begriff für ein Phänomen, das er in seinen Modellversuchen beobachtete: Zufällige Schwankungen des Fortpflanzungserfolges konnten den Anteil der einzelnen Genotypen in einer Population im Laufe der Generationen tiefgreifend verändern. Das heißt, eine Population konnte durch Zufall zu einem ganz neuen Geno- und Phänotyp »driften«. Als Beispiel für die Gendrift kann man sich eine kleine Menschengruppe vorstellen, die als Siedler in ein neues Gebiet kommt. Wenn Rothaarige, die anfangs selten waren, ein paar Jahre lang zufällig mehr Kinder bekommen als Braunhaarige, ändert sich die Häufigkeit der Gene für die Haarfarbe in der Gesamtpopulation drastisch. In einer kleinen Gründerpopulation kann schon die Tatsache, daß ein einziges Individuum zufällig keine Nachkommen hat (oder daß diese Nachkommen zufällig nicht bis zum fortpflanzungsfähigen Alter am Leben bleiben), sich langfristig auf die Häufigkeit der genetischen Merkmale jener Person in der Gesamtpopulation auswirken. Nach einiger Zeit stellen die Rothaarigen dann vielleicht allein aufgrund des Zufalls die Mehrheit.

Wie Wright feststellte, wirkt sich die Gendrift vor allem in kleinen, isolierten Populationen aus; mit seinen Arbeiten erklärte er, warum solche Gruppen manchmal besondere Eigenschaften annehmen, die in der Gesamtpopulation der Spezies selten oder sogar unbekannt sind. Die experimentellen Genetiker betonten ihrerseits die entscheidende Bedeutung der Mutationen für die Entstehung entwicklungsgeschichtlicher Neuerungen; auch sie taten die natürliche Selektion, Darwins Kernpunkt, als unwichtig ab.

Zu jener Zeit hatte man gewaltiges Vertrauen in die Fähigkeit der Wissenschaft, Gutes zu tun, und die Wissenschaftler schreckten nicht davor zurück, sich für massive Maßnahmen zur Verbesserung der Welt einzusetzen. Einen radikalen Vorschlag unterbreitete J. B. S. Haldane 1924 in einem Buch mit dem Titel *Daedalus*: Darin skizzierte er eine utopische Vision von einer Zukunft, die von Gentechnikern gelenkt wird. Die Sagengestalt Dädalus sorgte für die Entstehung des schrecklichen Minotaurus durch die Paarung von Pasiphae mit dem kretischen Stier; Haldane schwebte ein gutartigeres Arrangement vor: Sein neuer Dädalus sollte die Fortpflanzung der Menschen ganz von dem komplizierten Durcheinander der geschlechtlichen Liebe befreien. Diejenigen, deren Gene zur Fortpflanzung bestimmt waren, sollten auf wissenschaftlicher Grundlage ausgewählt werden. Er wollte in Labors »ektogene Kinder« erzeugen, und die Welt sollte sich dadurch sprunghaft verbessern: »Der Fortschritt in jeder einzelnen Hinsicht, von der steigenden Erzeugung erstklassiger Musik bis zu sinkenden Zahlen überführter Diebe, wird von einer Generation zur nächsten höchst verblüffend sein«,[7] meinte er.

Ähnliche Vorschläge machte Hermann Muller, ein Sohn deutscher Flüchtlinge, der in Thomas Hunt Morgans Gruppe an der Columbia University arbeitete und später die USA verließ, um in die Sowjetunion zu gehen. Muller und Herbert Brewer, ein Eugeniker und sozialistischer Postbeamter in Großbritannien, wollten die »Eutelegenese« fördern – heute würden wir es künstliche Befruchtung nennen, aber mit eugenisch ausgewähltem Menschenmaterial; dieses Ziel formulierte Muller ausdrücklich in seinem Buch *Out of the Night*, das verblüffende Popularität erlangte. Haldane, den die Kinderlosigkeit seiner eigenen Ehe offenbar schmerzte, stellte freiwillig »seinen Namen, sein Geld und seine Keimzellen«[8] für die Eutelegenese zur Verfügung; auch George Bernard Shaw und Julian Huxley waren von der Idee gefesselt, zumindest im abstrakten Sinn. Aldous Huxley dagegen, Julians Bruder und ein begabter Schriftsteller, reagierte zynisch auf die Vorschläge zur genetischen Manipulation. Er schrieb kurzerhand seinen Roman *Schöne Neue Welt* und stellte darin die sterile, herzlose Gesellschaft dar, zu der ein solches wissenschaftliches Utopia in Wirklichkeit werden würde. In einem anderen Buch stichelte Aldous Huxley deutlich erkennbar gegen Haldane: Er porträtierte satirisch einen weltfremden Wissenschaftler, der so mit geheimnisvollen Experimenten beschäftigt ist, daß er nicht bemerkt, wie seine Frau fremdgeht.

Solche sehr öffentlichkeitswirksamen Vorschläge zur Fortpflanzung der Menschen fesselten zwar die Phantasie, aber vom wirklichen Interessenschwerpunkt der Genetiker waren sie weit entfernt. Ihre Gedanken kreisten um Zahlen und veränderliche Prozentsätze; um was für Merkmale es sich eigentlich handelte und wie sie aussahen, war unwichtig, solange man die Taufliege (oder das Meerschweinchen, die Maus oder ein anderes Lebewesen) nur eindeutig beurteilen konnte. Noch abgehobener waren die mathematischen Genetiker: Sie beschäftigten sich nie mit wirklichen Eigenschaften oder lebenden Geschöpfen. Ihre Studien waren abstrakt, sehr theoretisch und völlig getrennt von der wimmelnden Realität der Tiere, die fraßen, sich paarten und in einer realen Umwelt eine reale Evolution durchmachten. Die Gene oder Merkmale, die den eigentlichen Gegenstand des Interesses bildeten, hätten fast körperlos sein können. Der Genotyp war alles, der Phänotyp war nichts. Die natürliche Selektion war von untergeordnetem Interesse, denn man hielt sie, was den entwicklungsgeschichtlichen Wandel anging, für weit weniger wirksam als Gendrift und Mutationen.

Während dieser Zweig der Biologie sich damit herumschlug, die Genetik und die Einzelheiten der Evolution zu begreifen, war man in einem anderen Teilgebiet weiterhin fasziniert von der Freilandarbeit, und diese Wissenschaftler hielten an Darwins Vorstellung von der natürlichen Selektion fest. Die wichtigsten unter ihnen waren die Systematiker, die tagtäglich mit Variation, Klassifikation, Anpassung und geographischer Verbreitung der Arten zu tun hatten. Auf die gleichen Themen konzentrierten sich auch Paläontologen und vergleichende Anatomen, aber die von ihnen untersuchten Arten verteilten sich auf einen unvorstellbar viel längeren Zeitraum: Millionen von Jahren statt der Wochen, Monate oder wenigen Jahre, in denen andere die lebenden Arten untersuchten. Sie hatten buchstäblich sichtbare Eigenschaften in der Hand – Länge von Schnäbeln, Kieferwinkel, die Zahl von Zähnen oder Zehen –, und nicht die verborgenen Gene, deren Gegenwart sich an den Eigenschaften zeigte. Sie verfolgten die Evolution der Arten durch Raum und Zeit, und als Fährte dienten ihnen dabei die anatomischen Befunde über den Körperbau der Tiere. Es waren rein phänotypische Erkenntnisse. Die Mendelsche Genetik war nicht nur unsichtbar, sie war für die Naturforscher auch nicht von Bedeutung.

Kurz gesagt, sprachen die Naturforscher und die Genetiker nie miteinander, und ebensowenig lasen sie gegenseitig die Fachpublikationen, denn ihre Fragestellungen und ihr Ausgangsmaterial waren völlig verschieden. Und die Ansichten der beiden Lager über den Verlauf der Evolution erschienen so unvereinbar, als dächten und schrieben sie über völlig verschiedene Wirklichkeiten – und so war es natürlich auch. Aber dann, Ende der dreißiger und Anfang der vierziger Jahre, brach das Patt plötzlich zusammen, und aus der Spannung zwischen den beiden Teilgebieten erwuchs ein neuer Schub fruchtbarer Energie.

Wie und warum es zu der neuen Synthese in der Evolutionstheorie kam, wurde vielfach diskutiert. Zunächst einmal, soviel ist klar, war bei den Biologen beider Seiten eine gewisse Bereitschaft notwendig, in einen Dialog mit dem anderen Lager einzutreten; als die Naturforscher anfingen, Populationen und ihre Evolution als Gegenstand der Untersuchungen anzusehen, während die Genetiker sich auch mit wirklichen und nicht nur mit theoretischen Populationen beschäftigten, wurde die Wiederannäherung einfacher. Und außerdem wurden einige herausragende Persönlichkeiten gebraucht, die sich von Temperament und Ausbildung her dazu eigneten, Brücken zu bauen. Zu denen, die in diesem Zusammenhang häufig genannt werden, gehörten Julian Huxley, Theodosius Dobzhansky, George Gaylord Simpson und Ernst Mayr.

Was verband diese Wissenschaftler? Offenkundige Gemeinsamkeiten waren eine umfassende Ausbildung und ein weitgefaßtes Interesse. Huxley hatte sich bereits an die Rolle als öffentlicher Sprecher und Vereiniger gewöhnt; er selbst betrieb vielfältige Forschungen, die sich von der Biologie im Labor bis zu Freilanduntersuchungen an Vögeln erstreckten. Sein Buch *Evolution: The Modern Synthesis*, das 1942 erschien, wurde zu einem vielfach gelesenen Standardwerk darüber, wie die genetische Theorie neues Licht auf die alten Fragen der Artbildung, Variation und entwicklungsgeschichtlichen Veränderung im Freiland warf. Dobzhansky, ein russischer Flüchtling, konnte als klassischer Vertreter der experimentellen Genetik gelten – allerdings verband er seine Laboruntersuchungen mit Studien an *Drosophila*-Populationen in freier Wildbahn. Sein 1937 erschienenes Buch *Genetics and the Origin of Species* kennzeichnete den Beginn der Annäherung. Darin versuchte er ausdrücklich, die neue theoretische Genetik und die Darwinsche Frage nach echten Populationen lebender Arten zu vereinigen; es war eine einflußreiche, meisterhafte Zusammenführung der beiden weit voneinander entfernten Gebiete der Biologie. Eine weitere Disziplin brachte G. G. Simpson in die Synthese ein, ein bekannter, umfassend ausgebildeter Paläontologe, der die Fossilfunde als einer der wenigen in seinem Fachgebiet unter dem Gesichtspunkt der Evolutionstendenzen betrachtete. In einer Buchreihe, deren erster Band 1944 unter dem Titel *Tempo and Mode in Evolution* erschien, zeigte Simpson, daß man die genetischen Prinzipien des Wandels in Populationen an den Fossilien ablesen kann, die als einzige Indizien einen ausreichend langen Zeitraum abdecken. Der vierte Architekt der neuen Synthese war der Freilandforscher Ernst Mayr, ein bekannter Fachmann für die Systematik der Vögel. Auch er schrieb ein Buch, das weitreichenden Einfluß gewinnen sollte. Es trug den Titel *Systematics and the Origin of Species*; Mayr wandte darin die gerade aufgeklärten Mechanismen von Vererbung, Mutation und Gendrift auf die Probleme der Naturforscher bei Systematik, Anpassung und Artbildung an.

Mayrs Vorschlag für eine neue Definition der biologischen Art (Spezies) wurde praktisch allgemein angenommen; er beinhaltet eine aufschlußreiche Vorstellung, an der sich deutlich zeigt, wie weit die neue Synthese vorangekommen war. Statt die Spezies in der hergebrachten, altmodischen Weise abzugrenzen – durch Vergleich verschiedener körperlicher Merkmale des fraglichen Individuums mit denen des festgelegten Prototyps –, schlug Mayr einen biologischen Artbegriff vor. Er definierte eine Art als Gruppe potentiell oder theoretisch paarungsfähiger Individuen, die von anderen Gruppen reproduktiv isoliert war. Mit anderen Worten: Eine Art bestand jetzt nicht mehr aus mittelgroßen Vögeln mit vorwiegend blauem Gefieder, weißen Streifen und einem schwarzen Balken auf den Flügeln, sondern sie war eine Ansammlung von Einzellebewesen, die ihr genetisches Material in einem einzigen Genpool austauschten und rekombinierten. Mayr argumentierte, im Sinne der Evolution sei der Genotyp einer Art wichtig und nicht der Phänotyp; das Hervorbringen fruchtbarer Nachkommen war das höchste Ziel im Evolutionstheater, und die Handlung spielte auf der Ebene der Arten. Es war eine neue Sichtweise für alte Probleme, die viele Möglichkeiten eröffnete. Seine Definition blieb bis heute ein zentraler Bestandteil der modernen Evolutionsbiologie.

Natürlich trugen auch viele andere zu der wiederbelebenden Synthese von Genetik und Darwinscher Evolutionstheorie bei; sie schufen Übereinstimmung und Verschmelzung, wo zuvor nur Meinungsverschiedenheiten und Verwirrung geherrscht hatten. In mehreren Berichten über diese Zeit[9] bezeichnet Mayr eine entscheidende Tagung, die vom 2. bis 4. Januar 1947 in Princeton (New Jersey) stattfand, als den Augenblick der Wahrheit. Wie er und andere erzählen, kam es bei dieser Gelegenheit zu einer unvorhergesehenen, freiwilligen Übereinkunft, obwohl die Teilnehmer Fachleute aus verschiedenen Lagern waren. Plötzlich waren sich alle einig, daß die Evolution ein allmählicher Vorgang ist, der vorwiegend von der natürlichen Selektion vorangetrieben wird, bei dem aber auch Gendrift und Mutation eine gewisse Rolle spielen; auf einmal wurde deutlich, daß die großen, sichtbaren Veränderungen, die in der Evolution zur Entstehung neuer Arten führen, durch Schwankungen der Genotyphäufigkeiten in kleineren Populationen ausgelöst werden. Der Darwinismus erhielt durch den Motor der reichhaltigen genetischen Mechanismen neue Kraft; Genetik und Populationsbiologie waren ihrerseits im Klein-Klein der realen Biologie verankert, mit Tieren und Pflanzen, die lebten und sich fortpflanzten.

Jetzt war es an der Zeit, zu dem heiklen Problem zurückzukehren: Wie waren die Unterschiede zwischen den Menschen zu bewerten?

9
Alle Nichtjuden sind Antisemiten

Als die wissenschaftlichen Spannungen zwischen den beiden Zweigen der Evolutionsbiologie abgebaut waren, kam die Zeit, da man sich fragte, wie es nach dem Krieg weitergehen sollte und wie man die neuen Kenntnisse über die Evolution nutzen konnte. Sie mußten ja nicht nur die Triebkraft des Dunklen und Bösen sein.

Eine entscheidende Rolle in dieser neuen Entwicklung spielte Julian Huxley, der wieder einmal sein gesellschaftliches Bewußtsein und seine leidenschaftlichen Überzeugungen einsetzte. Schon während der düstersten Kriegstage gab es Pläne zum Aufbau einer internationalen Organisation – der späteren Vereinten Nationen –, die in zwischenstaatlichen Konflikten vermittelnd und lösend eingreifen konnte und internationale Bemühungen koordinieren sollte. Aber das war nicht genug. Im Jahr 1945 gründete man eine in Paris ansässige besondere Unterorganisation für Ausbildung, Wissenschaft und Kultur: die United Nations Educational, Scientific and Cultural Organization oder kurz UNESCO.

Zum ersten Generalsekretär der neugeschaffenen Organisation, deren Kompetenzbereich noch recht ungenau umrissen war, wurde 1946 Sir Alfred Zimmern ernannt. Leider erkrankte er kurz darauf schwer, so daß man für den Posten einen anderen suchen mußte. Julian Huxley lehnte zunächst ab, aber schließlich ließ er sich überzeugen, daß er diese ungewisse, aber wichtige Aufgabe übernehmen sollte.

Die UNESCO hatte weder ein fest umrissenes Mandat noch die

geringste Infrastruktur. Huxley mußte die Tätigkeiten seiner Organisation definieren und gleichzeitig den Apparat aufbauen, der sie ausführte. Dabei kamen ihm seine Begeisterung und die Fähigkeit, andere zu loyalen Mitarbeitern zu machen, ebenso zugute wie die typisch Huxleysche Vielseitigkeit. »Ich muß gestehen, es war ziemlich verwirrend«, bemerkte er in dieser Frühphase, »insbesondere für die Beamten und für mich selbst; wir sprangen von der Kunst zur angewandten Wissenschaft, von der angewandten Wissenschaft zur Architektur, von der Architektur zur Ausbildung der Landbevölkerung, von der Ausbildung der Landbevölkerung zu Literatur und Philosophie – und das alles innerhalb weniger Stunden.«[1] Von den geistigen Fähigkeiten her war er für diese Aufgabe genau der Richtige.

Was Huxley völlig fehlte, war der Hang zu dem alltäglichen Verwaltungseinerlei, für die endlosen Pläne, Berichte und Genehmigungen. In einem gewissen Sinn war das ein Vorteil, denn er folgte unmittelbar seinen Einfällen und Überzeugungen, ohne sich sehr um die praktischen Konsequenzen zu kümmern. Als eine seiner ersten Amtshandlungen verfaßte er ein Papier, in dem er seine persönlichen Ansichten über Aufgaben und Zielrichtung der UNESCO darstellte. Kein anderer schrieb an diesem Dokument ein einziges Wort, kein anderer arbeitete daran mit, stimmte ihm zu oder zensierte es. Betitelt *Unesco: Its Purposes and Philosophy* (»Unesco: Ihre Ziele und ihre Philosophie«), war es eine »Bombe im Aktentaschenformat«[2]: Huxley schaffte es, auf wenigen Seiten unzählige Personen zu beleidigen. Was er darin formulierte, nannte er »wissenschaftlichen Humanismus«; es war nach seiner Auffassung die einzige Philosophie, nach der eine Organisation wie die UNESCO handeln konnte. Er konnte sich nicht vorstellen, daß irgend jemand dagegen Einwände erheben würde. Als internationale Institution konnte die UNESCO keine der bestehenden religiösen oder wirtschaftlichen Weltanschauungen unterstützen. Statt dessen, so versicherte er,

»muß die UNESCO ihre Handlungen ständig am Prüfstein des Evolutionsfortschritts messen. Ein entscheidender Konflikt unserer Zeit ist der zwischen Nationalismus und Internationalismus, zwischen den Vorstellungen von vielen souveränen Einzelstaaten und einer Weltsouveränität. Hier gibt der Prüfstein der Evolution eine eindeutige Antwort. Der Schlüssel zum Fortschritt der Menschheit, die charakteristische Methode, deretwegen der Evolutionsfortschritt auf menschlichem Gebiet so viel schneller verlaufen ist als auf biologischem, und die ihm höhere und befriedigendere Ziele vermittelt hat, ist die Ansammlung von Tradition, der gemeinsame Vorrat an Ideen, der sich selbst erhält und eine Evolution durchmacht. Als unmittelbare Folge dieser Tatsache ist die gesellschaftliche Organisation der wichtigste Faktor des sozialen Fortschritts oder zumindest sein begrenzender Rahmen.«[3]

Die hergebrachte Religion und den Kommunismus lehnte er rundheraus ab; die Evolutionstheorie war für ihn eine unumstrittene Tatsache; er trat offen für die Geburtenkontrolle ein, denn sie war in seinen Augen ein wichtiges Mittel zur Begrenzung des Bevölkerungswachstums, das er weltweit für eine wichtige Bedrohung der Lebensqualität hielt. Ohne es zu wollen, verärgerte er fast alle, und sei es auch nur, weil er seine eigene Philosophie unter dem Deckmantel eines UNESCO-Dokuments vertreten hatte. Es gelang ihm, die meisten der Angegriffenen zu besänftigen, indem er anbot, der Schrift einen Zettel beizulegen, auf dem er erklärte, es handele sich um seine persönliche Meinung und nicht um eine offizielle Verlautbarung.

Trotz dieses Fauxpas wurde Huxley Ende 1946 für eine Amtszeit von zwei Jahren zum ersten Generaldirektor der UNESCO gewählt. Er baute die Organisation auf, legte ihre allgemeine Zielrichtung fest (wobei er für ihre Unabhängigkeit sorgte) und sicherte ihren multikulturellen Charakter. Sie beschäftigte sich mit der Förderung des Friedens und der internationalen Zusammenarbeit, mit Natur- und Denkmalschutz, mit Ausbildung und

Verbesserung des Lebensstandards, mit dem Austausch von Ideen und mit der Unterstützung der Wissenschaft zum Wohle der Menschheit. Mit der Autorität der UNESCO im Rücken trat Huxley dafür ein, die schlimmsten Übel der modernen Welt mit Hilfe wissenschaftlicher Kenntnisse auszurotten. Ein paar Jahre später schrieb er:

»Viele Anwendungen der Wissenschaft haben zu einer neuen, umfassenderen Sichtweise für die Art und Weise geführt, wie der Mensch die Natur kontrollieren kann. Aber dann war da die Wiederentdeckung der Abgründe und Schrecken des menschlichen Verhaltens, wie sie sich in den Vernichtungslagern der Nazis, den kommunistischen Säuberungen und der Behandlung der Kriegsgefangenen in Japan zeigten; das führte zu der ernüchternden Erkenntnis, daß die Kontrolle des Menschen über die Natur sich nur auf die äußere Natur erstreckt; die schwierige Eroberung seiner eigenen, inneren Natur steht noch aus.«[4]

In Huxleys Augen gab es keinen Zweifel, daß die UNESCO eine machtvolle neue Waffe war. Das breite Tätigkeitsspektrum und die ausdrücklich von der Evolution bestimmte Richtung, die Huxley (trotz Protesten der Gegner) vorgegeben hatte, führten unmittelbar zu Bestrebungen, die sich langfristig und unauslöschlich auf die Vorstellungen von der Evolution der Menschen auswirken sollten. Als man dieses Projekt in Angriff nahm, war Huxley zwar nicht mehr Generaldirektor, aber er hatte immer noch beträchtlichen Einfluß; die Handschrift seiner Überzeugungen und seiner Persönlichkeit ist deutlich zu erkennen.

1949, ein Jahr nach dem Ende von Huxleys Amtszeit, verabschiedete der Wirtschafts- und Sozialrat der Vereinten Nationen eine Resolution, in der die UNESCO aufgefordert wurde, »zu überlegen, ob es wünschenswert ist, daß ein allgemeines Programm in Gang gesetzt und empfohlen wird, das dazu dient, wissenschaftliche Tatsachen zu verbreiten und damit das zu beseitigen, was allgemein unter dem Begriff ›Rassenvorurteil‹ bekannt ist«. Als Reaktion verabschiedete die Generalversammlung der UNESCO für ihr Programm von 1950 folgende Resolution: »Der Generaldirektor wird beauftragt: wissenschaftliches Material über Rassenfragen zu studieren und zu sammeln; die gesammelten Informationen weit zu verbreiten; und auf der Grundlage dieser Informationen eine Aufklärungskampagne vorzubereiten.«[5] Die Forderung beinhaltete eigentlich kaum etwas anderes als eine Neufassung des antirassistischen Buches von Huxley und Haddon, die aber allgemeiner gehalten war, so daß die anthropologischen und biologischen Organisationen auf der ganzen Welt sie verwenden konnten. Es war eine reinrassige Huxley-Idee: wohlmeinend, mit einem naiven Glauben an die Überzeugungskraft der Wissenschaft, und geprägt von der Entschlossenheit, den Rassismus zu bekämpfen, der zu den Alpträumen des vergangenen Krieges geführt hatte. Der Vorschlag, ein solches Komitee zu bilden, kam vielleicht nicht von Huxley, aber er konnte dieser Idee sicher zustimmen. Die Aufgabe, das Gremium zusammenzustellen und eine Verlautbarung der UNESCO über die Rassen zu entwerfen, fiel an Alfred Ramos, einen brasilianischen Anthropologen aus der sozialwissenschaftlichen Abteilung der UNESCO. Er richtete das Komitee ein, aber der Mann, der die Worte der Erklärung tatsächlich formulierte, war ein in den USA ansässiger britischer Anatom, der damals unter dem Namen Ashley Montagu bekannt war. Daß die Wahl auf ihn fiel, war eine Ironie des Schicksals.

Montagus Weg zur Berühmtheit war mit vielen Hindernissen gepflastert.[6] Er hieß in seiner Jugend Israel Ehrenberg und stammte aus dem Arbeitermilieu des Londoner East End. Irgendwann kam der Vorname Moses hinzu, der dazu beitragen sollte, ihn von irgendeiner Kinderkrankheit zu heilen. Sein Name verriet eindeutig die jüdische Herkunft, und das in einer Zeit, als Juden in England oft diskriminiert wurden, auch wenn man sie, anders als in Deutschland, nicht gerade ermordete.

Der empfindsame, intelligente Junge flüchtete sich in die Welt der Bücher, um den Facetten des Arbeiterlebens zu entgehen, die ihm brutal und roh erschienen. Er trieb sich häufig auf dem Trödelmarkt von Whitechapel herum und kaufte gierig jedes Buch, das er sich leisten konnte. Besonders fesselten ihn Werke über Anatomie und Physiologie mit ihren aufwendig gestalteten Bildtafeln. Sein Vater hielt die Bücherleidenschaft jedoch für schädlich. Der Konflikt spitzte sich zu, als Montagu heranwuchs und das Alter erreichte, in dem viele Jugendliche aus der Arbeiterklasse die Schule verließen und sich Arbeit suchten. In der Hoffnung, den jungen Mann von der unnatürlichen Besessenheit zu befreien und ihm ein normales Berufsleben zu ermöglichen, zerriß der Vater die kostbaren, aus zweiter Hand erworbenen Bücher seines Sohnes. Aber dieser schreckliche Schlag festigte nur Montagus Entschlossenheit, sich mit allen Mitteln einem Leben zu entziehen, in dem die Menschen sich so gefühllos verhalten konnten und in dem man Wissen und Lernen verachtete. Sobald er konnte, setzte Montagu sich über seinen Vater hinweg und ging an das Londoner University College. Man nahm ihn für einen Studiengang in Anthropologie auf, und sein Lehrer wurde Grafton Elliot Smith, einer der angesehensten Anatomen und Anthropologen jener Zeit. Es war ein Triumph des Autodidakten.

Ein Jahr später unternahm er den ersten von mehreren Schritten, um seine Herkunft, seinen Vater und dessen Welt hinter sich zu lassen: Er änderte seinen Namen und tilgte so alle offiziellen Spuren seiner Familie und seines Judentums.[7] Ähnliche Maßnahmen ergriffen auch einige seiner engsten Freunde, um dem zu jener Zeit herrschenden Antisemitismus zu entgehen. Montagu wählte den gewaltig klingenden Namen Montague Francis Ashley-Montagu, der sich für ihn wegen des Bindestrichs nach Oberschicht anhörte. Die Religionszugehörigkeit seines Besitzers ließ er – anders als Moses Israel Ehrenberg – nicht erkennen, aber dafür stellte er eine Verbindung zu Lord Montagu of Beaulieu her, den er als Dichter und Denker bewunderte. Der Name Ashley ging auf Edwina Ashley zurück, eine prominente Schönheit aus der besseren Gesellschaft, die später den Earl of

Mountbatten heiratete. Das war die Sorte Eltern, die er sich, bildlich gesprochen, damals ausgesucht hätte.

Montagu war immer noch nicht zufrieden: Das University College war nicht das Paradies, das er sich vorgestellt hatte. Er lernte eine Menge, und das bei einigen der angesehensten Gelehrten Englands, aber es war nicht alles nur rosig. Mit Elliot Smith hatte er einen schweren Zusammenstoß, als er eine Lieblingstheorie seines Professors öffentlich in Frage stellte. Ohnehin war sein Urteil über Elliot Smith zu jener Zeit nicht gerade schmeichelhaft: Er sei »kommunistisch angehaucht und aufgeblasen«, und außerdem wisse er nicht genug, um medizinische Anthropologie oder allgemeine Anatomie des Menschen zu unterrichten[8]. Bei einer derart starken Motivation war es eigentlich erstaunlich, daß Montagu die Universität ohne Abschluß verließ. Sogar seinem Geburtsland kehrte er nach dem gescheiterten Generalstreik von 1926 angewidert den Rücken; er ging zunächst nach Amerika und dann nach Italien.

Nach einigen ruhelosen Jahren landete er schließlich in New York in einem Graduiertenprogramm für Anthropologie der Columbia University, das von dem hervorragenden Franz Boas geleitet wurde. Viel Zeit verbrachte er auch bei William King Gregory, einem berühmten Paläontologen des American Museum of Natural History, der eng mit der Columbia University zusammenarbeitete; sein Einfluß war so stark, daß Montagu von der »Neuerschaffung des Ashley Montagu« sprach[9]. Montagu stellte 1937 eine Dissertation über die australischen Ureinwohner fertig und veröffentlichte bald danach Bücher und Artikel. Drei Jahre später, also 1940, verwandelte er sich erneut: Er wurde amerikanischer Staatsbürger, ließ die Namen Montague Francis fallen, wählte Ashley als Vornamen und entfernte den Bindestrich zwischen Ashley und Montagu.[10]

Zweifellos war Montagu in einem sehr tiefgreifenden Sinn der Typ des Selfmademan. Er ließ Familie, Religion, soziale Klasse, Lehrer, Heimat und Namen hinter sich, manche davon nicht nur einmal, sondern zweimal. Was er nie aufgab, waren der britische

Oberklassenakzent und die feinen Sitten, die er sich angewöhnt hatte; erst kürzlich bemerkte er, man habe ihn oft für einen Adligen gehalten. Und doch scheint er eine tiefe Unzufriedenheit mit sich herumzuschleppen, die er auf andere projiziert und als unfaire Kritik empfindet, eine gesteigerte Empfindlichkeit für möglichen Rassismus, die sein Berufsleben bestimmt.

Als das UNESCO-Projekt begann, hatte Montagu sich bereits den Ruf eines Anatomen erworben, der sich für Rassen interessierte. Seine neue Funktion als Berichterstatter für das angesehene Gremium brachte ihn ins Zentrum stürmischer Meinungsverschiedenheiten, die einen Mann mit weniger Selbstvertrauen zur Verzweiflung getrieben hätten. Es war der Wendepunkt in Montagus Karriere. Auch später noch galt er als allgemein anerkannte Autorität in Fragen der Rassen und der Bekämpfung des Rassismus. Er schrieb und sprach reichlich über Rassen, stellte die Arbeiten anderer in meisterhaften Zusammenfassungen dar und versah seine und fremde Artikel vor der Wiederveröffentlichung mit leidenschaftlichen Vorworten. Zu seinen besten anthropologischen Beiträgen gehören vereinheitlichende und oft sehr kenntnisreiche Gutachten, die er mit Energie, Überzeugung und einem untrüglichen Gespür für zeitgemäße Themen erstellte.

Vielleicht wurde Montagu für die Aufgabe bei der UNESCO ausersehen, weil er durch seine Bücher und Artikel über Rassen sowohl dem Fachpublikum als auch der Öffentlichkeit bereits bekannt war. Er war ein anerkannter Vorkämpfer im Krieg gegen Vorurteile und Rassismus. Nach Ansicht mancher Zeitgenossen war er sogar die beste Werbung für sich selbst[11], vielleicht weil seine Taten und Schriften oft großes öffentliches Interesse fanden. Eines seiner bekanntesten Werke war das 1942 erschienene Buch *Man's Most Dangerous Myth: The Fallacy of Race* (»Der gefährlichste Mythos der Menschen: das Trugbild der Rasse«). Darin schrieb er:

»Die Frage der *Rasse* hat in unserer Zeit eine beunruhigend übertriebene Wichtigkeit erlangt. Beunruhigend deshalb, weil Dogmen über die Rassen zur Grundlage einer unmenschlich brutalen politischen Philosophie gemacht wurden, die bereits zum Tod oder zur gesellschaftlichen Ausgrenzung von Millionen unschuldigen Menschen geführt hat; und sie ist übertrieben, denn wenn man die heutige ›Rassen‹-Theorie wissenschaftlich analysiert und versteht, verliert sie jede Bedeutung für gesellschaftliches Vorgehen oder sonstige Handlungen ... Es ist deshalb höchst wünschenswert, daß die Tatsachen über ›Rassen‹, die die Wissenschaft mittlerweile kennt, weit verbreitet und eindeutig verstanden werden.«[12]

Genau das war das Ziel der UNESCO-Verlautbarung über die Rassen, und deshalb war Montagu – ironischerweise – der Mann der Wahl.

Es war ein internationales Gremium. Seine Mitglieder waren Montagu selbst, der in die Vereinigten Staaten verpflanzte Brite; dann Juan Comas, der Vater der physischen Anthropologie in Mexiko und Angestellter der UNESCO; Ernest Beaglehole aus Neuseeland, der Rassen und Kasten in Polynesien erforscht hatte; E. Franklin Frazier, ein farbiger Amerikaner, der als Experte für »den Neger« in Amerika galt und einen Lehrstuhl für Soziologie an der Howard University innehatte; der Soziologe und Antirassist Morris Ginsberg aus Großbritannien; der berühmte Sozialanthropologe Claude Lévi-Strauss aus Frankreich; L. A. Costa Pinto, ein Professor für Sozialanthropologie aus Brasilien; und schließlich Humayun Kabir vom Erziehungsministerium, ein indischer Hindu. Zwei weitere Fachleute aus Polen und Schweden lehnten die Mitwirkung aus gesundheitlichen Gründen ab. Ramos, der Organisator, starb vor der ersten Zusammenkunft des Komitees. An seine Stelle trat ein Kollege, der Amerikaner Robert C. Angell.

Nach Montagus Erinnerungen an die Sitzung[13] gab es keinen Schwerpunkt, sondern die Gespräche drehten sich endlos im

Kreis. Er platzte ungeduldig mit seiner Meinung heraus, und das Komitee beauftragte ihn, einen Entwurf für eine Verlautbarung aufzusetzen. Gegen ein Uhr mittags hatte er ein Arbeitspapier fertiggestellt, das diskutiert und dann einer größeren Expertengruppe vorgelegt wurde. Zu ihr gehörten Hadley Cantril, ein Sozialpsychologe der University of Princeton; E. C. Conklin, ein Zoologe, ebenfalls aus Princeton; Gunnar Dahlberg, ein Genetiker der Universität Uppsala; Donald Hager, Anthropologe aus Princeton; L. C. Dunn, Genetiker der Columbia University; Otto Klineberg, Sozialpsychologe der Columbia University; Wilbert Moore, Soziologe in Princeton; der Genetiker H. J. Muller, der damals an der Indiana University arbeitete; Gunnar Myrdal, Wirtschaftswissenschaftler und Soziologe an der Universität Stockholm; Joseph Needham, Biochemiker aus Cambridge; und schließlich Julian Huxley und Theodosius Dobzhansky, zwei Biologen der neuen, vereinheitlichten Richtung. Insgesamt waren damit die Gebiete der sozialen und physischen Anthropologie, der Genetik, Psychologie und Soziologie vertreten. Dennoch wurde die UNESCO-Verlautbarung über Rassen allgemein als Ashley-Montagu-Papier bekannt.

Es wurde am 18. Juli 1950 veröffentlicht und galt als »gewichtigste Aussage der modernen wissenschaftlichen Lehre über die umstrittene Frage der Rassen, die jemals veröffentlicht wurde«.[14] »Umstritten« war eine angemessene Beschreibung – wenn nicht für die Sache, dann zumindest für das Dokument selbst.

Die Londoner *Times* druckte eine Sieben-Punkte-Zusammenfassung der Verlautbarung, die eine Flut von Leserbriefen auslöste; einer davon stammte vom Royal Anthropological Institute, das gegen bestimmte Abschnitte in dem Papier offiziell Widerspruch anmeldete. Noch größeren Einfluß hatte die Leserbriefspalte der britischen Zeitschrift *Man*, des Organs des Royal Anthropological Institute. Ein Ehrenmitglied der Redaktion von *Man*, der in Cambridge ausgebildete Ethnologe und

Experte für afrikanische Kunst William E. Fagg, veröffentlichte den vollen Wortlaut der Erklärung und forderte neun bekannte physische Anthropologen in Großbritannien zu Stellungnahmen auf – keiner dieser Experten hatte dem erlauchten Gremium angehört. Angesichts ihrer Bedeutung für die physische Anthropologie und Humangenetik waren die Briten in dem Komitee tatsächlich deutlich unterrepräsentiert, während Montagus Kollegen aus den Universitäten Princeton und Columbia in dem größeren Beraterkreis unverhältnismäßig stark vertreten waren.

Die Korrespondenz über die UNESCO-Erklärung setzte sich in *Man* buchstäblich über Jahre hinweg fort. Die Briefe sind eine köstliche Übung in Widerspruch, Pedanterie, akademischer Beleidigung und Vermischung von Realität mit allgemein Bekanntem. Der Redakteur Fagg hatte schon in dem Eröffnungsartikel zu der Erklärung trocken bemerkt: »... Gewisse Passagen waren weit davon entfernt, allgemeine Übereinstimmung auszulösen.«[15] Und Fagg sorgte dafür, daß diese Meinungsverschiedenheiten an die Öffentlichkeit gelangten.

Niemand störte sich an der Aussage der UNESCO, alle Menschen gehörten zur gleichen Spezies des *Homo sapiens*, und es gebe innerhalb dieser Spezies Populationen mit unterschiedlichen Genhäufigkeiten, die man als biologische Rassen bezeichnen könne. Ebensowenig gab es nennenswerte Einwände gegen die Behauptung, das Wort *Rasse* könne nach dem allgemeinen Sprachgebrauch »auf jede Menschengruppe angewandt werden, die derjenige, der das Wort gebraucht, als Rasse im Sinne einer nationalen, religiösen, geographischen, sprachlichen oder kulturellen Gruppe bezeichnen möchte«, obwohl es sich dabei nicht um biologische Rassen handelte. Der Erklärung zufolge sind innerhalb der Spezies nur drei Hauptgruppen zu erkennen: die mongolide, die negroide und die kaukasoide; über die weitere Einteilung, so die Erklärung, bestehe hingegen kaum Einigkeit. Einig war man sich auch, »daß Gleichheit als ethisches Prinzip in keiner Weise von der Behauptung abhängt, die Menschen seien tatsächlich gleich ausgestattet. Offensichtlich unterscheiden sich die Einzelpersonen in allen ethnischen Gruppen stark in ihren Eigenschaften.«[16]

Aber damit war die Verlautbarung nicht zu Ende. Sie sprach sich dafür aus, den Begriff *Rasse* völlig fallenzulassen und durch die weniger gefühlsgeladene und (in der Umgangssprache) genauere Bezeichnung *ethnische Gruppe* zu ersetzen – den gleichen Vorschlag hatten Huxley und Haddon schon früher in ihrem Buch gemacht, und Montagu hatte ihn in sein Buch von 1942 ebenfalls aufgenommen. Die weiteren Formulierungen der Erklärung sind ein Widerhall von Montagus früheren Schriften:

»Unter allen praktischen gesellschaftlichen Gesichtspunkten ist ›Rasse‹ weniger ein biologisches Phänomen als vielmehr ein sozialer Mythos ... Biologische Unterschiede zwischen ethnischen Gruppen sollte man im Hinblick auf gesellschaftliche Anerkennung und soziales Handeln nicht beachten. Die Einheitlichkeit der Menschheit ist die Hauptsache ... Und tatsächlich zeigt die gesamte menschliche Geschichte, daß der Geist der Zusammenarbeit nicht nur eine natürliche Eigenschaft der Menschen ist, sondern auch tiefer wurzelt als jede egoistische Neigung ...

Nach unserer derzeitigen Kenntnis gibt es keinen Beweis, daß die Menschengruppen sich in ihren angeborenen geistigen Eigenschaften unterscheiden, sei es in Intelligenz oder im Temperament. Die wissenschaftlichen Befunde deuten darauf hin, daß das Spektrum der geistigen Fähigkeiten bei allen ethnischen Gruppen ziemlich gleich ist ...

Und schließlich stützen biologische Untersuchungen die Ethik der weltweiten Brüderlichkeit: Denn der Mensch wird mit dem Hang zur Zusammenarbeit geboren, und wenn dieser Trieb nicht befriedigt wird, werden Menschen und Nationen krank.«[17]

Sofort nach Veröffentlichung der Erklärung setzten die Proteste ein. »Es war Neid«, sagt Montagu. »Die Leute waren verletzt, weil man sie nicht beteiligt hatte.«[18]

Die erste Salve kam von Henri Vallois, einem hochmütigen physischen Anthropologen, der das Musée de l'Homme in Paris leitete. Man hatte ihn nicht in das Gremium eingeladen, das die Erklärung verfaßt hatte, obwohl die Sitzungen in Paris stattfanden; daß er fehlte, bezeichnete Fagg als »außergewöhnlich«.[19] Vallois pflichtete der Absicht der Erklärung bei, insbesondere nach den erst wenige Jahre zurückliegenden tragischen Ereignissen, an denen die Gefahren des Rassismus deutlich geworden waren. Aber der Versuch, die Realität der Rassen zugunsten von Montagus Ansicht, Rasse sei ein Mythos, zu leugnen oder zu unterdrücken, war in Vallois' Augen lächerlich und beleidigend. Er sagte:

»Daß es innerhalb der Spezies Mensch verschiedene Rassen gibt, ist eine unwiderlegliche biologische Tatsache ... Das Manifest treibt den Hang, das Vorhandensein von Rassen herunterzuspielen, bis ins Extrem, und schließlich (Absatz 14) behauptet es: ›Rasse ist weniger ein biologisches Phänomen als vielmehr ein gesellschaftlicher Mythos.‹ Eine solche Feststellung ... widerspricht nicht nur den Tatsachen, sondern auch den ersten Artikeln des Manifests!«[20]

»Das Leugnen von Tatsachen [daß es Rassen gibt] ist kein Mittel, um Streitigkeiten zwischen Stämmen oder Rassen zu verhindern«, meinte auch W. C. Osman Hill,[21] ein bekannter Primatenforscher und Anatom der Zoological Society of London. Er widersprach – aus Gründen, über die sich manche seiner Zeitgenossen wunderten – auch heftig einem anderen Abschnitt der Erklärung.

»Daß das Spektrum der geistigen Fähigkeiten bei allen Rassen ›ziemlich gleich‹ ist, kann kaum als wissenschaftlich genaue

Aussage gelten. Es ist bestenfalls eine vage Verallgemeinerung. Und es dürfte auch kaum stimmen, denn Unterschiede in Temperament und anderen geistigen Eigenschaften haben bekanntermaßen mit körperlichen Unterschieden zu tun. Ich brauche nur die wohlbekannte musikalische Begabung der Negroiden oder die mathematischen Fähigkeiten mancher indischen Rassen zu erwähnen. Wenn wir natürlich jeder Rasse Anzeichen für solche Fähigkeiten zuschreiben wollen, ist es verständlich, daß für alle Rassen das gleiche Endergebnis herauskommt; es gibt aber keinen wissenschaftlichen Beweis, daß es so ist; unsere Kenntnisse sind für eine derart kategorische Behauptung viel zu dürftig. Selbst wenn es richtig wäre, daß ›es keinen Beweis gibt, daß die Menschengruppen sich in Intelligenz, Temperament oder anderen angeborenen geistigen Eigenschaften unterscheiden‹, stimmt es sicher auch, daß es keinen Beweis für das Gegenteil gibt.«[22]

Die Frage nach der intellektuellen Gleichheit oder Ungleichheit der Rassen enthielt natürlich eine Menge Zündstoff, seit man mit Intelligenztests begonnen hatte, und Osman Hill hatte recht, daß er die wissenschaftliche Stichhaltigkeit der Behauptungen in der Erklärung in Frage stellte. Fagg versuchte, Osman Hills Antwort abzuschwächen, und wies darauf hin, er habe nur die Zusammenfassung in der *Times* gelesen, die »in jedem Fall weniger sorgfältig formuliert war als die Erklärung selbst, insbesondere im Absatz 4 [der sich mit Temperament und geistigen Fähigkeiten beschäftigte]«.[23] Don J. Hager, ein Mitglied des Komitees, das für die Erklärung verantwortlich war, antwortete schärfer:

»Diese angeblichen Zusammenhänge sind nur in einem Sinn ›allgemein bekannt‹ nämlich insofern, daß sie in den Volksmärchen und im Aberglauben der westlichen Welt eine große Rolle gespielt haben. Sie waren auch das wichtigste Rüstzeug der rassistischen Ideologie und Weltanschauung … Professor Hills Anspielung auf die ›wohlbekannte musikalische Begabung der

Negroiden‹ paßt sehr gut zu dem üblichen Volksglauben über den amerikanischen Neger und seine sogenannten ›angeborenen‹ Eigenschaften, z. B. ›hervorragendes Gespür für Jazzrhythmen‹, ›größere sexuelle Fähigkeiten‹, ›kindliches Wesen‹, ›geringere Schmerzempfindlichkeit‹ und so weiter.«[24]

Andere konzentrierten sich auf die sehr optimistische Behauptung am Ende des Papiers, Menschen besäßen eine angeborene Neigung zur Zusammenarbeit. Vor dem unauslöschlichen Hintergrund des Zweiten Weltkriegs mit seinen Schrecken provozierte diese idealistische Sentimentalität offenbar einen Aufschrei des Spotts und der Empörung. Der Anthropologe K. L. Little aus Edinburgh formulierte seinen entrüsteten Kommentar so:

»... welche Belege gibt es für die wissenschaftliche Behauptung, der Mensch werde mit einem biologischen Antrieb zu allgemeiner Brüderlichkeit und Kooperation geboren, und wie wird sie bewiesen? Diesen Beweis ›in dem Wachstum und Aufbau der menschlichen Gemeinschaften‹ zu sehen, bedeutet nur, eine überholte psychologische Instinkttheorie wiederzubeleben. Die umgekehrte Schlußfolgerung, nämlich daß dem Menschen der Trieb zu allgemeiner Brüderlichkeit usw. fehlt, wäre im Lichte anderer Belege für offenkundiges menschliches Verhalten ebenso plausibel.«[25]

Außerdem bezeichnete Little die Idee, den Begriff »Rasse« im allgemeinen Sprachgebrauch durch *ethnische Gruppe* zu ersetzen, als »fast eine Art Zaubermittel, das sich auf die Vorstellung gründet, man könne etwas Unangenehmes oder Lästiges loswerden, indem man es einfach mit einem anderen Namen bezeichnet«.[26] Andere wandten ein, der Begriffswechsel könne sogar die umgekehrte Wirkung haben und nicht weniger, sondern mehr Verwirrung stiften. Stanley Garn, ein physischer Anthropologe, der damals an der Harvard University arbeitete, nannte es »Wortchirurgie« und sagte voraus, diese Heilmethode werde sich für die Krankheit von »Ablehnung, Ängsten und Haß« als unwirksam erweisen.[27]

Die Probleme im Zusammenhang mit der Erklärung lagen auf dem Tisch, und genau das hatte der Redakteur von *Man* zweifellos beabsichtigt. Fagg machte Montagu persönlich für die Schwächen des Papiers verantwortlich. Montagu behauptet, es habe zuvor zwischen ihnen keine Unstimmigkeiten gegeben; das Ganze sei eine Frage von Vorurteilen.

»Ich glaube, er war Rassist«, sagt Montagu zur Erklärung. »Wenn man als Jude aufgewachsen ist, dann weiß man, daß alle Nichtjuden Antisemiten sind.« Und er fährt fort: »Ich denke, das ist eine gute Arbeitshypothese.«[28]

Nach seiner Überzeugung ist das die Erklärung für Faggs Verhalten.

Im Mai 1950 verkündete Fagg erfreut, die UNESCO habe beschlossen, ein weiteres Gremium einzuberufen, das die Erklärung neu schreiben solle; ihm gehörten mehr physische Anthropologen, Genetiker und Humanbiologen an, und das schien ein Produkt zu versprechen, das genauer war und weniger Unruhe stiftete als die Montagu-Erklärung. Fagg stellte fest:

»Es ist nicht notwendig, die Schwächen dieses Dokuments noch einmal aufzuführen; man sollte sich aber daran erinnern, daß die meisten davon sich auf die Art zurückführen lassen, wie das ganze weite Gebiet der physischen und kulturellen Rassenforschung zur Diskussion gestellt wurde – von einer kleinen Gruppe aus Philosophen, Historikern, Soziologen und anderen, von denen nur zwei den Anspruch erheben können, Fachkenntnisse in physischer Anthropologie zu besitzen ... Es gibt keinerlei Rechtfertigung dafür, die Kritik als Angriff auf die UNESCO-Kampagne gegen Rassismus zu betrachten. Im Gegenteil: Sie spiegelt die Enttäuschung wider, daß das Papier sich nicht als die wirksame Waffe erwiesen hat, nach der wir gesucht hatten, sondern als schwankes Rohr ... Obwohl bei Zusammensetzung und Richtlinien des ursprünglichen Gremiums zweifellos schwere Fehlbeurteilungen eine Rolle spielten – insbesondere weil man es versäumte, auch nur die offenkundigsten Expertenmeinungen einzuholen –, gebührt der UNESCO das große Verdienst, daß sie erstens überhaupt eine solche Kampagne ins Leben gerufen hat, und daß sie zweitens sofort, nachdem die Veröffentlichung zu Kritik geführt hatte, sich zur Einberufung eines neuen Gremiums entschloß, und zwar nach Grundsätzen, die ein gutes Ergebnis sehr viel wahrscheinlicher machen.«[29]

Nach Faggs Ansicht war die Darwinsche Evolutionstheorie nicht zu einem kräftigen Baum herangewachsen, aus dessen Holz man eine wirksame Waffe gegen den Rassismus schnitzen konnte, sondern er hielt sie für ein schwankes Rohr. Selbst er erkannte nicht, daß sie gefährlichere und dunklere Seiten hat als nur schlichte Schwäche.

Der Vorsitzende des zweiten Gremiums war der triumphierende Henri Vallois. Ashley Montagu wurde zunächst völlig übergangen, aber nachdem Dobzhansky auf der Teilnahme seines Freundes bestand, lud man Montagu als Verteidiger der ersten Erklärung hinzu. Das neue Komitee setzte sich vorwiegend aus Westeuropäern, Briten und Amerikanern zusammen. Es bestand aus acht physischen Anthropologen, vier Genetikern und einem Serologen, der Spezialist für die Verteilung der Blutgruppen unter den Menschen war; damit war er ein führender Vertreter eines Gebietes, das sich nach vielfacher Hoffnung als neues, nichtrassistisches Mittel zur Einteilung der Menschen erweisen würde. Entwicklungsländer, nichteuropäische Gruppen und Frauen waren nicht vertreten. Dennoch blieben faßbare Übereinkünfte aus.

Im Oktober 1951 brachen die Meinungsverschiedenheiten mit neuer Heftigkeit aus. Ein vorläufiger Text für die neue Erklärung über die Rassen wurde bei *Man* auf Ersuchen der UNESCO-Abteilung für Öffentlichkeitsarbeit »im letzten Augenblick«[30] zurückgezogen. Die Gründe erschienen Fagg, dem Redakteur, als nicht stichhaltig. Mürrisch berichtet er in *Man*:

»...Eine frühe Version des Entwurfs für die Erklärung veröffentlichte Professor Ashley Montagu bereits in der *Saturday Review of Literature* (einer amerikanischen Zeitschrift, die sich vorwiegend der Literatur und dem Humor widmet), und das ohne Zustimmung oder Konsultation der UNESCO, und außerdem in einer Form, die die Mitglieder des Gremiums bekanntermaßen als bei weitem nicht endgültig betrachteten ... Wieder einmal, und diesmal ohne eigenes Verschulden der UNESCO, wurde die Kampagne gegen Rassismus halbfertig losgetreten ...

Die veröffentlichte Version ist mit einem Foto von Professor Ashley Montagu illustriert und wurde an einen Leitartikel mit dem geheimnisvollen Titel ›The Ascent of Man (1776–1951)‹ [›Der Aufstieg des Menschen (1776–1951)‹] angefügt, der aber keine weiteren Hinweise auf die Rassenprobleme der Neuen Welt enthält. Hier ist nicht der Ort zur Untersuchung des dort gegebenen seltsam ungenauen Berichts über die Geschichte der UNESCO-Dokumente und der Kritik, die die Erklärung von 1950 auslöste und die rassistischen Vorurteilen und Unkenntnis zugeschrieben wurde.«[31]

Alfred Metraux, der Direktor der Abteilung für Gesellschaftswissenschaften bei der UNESCO, versuchte anschließend, die Situation durch einen Leserbrief an *Man* zu entschärfen. Darin teilte er mit, er habe Montagus Artikel genehmigt, aber ihm sei nicht bewußt gewesen, daß Montagu eine Veröffentlichung des Erklärungsentwurfs beabsichtigte, insbesondere da dieser noch so weit von der abschließenden Fassung entfernt war; es habe vielleicht ein Mißverständnis vorgelegen. In seiner hitzigen Erwiderung stritt Montagu jedes Fehlverhalten und jede Möglichkeit eines Mißverständnisses ab. Er behauptete, er habe Metraux ausdrücklich gefragt, ob er die neue Erklärung über die Rassen in der *Saturday Review* veröffentlichen könne, in der auch die erste Erklärung erschienen war, und dieser habe seiner Bitte entsprochen. Außerdem habe auch die Abteilung für Öffentlichkeitsarbeit der UNESCO die Sache gefördert, indem sie ihr stillschweigendes Einverständnis signalisierte.

Die Kritik an Montagu in *Man* war in ihrer Gesamtheit mittlerweile so feindselig geworden, daß der Angegriffene die Mutterinstitution der Zeitschrift, das Royal Anthropological Institute, verließ.[32] Inzwischen wurde der neue Erklärungsentwurf herumgereicht und verbessert, denn man wollte so weit wie möglich einen breiten Konsens erreichen.

Die zweite Erklärung über die Rassen erschien im Juni 1952 in *Man*, begleitet von der Hoffnung, man werde sie auf dem bevorstehenden vierten internationalen Kongreß für Anthropologie und Ethnologie in Wien billigen oder zumindest diskutieren. Angesichts der Meinungsverschiedenheiten über den Zeitpunkt der Veröffentlichung der ersten und zweiten Erklärung sorgte Metraux aus Vorsicht dafür, daß die neue Erklärung als »vorläufig« bezeichnet wurde, obwohl sie letztlich nicht mehr verändert wurde.

Diesmal handelte es sich um eine streng biologische, auf Tatsachen gegründete Abhandlung, die sich philosophischer Betrachtungen enthielt und den heutigen wissenschaftlichen Kenntnissen über die Rassen entsprach. Sie stellte fest, die Menschheit sei eine einheitliche Spezies, in der es Variationen der körperlichen Merkmale gebe; und wenn Gruppen »gut entwickelte und vorwiegend erbliche körperliche Unterschiede zu anderen Gruppen besitzen«[33], könne man sie als Rassen bezeichnen. Körperliche Unterschiede könnten durch Vererbung entstehen – genetische Faktoren, die durch Heiratssitten unterschiedlich gemischt werden – oder aber durch Umwelteinflüsse; für die wissenschaftliche Einteilung der Menschen eigneten sich jedoch nur genetisch gesteuerte Merkmale. Nationalität, Religion, Geburtsort, Sprache und Kultur, so die Erklärung, seien keine Faktoren, die über die Rasse bestimmten, und reine Rassen seien in der modernen Welt eine Phantasiekonstruktion.

Dann folgten Intelligenz und Temperament, die umstrittensten Themen, und hier flüchteten sich die Wissenschaftler in Zweideutigkeiten. Die neue Erklärung stellte fest, geistige Eigenschaften dienten im allgemeinen nicht zur Einteilung der Menschenrassen. Von dieser Aussage abgesehen, gelangten die Mitglieder des Gremiums in der uralten Debatte um Gene und Umwelt zu keiner Lösung. In der Erklärung heißt es:

»Wie sich durch Studien innerhalb einer einzigen Rasse gezeigt hat, bestimmen sowohl angeborene Fähigkeiten als auch umweltbedingte Möglichkeiten über die Ergebnisse von Intelligenz- und Temperamentstests, aber welchen Anteil die beiden Einflüsse haben, ist umstritten.
Führt man Intelligenztests – auch nichtsprachliche – an einer Gruppe leseunkundiger Personen durch, liegen die Ergebnisse im allgemeinen niedriger als bei zivilisierteren Menschen ... Verschiedene Gruppen derselben Rasse mit einem ähnlich hohen Zivilisationsgrad zeigen in Intelligenztests unter Umständen beträchtliche Unterschiede. Sind die Angehörigen der beiden Gruppen jedoch von Kindheit an in einer ähnlichen Umgebung aufgewachsen, sind die Unterschiede in der Regel nur geringfügig ... die durchschnittliche Leistungsfähigkeit und die Schwankungen um diesen Mittelwert weichen bei den einzelnen Rassen nicht nennenswert voneinander ab.
Selbst jene Psychologen, die behaupten, sie hätten die größten Intelligenzunterschiede zwischen Gruppen mit unterschiedlichem rassischem Ursprung gefunden und die Unterschiede seien erblich, berichten stets über einige Angehörige der weniger leistungsfähigen Gruppe, die nicht nur die am niedrigsten eingestuften Mitglieder der überlegenen Gruppe übertreffen, sondern auch den Durchschnitt dieser Gruppe. Jedenfalls konnte man die Mitglieder der beiden Gruppen nie aufgrund ihrer geistigen Fähigkeiten so voneinander trennen, wie es häufig aufgrund der Religion, der Hautfarbe, der Form der Haare oder der Sprache möglich ist ...

Das derzeit verfügbare wissenschaftliche Material rechtfertigt nicht die Schlußfolgerung, erbliche genetische Unterschiede seien ein wichtiger Faktor für die Entstehung der Unterschiede zwischen den Kulturen oder für die kulturellen Leistungen der einzelnen Völker oder Gruppen.«[34]

Das Gremium konnte sich in der Frage der Intelligenz nicht einigen, und ebensowenig konnte es guten Gewissens die Artikel ignorieren, die sich zunehmend in der wissenschaftlichen Literatur ansammelten und über offenbar tatsächlich vorhandene Leistungsunterschiede in Intelligenztests berichteten. Die sorgfältige Wortwahl in der Erklärung und ihre Absicht, keine der beiden Seiten in der Debatte zu unterstützen oder zurückzuweisen, lenkte die Aufmerksamkeit mehr als je zuvor auf dieses heikle Problem. Zu politischen Zwecken eingesetzt, erwies sich der Darwinismus als gefährlicher und kompromißloser, als man vorausgesehen hatte.

Immerhin: Wenn Intelligenz *auch nur teilweise* erblich war, wie vielfach angenommen wurde, dann stand zu erwarten, daß verschiedene Bevölkerungsgruppen sich in der Intelligenz ebenso unterschieden wie in Körpergröße oder Hautfarbe. Variation der Merkmale war ein Kernpunkt in Darwins Evolutionstheorie. Aber es bestand die entsetzlich naheliegende Möglichkeit, komplizierte Vorstellungen über die statistische Verteilung der Intelligenz innerhalb der Gruppen und zwischen ihnen mißzuverstehen und zu mißbrauchen. Die wenigsten Wissenschaftler hegten die optimistische Erwartung, daß Laien verstehen würden, wie bedeutungslos die Schwankungen der menschlichen Intelligenz waren und wie wenig sie sich dazu eigneten, die Fähigkeiten eines einzelnen vorherzusagen. Die meisten Menschen schätzten Bewußtsein und geistige Leistungsfähigkeit so hoch ein, daß mehr auf dem Spiel stand; geistig Behinderte galten manchmal kaum als Menschen, insbesondere bei denen, die mit solchen Personen wenig Kontakt haben. Es war kein Zufall, daß Hitler die geistig Behinderten (die

»Schwachsinnigen«) und seelisch Kranken als erste für die systematische Beseitigung auswählte. Er spürte, daß für diese Gruppen, wie auch für die Juden, weniger Sympathie vorhanden war.

In den folgenden Jahren schlug man sich auf den Tagungen der UNESCO weiterhin mit der Frage der menschlichen Intelligenz herum, unfähig, dieses immer giftiger werdende Unkraut zu packen und auszureißen oder es anzunehmen und weiterzuzüchten. Es war nicht nur ein Problem der UNESCO, sondern es wurde zum Fluch der Gesellschaft. Einer, der sich immer wieder darin verfing, obwohl er versuchte, die heimtückische Kontroverse zu umschiffen, war der Anthropologe Carleton S. Coon.

Teil V
Evolution und Politik

10
Gefährliche Dogmen der Rassenungleichheit

Carleton Coon war ein Mann, den die Geschichte betrogen hatte.

Er war der letzte Vertreter des Typs pompöser Anthropologen und Entdecker, der sich Ende des 19. und Anfang des 20. Jahrhunderts in Gestalten wie Richard Burton, dem Afrika- und Arabienforscher, oder dem Arabien-Entdecker T. E. Lawrence verkörperte. Coon reiste vorwiegend an Orte, die ihre Anziehungskraft in erster Linie durch Abgelegenheit und Wildheit erlangten; er beherrschte mehrere Sprachen und Dialekte. Und wie die früheren Helden, so lebte auch Coon unter den Eingeborenen und machte sich ihre Welt zu eigen. Während des Krieges war er an Spionagenetzen und geheimen Missionen beteiligt. Mehr als einmal war er gezwungen, sich zu verkleiden, um Gefahren zu entgehen. Aber anders als Lawrence oder Burton, die sich zu Hause in England wegen ihrer unklaren gesellschaftlichen Stellung unsicher fühlten, hatte Coon eine lange Ahnenreihe von selbstbewußten Patriziern. Die Coons waren in Neuengland eine alteingesessene Familie und zweifelten nie auch nur einen Augenblick lang an ihrem gesellschaftlichen und intellektuellen Ansehen. Mit dem B. A. und Ph. D. (Examen und Promotion; Anm. d. Übers.) der Harvard University, die für solche Familien *die* Universität war, besaß er einen in jeder Hinsicht untadeligen Leumund.

Coons charakteristischer Glaube an seine eigenen Fähigkeiten und Rechte war ein Teil seines gewinnenden Wesens, aber letztlich trug diese Eigenschaft zu den großen Schwierigkeiten bei, in die er in den sechziger Jahren geriet. Er war eine große, bärenhafte Erscheinung, höchst liebenswert, voller überschäumender Lebensfreude und mit dem Schimpfen ebenso schnell bei der Hand wie mit dem Lachen. Er hatte eine koboldhafte Art, in höchst korrekten Situationen mit unüberhörbarer Stimme über obszöne oder deftige Sitten der Stämme zu erzählen, die er kennengelernt hatte. »Ach du dickes Ei!« war einer seiner Lieblingsausdrücke, wenn er Mißfallen äußern wollte. Er war offen, gebildet und ein wenig überlebensgroß.

Coons Problem bestand darin, daß sein Leben sich von dem überschwenglichen und imperialistischen Beginn des 20. Jahrhunderts in eine Zeit hinein erstreckte, als Kolonialismus zu einem abschätzigen Begriff wurde und die meisten Akademiker sich offen als Liberale bezeichneten. In den dreißiger Jahren hatten die Nazis Darwins Evolutionstheorie politisiert und zu etwas Bösem, Heimtückischem verfälscht; Evolutionsbiologen, die sich dieser Verzerrung widersetzten, reagierten nicht mit einer Entpolitisierung des Darwinismus, sondern indem sie ihn zu einem Argument gegen den Rassismus machten. Aber auch die Antirassisten hatten mit widersprüchlichen Neigungen zu kämpfen. Ihre moralischen Grundsätze verlangten, daß sie bestimmte Beweislinien von vornherein ignorierten oder abwerteten; die wissenschaftliche Ethik dagegen verpflichtete sie, alle Befunde zu berücksichtigen, abzuwägen und objektiv zu beurteilen – auch wenn sie nicht erwünscht waren. Angesichts des offenkundig bösen Nazi-Darwinismus verfielen manche Wissenschaftler ins andere Extrem.

Als Lebensaufgabe wählte Coon ein Thema, das zum Gegenstand einer heftigen akademischen Fehde werden sollte: die Einteilung, Vermessung und Erforschung der Menschenrassen. Im 19. Jahrhundert waren die Rassen das ausschließliche Thema von Wissenschaftlern gewesen, die dafür typologische Kategorien geschaffen hatten (»der Sikh« oder »der Andamaner«), als ob die Eigenschaften einer Person das Wesen aller anderen ausdrückten, und oft handelte es sich auch um Vorurteile. Zwar sprach jedermann von Rassen, und jeder ordnete auch sich selbst oder andere einer bestimmten Rasse zu, aber was die Rasse eigentlich ausmachte und wie viele solche Gruppen es gab, blieb umstritten. Das war das offenkundige, große Problem, das zu Coons Studentenzeit gelöst werden mußte.

Coon schlug sich damit herum, die hergebrachte Beschäftigung mit den Menschenrassen durch wissenschaftliche Messungen zu ergänzen, die Daten statistisch auszuwerten und die Ergebnisse unter den Gesichtspunkten der modernen Evolutionsbiologie zu interpretieren. Nach Coons Überzeugung waren Rassen örtlich begrenzte Bevölkerungsgruppen, die durch die Anpassung an ihre jeweilige Umgebung und vielleicht auch durch Sewall Wrights Gendrift genetische Unterschiede entwikkelt hatten. Coon wollte einfach die Variabilität der Menschen kennenlernen; dieses nicht unerhebliche Problem wollte er mit den Methoden des 20. Jahrhunderts angehen, und das Ganze sollte auch noch eine Menge Spaß machen. Er reiste umher, fotografierte, vermaß und unterhielt sich mit Menschen aller Schichten und aus allen Winkeln der Erde.

Nebenher untersuchte er fast alle fossilen Belege für die menschliche Evolution, von denen es inzwischen eine Menge gab. Hatten die ersten Evolutionsforscher nur bemerkenswert spärliche Indizien für die Entwicklungsgeschichte des Menschen gehabt, so wuchs die Zahl der bekannten Fossilien während Coons Lebenszeit von ein paar Funden, die zu wenigen großen Gruppen gehörten (altertümliche, aber anatomisch moderne Menschen, ältere und nicht moderne Menschen wie die Neandertaler, und sehr alte, recht affenähnliche Vorfahren des Menschen namens *Homo erectus*) zu einer viel reichhaltigeren und komplizierteren Mischung heran. Eine ältere Art von Affenmenschen, wie man den *Homo erectus* umgangssprachlich nannte, wurde kurz vor der Jahrhundertwende auf Java gefunden; weitere Stücke entdeckte man in den zwanziger und dreißiger Jahren in China, und eine noch größere Zahl würde man von den sechziger Jahren an in Afrika aufspüren. Es handelte sich um aufrecht gehende Geschöpfe mit kleinem Gehirn und großem Körper, die im allgemeinen als unmittelbare Vorfahren einer altertümlichen Menschenform und damit auch des Jetztmenschen galten. Das neueste Mitglied des Stammbaums der Menschen war die noch ältere und einfachere Gruppe *Australopithecus*, eine afrikanische Gattung mit mehreren Arten. Man hatte die Fossilien aus unserer zoologischen Familie der Hominidae in umgekehrter Reihenfolge gefunden – zuerst die jüngsten und zuletzt die ältesten; das führte immer wieder zu Überraschungen, wenn ein neuer Fund noch urtümlicher war. Außerdem gab es bis in die sechziger Jahre nur ungenaue Methoden zur Altersbestimmung, und das bedeutete, daß man bei jedem neuen Hominidentyp erhebliche Anstrengungen darauf verwendete, sein Alter im Verhältnis zu anderen Funden abzuschätzen. Coon, der ganz damit beschäftigt war, die lebenden Menschenrassen zu ordnen, wollte die Fossilfunde in seine große Synthese mit einbeziehen und mit ihrer Hilfe die heute erkennbaren Rassen zu ihrem Ursprung zurückverfolgen. Wie sollte er sonst die heutigen Rassen in ihren entwicklungsgeschichtlichen Zusammenhang einordnen?

Daß die Kenntnis der Rassenunterschiede schrecklich mißbraucht worden war, wußte er genau; als Wissenschaftler hielt er es einfach für seine Pflicht, die Wahrheit zu entdecken und aufzuzeichnen, ohne zu kritisieren, wie andere sie vielleicht benutzten. Er fand Geschmack an den vielfältigen Persönlichkeiten und körperlichen Merkmalen aller Menschen, mit denen er zusammentraf; zweifellos sorgte er sich aufrichtig und tiefgreifend um manche Stammesvölker, bei denen er lebte. Aber er war immer mit Einteilen beschäftigt, notierte sich Eigenschaften und steckte die Menschen in Schubladen, ob er nun bei kurdischen Hirten im Irak oder bei keltischen Akademikern in Boston war. Er hatte auch Namen für die Schubladen – keine Beinamen für Rassen, sondern wissenschaftliche Begriffe – und die unausrottbare Gewohnheit, Menschen gelegentlich so zu nennen, wie er an sie dachte, nämlich als Angehörige einer bestimmten Rassengruppe oder -untergruppe. Es war eine Gewohnheit, die mehr als unmodern und auf manche Menschen beleidigend wirkte.

Fünf Männer rissen, absichtlich oder nicht, Coon in die hitzige Auseinandersetzung hinein, die das Ende seiner Karriere als Anthropologe einläutete. Einer von ihnen war sein früherer Lehrer Earnest A. Hooton, ein physischer Anthropologe an der Harvard University, der die »messende Schule« der Anthropologen vertrat. Hooton hatte einen unauslöschlichen Einfluß auf Coon und das ganze Gebiet der physischen Anthropologie gehabt. Er war eine charismatische Persönlichkeit, freimütig und offen polemisch. Coon ahmte in vielerlei Hinsicht Hootons Persönlichkeit nach, als wäre es seine eigene. »Ich für meine Person«, schrieb Hooton einmal über die Frage, wie er seine Meinungen über Rassen ausdrücken sollte, »bin lieber das Ziel der faulen Eier, als daß man mich für den Werfer dieser stinkenden Dinger hält.«[1]

Hooton gehörte zu der ersten Gruppe von Wissenschaftlern, die um die Jahrhundertwende versuchten, körperliche Typen oder Rassen durch Vermessung von vielen tausend Menschen zu definieren. Während sich die Anthropologen des 19. Jahrhunderts auf Details der Schädelanatomie konzentriert hatten, nahmen Hooton und andere den übrigen Körper hinzu und beschrieben quantitativ das, was später »Konstitution« genannt wurde. Hooton und seine Schüler vermaßen unter anderem etwa 14000 Kriminelle, 6000 Besucher des gesellschaftswissenschaftlichen Pavillons auf der Weltausstellung von Chicago und 3000 gesetzestreue Bostoner Bürger – »oder jedenfalls Personen, die zum Zeitpunkt der Messung nicht im Gefängnis saßen«, wie Hooton es sarkastisch ausdrückte[2]. In dieser Zusammensetzung der Stichprobe spiegelte sich Hootons starkes Interesse an der Frage wider, ob bestimmte Typen (in Rasse oder Körperbau) stärker zur Kriminalität neigen. Hooton setzte sich aufgrund seiner Untersuchungen am Körperbau von Kriminellen und Nichtkriminellen noch 1937 ausdrücklich für eugenische Sterilisierung ein, allerdings mit einem wichtigen Vorbehalt:

»Es ist eine bemerkenswerte Tatsache, daß unsere unvollkommen abgegrenzten und klassifizierten Typen körperlicher Eigenschaften, die wir bequemlichkeitshalber als ›Rassentypen‹ bezeichnen, zu praktisch gleichen Anteilen in diesen drei höchst unterschiedlichen Reihen [der Personen in seinen Stichproben] vorkommen sollen und daß diese Typen gewisse soziologische Übereinstimmungen sowie bestimmte Ähnlichkeiten in Beruf und Ausbildung zeigen, ob sie nun aus der obersten Schicht der Bevölkerung [den Ausstellungsbesuchern], aus der Mitte des Spektrums [der Stichprobe aus Boston] oder aus dem Bodensatz [der Kriminellen] stammen.
Man sollte diese Befunde sicher nicht als Bekräftigung für eines der lächerlichen und gefährlichen Dogmen von der Rassenungleichheit interpretieren, die zu einer Bedrohung für den Frieden geworden sind und Unglück über Millionen unschuldige, wertvolle Menschen gebracht haben. Jeder unserer sogenannten ›Rassentypen‹ in der Versuchsreihe ist am einen Ende der Skala durch eine beträchliche Zahl überführter Schwerverbrecher und am anderen durch eine Gruppe höchst angesehener, intelligenter Bürger vertreten.
Es gibt keinerlei anthropologische Gründe, irgendeine sogenannte Rassengruppe, eine ethnische oder nationale Gruppe, oder eine Sprach- oder Religionsgemeinschaft zu bevorzugen oder zu ächten. Wir sollten vielmehr das Ziel verfolgen, in jedem rassischen und ethnischen Stamm unserer Bevölkerung den ungeeigneten, wertlosen, verkommenen und gesellschaftsfeindlichen Teil zu beseitigen ... und zwar durch Sterilisierung seiner gestörten, erkrankten und kriminellen Elemente. Die Kandidaten für diese biologische Ausrottung würde man nicht wegen arischer oder semitischer Abstammung, blonder Haare oder schwarzer Haut auswählen, sondern einzig aufgrund ihrer individuellen körperlichen, geistigen und moralischen Unfähigkeit.«[3]

Damit man Hooton nicht wegen seiner eugenischen Ansichten für einen Rassisten hält, ist der Hinweis wichtig, daß er 1939 bei einer »Tagung über das Fremde« in Washington eine eigene Erklärung über die Rassen abgab. Es war seine Zusammenfassung »der bestmöglichen Übereinstimmung von wissenschaftlichen Meinungen aus der Anthropologie über das, was Rassen sind und was sie bedeuten«.[4] Sie umfaßte zehn prägnante Punkte und ähnelte im Inhalt stark der Erklärung, die das Komitee der UNESCO mehr als zehn Jahre später herausgab. Montagu hat heute keinerlei Erinnerung an Hootons Zusammenfassung[5] und streitet ab, daß sie von dem UNESCO-Gremium herangezogen wurde; möglicherweise handelt es sich demnach um eine rein zufällige Übereinstimmung.

Hooton kämpfte also auf seine Weise ebenfalls gegen Rassenvorurteile. Dennoch waren seine Arbeiten zum größten Teil schrecklich typologisch geprägt; er hatte sogar das Ziel, gute, verläßliche mathematische »Typen« der verschiedenen Rassen zu konstruieren. Nach Hootons Ansicht unterschieden sich die Rassen in der Kopfform sowie in der Farbe von Haaren, Augen und Haut – eine Meinung, der auch heute die meisten Anthropologen beipflichten würden (mit der Einschränkung, daß die Schwankungsmuster komplizierter sind, als Hooton es vermutlich bemerkte); eher würde man heute jedoch seine Auffassung in Frage stellen, daß es ähnliche Schwankungen auch bei Intelligenz und emotionalen oder psychischen Eigenschaften gibt. Seine übermäßig vereinfachende Denkweise über Typen und Variabilität der Menschen färbte auch auf seine Schüler ab und machte Coon, einen seiner bekanntesten Studenten, auf dem Höhepunkt seiner Karriere zum Ziel heftiger Angriffe.

Eine weitere Gestalt in dem Drama, das sich anbahnte, war unter denen, die von Hooton beeinflußt wurden, vielleicht der extremste Typisierer: William H. Sheldon. Sheldon hatte eine Ausbildung als Psychologe und leitete an den Universitäten Columbia (wo Hooton Professor war) und Harvard ein langfristiges Projekt mit dem Ziel, Zusammenhänge zwischen dem Körperbau (Somatotyp) und Temperaments- oder Verhaltenseigenschaften herzustellen.[6] Sheldon, ein gutaussehender und liebenswürdiger Mann, konnte herzliche Beziehungen sogar zu denen pflegen, welche die Schlußfolgerungen aus seinen Forschungen ausdrücklich ablehnten. Seine Persönlichkeit lenkte also die offene Verärgerung, die sich sonst vielleicht gegen ihn gerichtet hatte, auf andere, unter anderem auf Coon.

Es gibt keine eindeutigen Belege, daß Sheldon offen rassistische Ansichten gehabt hätte, aber seine Arbeiten boten denen, die solche Meinungen vertraten, eine Fülle günstiger Möglichkeiten. Im Jahr 1940 veröffentlichte Sheldon ein Schema für die Beschreibung des menschlichen Körperbaus, das Berühmtheit erlangen sollte. Er legte drei extreme Grundtypen fest: *Endomorphe* waren rundlich, dick und gedrungen, *Mesomorphe* waren breitschultrig, muskulös und athletisch, und *Ektomorphe* waren lange, schlanke oder magere Typen. Bei der Einteilung erhielt jeder Mensch einen Code aus drei Zahlen zwischen 1 und 7, je nachdem, in welchem Ausmaß er Endomorphie, Mesomorphie und Ektomorphie zeigte. Die Extreme waren also 711 (hyperendomorph), 171 (extrem mesomorph) und 117 (hyperektomorph). Nach Sheldons Ansicht waren diese Typen oder Eigenschaften drei Pole, die man sich wie die Eckpunkte eines Dreiecks vorstellen konnte. Den Körpertypus jedes einzelnen konnte man demnach als Punkt ausdrücken, der sich in einem bestimmten Abstand von jeder der drei Ecken befand.

An diesem System klischeeartiger Einteilungskriterien war nichts Schlimmes. Ein paralleles Schema – ebenfalls mit drei Extremen und einer Skala von 1 bis 7 – arbeitete Sheldon aber auch für die Einteilung der Geistes- und Verhaltenseigenschaften aus, und dieses System war weniger wertfrei. Für die Temperamentseigenschaften prägte er die Begriffe *Viszerotonie* für den warmherzigen, passiven und lässigen Typus, der Bequemlichkeit und guten Essen liebt, *Somatotonie* für den aggressiven, extrovertierten, beherrschenden und energischen Typ, und *Zerebrotonie* für den intellektuellen, introvertierten, schüchternen und übersensiblen Charakter. Erwartungsgemäß waren Endomorphe (mit Übergewicht und rundlichem Körperbau) im allgemeinen viszerotonisch, die athletischen Mesomorphen neigten zur Somatotonie, und die großen, dünnhäutigen Ektomorphen waren in der Regel zerebrotonisch. Die Beschreibungen waren so allgemein und ungenau, daß sie plausibel klangen, ganz ähnlich wie Horoskope, die bei unkritischer Betrachtung oft zuzutreffen scheinen. Bei Sheldon bestand aber das Problem, daß es ihm völlig ernst war und daß er tatsächlich glaubte, er habe Belege für wichtige genetische Zusammenhänge gefunden.

Die Forschungsergebnisse von Sheldon und anderen, die sein System übernahmen, schienen eine wissenschaftliche Rechtfertigung für die Ansicht zu liefern, viele Geistes- und Verhaltensmerkmale (wie zum Beispiel Kriminalität) seien genetisch festgelegt. Deshalb ist es von entscheidender Bedeutung, daß man seine Methoden versteht. Zunächst konstruierte er das System der Somatotypen zur Messung – oder eigentlich zur Bewertung – der Körperbautypen. Er war überzeugt, es gebe geistige oder emotionale Eigenschaften, die mit den körperlichen Merkmalen zusammenhingen, und zur Aufklärung dieser Zusammenhänge entwickelte er eine interessante Strategie: Er wollte eine Stichprobe von Menschen quantitativ auf ihre körperlichen und geistigen Eigenschaften untersuchen und dann nach statistischen Zusammenhängen suchen.

Aber welche geistigen Eigenschaften waren dabei von Bedeutung? Er stellte zunächst eine Liste von 650 »angeblichen Temperamentseigenschaften« zusammen, die dann »gesiebt, zusammengefaßt und soweit wie möglich systematisch beschrieben« wurde; zuletzt blieben dabei 50 Merkmale übrig, die »alle in den ursprünglichen 650 Eigenschaften vertretenen *Ideen* zu beinhalten schienen«.[7] Die Eigenschaften von Geist und Gefühl wurden nicht gemessen, sondern nur von einem einzigen Wissenschaftler – Sheldon selbst – auf einer einheitlichen Skala eingeordnet; er untersuchte und fotografierte 33 männliche Collegestudenten, um den Somatotyp zu erfassen, und unterzog sie langwierigen Befragungen, auf deren Grundlage er die Bewertung für die 50 geistigen Merkmale vergab.

Die so erhobenen Befunde wurden dann auf der Suche nach bedeutsamen Zusammenhängen statistisch analysiert. Diese Anwendung statistischer Beziehungen auf willkürlich angenommene, in einer Rangordnung stehende Kategorien statt auf echte, kontinuierlich schwankende Meßwerte verletzte eine Grundannahme des ganzen Verfahrens. Durch derartigen Mißbrauch werden Beziehungen zwischen zwei beliebigen Rangstufen überbetont, so daß Kausalbeziehungen vorgespiegelt werden, die es nicht gibt. Damit ist die Stichhaltigkeit der Befunde ernsthaft in Frage gestellt. (Niemand konnte seither im strikten Sinne nachweisen, daß es eine starke, allgemeingültige Beziehung zwischen körperlichen und geistigen oder seelischen Eigenschaften gibt.) Sheldon hatte bestenfalls gezeigt, daß seine Beurteilungen in sich stimmig waren.

Zur Einstufung des Temperaments konstruierte Sheldon Gruppen von Eigenschaften, die untereinander in Verbindung standen, nicht aber mit den Eigenschaften in den anderen Gruppen. Er fand drei solche »Kerne«, die 22 der 50 Eigenschaften beinhalteten. Nach einer Reihe mühsamer Versuche, diese Eigenschaften genauer zu fassen und zu definieren, suchte Sheldon nach weiteren, die in das entstehende Muster paßten, bis er bei einer Gruppe von 20 Eigenschaften angelangt war, die nach seiner Ansicht die drei geistigen Extremtypen zutreffend beschrieben. Wie die körperlichen Merkmale konnte er sie als Dreieck darstellen.

Im Laufe der ersten fünf Jahre erfaßten Sheldon und seine Mitarbeiter die körperlichen und geistigen Eigenschaften von 200 Collegestudenten, 100 kriminellen, obdachlosen oder milieugeschädigten Jugendlichen und einer Reihe weiterer Personen, die aus verschiedenen Gründen in die Krankenhäuser der Gegend gekommen waren. In dieser Stichprobe, so berichtete Sheldon, habe er einen statistischen Zusammenhang von 0,80 (bei einem Wert von 1,0 für völlige Übereinstimmung) zwischen dem grundlegenden körperlichen Bestandteil und der »offenbar sekundären Temperamentskomponente«[8] gefunden. Da er sich der schwerwiegenden methodischen Fehler bei seinen statistischen Auswertungen nicht bewußt war, hielt er es nach diesen und anderen Untersuchungen für bewiesen, daß die Befunde seiner »Konstitutionspsychologen« stichhaltig waren.

Seine Methode hielt Sheldon für richtig und begründet, aber was die Qualifikation derer anging, die sie anwandten, äußerte er vorlaute Zweifel. Die Ausbildung in Somatotypisierung, so Sheldon, sei

»ungefähr vergleichbar mit der Ausbildung in der Beurteilung von Rindern. Erst einmal muß man sich sehr für Rinder interessieren und sie genau beobachten. Ein aufmerksamer Mensch mit echtem Interesse am Menschenmaterial und einer gewissen Vorbildung in Anatomie und physischer Anthropologie kann vielleicht im Laufe eines Jahres lernen, eine körperliche Analyse mit verläßlicher Genauigkeit auszuführen.«[9]

Bei der psychologischen Beurteilung, so meinte er, müsse der Student bei jemandem in die Lehre gehen, der die Methode bereits beherrschte; außerdem müsse er eine gründliche Ausbildung in Statistik, medizinische Vorbildung (insbesondere im klinischen Bereich), vielleicht auch Kenntnisse in theoretischer Psychologie und die Erfahrung der Psychoanalyse besitzen. »Psychoanalyse«, so Sheldon, »ist für jeden eine nützliche Erfahrung, insbesondere wenn sie im Geist eines schrulligen Humors und wohlwollender Objektivität durchgeführt wird – etwa so, als ob man Spatzen beim Balzen beobachtet. Derartige Erfahrungen bereichern das Bewußtsein und führen häufig zu Toleranz und Weitblick.«[10]

Sheldon hoffte, er könne kriminelle Neigungen anhand von Körperbau und Temperament erklären. Nach seiner Ansicht waren sowohl die körperliche Konstitution als auch die emotionale Befindlichkeit ein Ausdruck des zugrundeliegenden Genotyps. Sheldon formulierte es so: »Der Somatotyp versucht, einen Nachweis für die Summe aller genetischen Faktoren zu liefern, das heißt für die Gesamtheit der ständigen Einflüsse, die mit dem Aufbau des Organismus zu tun haben. Der Somatotyp ist im schlechtesten Fall eine Abschätzung und im besten eine gut bewiesene Formel zur Bezeichnung eines festgelegten genetischen Einflusses.«[11] Daß Sheldons Klischees immer eine gewisse bleibende Glaubwürdigkeit besaßen, machte sein System erschreckend plausibel. Und doch war es kaum mehr als eine gut gemeinte, aber schlecht aufgebaute Spielerei, unterstützt von zweifelhafter Statistik und verschleiert durch die Farben der neuen evolutionstheoretischen Synthese. In den Augen der antirassistischen Liberalen führten Sheldons Arbeiten zu unerwünschten, schlecht begründeten Schlußfolgerungen.

Zwei dieser Liberalen, nämlich Ashley Montagu und Theodosius Dobzhansky, waren an den Reinfällen im Zusammenhang mit den UNESCO-Rassenerklärungen beteiligt. Beide hatten sich die Strategie zu eigen gemacht, die moderne Evolutionsbiologie als Mittel zur Bekämpfung von Rassismus und zur Zerschlagung von Klischeevorstellungen zu benutzen. Montagu war in solchen Fragen eine öffentlich anerkannte Autorität. Getrieben von der Notwendigkeit, seine wachsende Familie zu ernähren (so Montagus eigene Erklärung), oder von einem Hang zur Selbstverherrlichung (so der Vorwurf seiner Kritiker), hielt Montagu Rundfunk- und Fernsehvorträge, und außerdem schrieb er in schwindelerregendem Tempo. Er äußerte sich zu den Themen Rasse, Verbrechen, biologisch-gesellschaftliches Wesen des Menschen, dem Begriff des Primitiven, Kooperation und Konkurrenz, Aggression, zwischenmenschliche Beziehungen, menschliche Vererbung, Rassenbeziehungen, die Überlegenheit der Frauen, Intelligenz, das Wesen des Menschen, Einflüsse vor der Geburt – eigentlich über alles und jedes, das irgendwie mit der Menschheit zu tun hatte. Zwischen 1950 und 1970 veröffentlichte er mindestens 19 Bücher und zahlreiche Aufsätze. Alle waren elegant geschrieben und gleichermaßen unterhaltsam, aber vieles wiederholte sich. Manche seiner treffendsten Worte und Formulierungen aus seinen Schriften scheint er in seinen Unterhaltungen wiederzuverwenden. Viele Veröffentlichungen waren gewichtige, scharfsinnige Zusammenfassungen über lohnende Themen; und in allen vertrat er seine glühend antirassistische, menschliche und auf Gleichberechtigung zielende Weltanschauung.

Montagu und Coon besaßen ein gesundes Selbstvertrauen, aber im Auftreten unterschieden sie sich stark. Coon war ein auffallender Typ und glaubte unerschütterlich an seine tadellose Herkunft aus den Protestantenkreisen Neuenglands, Montagu dagegen war der jüdische Arbeitersohn, der sich zu einer Persönlichkeit der besseren Kreise hochgearbeitet hatte. Zu Montagus Verwandlung gehörten ein Wechsel des Akzents und der neue Name, vielleicht auch seine Auswanderung von England in die Vereinigten Staaten. Dennoch waren die beiden bis 1945 eng befreundet, aber dann schrieb Montagu einen kritischen Artikel über Coon, den dieser als Verleumdung betrachtete; Coon verzieh Montagu nie, sondern hielt ihn von da an stets für hinterhältig und verschlagen.[12]

»Natürlich wußte er, daß ich meinen Namen geändert hatte«, sagt Montagu heute über ihre vielen Meinungsverschiedenheiten, »und er hielt es immer für eine Art Verbrechen: Wie konnte jemand es wagen, sich selbst für einen Angehörigen der Oberschicht auszugeben?«[13] Für Montagu war Coons Reaktion antisemitisch. Coon hingegen hielt das Leugnen der eigenen Herkunft, wie Montagu es betrieb, für eine undenkbare, schreckliche Täuschung. Coons Ansichten zeigten sich bei folgenden Vorfall: Ein jüdisches Mädchen schickte ihm ein Foto von sich und fragte ihn, den Rassenspezialisten, ob sie ihre »jüdische« Nase »in Ordnung bringen« lassen solle. Er antwortete, sie solle ihre Abstammung und ethnische Herkunft nicht verstecken, sondern stolz zur Schau tragen.[14] Aber natürlich hatte Coon nicht die Klassenvorurteile und den Antisemitismus erlebt, die Montagus Jugend in England während der ersten drei Jahrzehnte dieses

Jahrhunderts überschattet hatten. Daß es zwischen den beiden zu Wortgefechten kam, ist eigentlich kein Wunder.

Theodosius Dobzhansky, ein Freund Montagus mit ähnlich liberalen Ansichten, spielte für Coons berufliche Vernichtung ebenfalls eine Rolle. Er war zwar in persönlichen Dingen taktvoll und nicht aggressiv, aber wenn es um Wissenschaft ging, kannte er keine Kompromisse. »In der Wissenschaft«, berichtet Montagu, »konnte man seiner Ansicht nach nicht diplomatisch sein; die Wahrheit war die Wahrheit, aber man kann das Kind immer bei diesem oder jenem Namen nennen. Als Wissenschaftler hat man die Aufgabe, das Drumherum wegzulassen und zur Wirklichkeit vorzustoßen, soweit es überhaupt nur möglich ist.«[15] Dobzhansky gehörte nicht zu denen, die in Fragen der Wissenschaft unterschiedliche Sichtweisen zulassen. Nachdem er in seiner russischen Heimat das Elend und die Unterdrückung gesehen hatte, war er auch intolerant gegenüber Ansichten, die er politisch für falsch hielt.

Der Taufliegengenetiker beschäftigte sich seit Anfang der fünfziger Jahre auch ein wenig mit Untersuchungen zur Evolution des Menschen; dabei nutzte er seine Stellung als Autorität für moderne Evolutionsbiologie, um sich über die Einteilung der fossilen Menschen zu äußern – das Thema war, wie er selbst einräumte, von seiner Fachkenntnis weit entfernt.[16] Viele physische Anthropologen schämten sich wegen ihrer eigenen Unkenntnis über die neue Synthese und suchten Rat, insbesondere bei Dobzhansky, Ernst Mayr und G. G. Simpson. Dieses Triumvirat trug viel dazu bei, das Forschungsgebiet zu revolutionieren, denn die drei überzeugten die physischen Anthropologen davon, daß man das typologische Denken unbedingt fallenlassen mußte. Die Schlagworte jener Zeit hießen »Population« und »Variabilität«. Die Evolution spielte sich statistisch ab, indem sie die Häufigkeit verschiedener Genotypen in lockeren Verbänden von Individuen veränderte, die sich untereinander paarten und als Populationen bezeichnet werden konnten, aber der mittlere oder durchschnittliche Genotyp einer solchen Population war eine völlig unzureichende Beschreibung für die Variabilität innerhalb der Gruppe. Dobzhansky hing völlig an der Vorstellung von der Einheitlichkeit der Menschheit und vertrat sie mit ernster Leidenschaft.

Als russischer Emigrant besaß Dobzhansky kaum formale Ausbildung – er hatte nie das amerikanische Examen des Bachelor gemacht und bemühte sich auch um keine anderen akademischen Grade[17] –, aber an Begabung mangelte es ihm nicht. Als er 1927 in New York ankam, um in der berühmten Arbeitsgruppe von Thomas Hunt Morgan die Genetik von *Drosophila* zu erforschen, mußte er eine Menge lernen, unter anderem Englisch; er wußte viel über Anatomie und Naturgeschichte der Insekten, aber fast nichts über moderne Genetik und noch weniger über Statistik. Letzteres war ein verwunderlicher Mangel bei jemandem, dessen Ruf sich darauf gründete, daß er die Gültigkeit theoretischer Modelle des Populationswandels für wirkliche Populationen nachgewiesen hatte. Aber während seiner langen, fruchtbaren Zusammenarbeit mit Sewall Wright ließ Dobzhansky die mathematischen Teile von Wrights Arbeiten einfach weg. Als man ihn danach fragte, räumte er ein:

»Ich bin überhaupt kein Mathematiker. Ich halte meine Art, die Aufsätze von Sewall Wright zu lesen, für völlig vertretbar; sie besteht darin, daß ich die biologischen Annahmen prüfe, die der Mann macht, und lese, zu welchen Schlußfolgerungen er gelangt; und dann hoffe ich auf Treu und Glauben, daß das, was dazwischen liegt, richtig ist. ›Papa wird es schon wissen‹ ist eine vernünftige Annahme, denn wenn die Mathematik falsch wäre, hätte das irgendein Mathematiker schon gemerkt.«[18]

Diese Bereitschaft, Arbeiten eines anderen auf Treu und Glauben anzuerkennen, gab Dobzhansky die Freiheit, das Gesamtbild der Evolution zu betrachten, indem er einen Schritt zurücktrat und das große Muster erkannte. Man beschrieb ihn als »Romantiker mit einem Hang, von bestimmten Befunden aus auf größere wissenschaftliche Fragen zu verallgemeinern, und von dort auf noch größere philosophische und kulturelle Fragen«.[19] Wegen dieser Seite seiner Persönlichkeit eignete sich Dobzhansky hervorragend dazu, das schwierige Problem der Menschenrassen anzugehen, und das tat er auch, obwohl es bedeutete, daß er einen schweren Schlag gegen Carleton Coon führen mußte.

Der letzte Mitspieler in dem Drama war Sherwood L. Washburn, ein Freund und früherer Kollege von Montagu und Dobzhansky. Washburn war ein kleiner Mann, aber aufgeweckt, aggressiv und selbstsicher – manche bezeichneten ihn sogar als eingebildet. Wie Hooton, Coon und andere lehrte er an der Harvard University physische Anthropologie. Wie Coon kam er aus dem Bürgertum Neuenglands; sein Vater war Professor für Theologie und könnte das Vorbild für Washburns starken, unbeugsamen Sinn für Richtig und Falsch gewesen sein. Er war ein gut ausgebildeter, qualifizierter Anatom, der für sein Fachgebiet neue Visionen hatte. Sheldon, dessen Arbeiten von Washburn heftig kritisiert wurden, spielte einmal auf diese Eigenschaften an und bezeichnete seinen Kontrahenten als »riesiges Feuer in der Abteilung für Anthropologie der University of California in Berkeley«.[20]

Washburn war entschlossen, das von der Evolution geprägte Denken und die funktionelle Anatomie – das heißt die Anatomie der Körpersysteme und ihrer Aufgaben – in die physische Anthropologie einzuführen. Er taufte seine Methode 1951 auf den Namen »neue physische Anthropologie«, aber die Ideen waren viel älter. Im Jahr 1948 hatte Washburn seine erste Stelle in der anatomischen Abteilung des College of Physicians and Surgeons der Columbia University gekündigt, um als Professor an die University of Chicago zu gehen – ein Zeichen für sein wachsendes Ansehen; später wechselte er dann an die University of California in Berkeley. Washburn ging enge Bindungen zu Dobzhansky und Montagu ein, die beide an der Columbia University arbeiteten (Montagu als Doktorand, Dobzhansky als Professor in der

Fakultät für Zoologie), der er zu jener Zeit ebenfalls angehörte. Mit ziemlicher Sicherheit traf Washburn auch mit Sheldon zusammen, bevor die beiden Harvard verließen; Washburn posierte sogar in Unterwäsche für Somatotyp-Fotos. An der Columbia University leitete Sheldon das College of Physicians und Surgeons, das heißt, er war nun Washburns Vorgesetzter. Schließlich gelangte Washburn zu der Ansicht, Sheldon verkörpere die schlimmsten Tendenzen von Typologen wie Hooton, unter dessen Unterricht er an der Harvard University zu leiden hatte. Washburn war zutiefst ungeduldig gegenüber der »alten Garde« und ihren altmodischen Methoden; er empfand im Zusammenhang mit den Anthropologen von Harvard ein tiefsitzendes, hartnäckiges Unbehagen. Hooton kritisierte er so freimütig, daß manche von einem Ödipuskomplex sprachen; Hooton war tief verletzt und antwortete 1954, kurz vor seinem Tod, mit der Mitteilung, er wolle Washburn nicht als seinen Nachfolger haben.[21] Ob wegen Hootons Wunsch oder aus anderen Gründen, jedenfalls bot die Harvard University Washburn nie diese angesehene Stellung oder einen anderen Posten an.

Bis 1950 hatten alle Elemente der Tragödie ihren Platz gefunden, und die Schauspieler begannen, ihre vorbestimmten Rollen zu spielen; die Folge waren Ereignisse, die Coon für den Rest seines Lebens schädigen sollten.

Washburn und Dobzhansky bildeten ein Bündnis der Evolutionsforscher und organisierten gemeinsam das fünfzehnte Symposium on Quantitative Biology. Der Ort des Geschehens war ironischerweise das Cold Spring Harbor Laboratory im Staat New York, als dessen Direktor Charles Davenport 1904 das Eugenics Record Office gegründet hatte. (Das Office, das mittlerweile als Peinlichkeit galt, war 1940 endgültig aufgelöst worden.[22]) Sie luden eine illustre Gesellschaft von Wissenschaftlern ein, vorwiegend Genetiker und Anthropologen, die über den Ursprung und die Evolution des Menschen diskutieren sollten. Zu den Teilnehmern gehörten Hooton, Coon, Montagu, Sheldon und viele andere.

Im Vorwort zum Konferenzbericht machen Washburn und Dobzhansky ihre Absichten deutlich:

»Fast zwei Jahrhunderte lang haben Anthropologie und Biologie sich unabhängig voneinander entwickelt, obwohl beide tiefgreifend von den gleichen grundlegenden Entdeckungen beeinflußt wurden, so von Darwins Evolutionstheorie und seiner Erkenntnis, daß der Mensch ein Teil der Natur ist. In unserem Jahrhundert hat die Entwicklung der Genetik, die sich mit den Phänomenen von Vererbung und Variation beschäftigt, dazu geführt, daß biologische und anthropologische Forschung immer näher zusammenrückten.
Der Mensch ist wie jedes andere Lebewesen ein Produkt von Vererbung und Umwelt. Keines von beiden kann man übergehen, wenn man zu umfassenden Kenntnissen über einen einzelnen Menschen oder über eine Menschengruppe wie eine Population oder Rasse gelangen will. Dennoch gab es bis vor kurzem relativ wenig Kontakte oder Zusammenarbeit zwischen Anthropologen und Genetikern oder anderen Biologen. Das fünfzehnte Symposium on Quantitative Biology verfolgte vor allem das Ziel, zum Aufbau dieser Zusammenarbeit beizutragen.«[23]

Eigentlich wurde hier die Konferenz von Princeton, die 1947 zu der neuen Synthese in der Evolutionsforschung geführt hatte, auf dem Gebiet der Anthropologie wiederaufgenommen.

Zwischen trockenen, mit Daten gespickten Vorträgen über das Vorkommen verschiedener Merkmale bei heutigen Menschengruppen (zum Beispiel Schizophrenie bei der Bevölkerung Nordschwedens, Erbkrankheiten in Dänemark, Venenverlauf auf der Brust von Navaho-Indianern, Häufigkeit der Blutgruppen bei Völkern des Mittelmeerraums) fanden sich vereinzelt auch solche mit weitreichender Bedeutung. Für viele Teilnehmer war es eine Gelegenheit, ihr evolutionstheoretisches Glaubensbekenntnis öffentlich bekanntzumachen.

Washburn präsentierte eine der ersten Übungen in der Anwendung seiner neuen statistischen Methoden auf die menschliche Evolution: Er beurteilte die Anatomie lebender und fossiler Primaten und Menschen unter dem Gesichtspunkt von Funktion und Evolution.[24] Es war ein weiterer Schlag zur Zerstörung der alten, typologischen Vorgehensweise, an deren Stelle die »neue vergleichende Anatomie« treten sollte, entsprechend der »neuen Systematik« oder der »modernen Synthese« in der Evolutionsforschung. Es war das Heraufdämmern der Zukunft, der einzigen, die in Washburns Augen möglich war.

Natürlich waren unter den Teilnehmern die Propheten der neuen Synthese: Dobzhansky, G. G. Simpson und Ernst Mayr. Mayr wiederholte einen Vorschlag, den er (und Simpson) schon einige Jahre zuvor gemacht hatten und der eine tiefe Symbolik beinhaltete.[25] Wie er beobachtete, waren die Befunde über menschliche Fossilien durch die Vielzahl der taxonomischen Bezeichnungen hoffnungslos durcheinandergeraten und verworren; jedes kleine Fossilstückchen von einer neuen Fundstelle schien (jedenfalls für seinen Entdecker) nicht nur einen neuen Artnamen, sondern sogar eine neue Gattungsbezeichnung zu rechtfertigen. Obwohl Mayr selbst kein einziges Fossil untersucht hatte, riskierte er den Vorschlag zu einer grundlegenden Neuordnung: Danach sollte man alle Stücke von den ersten Affenmenschen bis zum Jetztmenschen der Gattung *Homo* zuordnen – und möglichst sogar der Spezies *Homo sapiens*. Er gelangte zu der Ansicht, man müsse innerhalb der Gattung wahrscheinlich drei Arten unterscheiden: *transvaalensis* für die affenähnlichen Australopithecinen, *erectus* für den *Homo erectus* und *sapiens* für die Jetztmenschen und die Neandertaler.

Die politische und biologische Aussage richtete sich eindeutig auf die Einheitlichkeit der Menschheit über die Evolutionsgeschichte hinweg. Wenn man so unterschiedliche Geschöpfe wie die Australopithecinen, *Homo erectus* und Jetztmenschen einer einzigen Gattung oder Art zuordnen konnte – trotz eines Spektrums der Gehirngrößen, das von 400 bis 1200 Kubikzentimeter reichte, und trotz ebenso deutlicher Unterschiede in Größe und

Körperbau –, dann waren die Unterschiede zwischen den heutigen Menschenrassen, die im Aufbau des Skeletts praktisch nicht zu unterscheiden sind, ohne Bedeutung.

In der nun folgenden Diskussion reagierten einige Anthropologen, indem sie ihr Revier verteidigten und (hitzig oder kühl) die Frage stellten, ob es klug sei, alle Fossilien in einen Topf zu werfen. Bei zu wenigen Formen konnten sich ebenso viele Schwierigkeiten ergeben wie bei zu vielen: »Man kann die Bequemlichkeit [bei der Nomenklatur] so weit treiben, daß sie zu einer verflixten Last wird.«[26] Montagu wollte ein Komitee einsetzen, das die Einteilung der fossilen Menschen neu ordnen sollte. Washburn fing die Emotionen teilweise ab, indem er einen Vorschlag unterbreitete, bei dem jeder sein Gesicht wahren konnte: Danach sollten sich in der Nomenklatur die Anpassungsunterschiede widerspiegeln. Man würde Affen und Menschen aufgrund der unterschiedlichen Art der Fortbewegung in getrennte Familien einordnen, und innerhalb der Menschenfamilie würde man zwischen einer Gattung mit kleinem Gehirn (*Australopithecus*) und einer weiteren mit größerem Schädelinhalt (*Homo*) unterscheiden. Trotz aller Meinungsverschiedenheiten erreichte die Tagung allmählich ihr Ziel; die Teilnehmer diskutierten über den Menschen unter den Gesichtspunkten von Evolution und Anpassung.

Coon sprach in einer Sitzung mit dem Titel »Rassenbegriffe und Menschenrassen«. Zusammen mit Stanley Garn und Joseph Birdsell, zwei weiteren Teilnehmern der Konferenz, hatte er kurz zuvor ein kleines Buch mit dem Titel *Races* (»Rassen«) herausgebracht; darin stellten die Autoren Hypothesen über den Anpassungswert mancher körperlicher Merkmale auf, welche die einzelnen Rassen charakterisieren, beispielsweise über den besseren Schutz gegen die Tropensonne durch stärker pigmentierte Haut. Es war einer der ersten geistreichen Versuche, die heutigen Menschen vor dem Hintergrund von Ökologie und Evolution zu betrachten. Jetzt wollte Coon einen Schritt weitergehen und sich mit Populationen auf einer stärker menschlichen

Ebene beschäftigen. Ausgehend von seinem sehr umfangreichen Wissen über die nicht industrialisierten Völker der ganzen Welt, wollte er darüber diskutieren, wie die Kultur genetische Veränderungen in menschlichen Populationen beeinflussen kann.

Der Beitrag ist interessant, amüsant und gut formuliert; er beschäftigt sich mit dem leicht prickelnden Thema der Gattenwahl bei Menschen und strotzt von exotischen Beispielen – Coon zeigte sich darin von seiner besten Seite. Wie ein Wirbelwind fegt er durch so schwierige anthropologische Themen wie Endogamie und Exogamie bei den Ehegebräuchen. (»Die Gattenwahl erfolgt in allen Gesellschaftssystemen nach einem allgemeingültigen Prinzip: Die ideale oder bevorzugte Paarung ist diejenige, die unter normalen Umständen bei allen Beteiligten die geringstmögliche Störung verursacht.«[27]) Er beschrieb Liebe und Eheschließung bei arabischen Kamelzüchtern, verschiedene Praktiken der Menschen in Kastensystemen von Indien bis Samoa und bei den Bewohnerinnen türkischer Harems, die Brautschau bei den Ona auf Feuerland und vieles andere. Er beschäftigte sich mit den Gesetzmäßigkeiten der »nicht vorgesehenen« Eheschließungen und den Voraussetzungen, unter denen sie erlaubt waren. Außerdem untersuchte er die Fruchtbarkeit und die Frage, wie oft die Paarung zu Nachkommen führt; ist das bekannte Prinzip, wonach Männer auf die Jagd gehen und in regelmäßigen Abständen zurückkehren, wirklich ein Mittel zu Verbesserung der Fruchtbarkeit? Und in welchem Ausmaß, so fragte er, tragen Ernährung, Krankheiten, Verletzungen der Geschlechtsorgane, Müdigkeit, Angst oder auch die Sitte, heiße Bäder zu nehmen, zur Verminderung der Fruchtbarkeit bei? Schließlich berührte er schnell noch die Faktoren, die das Überleben der Kinder beeinflussen, die Länge der fortpflanzungsfähigen Phase jedes einzelnen und die Frage, wie der Fortbestand der Gruppe auf Kosten des individuellen Überlebens gefördert werden kann. Es waren alles Einzelfallberichte, es war alles klassische Anthropologie, und doch war es brandneu: Völkerkunde aus dem Blickwinkel der Evolution.

Aus der gedruckten Fassung der Diskussion kann man schließen, daß die wenigsten Teilnehmer Coons neuartige Absichten zu schätzen wußten.[28] Von den Evolutionsexperten äußerte sich kein einziger. Es gab nur einige recht gereizte Fragen über Tatsachen, und Coon antwortete beißend, indem er auf die zitierten Literaturstellen (darunter auch solche von den Fragenden) verwies. Dem größten Teil des Publikums kam es wahrscheinlich so vor, als erzähle Coon seinen Zuhörern einfach Geschichten, um sie an die wunderbare Vielfalt der menschlichen Verhaltensweisen zu erinnern.

Für große Aufregung sorgte dagegen Joseph Birdsell mit einem Vortrag über Genmarker bei den Stämmen der australischen Aborigines, vervollständigt durch mathematische Modelle für den Genfluß. Das war die Sorte Anthropologie, die modern wirkte, mit Statistik und auf Populationen gegründet. Leider war das alles sehr abstrakt und insgesamt zu wohlgeordnet, wie mathematische Modelle es gewöhnlich sind, Menschen dagegen nie. Mit keinem Wort erwähnte Birdsell jene verwickelten Verhaltensweisen und die schrecklich geheimnisvollen Heirats- und Paarungsbräuche, an denen altmodische, aufs Ganze bedachte Anthropologen wie Coon Geschmack fanden.

Montagu stellte seinen Hang zu Evolution und Gleichberechtigung in einem langen, philosophischen Vortrag dar, der sich unter dem Gesichtspunkt der modernen Evolutionstheorie mit dem Rassenbegriff beschäftigte.[29] Dieser Beitrag enthielt kaum Neues oder Originelles. Er bestand aus Zusammenfassungen oder Wiederholungen der Definition von Begriffen wie natürliche Selektion, Mutation, genetische Isolation, Gendrift und so weiter, und zitiert werden darin Dobzhansky, Mayr, Simpson und andere Vertreter der neuen Synthese. Er kritisierte Coon, Garn und Birdsell, weil sie sich mit ihrer Einteilung der Menschenrassen ausschließlich auf phänotypische (das heißt äußerlich erkennbare) Merkmale stützten, und schlug vor, man solle daneben auch genetische Unterschiede einbeziehen, soweit sie bekannt seien. Angesichts der wenig entwickelten Humangenetik – Dobzhansky führte in seinem Vortrag ganze 22 Merkmale auf, die gut oder einigermaßen verläßlich nachgewiesen waren, darunter drei, die mit Blutgruppen zu tun hatten – waren Coon und seine Kollegen schlicht pragmatisch; Montagu und seine Anhänger dagegen vertraten schon damals die Ansicht, die sich später allgemein durchsetzte: Danach muß man das Schwergewicht auf die genetischen Grundlagen legen und nicht auf ihre Ausprägung. Gene waren der Stoff von Evolution und Vererbung, und die Triebkraft waren Verschiebungen der Genhäufigkeit. Die meisten Reaktionen provozierte Montagu jedoch mit der Wiederholung seines alten Vorschlags, man solle den Begriff *Rasse* in der Umgangssprache durch *ethnische Gruppe* ersetzen, was sich immer noch nicht durchgesetzt hatte.

Bevor Dobzhansky an der Reihe war, gab es noch zwei andere außergewöhnliche Vorträge. Carl Steltzer, ein Anthropologe der Harvard University, berichtete über eine vergleichende Analyse der Somatotypen von 500 jugendlichen männlichen Strafgefangenen und einer Gruppe nicht straffälliger Personen mit gleichem Alter, gleicher Schichtzugehörigkeit, gleichem IQ und gleicher »nationaler Herkunft«, was vermutlich Rasse bedeutete. Es war ein Unternehmen in rein Sheldonscher Manier. Der zweite Vortrag war von Sheldon selbst.

Seltzer sprach die Logik hinter seinen Untersuchungen deutlich aus:

»Die Bedeutung des Körperbaus als wichtigster Ausdruck der ›Konstitution‹ des menschlichen Organismus ist ein Grundgesetz. Er bildet nicht nur den grundlegenden Rahmen, innerhalb dessen der Einzelne funktioniert, sondern seine Bedeutung reicht noch viel weiter: Der Körperbau ist im wesentlichen biologisch vererbt, genetisch festgelegt. Da die Gestalt des Körpers also ›ein Produkt von Einflüssen ist, die aus dem Keimplasma erwachsen‹, ist sie ein entscheidend bestimmender Faktor der Persönlichkeitsbildung.«[30]

Die Studie hatte eindeutige Ergebnisse geliefert. Die Straffälligen waren – im Gegensatz zu manchen früheren Theorien – körperlich normal, aber sie neigten dazu, »absolut und relativ eher mesomorph und entscheiden weniger ektomorph zu sein als die nicht Straffälligen ... im Vergleich zu den nicht Straffälligen sollten die jugendlichen Häftlinge also von mehr Geltungsbedürfnis, aggressiver Konkurrenz, Ungestüm, Gefühllosigkeit (Unempfindlichkeit gegen hemmende Einflüsse), Abenteuerlust und Extrovertiertheit geprägt sein.«[31] Diese Kombination von Persönlichkeitsmerkmalen (die nicht nachgewiesen wurde, deren Existenz man aber unterstellte, weil sie nach Sheldons Untersuchungen mit den Körperbautypen gekoppelt war) schien die Erklärung dafür zu sein, daß solche Personen häufiger gesellschaftsfeindliche Handlungen begingen. Seltzer gelangte zu dem Schluß, kriminelles Verhalten habe eine wichtige biologische Komponente.

Seltzer war sich der möglichen Gefahren einer solchen Behauptung durchaus bewußt und schränkte deshalb ein, seine Befunde bedeuteten durchaus nicht, daß Kriminalität in manchen Menschen angelegt sei oder daß es festgelegte kriminelle Typen gebe. Es heiße aber, daß die Straffälligen zu bestimmten Kombinationen normaler Eigenschaften neigten, durch die sie sich »schneller zur Begehung gesellschaftsfeindlicher Taten aktivieren lassen. Derartige Persönlichkeitsmerkmale oder ihre Kombination kommen zwar keineswegs ausschließlich bei Kriminellen vor, aber man findet sie in der Häftlingspopulation *mit größerer Häufigkeit* als bei nicht Straffälligen.«[32] Das war ein gefundenes Fressen für den zutiefst voreingenommenen Eugeniker, nur gab es einen Faktor, der leicht zu übersehen war. Entscheidend war, daß der Begriff »Population« für Seltzer nicht das gleiche bedeutete wie für die Genetiker und Anthropologen auf der Tagung. Seltzers Population war keine Gruppe, innerhalb derer genetische Vermischung stattfand, sondern eine Stichprobe aus Heimen für jugendliche Straftäter. Seine »Population« hatte für die Evolution keine erkennbare Bedeutung.

Nach Seltzer erhob sich Sheldon und beschrieb kurz die theoretischen Grundlagen seiner Methodik sowie die Ziele der langfristigen Projekte des von ihm geleiteten Constitution Laboratory der Columbia University. Sein einflußreiches Vorhaben legte zwar ein Lippenbekenntnis zur Evolutionstheorie ab, aber es beschäftigte sich mit dem, was leicht zu beobachten war:

»Wir gehen davon aus, daß die Ausprägung verschiedener Phänotypen auf eine genotypische Gesetzmäßigkeit zurückgeht, aber bei unseren Untersuchungen der Konstitution haben wir nicht versucht, den Genotyp als solchen zu beschreiben oder einzelne Gene zu isolieren ... Um die Angelegenheit einfacher zu machen, kann man vielleicht sagen: Die Untersuchung der Konstitution verfolgt das Ziel, einfach den menschlichen Phänotyp (systematisch oder im Hinblick auf die Klassifikation) in seinen biologischen und gesellschaftlichen Zusammenhängen zu verfolgen. Die Losung des Constitution Laboratory lautet: Wir wollen die unterbrochene Kontinuität zwischen Biologie und Gesellschaftswissenschaft wiederherstellen.«[33]

Mit anderen Worten: Steltzers Schlußfolgerungen waren von vornherein fast völlig festgelegt. Verhalten wurde in seinen Augen durch die genetische Ausstattung beeinflußt, und die Aufgabe von Sheldon und seinen Anhängern bestand in der Entwicklung von Methoden, mit denen man diese Verbindungen erforschen konnte.

Sheldon präsentierte keine Daten, keine Befunde, überhaupt keine Forschung. Der Ton seines Beitrags weist darauf hin, daß er sich in der Defensive befand, und das mit gutem Grund. In der Diskussion wurden gezielte Fragen gestellt, insbesondere von Washburn: Bleibt der Somatotyp während des ganzen Lebens gleich? Und wenn nicht, was bedeutete Sheldons Arbeit dann? Läßt sich der Somatotyp nicht durch Hormonbehandlung, körperliche Betätigung oder Ernährung verändern? Warum sind die Somatotypen von Männern und Frauen in dem Dreiecksdiagramm völlig unterschiedlich verteilt, wo sie doch aus einer genetisch einheitlichen Population stammen? Die Kritik war verheerend, und Sheldons Antworten klangen für die meisten Zuhörer nicht überzeugend.

Die langwierige Diskussion nach Sheldons Vortrag war der Vorbote der Dinge, die folgen sollten. Damals, 1950, wurden die Fronten für die entscheidenden Themen gezogen, die in dem Streit von 1962, als Sheldon keine entscheidende Rolle mehr spielte, Bedeutung erlangen sollten. Montagu übte scharfe Kritik an Sheldon: Er verschwende seine Zeit mit der äußerlichen Erscheinung, obwohl die Genetik das Wichtige sei. Bescheiden versteckte er seinen Angriff in einer hintergründigen Bemerkung: »Ich möchte betonen, daß ich diese Ausführungen nach Dr. Sheldons Begriffen als ›632‹ mache; ich bin ›mitleidig einfühlsam‹.«[34]

Sheldon erwiderte freundlich und mit scharfer Beobachtungsgabe:

»Dr. Montagu ist einer Religion des Umweltdeterminismus menschlicher Angelegenheiten verpflichtet. Das ist eine romantische und in mancherlei Hinsicht auch mutige Sichtweise für die Handlungen der Menschen. Aber sie ist gefährlich, denn sie legt zuviel Gewicht auf die eine Seite dieser empfindlichen Waage. Da es in manchen Akademikerkreisen derzeit Mode ist, zu viele Eier in die Umwelt-Waagschale zu legen, besteht nach meiner Überzeugung der Bedarf nach einem gewissen Gegengewicht« [nämlich der Betonung der genetischen Anteile am menschlichen Verhalten].

Anschließend umriß Sheldon die Fragestellungen und sprach das Thema der Meinungsverschiedenheit offen aus.

»Dr. Montagu hat an anderer Stelle darauf hingewiesen, daß die Betonung der Konstitution nach seiner Ansicht eine verdeckte Form des Rassismus oder Faschismus ist. Der einzig geeignete

Schutz gegen diese große Gefahr besteht meines Erachtens darin, daß man die äußeren Besonderheiten und Eigenschaften aller Arten und Gruppen von Menschen betrachtet, statt über sie hinwegzusehen. Die Untersuchung der Konstitution führt im Kern dazu, daß man Ordnung und System in das Gebiet der individuellen Unterschiede bringt. Der Ausweitung solcher Kenntnisse die Gefahr zuzurechnen, daß sie in Zukunft von böswilligen Fanatikern zerstörerisch mißbraucht wird, bedeutet vielleicht, daß man fragt, ob es überhaupt klug ist, die Wirklichkeit zu betrachten.«[35]

Das war der Kernpunkt der Diskussion: Was war besser – die Unterschiede zwischen den Rassen zu untersuchen und zur Kenntnis zu nehmen, oder sie zu leugnen? War es ebenso falsch, Tatsachen im Dienste des Antirassismus zu verzerren oder zu verbergen, als wenn man sie rassistischen Zwecken dienstbar machte?

Coon und Sheldon hätten auf diese Fragen wahrscheinlich eine überzeugte Antwort gegeben; sie fürchteten sich nicht vor den Tatsachen, die durch wissenschaftliche Genauigkeit ans Licht kommen würden. In ihren Augen mußte die Wahrheit um jeden Preis gesucht werden. Für Washburn, Dobzhansky und Montagu dagegen gab es Fragen der Rassenunterschiede, die man besser unerforscht ließ, weil solche Befunde von denen mißbraucht werden konnten, nach deren Ansicht sich Rassengruppen einheitlich definieren lassen. Daß man Menschenrassen *nicht* sauber abgrenzen kann, war für diese drei ein Grundgesetz – und tatsächlich waren ja alle Versuche gescheitert, eine zusammenhängende und wissenschaftlich genaue Definition für die menschlichen Rassengruppen zusammenzuzimmern. Wer also versuchte, Rassenunterschiede zu dokumentieren, der verschwendete demnach seine Zeit und lief Gefahr, potentiellen Rassisten neue Munition zu liefern. Manche wissenschaftlichen Untersuchungen waren gesellschaftlich einfach zu gefährlich. Es war eine Einstellung, mit der Virchow viele Jahre zuvor sicher sympathisiert hätte.

Die wichtigste Aussage der Tagung formulierte kein Teilnehmer besser als Dobzhansky in der Abschlußsitzung mit dem Titel »Aussichten für die zukünftige Forschung«. Hier ergab sich für einen führenden Vertreter der neuen Evolutionstheorie und der großen Synthese die Gelegenheit, Wege aufzuzeigen. Dobzhanskys Zielrichtung war vielleicht vorherzusehen: Er forderte weitere Untersuchungen, mehr Befunde über die Variabilität genetischer Faktoren bei Menschen (aber nicht bei Menschenrassen), mehr Zählungen von Populationen (die keine Rassen waren) und die weitere Erforschung der genetischen Ursachen sichtbarer phänotypischer Unterschiede (die für die Einteilung der Menschen in Rassen nicht von Nutzen waren).

Die wichtigste Aussage in seinem Vortrag war aber ein Rückgriff in die Geschichte in einer scheinbar beiläufigen Beobachtung: »Darwin hat bewiesen, daß der Mensch ein Teil der Natur ist. Aber der Mensch lebt in einem von ihm selbst geschaffenen kulturellen Umfeld. Diese Dualität des Menschen stellte schon Aristoteles in seinem berühmten Satz fest, der Mensch sei *ein politisches Tier.*«[36]

Letztlich hatte die Konferenz politische Ziele gehabt. Es war eigentlich nicht darum gegangen, den Neodarwinismus zu verbreiten, jene von Genetik strotzende Evolutionstheorie des 20. Jahrhunderts. Die Tagung war ein Versuch zur Festigung und Institutionalisierung einer Sichtweise für die menschliche Evolution, die mehr von politischen Überzeugungen als von Wissenschaft bestimmt war.

11
Programmiert wie Pawlows Hündchen

Zwölf Jahre vergingen. In den Vereinigten Staaten brach eine neue, schmerzliche Epoche an. Wenige Jahre nach der Tagung von Cold Spring Harbor hatte eine ruhige, müde Farbige die Lunte an die explosive Frage der Rassenungleichheit in den USA gelegt. Rosa Parks weigerte sich, im Bus auf einen Platz hinten im »Negerteil« zu rücken. Dieser kleine Entschluß einer ganz normalen Frau ohne Aktivistenvergangenheit war der Auslöser für große Veränderungen.

Bald darauf gründete der Geistliche, Martin Luther King Jr., die Southern Christian Leadership Conference und rief damit seine riesige Kampagne des gewaltlosen Widerstandes ins Leben. John F. Kennedy wurde 1960 unter anderem auch deshalb zum Präsidenten gewählt, weil er King und die aufkeimende Bürgerrechtsbewegung unterstützte. Bis 1962 gab es überall im Süden der USA Sit-ins und Demonstrationen, und Farbige setzten sich über die Rassentrennungsgesetze hinweg, indem sie mit Bussen fuhren, die nur für Weiße bestimmt waren. Es war eine zutiefst beunruhigende und besorgniserregende Zeit, sowohl für die Liberalen, die sich für die Gleichberechtigung der Farbigen einsetzten, als auch für die Konservativen, die nicht verstehen konnten, warum sich die Sitten und Einstellungen der letzten 100 Jahre ändern mußten. Die Rassen erzeugten eine Spannung, die das Gewebe der Einheit und Demokratie Amerikas belastete. Ob sie zur Zerstörung einer ehemals großen Nation oder aber zu neuer Stärke führen würde, blieb abzuwarten.

Und Rasse war auch, wie immer, das Thema der Anthropologengemeinde, die in ihrer Arbeit nun einen neuen Sinn sah. Einerseits hielt man es für unverzichtbar, daß die Anthropologie modern und wissenschaftlich war. Anderseits wurde es aber auch immer wichtiger, dafür zu sorgen, daß die Wissenschaft nicht vor den Karren der Diskriminierung gespannt wurde, wie man es im Deutschland der Nazizeit getan hatte. Diesmal würde sich die Anthropologie auf die Seite von Gleichberechtigung und Freiheit schlagen.

Gleichzeitig erlebte das Forschungsgebiet selbst durch Washburn und die »neue physische Anthropologie« eine grundlegende theoretische Neuorientierung. Man nahm eine neue Synthese, die inzwischen nicht mehr neu und auch nicht mehr umstritten war, begeistert in die Vorgehensweisen der Hauptströmung der physischen Anthropologie auf. In manchen Kreisen setzte sich der Begriff »biologische Anthropologie« durch, weil man die neuen, engeren Verbindungen zwischen physischer Anthropologie und Evolutionsbiologie betonen wollte.

Als Katalysator für diese Neuorientierung wirkte die 1941 gegründete Wenner-Gren Foundation for Anthropological Research, eine kleine Wissenschaftsförderungsorganisation, deren Finanzierungsschwerpunkte stark von den jeweiligen persönlichen Neigungen ihrer Forschungsdirektoren beeinflußt wurden. Der erste von ihnen war Paul Fejos, ein feuriger Ungar, der sich auf völkerkundliche Filme spezialisiert hatte. Er leitete die Stiftung von 1941 bis zu seinem Tod 1963; ihm folgte seine junge Witwe Lita Binns (später Lita Osmundsen), die bis 1986 Forschungsdirektorin blieb. Sowohl Fejos als auch Osmundsen waren stolz auf ihre Fähigkeit, originelle Denker mit guten neuen Ideen zu entdecken, und sie nutzten ihre Stellung, um solche Leute zu fördern.

Die Stiftung in Person von Fejos und Osmundsen unterstützte Washburns neue Richtung durch Finanzierung seiner Forschungen (und der seiner Schüler) und indem sie mehrere Tagungen veranstaltete, auf denen Washburns Ideen eine herausragende Rolle spielten. Wer zu jener Zeit zu einer Tagung der Wenner-

Gren Foundation eingeladen wurde, konnte von sich behaupten, in der Anthropologie »arriviert« zu sein. Nach Washburns Berichten verdankte er die Entwicklung seiner Ideen zu einem großen Teil »den Diskussionen auf den Wenner-Gren-Sommerseminaren für physische Anthropologen, und wer die zeitgenössische amerikanische Anthropologie nur aus Büchern kannte, konnte sich kaum vorstellen, wie groß und wichtig diese Veränderungen waren«.[1] Die Seminare waren Washburns Lieblingsprojekt und wurden von der Stiftung finanziert. Zwischen 1946 und 1953 gab es sechswöchige Veranstaltungen für fortgeschrittene Studenten und führende physische Anthropologen. Mit aufmerksamer Erregung erörterten die Teilnehmer Befunde, Theorien und Methoden. Die meisten Seminare fanden an der Columbia University statt, Schauplatz der letzten war aber die Smithsonian Institution. Beide waren ein höchst geeignetes, informelles Umfeld, in dem sich eine Revolution des Denkens vorantreiben ließ. Washburns Entschlossenheit, die Vorgänge von Evolution und Anpassung zu verstehen und die Hypothesen an handfesten Befunden zu überprüfen, setzte sich im Geist der neuen Anthropologengeneration fest.

Von 1952 an finanzierte die Wenner-Gren Foundation renommierte internationale Tagungen. Sie wurden zunächst an verschiedenen Orten abgehalten, aber dann erwarb die Stiftung die elegante Burg Wartenstein in Österreich, wo von 1958 bis 1981 (als die Burg verkauft wurde) alle Konferenzen stattfanden. Dort gab es reichlich zu essen und zu trinken, die Umgebung war wunderschön, und die Diskussionen setzten sich in formellen und informellen Kreisen Tag für Tag fort. Es waren intensive Tagungen von einer Woche, von denen Ehepartner und Freunde ausgeschlossen waren. Die einsame Lage der Burg hatte zur Folge, daß die Teilnehmer sich nicht davonstehlen, ihre eigene Tagesordnung machen und die Sitzungen schwänzen konnten. Die Tagungen auf Burg Wartenstein erwiesen sich als äußerst einflußreich. Emöke Szanthari, ein biologischer Anthropologe, erinnert sich an diese Zeit so:

»Die internationalen Symposien legten zumindest Sichtweisen fest, die dem ›Stand der Wissenschaft‹ entsprachen, und im besten Fall führten sie zu wichtigen Fortschritten in den Kenntnissen über die behandelten Themen. Aus den meisten Tagungen gingen Bücher hervor, so daß die dort geschaffenen Vorstellungen ein großes Publikum erreichten.
Washburn formulierte seine neue physische Anthropologie gezielt für das erste internationale Symposium, und seine Ideen wurden mit dem Tagungsbericht, der daraus hervorging *(Anthropology Today: An Encyclopedic Inventory* (hg. von A. L. Kroeber, 1953), weit verbreitet. Durch die Art ihrer Finanzierung schlug die Stiftung also zwei Fliegen mit einer Klappe: Sie förderte die Sommerseminare, die für den Übergang vom ›Alten‹ zum ›Neuen‹ so wichtig waren, und machte die Neuigkeiten der Revolution Tausenden von Lesern zugänglich.«[2]

Washburn lernte sehr genau, was man mit einer guten Tagung erreichen kann; er nutzte die Veranstaltungen und die Bücher, die daraus hervorgingen, um eine der unumstrittenen Führungsgestalten der physischen Anthropologie zu werden. Im Jahr 1959 wurde bei einer Tagung des American Institute for Human Paleontology das verwickelte Problem der Einteilung und Benennung der menschlichen Fossilien aufgeworfen. Mit Unterstützung der Wenner-Gren Foundation schlugen Washburn und andere sich mit dem Thema herum, und zwar sowohl bei der Stiftung in New York als auch 1961 bei den Tagungen der American Anthropological Association (AAA), die ihn zu ihrem Präsidenten wählte. Nachdem er die Angelegenheit in seinem eigenen Kopf geklärt hatte, organisierte er für den Sommer 1962 eine Wenner-Gren-Konferenz in der Burg mit dem Titel »Klassifizierung und menschliche Evolution«. Coon wurde nicht eingeladen, obwohl er sich sein ganzes Leben lang mit der Einteilung der Menschen beschäftigt hatte – vielleicht glaubte Washburn, er könne nichts Neues beitragen.

Damit stand der offene Ausbruch des Konflikts unmittelbar

bevor. Coon war von Washburn bereits an die Wand gedrückt worden. Im Oktober 1962 erschien Coons großes Werk *The Origin of Races*, und am 16. November des gleichen Jahres drückte Washburn in seiner Antrittsvorlesung bei der AAA seine Abscheu vor Coons Schlußfolgerungen aus. Montagu schlug sich erwartungsgemäß auf Washburns Seite. Während und nach seiner Amtszeit in den UNESCO-Gremien war Montagu Leiter der Abteilung für Anthropologie an der Rutgers University gewesen. Nach seinem Rücktritt schrieb er weiterhin deftig formulierte, offen antirassistische Bücher und Artikel für die Publikums- und Fachpresse, und 1962 wurde er Regents Professor an der University of California in Santa Barbara. Montagu war eine bekannte, freimütig sprechende Persönlichkeit, die in der Öffentlichkeit häufig als politischer Vorkämpfer in Fragen der Rassen und der menschlichen Natur aufgetreten war.

Theodosius Dobzhansky war ebenfalls Washburns Verbündeter. Dobzhansky erfreute sich größten Ansehens als führender Genetiker; er war eine weißhaarige, willensstarke Persönlichkeit, deren Teilnahme an jeder Tagung über Genetik unerläßlich war. Durch ein seltsames Zusammentreffen wurde er 1962 ebenfalls zum Präsidenten einer anderen Berufsorganisation gewählt, nämlich der American Association for the Advancement of Science (AAAS). Seit der Konferenz von Cold Spring Harbor hatte man Dobzhansky in Fragen der Evolution und Klassifikation der Menschen immer um Rat gebeten, zum Teil vielleicht wegen seiner Freundschaft zu Washburn, daneben aber auch weil die Probleme seine Phantasie fesselten. Im April 1962 veröffentlichte er ein Buch, das zu einem Klassiker wurde. Er stellt darin die fossilen Belege für die Evolution des Menschen in einen größeren entwicklungsgeschichtlichen Zusammenhang – das Buch war so korrekt, so gut geschrieben und so angesehen, daß es in den folgenden 15 Jahren für Studenten der Anthropologie zur Pflichtlektüre wurde. Es trug den Titel *Mankind Evolving*.

Darin verfolgt Dobzhansky, was die Menschenrassen angeht, eine klare Linie, die den Test der Geschichte gut bestanden hat.

Rassen, also genetisch und damit auch körperlich unterschiedliche Menschenpopulationen, gibt es: »*Rassenunterschiede* sind Tatsachen der Natur, die man bei ausreichend gründlicher Untersuchung objektiv feststellen kann.«[3] In Dobzhanskys Augen sind Rassen Unterarten der Spezies *Homo sapiens*. Da die Rassen untereinander in vollem Umfang fruchtbar sind, da verschiedene Rassen vielfach in den gleichen Regionen zusammenleben und da die Menschen sehr wanderfreudig sind, gibt es keine reinen Rassen, und die Rassen können sich auch nicht zu verschiedenen Arten auseinanderentwickeln. Die Vermischung geht ununterbrochen weiter. Kurz gesagt, ist die Spezies Mensch *polytypisch*: Sie umfaßt mehrere verschiedene Phänotypen oder Formen. »Die Zivilisation sorgt durch Genaustausch für Konvergenz der Rassen, die die Divergenz überwiegt«, stellt Dobzhansky fest.[4] Aller Wahrscheinlichkeit nach sind manche charakteristischen Eigenschaften der Menschenrassen Anpassungen an unterschiedliche Klima- und Umweltbedingungen; andere dürften eher durch Gendrift und zufällige Unterschiede in der Vermehrungsgeschwindigkeit ehemals kleiner Populationen entstanden sein. Die Quintessenz aus seinem Buch aber lautet folgendermaßen:

»Daß Menschen gleich sein können, ohne gleich auszusehen, wurde in diesem Buch mehrfach betont. Gleichheit ist eine Wahrheit, Ähnlichkeit oder Unähnlichkeit ist eine Wahrnehmung. Strenggenommen sagt die Wissenschaft nichts darüber, ob Menschen gleich sein sollen oder nicht, aber sie zeigt, welche Folgen sich angesichts der beobachteten Vielfalt der Menschen aus gleichen oder ungleichen Chancen ergeben ... Die Leugnung der Chancengleichheit macht die genetische Vielfalt unwirksam, mit der die Menschheit im Laufe ihrer Entwicklungsgeschichte ausgestattet wurde. Ungleichheit verschleiert und behindert die Fähigkeiten mancher Menschen und verbirgt bei anderen den Mangel an Begabung. Umgekehrt erlaubt Gleichheit ... die optimale Ausnutzung des reichhaltigen Genvorrats der Spezies Mensch ...

Die Rassenfanatiker behaupten, die kulturellen Errungenschaften der einzelnen Rassen seien offenkundig ungleich, und daraus folge, ihre genetische Fähigkeit für solche Leistungen müsse ebenso ungleich sein …
Entscheidend ist aber, daß niemand die kulturellen Fähigkeiten von Einzelpersonen, Populationen oder Rassen entdecken kann, solange man ihnen nicht so etwas wie gleiche Chancen gegeben hat, diese Fähigkeiten unter Beweis zu stellen.«[5]

Es ist eine bewundernswerte und hoffnungsvolle Feststellung, deren Wahrheitsgehalt man nicht bezweifeln kann.

Im Vorwort dankt Dobzhansky Coon und anderen »Freunden und Kollegen für die kritische Durchsicht meines Manuskripts und für ihre Verbesserungsvorschläge, die mir von größtem Nutzen waren«.[6] Über Coon wird ausdrücklich gesagt, er habe bei den Kapiteln über Rasse, Polymorphismen, Klassen und Kasten geholfen. Dobzhansky signierte ein Exemplar seines Buches und schickte es »an Dr. C. S. Coon, mit den besten Empfehlungen vom Autor«.[7] Am Vorabend einer bitteren Fehde gab es nur Herzlichkeit.

Coons Buch, das dem von Dobzhansky auf dem Fuße folgte, brachte seinem Verfasser ebensoviel Schmähungen ein, wie Dobzhansky mit dem seinen Lob geerntet hatte. Die Beteiligten des Streits bekleideten hohe Stellungen; ihre Ziele waren bewundernswert, und ihr Konflikt war tragisch.

Auch Coon hatte seine angesehene Position auf seinem Gebiet während dieser Jahre behauptet, während er versuchte, einen wichtigen Abschnitt seines Lebenswerks zu vollenden. Es sollte ein umfangreiches Werk über die Abstammung der Menschenrassen werden: das letzte Wort über die Evolution der Jetztmenschen, das alle Fossilfunde aus der ganzen Welt berücksichtigte. Zu diesem Zeck reiste Coon viel herum, suchte Fundstellen von Fossilien auf, untersuchte Originalfunde und unterhielt sich angeregt mit ihren Entdeckern. In seinem Buch wollte er die Eigenschaften der heutigen Rassen in den Zusammenhang von Evolution und Anpassung stellen und ein paar Ideen weiterverfolgen, die er schon Jahre zuvor in dem kleinen Buch zusammen mit Stanley Garn und Joseph Birdsell niedergeschrieben hatte. Zumindest wollte er die Vorstellungen der neuen Synthese mit den Befunden über die Menschenrassen zusammenfassen.

Coons Verhältnis zu Washburn hatte sich in diesen Jahren immer mehr verschlechtert. Nach Coons Autobiographie liefen die Dinge schief, seit Hooton 1954 gestorben war. Hooton, der große alte Mann, der sie beide intellektuell herangezogen hatte, war tot; Coon war jetzt, metaphorisch gesprochen, der ältere Bruder und (in Washburns Augen) auch der Erbe des Mantels der Rassentypologie, den Hooton getragen hatte. Damit wurde Coon zum Ziel immer schärferer Angriffe. Washburn setzte typologisches Denken offenbar mit Rassismus gleich und attackierte beides mit dem gleichen, fast religiösen Eifer.

Nach der Erinnerung von Lita Osmundsen, die 1963 die Leitung der Wenner-Gren Foundation übernommen hatte, herrschte zwischen den beiden nach wie vor ein gewisser persönlicher Respekt. Aber Washburn war nach ihren Worten ein so glühender Antirassist, daß er in den Arbeiten anderer nicht den geringsten Hauch von Rassismus ertragen konnte. Auch Osmundsen ist der Ansicht, daß Washburn seine heftige Opposition und Abscheu gegenüber Sheldons Arbeiten auf Coon übertrug, als ob sie dadurch, daß beide unter Hootons Einfluß standen und beide in Harvard studiert hatten, gleichermaßen vergiftet waren: »Eigentlich war Sheldon das Ziel«, glaubt sie.[8] Seltsamerweise verunglimpfte Dobzhansky Sheldons Arbeiten weniger stark; er räumte ein: »Es sieht immer noch so aus, als gebe es wichtige biologische Konstanten, die den beobachteten Unterschieden in Körperbau und Temperament zugrunde liegen. Die dringende Aufgabe auf diesem Gebiet besteht darin, Methoden zum Nachweis und zur quantitativen Erfassung dieser Konstanten zu entdecken.«[9]

Im Jahr 1962 hatte Sheldon die Columbia University längst verlassen; er war an die University of Oregon Medical School gegangen, und das Constitution Laboratory in Columbia war 1959 geschlossen worden. Er betrieb aber immer noch Folgeuntersuchungen an einem Teil der über 46000 Personen, die er typisiert hatte, und entwickelte seine Theorie von der genetischen und konstitutionsbedingten Grundlage des Temperaments weiter. Sheldons Arbeiten stießen zwar auf erhebliche Kritik, aber sie blieben eine wichtige (wenn auch umstrittene) Persönlichkeitstheorie, die noch jahrelang in den Lehrbüchern der Psychologie beschrieben wurde.[10] In Anthropologenkreisen ließ er sich aber seltener blicken als früher, und seine Methodik zog unter den jüngeren Vertretern des Gebiets weniger Nachfolger an. Wenn er, wie Osmundsen glaubt, das eigentliche Ziel war, dann blieb ihm dennoch die Hauptwucht von Washburns wütender Ablehnung ebenso erspart wie Dobzhanskys und Montagus unbarmherzige Anschuldigungen.

Washburn mochte gegenüber Coons (oder Sheldons) Forschungen eine tiefgreifende Abscheu hegen, aber Coon war nach wie vor sehr angesehen und bekleidete jetzt eine Stelle als ordentlicher Professor an der University of Pennsylvania. Er wurde mehrfach zu den Elitekonferenzen der Wenner-Gren Foundation eingeladen (aber nicht zu der über Klassifizierung, die Washburn organisierte) und erhielt von der Stiftung zweimal Finanzierungsmittel für seine Arbeit. Parallel zu den Erfolgen von Washburn und Dobzhansky wurde Coon 1961 für zwei Jahre zum Präsidenten der American Association of Physical Anthropologists (AAPA) gewählt. Er löste auf diesem Posten einen Kollegen und Freund ab, den farbigen Anatomen W. Montagu Cobb von der Howard University. Cobb war ein bekannter Sprecher seiner Gemeinschaft und wurde später der erste farbige Präsident der National Association for the Advancement of Colored People (NAACP).

Die erste ernsthafte Berührung mit der giftigen Auseinandersetzung hatte Coon im Mai 1962 bei der Tagung der AAPA, als er zum erstenmal den Vorsitz führte und feststellte, daß einige eindeutig nichtakademische Themen auf der Tagesordnung standen.[11] Sein Stellvertreter T. Dale Stewart, ein Doktor der Medizin und Philosophie, war an der Smithsonian Institution als »Fossilienmann« bekannt. Stewart spielte eine wichtige Rolle, denn er war im politischen Manövrieren geschickter als Coon und leitete Tagungen sehr gewandt, während Coon dazu neigte, vorwärtszustürmen wie ein Stier, der gegen ein Gatter rennt. Gemeinsam schafften es die beiden, eine Resolution zu verhindern, die in ihren Augen von zweifelhaftem Wert war: die offizielle Feststellung, alle Rassen besäßen die gleiche Intelligenz.

Coon (und vermutlich auch Stewart) wandte gegen die Resolution ein, es gehe hier um wissenschaftliche Tatsachen und nicht um Meinungen; darüber abzustimmen, sei ebenso irreführend, als wolle man durch Mehrheitsbeschluß festlegen, ob die Sonne im Osten oder im Westen untergeht. Die Wahrheit sei die Wahrheit und werde es bleiben, trotz aller albernen Resolutionen. Aber die Tatsachen, die beweisen konnten, was die Wahrheit war, gab es leider noch nicht, genau wie zehn Jahre zuvor, als das UNESCO-Gremium über die gleiche Hürde gestolpert war.

Es gab (und gibt) verschiedene Methoden zur Messung der Intelligenz; manche davon sind nützlicher als andere, aber alle sind stark abhängig von Ausbildung, ethnischer Zugehörigkeit und gesellschaftlicher Klasse der getesteten Personen.[12] Die vielfältigen Hinweise auf Schwankungen der absoluten Gehirngröße bei den einzelnen Rassen waren praktisch nutzlos, denn es gab (und gibt) beim Menschen keinerlei nachgewiesenen Zusammenhang zwischen Gehirngröße und Intelligenz. Mit anderen Worten: Das Fassungsvermögen des Schädels ist kein Hinweis auf die angeborene Intelligenz. Man kann sogar fast alle Abweichungen in der Gehirngröße auf die unterschiedliche Körpergröße bei den verschiedenen Rassen zurückführen. Aufschlußreich sind auch die von Zeit zu Zeit in der medizinischen Fachliteratur auftauchenden Berichte, wonach sich bei Personen mit völlig normaler Intelligenz – in einigen Fällen Collegestudenten, Professoren und anderen Berufstätigen – in Untersuchungen oder zum Beispiel nach einer Unfallverletzung herausstellt, daß sich in einem Kopf von normaler Größe eine stark unterdurchschnittliche Menge an Gehirngewebe und dafür eine größere Menge Gehirnflüssigkeit befindet. Solche Menschen sind der lebende Beweis für die unglaubliche Wandelbarkeit und Redundanz des menschlichen Gehirns.

Wenn man reine Rassen definieren und finden könnte (was nicht möglich ist, aber Coon war in diesem Punkt vielleicht optimistischer als die heutigen Anthropologen) und wenn man darüber hinaus auch die Intelligenz über Kulturschranken hinweg stichhaltig messen könnte (was nach wie vor problematisch ist), könnte man theoretisch Daten zusammentragen und auf ihrer Grundlage zeigen, ob die Rassen statistisch gesehen die gleiche Intelligenz besitzen. Für Coon und Stewart bedeutete die Tatsache, daß stichhaltige Befunde fehlten, daß die Intelligenz verschiedener Rassen kein Thema einer Abstimmung sein konnte. Nach Coons Erinnerung unterstützte ihn der frühere AAPA-Präsident W. Montagu Cobb – einer der beiden anwesenden Farbigen – in diesem Punkt, und die Angelegenheit war für dieses Mal gestorben.

Aber die Rassen verschwanden nicht von der Tagesordnung. Nach dem Ende des offiziellen Tagungsprogramms, als viele Teilnehmer bereits abgereist waren, forderten einige jüngere Mitglieder eine Sondersitzung, um ein neues Thema zu behandeln: »Das war natürlich der übliche Trick, mit dem Minderheiten sich durchsetzen«, erinnerte sich Coon[13] – mit »Minderheiten« meinte er keine rassischen Minderheiten, sondern Gruppen, deren Ansichten von der Mehrheit nicht geteilt werden. Sie wollten eine Resolution durchdrücken, in der Carleton Putnam wegen seines kurz zuvor erschienenen rassistischen Buches *Race and Reason* verurteilt wurde.

Putnam konnte man auch mit noch so viel Phantasie nicht als Anthropologen bezeichnen; er war Geschäftsmann (früherer Verwaltungsratsvorsitzender bei Delta Airlines) und hatte zuvor eine Biographie über Teddy Roosevelt geschrieben. Er war ein entfernter Verwandter Coons, stammte aus einer anderen alten Familie in Neuengland und hatte an Coon geschrieben, damit dieser ihm Material über Rassen bestätigte, das Coon in vorläufiger Form veröffentlicht hatte. Putnam berichtete in seinem Buch über diese Kenntnisse, aber sie waren weder ein Hauptthema noch die vorrangige Rechtfertigung für seine Ansichten, die, wie das ganze Buch, eindeutig rassistisch waren. Putnam war überzeugt, die Farbigen seien den Weißen genetisch unterlegen und sollten von diesen getrennt, ja vielleicht sogar nach Afrika zurückgeschickt werden. Die Beibehaltung und Verschärfung der Rassentrennungsgesetze, die es noch gab, die aber tagtäglich in Frage gestellt wurden, waren nach Putnams Ansicht die einzige Hoffnung für die Menschheit.

Es war ein widerwärtiges, fehlgeleitetes Buch, das exakt wiedergegebene Befunde einseitig interpretierte. Coon hatte es eingehend gelesen und darin »nichts Strafbares« gefunden[14], aber nach seiner Vermutung hatten die wenigsten von denen, die die Resolution durchsetzen wollten, sich diese Mühe gemacht. Also entschloß er sich, das Problem geradeheraus anzugehen: Er fragte, wie viele der Anwesenden Putnams Buch tatsächlich gelesen hatten und nicht nur sein hetzerisches Pamphlet. Es erhob sich nur eine einzige Hand. Offenbar gab es hier viel hitzköpfiges Gerede und leichtfertige Verurteilungen, die sich ausschließlich auf Hörensagen und Gerüchte gründeten.

Coon warf der Gruppe wissenschaftliche Verantwortungslosigkeit vor; sie hatten zugelassen, daß man sie darauf programmiert hatte, den Inhalt eines Buches zu verurteilen, ohne daß sie den Mut gehabt hätten, den Wahrheitsgehalt der Vorwürfe zu überprüfen. Das war die schlimmste Art geistiger Verwahrlosung, die Coon sich vorstellen konnte. Es war das lebendig gewordene *1984*, und Coon wollte nichts mit Anthropologen zu tun haben, die »offenbar so programmiert sind wie Pawlows Hündchen«.[15] Wütend bot er seinen sofortigen Rücktritt an; dann stampfte er hinaus und verließ die Tagung – man solle so viele »feige«[16] Resolutionen diskutieren und verabschieden, wie man wolle, aber nicht unter seiner Leitung. Noch mehr geriet er in Rage, als er einige Tage später erfuhr, daß man die Resolution gegen Putnam verabschiedet und Coons Rücktritt nicht angenommen hatte – das bedeutete, daß Putnams Verurteilung im Druck mit Coons Unterschrift erschien.

Geistig und körperlich müde von solchen politischen Auseinandersetzungen, kündigte Coon seine Stellung an der University of Pennsylvania und ging in den Vorruhestand. Gerüchte machten die Runde, man habe ihn wegen seiner Ansichten über die Rassen hinausgeworfen – unter anderem nahm Kermit Roosevelt Jr. mit ihm Kontakt auf, weil er wissen wollte, ob das stimmte –, aber das stritt Coon ab. Formal war es ein völlig freiwilliger Abschied.

Aber Putnam verfolgte Coon weiterhin. Zu dem Problem trugen auch die Namensähnlichkeit und die Verwandtschaftsverhältnisse der beiden bei, die noch 30 Jahre später von mehreren Fachleuten erwähnt und von manchen als Hinweis auf ein geheimes Einverständnis gewertet wurden.[17] Daß Coons wohlbekannter Bruder Maurice mit Mittelnamen Putnam hieß, legte die Vermutung nahe, zwischen den beiden Carletons könne eine enge Verbindung bestehen, aber dieser Verdacht war offenbar unbegründet. Einige Leute nahmen anscheinend an, Carleton Putnam sei entweder ein Pseudonym für Carleton Coon oder Putnam sei Coons Sprachrohr, aber für beide Behauptungen gab es nie irgendwelche Beweise.

Coon fand sich bald mit dem Rücken zur Wand wieder, und die Schützen zielten auf ihn. Er hatte die Evolutionstheorie nach bestem Wissen auf die Menschenrassen angewandt und war dafür hart verurteilt worden. Man unterstellte ihm Putnams Worte, verdammte ihn wegen Hootons typologischem Denken und vernichtete ihn wegen Sheldons unausgesprochener Behauptung, kriminelles Verhalten habe eine genetische Komponente.

12
Ein Vorhängeschloß für den Geist

Wenn Coon gehofft hatte, durch seinen Rücktritt würde sich die Lage entspannen, dann hatte er sich geirrt. Die Geschichte hatte ihn überholt.

Im Oktober 1962 erschien das Buch *The Origin of Races*, an dem er viele Jahre lang gearbeitet hatte. In dem Titel hallte Darwins *Origin of Species* nach, und wie Darwins Werk, so gründete sich auch das von Coon auf lebenslange Beobachtungen und Überlegungen, und es war bis zum Bersten mit Informationen und neuer Synthese angefüllt – 792 Seiten Text mit 32 Bildtafeln, Karten, Tabellen und einem umfangreichen Literaturverzeichnis. Das Buch erschien mit Vorschußlorbeeren von Julian Huxley, G. G. Simpson und Ernst Mayr – die alle drei zu den Architekten der neuen Synthese gehörten –, aber auch von einflußreichen physischen Anthropologen wie William Howells, William Straus und Lawrence Angel. Lektor und Redakteur hatten sich heldenhaft mit Coons akademischer Prosa herumgeschlagen und das folgenschwere Buch für den Durchschnittsleser verständlich gemacht. Wie sich herausstellte, war Coons Prosa nicht nur lesbar, sie war auch ein Brandsatz.

Sein Forschungsplan, den er in dem Buch darlegte, war einfach. Er hatte den Ursprung aller bedeutenden heutigen Menschenrassen untersucht, indem er die Fossilfunde aus den verschiedenen geographischen Regionen zusammenstellte, in denen diese Rassen zu Hause waren (Afrika für die Kongoiden, die heute Negroide genannt werden[1], Südafrika für die Kapoiden, Asien für die Mongoliden, Australien für die Australoiden und Europa für die Europiden). Wie er während seiner Forschungen feststellte, hatte der Wissenschaftler Franz Weidenreich in seinen Schriften aus den vierziger Jahren bereits eine wichtige Theorie aufgestellt, die nach Coons Ansicht stimmte.

Obwohl Weidenreich wesentlich weniger Fossilfunde zur Verfügung standen als Coon, hatte er beobachtet, daß die Art *Homo erectus*, die unserer eigenen vorausging, ebenso in der Alten Welt verbreitet war wie die Jetztmenschen. Und nicht nur das: Er erkannte anatomische Ähnlichkeiten zwischen Schädeln des *Homo erectus* aus China und den heutigen Mongoliden; eine ähnliche Übereinstimmung ließ sich zwischen *Erectus*-Schädeln aus Java und den heutigen australischen Aborigines nachweisen, und eine weitere verband die Neandertaler aus dem Nahen Osten mit den modernen Europäern. Solche Parallelen zu erkennen, war manchmal schwierig, und noch problematischer war es, sie zu beweisen. Bei den gemeinsamen Eigenschaften handelte es sich vielfach um komplizierte Formelemente an verschiedenen Teilen des Schädels, die sich nur schwer quantitativ erfassen ließen, aber sowohl Weidenreich als auch Coon schrieben zu einer Zeit, als die meisten Anthropologen nicht viel von quantitativen und statistischen Methoden verstanden. »Die Evolution des Menschen verlief nicht in Form gelegentlicher Sprünge [und Diskontinuitäten], wie manche Fachleute uns glauben machen wollen«, bemerkte Weidenreich. »Ganz im Gegenteil: Die Kontinuität der Abstammungslinie erscheint verblüffend angesichts des spärlichen menschlichen Fossilmaterials.«[2] Wegen dieser Kontinuität kam er auf den Gedanken, daß schon der *Homo erectus* sich zu den verschiedenen regionalen Populationen differenziert haben könnte, die zu den heutigen Rassen wurden. Im Laufe der Zeit entwickelten sich diese regionalen Populationen demnach parallel auf das »Ziel«[3] des Jetztmenschen hin – die Formulierung deutet bei Weidenreich auf einen Rest fortschrittsorientierten oder teleologischen Empfindens hin, das heute falsch klingt.

Natürlich war nach seiner Theorie die Kreuzung zwischen

den Populationen während der ganzen Entwicklung möglich; da alle heutigen Menschen nachweislich zu einer einzigen Art gehören, kann es bei ihren Vorfahren nicht anders gewesen sein. Weidenreich betont sogar besonders die Einheitlichkeit der lebenden Menschenrassen und bestreitet ausdrücklich, er unterstelle eine unterschiedliche Abstammung der Rassen von verschiedenen Menschenaffen.[4] Damit distanzierte er sich von einer überholten, kühnen und ungenauen Theorie aus dem 19. Jahrhundert, die unter dem Namen Polyphylie oder Polygenese bekannt war.

Weidenreichs Theorie beinhaltete die interessante Annahme, daß der Ursprung der Rassen und ihrer Unterschiede zeitlich sehr weit zurückliegt. Seinen Arbeiten zufolge handelte es sich nicht um Ergebnisse der jüngeren Evolutionsgeschichte, sondern um tief verwurzelte, schon sehr lange bestehende Abweichungen. Aber seine Arbeiten waren zu stark typologisch orientiert, und außerdem hatte er die Variabilität innerhalb der einzelnen regionalen Gruppen unterschätzt. Seine Ideen waren hinweggefegt worden, als die neue Synthese der Evolutionstheorie Einzug in den Köpfen hielt und alle altmodischen Vorstellungen abgelehnt wurden.

Coon glaubte, er könne beide Theorien – die von Weidenreich und den Neodarwinismus – zu einem einzigen kraftvollen Gedankengebäude verschmelzen. Er hatte gehört, wie Mayr, Simpson, Dobzhansky und Washburn auf eine neue Denkweise drängten, bei der die Evolution *variabler Populationen* und nicht die des Individuums im Vordergrund stand. Er hatte Weidenreich gelesen, war in seine Fußstapfen getreten und hatte sich die Eigenschaften jedes menschlichen Fossilstückchens angesehen, das die Wissenschaft in den sechziger Jahren kannte. Und er teilte Weidenreichs Vorstellung von der kontinuierlichen Evolution innerhalb der geographischen Regionen. Coons Lösung war eine Theorie, die Kontinuität *und* Veränderung beinhaltete. Danach waren die Rassen vor langer Zeit entstanden, vielleicht schon eine halbe Million Jahre bevor der Jetztmensch auftauchte, und die Ursache war die geographische Isolation in den verschiedenen Teilen der Erde. Da die einzelnen lokalen Populationen oder Rassen sich parallel in Richtung des Jetztmenschen entwickelten – was Coon in erster Linie auf die Zunahme der Gehirngröße zurückführte –, behielten sie gewisse regionale Unterschiede, ohne daß es zu einem genetischen Bruch gegenüber den übrigen Angehörigen der Spezies gekommen wäre.

Der springende Punkt war die Frage, wie man unter dem Gesichtspunkt der modernen genetischen Theorie erklären konnte, daß regionale Populationen unterschiedliche Merkmale (z. B. eine unterschiedliche Häufigkeit bestimmter Gengruppen) entwickeln und gleichzeitig Teil derselben Art bleiben können. Coons Erklärung war ein wenig grob, aber im Prinzip nicht weit von den heutigen Erkenntnissen entfernt. Er betonte die geographische Trennung und Isolierung der einzelnen Protorassen sowie die Notwendigkeit, daß sie sich an die jeweiligen Klima- und Umweltverhältnisse anpaßten. Die unterschiedlichen Anforderungen der Umwelt – und die Entfernung – schränkten die genetische Vermischung so weit ein, daß sich unterschiedliche Häufigkeiten einzelner genetischer Merkmale herausbilden konnten. Das Gegengewicht zu dieser Notwendigkeit lokaler Anpassung war ein dauerhafter, aber recht schwacher Genfluß, den Coon als »genetischen Kontakt mit den Schwesterpopulationen«[5] bezeichnete; er verhinderte die Artentrennung und sorgte dafür, daß die Populationen während ihrer Evolution Teile einer einzigen, polytypischen Art blieben.

Coons Kriterium für die moderne Form, also für die Zugehörigkeit zu unserer Art des *Homo sapiens*, war eine Gehirngröße von etwa 1250 Kubikzentimeter wie beim Jetztmenschen. Fossilien von Individuen mit so großem Gehirn kamen in verschiedenen Gegenden und zu unterschiedlichen Zeiten vor, und das veranlaßte Coon zu der Ansicht, die fünf Rassen hätten sich parallel, aber mit unterschiedlicher Geschwindigkeit bis zur Schwelle des Menschseins im heutigen Sinne entwickelt. Er erklärte:

»Die Einzelpopulationen einer polytypischen Art entwickeln sich zwar als Einheit, aber das kann nicht gleichzeitig geschehen, denn bis eine [nützliche] Mutation sich von einer Population zur anderen ausbreitet, vergeht einige Zeit ... Verwandte Populationen, die in unserem Fall Unterarten sind, gingen zu unterschiedlichen Zeiten vom ... *Homo erectus* zum ... *Homo sapiens* über, und zu welchem Zeitpunkt sie die Grenze überschritten, war abhängig davon, wer das Merkmal zuerst besaß, wer in wessen Nachbarschaft lebte und wie schnell der Genfluß zwischen Nachbarpopulationen verlief.«[6]

Aber wer war nun der erste? Nach den zu jener Zeit verfügbaren Befunden war der älteste Schädel mit großem Inhalt mongolid, ein *Homo erectus* aus China, den Coon mit dem älteren systematischen Namen als *Sinanthropus* bezeichnete. In den fünfziger und sechziger Jahren, als Coon arbeitete, nahm die Zahl der Fossilfunde aus Asien schnell zu, und für ihn schien ziemlich sicher zu sein, daß die mongolide Rasse des *Homo sapiens* aus dem asiatischen *Homo erectus* hervorgegangen war.

»Es bleibt nur ein einziger ernsthafter Zweifel: Machte Sinanthropus allein und ohne Hilfe die Mutationen im Zentralnervensystem und vermutlich auch im Hormonsystem durch, die ihn vom *H. erectus* in einen *H. sapiens* verwandelten, oder unterstützte ihn jemand anderes, der das gleiche schon früher erlebt hatte, durch genetische Mischung?«[7]

Europide Funde aus Europa mit einem vergleichbaren Alter wie beim asiatischen *Homo erectus* waren selten und bruchstückhaft; der erste europide Schädel, den man als *sapiens* einstufte, war etwas jünger als die Stücke aus Asien. Aber hier tappte Coon – wie viele seiner Zeitgenossen – in eine intellektuelle Falle: Er setzte Steinwerkzeuge mit bestimmten Menschengruppen gleich, als ob es nicht möglich gewesen wäre, daß Technik und Stilelemente in großem Umfang nachgeahmt und weitergegeben wurden. Statt bei den Fossilfunden zu bleiben, argumentierte Coon, die in China gefundenen Steinwerkzeuge belegten

»eine frühe Ausdehnung des Verbreitungsgebiets der Europiden nach Osten in die Heimat des Sinanthropus und der Mongoliden ... Nach dieser Interpretation der Steinwerkzeuge ... drangen einige Europide, die den in Europa gefundenen ähnelten, von Westen her nach Nord- und Mittelchina ein, vermischten sich mit der dortigen Bevölkerung und hinterließen ihre Steinwerkzeuge, als sie starben. Falls die chinesische Bevölkerung die Grenze vom *erectus* zum *sapiens* noch nicht überschritten hatte, könnten diese neu eingebrachten Gene ihr die Chromosomenausstattung verliehen haben, die sie für den Übergang brauchte.«[8]

Zumindest zog Coon hier die Technologie als Indiz heran, was er unterlassen hatte, als er über andere geographische Gebiete schrieb. Für manche Zeitgenossen sah es so aus, als versuche er krampfhaft zu beweisen, daß die Europiden als erste zum *sapiens* wurden.

Am vollständigsten waren die Fossilfunde aus Asien und Europa, und deshalb war Coon sich seiner Behauptungen über ihre Evolutionsgeschichte ziemlich sicher. Aus Afrika und Australien kannte man dagegen Anfang der sechziger Jahre kaum menschliche Fossilien. Es schien sogar so, als sei die negroide Rasse als letzte an der Schwelle zum *sapiens* angekommen, aber Fossilien aus den letzten Jahrzehnten lassen genau das Gegenteil vermuten: Wahrscheinlich ist der Jetztmensch in Afrika entstanden.[9] Auch die Australier waren scheinbar Nachzügler, und Coon merkte an, er habe einzelne Aborigines getroffen, die ganz und gar menschlich waren und sich in ihrer Gesellschaft normal verhielten, obwohl ihr Schädelvolumen relativ klein war.

Coon wußte auch, daß diese Interpretation der Befunde und ihre Bedeutung für Vergangenheit und Zukunft sich ändern konnten, wenn neues Material entdeckt wurde. Er warnte, es gebe aus Afrika im Vergleich zu den Funden aus Asien und Europa nur wenige Fossilien, und sagte voraus, man werde Vorstellungen von Afrika revidieren oder völlig umkehren müssen, »wenn neue Befunde zur Verfügung stehen«.[10] Tatsächlich war Coon entzückt, als Jahre später in Afrika sehr alte Schädel mit großem Volumen gefunden wurden; diese Reaktion legt die Vermutung nahe, daß er emotional in keiner Weise dem schlecht begründeten Mythos verpflichtet war, die negroide Rasse sei allen anderen geistig unterlegen.[11]

Im Amerika der sechziger Jahre bestand das brennende Problem in den Vorurteilen gegen »Farbige« oder »Neger« – die Begriffe »colored people« und »Negroes« galten schon bald als Beleidigung und wurden erst durch »blacks« (»Schwarze«) und dann durch »Afro-Americans« und »African-Americans« (»Afroamerikaner« und »afrikanische Amerikaner«) ersetzt. Entscheidend war Coons Beobachtung, wonach Fossilien, die man als negroid einstufte, erst spät die Gehirngröße des Jetztmenschen erreichten. Das galt vielfach als Verunglimpfung der negroiden Rasse und als Indiz, daß Coon sie für geistig minderwertig hielt – was gestimmt haben könnte oder auch nicht. Coon führte die »kulturelle Vorherrschaft« der europiden und mongoliden Rasse auf Umweltfaktoren zurück, also darauf, daß sie zur richtigen Zeit am richtigen Ort waren. Es war eine Neuauflage älterer Ideen, wonach das kühlere Klima eine größere Herausforderung darstellt als das »einfache« Leben in den Tropen. Wie er erkannte, begann mit dem weiteren Fortschreiten der Evolution eine Veränderung der Weltordnung; er schrieb:

»[Europide und Mongolide] haben das alles erreicht, weil ihre Vorfahren in den zoologisch günstigsten Gegenden der Erde lebten, in denen während des Pleistozäns auch andere Tiere die Vorherrschaft übernahmen. Diese Gegenden hatten ein schwieriges Klima und umfangreiche Paarungsgebiete, die in der Mitte kontinentaler Landmassen lagen … Jede andere Unterart, die sich in diesen Regionen entwickelte, wäre vermutlich ebenso erfolgreich gewesen. Jetzt wird der Erfolg dieser Gruppen in vielen Teilen der Welt in Frage gestellt, weil andere Gruppen, die inzwischen entstanden sind, später lernen, ihre Erfindungen zu nutzen.«[12]

Wollte er damit sagen, daß Europide und Mongolide nach seiner Ansicht den anderen Rassen von Natur aus überlegen waren? Vielleicht. Eine häufig zitierte Passage aus dem Buch lautet: »Wo *Homo* auch entstanden sein mag – nach derzeitiger Kenntnis geschah es wahrscheinlich in Afrika –, er breitete sich rasch und in sehr primitiver Form in allen warmen Gegenden der Alten Welt aus … Wenn Afrika die Wiege der Menschheit war, dann war es nur ein unbedeutender Kindergarten. Europa und Asien waren die Grundschulen.«[13] Diese Formulierung läßt nicht gerade auf eine hohe Meinung von den geistigen Fähigkeiten der Afrikaner schließen. Aber er vertrat auch weiterhin die unpopuläre Ansicht, es gebe über die relative Intelligenz der Menschenrassen nicht genügend Befunde; selbst angesichts heftigster Kritik weigerte er sich, in dieser Frage eine Meinung zu äußern. Entscheidend für den Aufschrei waren Coons persönliche Ansichten über Intelligenz, aber sie abzuleiten ist schwierig, denn selbst seine Bekannten sind in diesem Punkt unterschiedlicher Meinung.

Wenn aber Coons wissenschaftliche Annahme über den Ursprung der Jetztmenschen stimmt – und die Theorie der regionalen Kontinuität ist in etwas veränderter Form auch heute noch anerkannt und beliebt –, dann muß man sich einer unvermeidlichen Schlußfolgerung stellen. Mit großer Wahrscheinlichkeit entwickelte eine Bevölkerungsgruppe die durchschnittliche Gehirngröße der Jetztmenschen ein wenig früher als andere, und eine Population war vermutlich die letzte. Wahrscheinlich gab es eine Gruppe, in der die *durchschnittliche* Gehirngröße schneller wuchs, genau wie manche Populationen die Pubertät *im Durchschnitt* in einem jüngeren oder höheren Alter erreichen. Und da die Fossilfunde in jeder einzelnen Region nur wenige

Individuen für den jeweiligen Zeitpunkt repräsentieren, ist es höchst unwahrscheinlich, daß die Fossilien die genaue Gleichzeitigkeit dieser Evolutionsentwicklung widerspiegeln, selbst wenn es diese Gleichzeitigkeit gegeben hätte.

Ironischerweise ist die Frage, wer als erster die durchschnittliche Gehirngröße des heutigen Menschen erreichte, ein Papiertiger. Es ist eine Entwicklung ohne wirkliche Bedeutung. Da es in der Gehirngröße zu jedem beliebigen Zeitpunkt zwischen den einzelnen Populationen einer Art eine Menge Überschneidungen gibt, ist die Bedeutung des »ersten« gleich Null. Und ohnehin gibt es keinen nachgewiesenen Zusammenhang zwischen Gehirngröße und Intelligenz. Daß Coon die Tatsachen wiedergab, die man aufgrund der Fossilfunde kannte, kann man ihm nicht zum Vorwurf machen, und es lief nun einmal darauf hinaus, daß die eine oder andere Rasse zurückgeblieben aussehen mußte. Vorhalten kann man ihm dagegen, daß er es sich mit seinem ziemlich vom 19. Jahrhundert geprägten Selbstbewußtsein gestattete, die Realität der Tatsachen zu verlassen, die ihm nach den verfügbaren Befunden nahelegen mußte, daß die mongolide Rasse als erste zum *sapiens* wurde.

Wie Coon vorausgesagt hatte, ergab sich durch neue Fossilfunde die Notwendigkeit, die Reihenfolge der Ereignisse zu revidieren. Zu der Zeit, da dieses Buch geschrieben wird, stammen nicht die jüngsten, sondern die ältesten bekannten Fossilien mit großem Gehirn aus Afrika. Diese Veränderung der Beweislage führte zu einer Kehrtwendung in den Einzelheiten der Theorie von der regionalen Kontinuität, die damit in den Bereich des Liberalen und politisch Korrekten rückte. Dennoch behaupten manche ehrbaren und angesehenen Fachleute weiterhin (wie Coon und vor ihm Weidenreich), die Entwicklung der Kombinationen körperlicher Merkmale, die wir als rassentypisch ansehen, habe bereits zur Zeit des *Homo erectus* begonnen.[14]

Was auch Coons private Meinung gewesen sein mag, seine öffentliche Aussage in *Origin of Races* rief eine beispiellose Welle scharfer Kritik sowohl an seiner Person als auch an seinen beruflichen Leistungen hervor. Ob fair oder nicht – man warf ihm vor, wie er über die Fossilfunde berichtete und wie Putnam seinen Bericht benutzt hatte.

Viel Mißbilligung erntete Coon von Dobzhansky, der ihm wenige Monate zuvor sein eigenes Buch mit einer liebenswürdigen Widmung geschickt hatte. Er putzte Coon in seiner Antrittsvorlesung als Präsident der AAAS herunter. Die *Saturday Review* bat ihn auch um eine Rezension von *Origin of Races*, und dieses öffentliche Forum wollte er weidlich ausnutzen. Er ging aber mit Coons Kenntnissen über die Evolutionstheorie und seiner Qualifikation als Anthropologe so kritisch bis hin zur Vernichtung ins Gericht, daß die *Saturday Review* es ablehnte, seine Worte zu drucken. Statt dessen erschienen einige Auszüge aus Coons Buch und eine Rezension von Margaret Mead. Frustriert schickte Dobzhansky Kopien seiner Rezension an Mayr und Simpson, die auf dem Buchumschlag mit freundlichen Anmerkungen zitiert waren, als wollte er sie bitten, das zu verurteilen, was sie bereits gutgeheißen hatten. Schließlich überzeugte er den *Scientific American* davon, seine Rezension im Februar 1963 zu veröffentlichen; sie wurde auch in *Current Anthropology* nachgedruckt, der Zeitschrift der Wenner-Gren Foundation. Montagu erinnert sich, wie Dobzhansky ihm nach Erscheinen der Rezension einen Brief von Coon zeigte, in dem dieser drohte, Dobzhansky wegen persönlicher Beleidigung zu verklagen.[15]

Dobzhansky warf Coon vor, er habe »Wasser auf die Mühlen des Rassismus gegossen«. Er würde zwar einem Wissenschaftler nicht raten, »sich aus Angst, seine Arbeiten könnten mißbraucht werden, aller Untersuchungen über die Rassenunterschiede der Menschen zu enthalten oder nicht alle möglichen Hypothesen in diesem Zusammenhang zu untersuchen«, aber andererseits sagt Dobzhansky auch, ein Wissenschaftler könne »nicht jegliche Verantwortung für solchen Mißbrauch ablehnen«.[16] Eigentlich ist nicht zu erkennen, welchen Kurs Coon seiner Meinung nach hätte einschlagen sollen.

Das war nur der Anfang eines Schwalls von Mißbilligung, den Dobzhansky bei jeder Gelegenheit auf Coon niedergehen ließ. In letzter Minute fügte Dobzhansky der gedruckten Version seines Vortrages auf der Wenner-Gren-Konferenz »Klassifikation und menschliche Evolution« einen Absatz hinzu – es war die Tagung, zu der Coon von Washburn nicht eingeladen worden war. Dobzhansky wußte offenbar, daß man den Konferenzbericht allgemein lesen würde, und hielt ihn für das geeignete Forum, um seine Meinung über Coons Buch kundzutun. Über Coons Argument, der *Homo erectus* habe sich nicht einmal, sondern mindestens fünfmal in den *Homo sapiens* verwandelt, bemerkte Dobzhansky:

»Diese Ansicht, die Dr. Coons Arbeit für rassistische Hetzer attraktiv machte, wird weder durch schlüssige Befunde noch durch plausible theoretische Gründe gestützt. Die einheitliche Spezies der Menschen blieb über ihre gesamte Geschichte hinweg durch wanderungsbedingten Genfluß erhalten ... Schließt man diesen Genfluß aus, ist die mehrfache Entstehung derselben Art so unwahrscheinlich, daß sie keiner ernsthaften Betrachtung wert ist; nimmt man aber den Genfluß an, wird es irreführend, wenn man sagt, eine Art sei mehrmals entstanden, und noch irreführender ist die Behauptung, sie habe sich fünfmal oder überhaupt mehr als einmal entwickelt.«[17]

Coon war außer sich. Als er das nächste Mal mit der jungen Lita Osmundsen zusammentraf, die gerade erst Direktorin der Wenner-Gren Foundation geworden war, trieb er sie in die Enge. Er baute sich vor ihr auf und erkundigte sich wütend, wie sie einen solchen unflätigen Zusatz zu dem Konferenzbericht zulassen konnte. Sie ließ sich aber nicht einschüchtern und erwiderte, die Stiftung habe die Forschungen gefördert, die seinem Buch zugrunde lagen, ohne ihm vorzuschreiben, was er zu sagen habe, und genausowenig werde man Dobzhansky vorschreiben, was er zu sagen habe. Einen Augenblick lang sah er sie finster an, aber dann verzog sich sein Gesicht zu einem Grinsen. »Mädchen«, sagte er schroff, »du bist in Ordnung.«[18]

Dobzhansky beschränkte sich mit seinem beißenden Spott gegen Coon nicht auf den beruflichen Bereich. Er lehnte es ausdrücklich ab, seinem Gegner die Hand zu geben oder dessen Anwesenheit auf wissenschaftlichen Tagungen auch nur zur Kenntnis zu nehmen; er ging an Coon vorbei, sah durch ihn hindurch, wandte ihm den Rücken zu und machte ganz allgemein aus einer wissenschaftlichen Meinungsverschiedenheit eine persönliche Ablehnung. Seine Mißbilligung setzte sich bis Anfang 1968 fort, als Dobzhansky im *Journal of Heredity* einen Aufsatz mit dem Titel »More Bogus Science« (»Noch mehr Schwindelwissenschaft«) veröffentlichte. Vordergründig war der Artikel eine Rezension über Carleton Putnams zweites Buch *Race and Reality* (»Rasse und Wirklichkeit«), das ebenso rassistisch war wie das erste, aber der größte Teil des Textes war ein weiterer Angriff auf das Buch von Coon. Dobzhansky schmähte Coons Theorie als »irrig«, »hergeholt«, »typologisch« und in bestimmten Punkten als »beliebig« und »ungültig«; nach Dobzhanskys Worten war sie außerdem »von den meisten Kollegen, die anerkannt und schlicht kompetent sind«, abgelehnt worden. Coons schlimmste Sünde bestand in Dobzhanskys Augen aber darin, daß er die Benutzung seiner Befunde durch Putnam nicht verhindert oder abgelehnt hatte: »Es ist die Pflicht eines Wissenschaftlers, den Mißbrauch und die Herabwürdigung seiner Befunde zu verhüten«, moralisierte Dobzhansky.[19]

Coon antwortete mit einem wütenden Brief an den Chefredakteur der Zeitschrift. Er schrieb, Dobzhansky stelle seine Theorien und die Reaktionen seiner Kollegen entweder aus Unachtsamkeit oder mit Absicht falsch dar. Entscheidender war die Frage nach der moralischen Verantwortung des Wissenschaftlers. Coon giftete:

»Hätte Mr. Putnam mich falsch zitiert, hätte ich das schon lange gesagt. Dobzhansky behauptet, ›es ist die Pflicht eines Wissen-

schaftlers, den Mißbrauch und die Herabwürdigung seiner Befunde zu verhüten‹. Ich bin anderer Meinung. Es ist die Pflicht eines Wissenschaftlers, seine Arbeit gewissenhaft und mit dem Einsatz aller seiner Fähigkeiten zu tun, und genau das habe ich getan und werde ich auch weiterhin tun; öffentlich zurückweisen muß er nur die Schriften derer, die ihn aus dem einen oder anderen Grund falsch zitieren, wie Dobzhansky es aus Gründen, die er selbst am besten kennt, wiederholt getan hat.
Wäre die Evolution der Taufliege ein vorrangiges gesellschaftliches und politisches Thema, könnte Dobzhansky sich selbst leicht in der gleichen Situation wiederfinden, in die er und seine Anhänger mich zu drängen versucht haben.«[20]

Die Verbitterung saß tief. Dobzhansky war nicht der einzige, der Coon wegen der Dinge kritisierte, die er nicht gesagt hatte. In jüngster Zeit zitierte Ashley Montagu in der *New York Times* einen Brief, den Sidney Mintz, ein Sozialanthropologe an der Johns Hopkins University, 1964 geschrieben hatte. Mintz hatte das Schreiben nie für die Veröffentlichung vorgesehen[21] und sagt heute, er hätte sich gemäßigter ausgedrückt, wenn er gewußt hätte, daß seine Worte gedruckt würden; aber er steht zu seiner Meinung: »Coon selbst hat es geflissentlich vermieden, die Folgerungen aus seinen Argumenten weiterzuverfolgen. Nach meiner eigenen Überzeugung ist er ein Rassist der schlimmsten Sorte, aber er ist auch äußerst schlau. Die Dreckarbeit hat er anderen überlassen.«[22] Mintz warf Coon damals wie heute vor, daß er sich nicht von Putnam distanzierte, der sich kurz auf Coon bezog und dessen Arbeiten für seine eigenen Zwecke benutzte. Liest man den giftigen Briefwechsel zwischen Coon und seinen Gegnern, dann stößt man mehrfach auf Hinweise, wie aufgebracht die Kritiker waren: Wahrscheinlich hätte kein Dementi und keine Erklärung von Coon ihren Zorn besänftigt.

Es war ein unlösbarer Konflikt zwischen dem leidenschaftlichen Gesellschaftsverbesserer und dem jähzornigen wissenschaftlichen Puristen. Der Zeitgeist war aber so, daß Coon, der wissenschaftliche Purist, diskreditiert und gewissermaßen aus dem Beruf gedrängt wurde. Einige Monate bevor Dobzhansky 1975 starb, versuchte Coon mit einem Brief, Frieden zu schließen; Dobzhansky antwortete nicht. Kurz gesagt, blieb Dobzhansky dreizehn Jahre lang dogmatisch bei seiner vollständigen Ablehnung von Coons Arbeiten und Person.

Dobzhansky war mit seinen Schmähungen gegen Coon nicht allein. Am 16. November 1962 trat sein Freund Sherwood Washburn vor die Teilnehmer der Jahrestagung der American Anthropological Association und hielt seine Eröffnungsrede. Als erstes teilte er mit, das Thema des Vortrags sei ihm vom Vorstand der Gesellschaft aufgedrängt worden, und er habe nur widerwillig zugestimmt – es war, als wollte er die Verantwortung für das Folgende ablehnen. Anschließend »drosch Sherry auf Carl ein, wie man es nicht für möglich gehalten hätte«[23], so die Formulierung eines früheren Studenten von Washburn. Das Ereignis ging als Schmähung und Erniedrigung eines früher angesehenen Mannes in die Mythen der physischen Anthropologie ein. Auch Washburn goß einen Schwall von Anschuldigungen und Beschimpfungen aus.

Was er im einzelnen sagte, ergibt sich nur aus der gedruckten Fassung des Vortrags und aus der lebhaften Erinnerung derer, die damals dabei waren. Nach Coons Bericht versuchte Washburn anfangs, die Veröffentlichung der Rede zu verhindern, vielleicht weil ihm klarwurde, daß er zu weit gegangen war.[24] Jedenfalls werden Coon und sein Buch in der gedruckten Fassung nur einmal erwähnt – und zwar im negativen Vergleich zu Dobzhanskys *Mankind Evolving*, das nur ein paar Monate vorher erschienen war. Washburns verschleierte Erwähnungen von Coons Arbeiten konnten aber das Ziel der Angriffe nicht vor den Zuhörern verbergen. Es war ein Skandal für das ganze Fachgebiet.

Washburn bezeichnete Coons Arbeiten indirekt als typologisch und altmodisch, und dann heuchelte er Verblüffung, »daß diese Art der Anthropologie noch lebendig ist ... und das mit voller Kraft«.[25] Er zog Coons Theorien über den möglichen Anpassungswert der Gesichts- und Nasenform bei verschiedenen Rassen und fossilen Arten ins Lächerliche, obwohl die Betrachtung der Morphologie unter den Gesichtspunkten von Evolution und Anpassung genau die Sichtweise war, die Washburns neue physische Anthropologie befürwortete. Coons Bemühungen waren in dieser Hinsicht sogar ein wichtiger Meilenstein. Washburn stempelte Coons Ideen als »19. Jahrhundert« ab: Sie seien »... ein außerordentlicher Rückschritt zu der schlimmsten Art von Spekulationen über die Evolution – Spekulationen, die aus einer Zeit vor der Genetik stammen und das Fehlen jeglichen vernünftigen Verständnisses für das menschliche Gesicht erkennen lassen«; und schließlich beleidigte er Coon, indem er ihn als »anatomischen Analphabeten« bezeichnete.

Weiterhin leugnete Washburn in seinem Vortrag die Bedeutung von Rassen und Rassenuntersuchungen in der modernen Wissenschaft.

»Da Rassen [genetisch] offene Systeme sind, die stufenlos ineinander übergehen, hängt die Zahl der Rassen von der Absicht bei der Klassifikation ab. Das ist meines Erachtens ein äußerst wichtiger Punkt ... Rasse ist biologisch nicht besonders wichtig ...
Rasse ist nur dann ein nützlicher Begriff, wenn man sich mit den anatomischen, genetischen und strukturellen Unterschieden beschäftigt, die in der Vergangenheit für die Entstehung der Rassen von Bedeutung waren. Im Denken der Menschen ist Rasse ein sehr untergeordneter Begriff ...
Wenn man die Bedeutung von Hautfarbe und Körperbau in vollem Umfang kennt, wird uns das helfen, den Ursprung der Rassen zu verstehen, aber das ist nicht das gleiche, als wenn man den Ursprung unserer Spezies versteht. Es wird dazu beitragen, daß wir erfahren, warum die Farbe in lange vergangenen Zeiten wichtig war, aber das ist ohne Bedeutung für die moderne Industriegesellschaft.«[26]

Washburn konnte nicht darüber hinwegsehen, welches drängende, schmerzvolle Drama – Sit-ins, Proteste, Gewalt und unauslöschliche Hoffnung – sich überall in Amerika abspielte und sich genau um diese Fragen von Hautfarbe und Rasse drehte. Die Morde an den Kennedy-Brüdern und an Martin Luther King standen noch bevor, aber wie heftig der Kampf um die Gleichberechtigung der Rassen werden würde, war im Herbst 1962 bereits abzusehen. Washburn wäre es sicher wie so vielen anderen lieber gewesen, wenn Rassen für die Gesellschaft nichts bedeutet hätten, aber so war es bei weitem nicht. Seine Lösung bestand darin, die wissenschaftliche Untersuchung der Rassenunterschiede herunterzuspielen und zu verunglimpfen, in der Hoffnung, er könne so den Rassisten die wissenschaftliche Glaubwürdigkeit ihrer Argumente entziehen. Rückblickend betrachtet, wäre es wahrscheinlich klüger gewesen, auf weitere Studien zu drängen, denn jede Erweiterung der Kenntnisse über die Muster der Merkmalsvariation zwischen den Menschen kann nur dazu beitragen, unsere Einheitlichkeit deutlicher zu machen.

Abschließend wandte sich Washburn der stets brennenden Frage nach den Intelligenzunterschieden der Rassen zu; er versicherte, es gebe keinerlei Hinweise, daß die ermittelten Unterschiede im IQ zwischen Farbigen und Weißen Unterschiede in der genetischen Veranlagung und nicht Umweltunterschiede widerspiegelten. In diesem Punkt stimmte er mit Coon überein, Putnam dagegen war anderer Meinung; die Zuhörer hatten aber mittlerweile begriffen, daß Coon Washburns Hauptangriffsziel war, und deshalb verstanden sie die Unterscheidung hier möglicherweise nicht.

Klar war aber auch, daß jeder Anthropologe, der sich an die Frage der Rassen heranwagte, eine ähnliche Demütigung durch die Mächtigen und Einflußreichen riskierte. Washburns Rede verletzte Coon zutiefst. Statt sich in Ehren als der große alte Mann der Anthropologie zur Ruhe zu setzen, verschwand er mit erhobenem Haupt und aufrechter Haltung, aber blamiert in den Augen der meisten seiner Kollegen.

Coon war halsstarrig und kein Drückeberger. Ein paar Monate später entschloß er sich, seine zweite Rede als Präsident der American Association of Physical Anthropologists auf einer gemeinsamen Tagung mit der Archäologengesellschaft dazu zu nutzen, um »mit einer Portion Humor«[27] auf Washburns Angriffe zu antworten. Was er gesagt hätte, weiß niemand. Am Eröffnungstag bekam einer von Washburns Kollegen Wind von Coons Absicht und sprach mit dem Organisator der Tagung; dieser entschloß sich, beide Präsidentenansprachen abzusetzen und selbst über ein weniger heikles Thema zu reden.

Jetzt griffen andere in den Streit ein.[28] In der *New York Times* erschien ein Leserbrief, in dem gegen Coons Buch protestiert wurde; der Absender war Henry Schwarzchild von der Anti-Diffamierungsliga. Morton Fried, ein Anthropologe an der Columbia University, verteilte ein Flugblatt an 84 Dozenten für Anthropologie, die nach seiner Vermutung mit dem Gedanken spielten, Coons Buch als Lehrbuch einzusetzen. Er und Dobzhansky wollten ein Komitee gründen und Geld sammeln, um in verschiedenen Zeitungen Anzeigen zu schalten und darin Coon und Putnam gemeinsam in Verruf zu bringen oder sich von ihnen zu distanzieren. Diese Bestrebungen wurden aber offenbar erfolglos abgebrochen.

Ashley Montagu, der von seinem eigenen inneren Feuer getrieben wurde, schrieb in *Current Anthropology* einen derb formulierten Artikel, in dem er Coons Buch noch einmal angriff. Er pickte aus Coons Text einige Worte oder Wendungen heraus, die nach seiner Ansicht auf altmodische oder rassistische Ansichten hindeuteten. Sarkastisch setzte er sich mit Coons Beschreibung auseinander, wonach die fünf Unterarten des *Homo erectus* »brutaler« waren als ihre heutigen Nachkommen. »Das Wort ›brutal‹ kann in diesem Zusammenhang mehrere Bedeutungen haben, und wenn man es im Gegensatz zu ›klug‹ gebraucht, ist es eine Fortsetzung herabwürdigender und anrüchiger Vergleiche, die in wissenschaftlichen und anderen Diskussionen von zweifelhaftem Wert sind«, bemerkte Montagu[29]. Mit Verachtung beschrieb er Coons »üppige Phantasie«, mit der dieser sich die parallele Evolution von fünf Unterarten des *Homo erectus* zum *Homo sapiens* ausgedacht habe.[30] Abfällig äußerte er sich auch über Montagus Abbildungen, Fotos von Menschen verschiedener Rassen in ihrer normalen Kleidung. Insbesondere konzentrierte sich Montagu auf die Tafel 31, die oben eine Aborigines-Frau aus Australien und darunter einen Chinesen zeigt. Coons Bildunterschrift lautete:

»Das Alpha und Omega des *Homo sapiens*: eine australische Aborigines-Frau mit einem Schädelvolumen von unter 1000 Kubikzentimeter (Topsy vom Stamm der Tiwi), und ein chinesischer Weiser mit einem fast doppelt so großen Gehirn (Dr. Li Chi, der bekannte Archäologe und Direktor der Academia Sinica).«[31]

Montagu war über diesen Satz erbost. Er protestierte:

»Woher weiß Dr. Coon, daß Dr. Li ein Weiser ist? Wird er das, weil er Archäologe ist? Oder steckt in der Beifügung von ›Aborigines‹ und ›Weiser‹ eine Aussage? ›Alpha und Omega‹, das erste und letzte. ›Offensichtlich‹ ist Topsy gerade gewachsen [eine Anspielung auf eine Gestalt namens Topsy in *Onkel Toms Hütte*] und ist, was sie ist, nämlich eine arme, unwissende australische Aborigines-Frau, vor allem weil sie ein kleines Gehirn hat, und Dr. Li ist im wesentlichen, was er ist, weil er ein großes Gehirn hat. Natürlich gibt es kulturelle Unterschiede, aber die Folgerung lautet: gleichgültig, welche kulturellen Vorteile man Topsy und ihren Kindern bietet, sie hätten nie das zuwege bringen können, was Dr. Li geleistet hat.
...Es ist sicher unfair und unwissenschaftlich, Schädelvolumina von zwei Personen aus unterschiedlichen Gruppen zu vergleichen und dann aus solchen Vergleichen allgemeine Schlußfolgerungen über die gesamten Gruppen zu ziehen. Etwas bedeutsamer wäre die Angabe von Durchschnittswerten und statistischer

Schwankungsbreite, aber auch dann beschränkt sich die Bedeutung auf die eindeutige Aussage, daß die beiden Gruppen durch Schwankungen des Schädelvolumens gekennzeichnet sind.«[32]

Montagu legte in seinem Zorn Coon Worte in den Mund, die beleidigender waren als das, was dieser tatsächlich gesagt hatte, denn das war schlimmstenfalls unvernünftig gewesen. Vermutlich reagierte Montagu auch auf die gefährliche Ironie im Namen der Frau, der nach dem grausamen Scherz eines weißen Mannes (oder einer weißen Frau) roch – aber Coon kann ihr den Namen nicht selbst gegeben haben, und man sollte ihm diese Umdeutung nicht vorwerfen. Was Coon anging, so war es schlichte Höflichkeit, einen Archäologenkollegen als Weisen zu bezeichnen, und die äußerliche Vermessung seines Schädels ließ offenbar auf ein großes Volumen schließen. Außerdem war Topsy vermutlich keine gebildete Frau, und möglicherweise war ihr Gehirnvolumen tatsächlich etwas kleiner – wie bei vielen Frauen und bei vielen australischen Ureinwohnern.

Entscheidend ist aber, daß weder die Größe des Gehirns noch der Schädelumfang irgend etwas mit der Intelligenz zu tun haben. Vielleicht wollte Coon nur das Spektrum der Variabilität beim Jetztmenschen zeigen, aber die Etikettierung als Alpha und Omega sieht nach der im 19. Jahrhundert verbreiteten Gewohnheit aus, »Eingeborene« zu entmenschlichen und verächtlich zu machen. Es ist bedauerlich, daß Coon die Zeit überlebte, in der seine Beiträge den größten Wert gehabt hätten und in der er sich am wohlsten gefühlt hätte; die Tragödie besteht darin, daß sein ehrlicher Versuch, sich mit einem wichtigen Problem auseinanderzusetzen, von den Rassisten mißbraucht und von den Liberalen mißhandelt wurde. Man kann unmöglich herausfinden, was Coon mit dieser Bildunterschrift über die übergeordneten Rassenthemen aussagen wollte; sicher ist nur, daß Montagu etwas wirklich Häßliches herauslas. Coons Erwiderung auf Montagu war so hitzig, daß der Redakteur von *Current Anthropology* die Korrespondenz eilig für beendet erklärte.

Aber das war sie keineswegs. Die glühenden Boshaftigkeiten brachen 1965 erneut aus, als der letzte Band von Coons Lebenswerk mit dem Titel *The Living Races of Man* (»Die lebenden Menschenrassen«) erschien. In dem Versuch, Konflikte zu vermeiden, stellte Coon dem Buch ein Vorwort mit einem Zitat von Poincaré voran; sinngemäß lautete es: Das hier sind Tatsachen, die sich keinem Dogma, keiner Leidenschaft und keiner Parteimeinung unterordnen, denn eine solche Unterordnung würde sie zerstören. Auch im Themenspektrum des Buches wich Coon von seinem ursprünglichen Plan ab. Er schrieb:

»In der Einleitung [zu *The Origin of Races*] habe ich meine Absicht erklärt, hier die Rassenunterschiede bei den Blutgruppen und der Anatomie des Gehirns zu erörtern, aber es wird nur von den Blutgruppen die Rede sein. Rassenunterschiede beim Gehirn lassen auf Unterschiede bei der Intelligenz schließen, und diese Frage weckt so viele Emotionen, daß schon ihre bloße Erwähnung zu Beifall von der falschen Seite und zu fieberhafter Verunglimpfung führt. Selbst ohne Hinweis auf Gehirn oder Intelligenz veranlaßt die bloße Feststellung, daß es Rassen gibt, einen kleinen Kreis lautstarker Kritiker zu vorhersagbarer, öffentlichkeitswirksamer Aufregung.
Ich hoffe, aber ich rechne nicht damit, daß alle Rezensenten das ganze Buch lesen und nicht nur die Einleitung und das letzte Kapitel. Ich bitte auch ausdrücklich darum, daß niemand dieses Buch zur Unterstützung irgendwelcher Bestrebungen nennt oder zitiert, denn wie jeder Leser erkennen kann, habe ich mich an die Prinzipien gehalten, die in dem zuvor genannten Zitat von Henri Poincaré angeführt sind. Wenn jemand das Buch oder mich selbst zitiert oder verurteilt, weil es angeblich ein Dogma, eine Partei, ein Gefühl, ein persönliches Interesse oder eine vorgefaßte Meinung vertritt, dann muß ich daraus schließen, daß der Betreffende weder ein einfaches und schönes Französisch noch schlichtes Englisch lesen kann.«[33]

Es war umsonst. Seine Worte und seine Vorsicht kehrten sich gegen ihn. Werbeanzeigen bezeichneten das Buch als »den umstrittensten Bericht über den *Homo sapiens* seit Darwin« und behaupteten, Coon gelange darin »zu einigen verblüffenden Schlußfolgerungen, die den Rassisten alle von Mythen durchdrungenen Argumente entziehen«.[34] Wie nicht anders zu erwarten, gelangten einige Rezensenten zu der entgegengesetzten Ansicht. Wieder wurde Coon wegen der Fotos von Vertretern der verschiedenen Rassen kritisiert, und zwar von dem bekannten britischen Anthropologen Edmund Leach. Der Grund: »Die Europiden sind in Hemdsärmeln und mit ›zivilisiertem‹ Haarschnitt abgebildet, während die meisten anderen Gruppen als nacktärschige Wilde auftauchen.«[35] Coon wies darauf hin, was die Alternative gewesen wäre: Man hätte die Stammesangehörigen in ungewohnte Kleidung stecken müssen, nachdem man ihnen zuvor die Haare geschnitten hatte, oder man hätte Fotos von »nacktärschigen« Europiden gebraucht.

Die Anthropologin Alice Brues, die das Werk ebenfalls rezensierte, lobte Coon:

»Es erfordert eine ganze Menge Mut, ein Buch über die Menschenrassen zu schreiben, und das in dieser Zeit der Neuen Prüderie, wo R-sse als das große schmutzige Wort an die Stelle von S-x getreten ist. Ein Teil der Kritik, die das Werk ernten wird, spiegelt einen adrenalingeladenen Reflex auf den Titel selbst wider. Und paradoxerweise wird die Kritik um so heftiger sein, weil es in gedruckter Form nichts Vergleichbares gibt, so daß die Leute sich darauf beziehen müssen, ob sie nun mit dem Inhalt einverstanden sind oder nicht …
Erfrischend ist der Abschnitt mit den Fotos, der etwas über 130 Personen zeigt, also so viele, daß nicht nur ›Typbeispiele‹ für die verschiedenen Rassen enthalten sind, sondern auch eine beträchtliche Variationsbreite innerhalb der Rassen. Im Gegensatz zu anthropologischen Abbildungen nach der älteren Tradition, in denen die Darstellung der Betreffenden allzuoft an Fotos von

überführten Schwerverbrechern erinnert, zeigen Coons Aufnahmen freundliche, interessante Menschen, deren Würde gewahrt wird, weil sie in Haltung und Ausdruck natürlich aussehen, und das gleiche gilt für ihre Kleidung, wenn es ihre Sitte ist, solche zu tragen.«[36]

Brues hatte völlig recht: »Rasse« war 1965 ein unanständiges Wort, ein Tabuthema für die Anthropologen. Nur ein Dickkopf wie Coon konnte es wagen, darüber zu schreiben. Wie ein Entdecker, der entschlossen ist, einen Vulkankegel zu erobern, konnte oder wollte er sich der Gefahr nicht entziehen, und deshalb brach sie über ihn herein.

Einer der wenigen Evolutionsbiologen, die Coons Partei ergriffen, war Leigh Van Valen, der Montagu und Dobzhansky wegen ihrer harten Worte kritisierte. Van Valen war zu jener Zeit als Stipendiat am American Museum of Natural History tätig. Seine Analyse des Konflikts ist sowohl sarkastisch als auch scharfsichtig, aber *Current Anthropology* lehnte es ab, sie zu veröffentlichen – mit der Begründung, die Zeitschrift habe »diese Themen in der Vergangenheit besonders intensiv erörtert«.[37] Statt dessen publizierte Van Valen sie in dem eher unbekannten und weniger verbreiteten Blatt *Perspectives in Biology and Medicine*, und dort hatte sie – leider – relativ wenig Auswirkungen auf den weiteren Verlauf der Kontroverse.

Van Valens wichtigste Aussagen lauteten: Erstens seien Coons Thesen für den modernen Rassismus ohne Bedeutung, und zweitens könne man die Frage, ob Coons Argumente richtig oder falsch seien, nicht anhand ihrer politischen Konsequenzen entscheiden, sondern man müsse sie paläontologisch beurteilen.

Ob nun diese oder jene Rasse als erste zum *sapiens* geworden war – die historische Vorreiterrolle, so Van Valen, könne kaum dazu dienen, heute die Diskriminierung einer bestimmten Gruppe zu rechtfertigen, weil sich das Spektrum der Meßwerte für die Intelligenz bei allen heutigen Menschengruppen ohnehin stark überschneidet. Und außerdem, so argumentiert er weiter, könne der (potentielle oder tatsächliche) Mißbrauch von Fakten oder Theorien durch die Rassisten für einen Wissenschaftler keine Entschuldigung darstellen, eine Beweislinie, die auf Rassenunterschiede hindeutet, *ausschließlich* deshalb abzulehnen, weil ihre Folgerungen politisch unerwünscht sind.

»Der Mißbrauch des Prinzips der ›Farbenblindheit‹ durch die Rassisten sollte uns nicht den politisch weniger zwielichtigen, heute aber wissenschaftlich unhaltbaren Standpunkt aufzwingen, die Möglichkeit zu leugnen, daß es in den Durchschnittswerten für die geistigen Eigenschaften Unterschiede zwischen den Rassen gibt. Rassen zu ignorieren und einen Einzelnen als Einzelnen zu behandeln ist die Quelle der Gerechtigkeit und der Strom der Hoffnung. Diese Einstellung schließt nicht aus, daß man besondere heilende Maßnahmen ergreift, um die Wirkungen von wirtschaftlicher, rassischer oder sonstiger Diskriminierung zu vermindern; etwas anderes zu behaupten wäre das gleiche, als wenn man Kranken die medizinische Behandlung verweigert.«[38]

Darüber hinaus beschreibt er ausführlich die genetischen Mechanismen, durch die Coons hypothetische geographische Populationen des *Homo erectus* sich parallel zum *Homo sapiens* entwickelt haben könnten – als Gruppen, die so stark getrennt waren, daß sich erkennbare Rassenmerkmale ausbilden konnten, ohne daß der Genaustausch jedoch durch zu starke Isolierung vollständig zum Erliegen gekommen wäre. Für Van Valen war diese Idee sicherlich plausibel, und sie war nach seiner Ansicht ohne weiteres mit den Lehrmeinungen der Populationsgenetik vereinbar.

Am Ende des Artikels beschreibt er den entscheidenden Unterschied zwischen wissenschaftlichen Tatsachen und ihren politischen Folgerungen:

»Diese starken, sich zu Karikaturen addierenden Verzerrungen von Coons klar dargelegten Argumenten durch Dobzhansky und Montagu erfolgten vermutlich nicht absichtlich, aber sie weisen auf den Widerwillen hin, sich objektiv mit der Möglichkeit auseinanderzusetzen, daß verschiedene Unterarten des *Homo sapiens* zu verschiedenen Zeitpunkten auf dieser von ihm selbst so hoch geschätzten Stufe ankamen ... Der vorgeschlagene Mechanismus ist plausibel, und selbst wenn das nicht der Fall wäre, hätte das keine Bedeutung für die handfeste, sachliche Frage, ob die heute lebenden Menschenrassen sich in den Fossilien aus dem mittleren Pleistozän nachweisen lassen, und wenn ja, ob sie zu unterschiedlichen Zeiten auf der Stufe des *Homo sapiens* anlangten. Es handelt sich hier um paläontologische Fragen, die sich nur durch weitere Untersuchungen und eine größere Zahl paläontologischer Befunde beantworten lassen.
Ein zweites, ebenso bedeutsames Indiz für das Vorurteil dieser Kritiker ist der große Wert, den sie auf die richtige (Montagu) oder unrichtige (Dobzhansky) Verwendung von Coons Thesen zu rassistischen Zwecken legen, entweder durch Coon selbst (Montagu) oder durch andere (Dobzhansky). Eine wissenschaftliche Untersuchung wegen ihrer möglichen politischen Folgen zu verurteilen, ist Engstirnigkeit, gleichgültig, wer sie praktiziert ... Coons Thesen sind für den Rassismus ohne Bedeutung ... Aber ob sie tatsächlich den Rassismus unterstützen, ist eine völlig andere Frage als die, ob sie richtig sind. Diese beiden Punkte zu verwechseln bedeutet, daß man eine Frage nach Wahrheit anhand von Kriterien des Wertes oder der Nützlichkeit beurteilt – wahrscheinlich aufgrund einer göttlichen Offenbarung, denn hinterfragen darf man sie nicht. Und das bedeutet, den Geist mit einem Vorhängeschloß zu versehen.«[39]

Van Valens Worte sind derb und tapfer. Aber auch er glaubte, er müsse sich schützen, indem er seine liberalen Überzeugungen klarmachte. In der einzigen Fußnote zu dem Artikel erklärt er: »Es sollte eigentlich nicht notwendig sein, aber vielleicht muß ich doch sagen, daß ich mein halbes Leben lang Kontakt zur Bürgerrechtsbewegung hatte und mehrere Kampagnen gegen die Rassentrennung initiiert habe.«[40] Es ist ein trauriger Kommentar zum Zustand von Politik und Wissenschaft.

Van Valens Worte wurden 1966 von zu wenigen gelesen, und wenn Montagu sie zu Gesicht bekam, beachtete er sie nicht. Verhängnisvollerweise brachte Carleton Putnam 1967 ein weiteres rassistisches Buch heraus, was die Lage noch mehr verschärfte. Montagu prangerte Coon 1969 in einer Fernsehtalkshow an, und nun glaubte Coon, die schmerzlichen Prüfungen seien vorüber. Er starb 1981, ohne daß er sich in den Augen der Anthropologengemeinde rehabilitiert hätte; seine kostbare Theorie über die Entstehung der Rassen schien für alle Zeiten in Ungnade gefallen zu sein. In dem Nachruf der *New York Times* vom 6. Juni 1981 heißt es unter anderem:

»Dr. Carleton Coon, einer der letzten großen allgemeinen Anthropologen, starb am Mittwoch in seinem Haus in Gloucester, Mass. Er war 76 Jahre alt ...
Ein tiefgreifendes Interesse für die Ursprünge der Rassen veranlaßte Dr. Coon zur Entwicklung einer Theorie, wonach die fünf Haupttrassen sich bereits herausgebildet hatten, bevor der *Homo sapiens* als beherrschende Menschenart auftauchte. Diese Theorie wurde von den Fachleuten nie allgemein anerkannt und wird heute kaum noch beachtet. Dr. Coons Theorie wurde manchmal von Rassisten zur Unterstützung ihrer Ansichten benutzt, aber er selbst wies ihre Behauptungen 1962 in der zweiten Auflage von ›The Story of Man‹ ausdrücklich zurück.«[41]

Diese letzte Aussage, daß Coon die Verwendung seiner Werke durch die Rassisten ablehnte, beruhte wahrscheinlich auf Informationen von Coons Witwe oder von seinen Angehörigen. Vielleicht hatte er selbst das Gefühl, daß er sich von rassistischen Behauptungen distanzierte, aber seine Kritiker waren anderer Meinung. Coon hatte sich mit dem heiklen Thema der Evolution der Menschenrassen herumgeschlagen und sich dabei blutige Striemen eingehandelt, die sich in bleibende Narben verwandelten. Die führende Stellung in seinem Fachgebiet erlangte er nie wieder.

Die Kritik setzte sich auch posthum noch fort. Montagu verhöhnte Coons Arbeiten 1992 in einem Brief an die *New York Times*. Der Anlaß war eine Diskussion über das gegen die Europiden gerichtete Buch *The Iceman Inheritance* des afrikanisch-amerikanischen Autors Michael Bradley.[42] Darin behauptete Bradley unter anderem, die Europiden seien »Eismenschen«, die unmittelbar vom Neandertaler abstammten, und wegen dieses Erbes seien sie aggressiver und boshafter als die Negroiden, die Bradley zufolge einen anderen Ursprung hatten. Die Paläoanthropologen halten diese Lesart der Fossilien für unglaubwürdig, aber ironischerweise zitierte Bradley Coons *Origin of Races* als maßgeblichen Beleg für seine Behauptung. Das zeigt, welch reichhaltige Daten Coons Buch enthielt und wie vielseitig man sie interpretieren konnte.

Montagu war in seinen Anmerkungen so starrsinnig wie immer:

»Michael Bradley sagt, er zitiere in seinem Buch einfach die Schlußfolgerungen aus ›The Origin of Races‹, einem Werk von Dr. Carleton Coon aus dem Jahr 1962.
Die Befunde in dem Buch von Coon waren weder wissenschaftlich noch stichhaltig, und seine Schlußfolgerungen wurden von den physischen Anthropologen abgelehnt, weil sie von genetischer Unkenntnis und gesellschaftlichen Vorurteilen zeugten.
Eine von Coons falschen Schlußfolgerungen war zum Beispiel die Behauptung, die ›negroide Rasse‹ habe sich erst 200000 Jahre nach der ›weißen Rasse‹ zur Spezies des *Homo sapiens* entwickelt. Was er damit sagen wollte, ist klar. Da sich die ›Neger‹ nach Coons Ansicht als letzte Unterart des *Homo erectus* in den *Homo sapiens* verwandelten, läßt sich ihr Entwicklungs- und Zivilisationsstand ›erklären‹. Neger, so meinte er, hätten

einfach nicht eine so lange genetische Vergangenheit wie die ›Weißen‹, und das erkläre ihre ›Rückständigkeit‹.«[43]

Montagu gibt hier in Form von Zitaten Worte wieder, die nicht von Coon stammen, sondern das umschreiben, was Coon nach seiner Ansicht gemeint hatte. Coon bezeichnet die Rassen zum Beispiel durchgängig als Europide, Mongolide, Australoide, Kapoide und Kongoide (zu der letztgenannten Gruppe gehören nach Coons Sprachgebrauch die afrikanischen Pygmäen und die Neger) und nicht mit Etiketten, die sich an der Hautfarbe orientieren, und er spricht auch nicht von der »Rückständigkeit« der Kongoiden oder negroiden Völker auf der Welt. Abschließend sagte Montagu: »Es ist bedauerlich, daß Mr. Bradley sich Coons Buch als Autorität für seine Ansichten ausgesucht hat.«

Brachte diese bittere, erniedrigende Episode in der langen Diskussion um die menschliche Evolution irgend etwas Gutes hervor? Sicherlich entstand unter den Anthropologen eine wachsende Empfindlichkeit gegenüber jeder Bemerkung, die man für eine Verunglimpfung einer ethnischen oder rassischen Gruppe halten konnte. Aber was dann entstand, war mehr als nur eine allergische Reaktion; die Antwort näherte sich ernsthaft dem anaphylaktischen Schock und hätte die Rassenforschung um ein Haar endgültig abgetötet.

Wer die Probleme der modernen Gesellschaft mit Gewalt lösen will, sollte öffentlich für schuldig befunden werden, wenn er die Wissenschaft seinen Überzeugungen unterordnet. Solche Menschen hören nur allzu leicht auf jede Einflüsterung, die ihre rassistischen Ansichten unterstützt, und nur allzu leicht picken sie sich genau diejenigen Tatsachen heraus, die zu ihren Theorien passen, ohne daß sie sich verpflichtet fühlen, solche »Tatsachen« streng zu überprüfen. Die wissenschaftliche Welt kann weder solche Handlungen dulden noch nachlässig sein, wenn es darum geht, auf die logischen und sachlichen Fehler in den Arbeiten der Rassisten hinzuweisen. In diesem Fall liegt die Tragödie darin, daß die Boshaftigkeit hier nicht aufhörte. Diejenigen, die sich Gleichberechtigung und Freiheit auf ihre Fahnen geschrieben hatten, verzerrten die Wahrheit ebenfalls zu ihren Gunsten. Auch sie zitierten falsch oder stellten die Arbeiten anderer unrichtig dar, beurteilten Befunde nicht objektiv und warfen anderen Dinge vor, die diese nicht gesagt hatten. Ihre Leidenschaft hemmte jede vernünftige wissenschaftliche Erörterung über die Rassen und machte die Angelegenheit noch komplizierter.

Und Carleton Coon, das Rätsel in der Mitte, wurde von beiden Seiten angegriffen. Er hatte vor, Tatsachen darzustellen, eine Vereinheitlichung vorzunehmen und eine eindeutige Hypothese zu formulieren, die man später anhand neuer Fossilien und biologischer Befunde hätte überprüfen können. Er versuchte ehrlich, dieses Ziel zu erreichen, auch wenn er – wie fast jeder Wissenschaftler auf diesem Gebiet, der nur über spärliche Daten verfügt – seine Befunde wahrscheinlich überinterpretierte. Aber Daten zu nutzen und sich um eine einheitliche Erklärung zu bemühen, ist genau das, was zum Formulieren einer Theorie notwendig ist. Nützlich ist eine Theorie oder Hypothese nur dann, wenn sie sich überprüfen läßt; erst wenn man sie eindeutig formuliert hat, kann man sie auf den Prüfstand neuer, umfangreicherer Belege stellen und dann gegebenenfalls zurückweisen. Coon stellte eine deutlich formulierte Hypothese auf und versäumte es nicht, Tatsachen und Spekulationen in seinem Buch eindeutig gegeneinander abzugrenzen. Was auch in seinem Inneren gelauert haben mag, sei es die Dunkelheit der Vorurteile oder das Licht der Liebe zu den Mitmenschen, in jedem Fall vollbrachte er eine wertvolle, mutige Leistung.

Rassen waren einfach ein zu launisches Thema, und die politischen Erfordernisse waren zu dringend, als daß man es leidenschaftslos hätte behandeln können. Rasse wurde das schmutzigste Wort im Lexikon, und die ganze folgende Anthropologengeneration scheute davor zurück, sich objektiv mit dieser realen, drängenden Frage zu beschäftigen. In der Öffentlichkeit konnten nicht einmal mehr die Wissenschaftler das Thema aufgreifen, die von ihrer Ausbildung her am besten dazu geeignet waren, die Tatsachen aufzudecken und die Folgerungen vernünftig zu diskutieren. Rassen und die Variabilität der Menschen verschwanden im englischen Sprachraum einfach von den Lehrplänen der meisten Colleges und Universitäten. Statt der nächsten Generation beizubringen, was Rassen sind und was sie nicht sind – statt also zu versuchen, eine begründete Wertschätzung für die Vielfalt und Reichhaltigkeit der Eigenschaften zu entwickeln, welche die Menschen in den heute vermischten Rassen erben –, führten die Angriffe auf Coon letztlich dazu, daß man die Existenz des Themas einfach leugnete.

Aber die Probleme der multikulturellen Gesellschaft waren mit Coons Niederlage nicht aus der Welt. Es gab deshalb keine größere Harmonie zwischen Menschen mit unterschiedlichem Aussehen und unterschiedlicher ethnischer Herkunft, insbesondere wenn ärmliche Lebensbedingungen und Gleichgültigkeit bei der Ausbildung die Spannungen verschärften. Die Vorurteile, abfälligen Bemerkungen und vernichtenden Angriffe, die sich auf falsche Ansichten über die genetischen Fähigkeiten der einzelnen Gruppen stützten, ließen nicht nach. Wenn es überhaupt eine Veränderung gab, dann verstärkten sich die Probleme durch die verbreitete Weigerung, Rassenfragen zu untersuchen oder auch nur zur Kenntnis zu nehmen. In der Anthropologengemeinde herrschte nur tiefes, gefährliches Schweigen.

Im April 1993 gab es auf der jährlichen Arbeitstagung der American Association of Physical Anthropologists in Toronto Bestrebungen, eine aktualisierte Fassung des UNESCO-Papiers über die biologischen Gesichtspunkte der Rassen zu verabschieden. In ihrer Präambel erkennt man das Vermächtnis von Washburn, Montagu und Dobzhansky:

»Als Wissenschaftler, die sich mit Evolution und Variation der Menschen beschäftigen, halten wir es für unsere Pflicht, anderen Wissenschaftlern und der allgemeinen Öffentlichkeit unsere derzeitigen Kenntnisse über das Wesen der Unterschiede zwischen den Menschen aus biologischer Sicht mitzuteilen. Die Rasseneinteilung des 19. und frühen 20. Jahrhunderts wurde häufig zur Unterstützung rassistischer Doktrinen benutzt. Nach derzeitiger Kenntnis hat der Rassenbegriff, verglichen mit anderen biologischen und soziologischen Untersuchungseinheiten, einen geringen wissenschaftlichen Wert, aber er besteht weiterhin als gesellschaftliche Konvention, welche die institutionalisierte Diskriminierung fördert. Der Ausdruck von Vorurteilen kann das materielle Wohlergehen untergraben oder auch nicht, aber in jedem Fall beinhaltet er die falsche Behandlung von Menschen, und deshalb ist er oft psychisch bedrückend und sozial schädlich. Die Wissenschaftler sollten sich darum kümmern, daß ihre Forschungsergebnisse nicht voreingenommen verwendet werden und so der Diskriminierung Vorschub leisten.«[44]

Auch der Hauptteil des Entwurfs für das Dokument zeigt seine Herkunft aus der Evolutionsforschung: Er betont in elf kurzen Stichpunkten die Einheitlichkeit und den Wert aller lebenden Menschen und stellt für Vergangenheit und Gegenwart fest, es gebe keine reinen Rassen; weiterhin wird die Vermutung geäußert, daß genetische, natürliche und umweltbedingte Einflüsse die körperlichen Unterschiede zwischen den Menschen beeinflussen, und schließlich wird festgestellt, die menschlichen Verhaltensweisen des Wanderns und der Vermischung hätten ein kompliziertes Muster vielfältiger Eigenschaften entstehen lassen, die selbst dann, wenn sie erblich wären, wahrscheinlich weder untereinander noch mit kulturellen, sprachlichen oder geographischen Gruppen gekoppelt wären.

Alle diese Aussagen sind unumstritten und richtig, jedenfalls soweit richtig, wie die moderne Wissenschaft es feststellen kann. Aber bei Dokumenten wie diesem ist die genaue Wortwahl äußerst wichtig; eine kluge Versammlung überprüft vor der Verabschiedung eines solchen Papiers sehr genau alle Nuancen und Folgerungen jedes einzelnen Abschnitts. Die Bestrebungen führten nicht zum Ziel: Man verwies das Papier zur Überarbeitung zurück zu dem Komitee. Dieses Ergebnis ist nichts Überraschendes. Nicht ganz im Scherz sagt man, die Zahl der Meinungen in einem Raum voller Anthropologen sei etwa so groß wie die Zahl der Anthropologen. Überraschend ist aber, daß offenbar kaum einer unter den Diskussionsteilnehmern die Geschichte der UNESCO-Erklärungen über Rassen kannte oder wußte, welchen Aufruhr sie verursacht hatten.

Hoffen wir, daß diejenigen, die die Geschichte nicht kennen, nicht dazu verurteilt sind, sie zu wiederholen.

Hoffen wir, daß wir in Sachen Höflichkeit und Toleranz etwas dazugelernt haben.

Teil VI
Die Genetik des Rassismus

13
Das Verhältnis von Licht und Hitze

Er hatte sich nie mit Schriften über die biologischen Aspekte der Rassen beschäftigt. Er wußte noch nicht einmal, daß er über Rassen schrieb. Aber sein Unwissen – oder seine Naivität – schützte ihn nicht vor der unvermeidlichen Auseinandersetzung. Sein Name ist David Wasserman.

Durch den Widerwillen der Anthropologen, sich mit dem heiklen Problem der Rassenunterschiede zwischen den Menschen zu befassen, hat sich der Schauplatz der Auseinandersetzung vom wissenschaftlichen Bereich in die Öffentlichkeit verlagert. Die Anwendung der Evolutionstheorie auf die Menschen wurde derart zum Allgemeingut, daß sie den fast unsichtbaren Hintergrund für große Teile der modernen biologischen Forschung darstellt. Genetische Einzelheiten vertieften und bereicherten die neodarwinistische Evolutionstheorie, ohne aber irgend etwas über die Menschenrassen und die Bedeutung ihrer Unterschiede auszusagen. Die Diskussionen wurden einfach hitziger und weniger steuerbar, denn sie spielten sich nicht mehr im Bereich objektiver Beurteilungen ab. Auf die Genetik folgte die Molekularbiologie, die dazu neigt, Lebewesen auf eine Ansammlung unbelebter biochemischer Reaktionen zu reduzieren. Der Reduktionismus führte zu einem schrecklichen Gefühl individueller Ohnmacht – danach ist niemand für seine Eigenschaften oder auch nur für ihre Kontrolle verantwortlich. Es sind alles nur Moleküle, die sich geistlos aneinander binden oder voneinander lösen, die sich anziehen oder abstoßen. So ging nicht nur die Evolution, sondern auch der Mensch verloren.

Wenn es jemanden gibt, dessen jüngere Vergangenheit durch diese neue Wendung der Evolutionswissenschaft geprägt wurde, dann ist es David Wasserman.

Lange nach dem Aufruhr über Coons *Origin of Races* wurde Wasserman Zeuge einer Auseinandersetzung, in der Coons Erlebnisse sich in vielerlei Hinsicht wiederholten. Wasserman glaubte, er bereite eine Konferenz vor, die sich auf die vorderste Front der modernen genetischen Forschung konzentrierte: auf eine neue Methode zum Nachweis der Unterschiede zwischen Menschen und ihre Bedeutung für das amerikanische Rechtssystem. Was er dabei nicht erkannte: Ein Thema, das er scheinbar arglos aufgegriffen hatte und bei dem Verhalten und Genetik sich vermischten, würde seine Tagung vergiften und seinen Ruf ankratzen.

Anders als Carleton Coon war Wasserman kein Experte für Rassen und Rassenunterschiede; er ahnte nichts von den gewaltigen Gefahren dieser Themen. Bei seinem privaten und beruflichen Hintergrund hätte man sogar annehmen können, er sei immun gegen den Vorwurf des Rassismus. Wasserman, in einer Kleinstadt in Connecticut aufgewachsen, ist das Kind liberaler, gebildeter Eltern. Seinen Vater, einen Mediziner, beschreibt er als »das Musterbild des rechtschaffenen Hausarztes«; seine Mutter, eine examinierte Pädagogin, gehört der Schulbehörde von Connecticut an und ist »eine der letzten großen ehrenamtlichen Frauen«.[1] Wasserman wurde mit der Sorge und Tätigkeit für das Gemeinwohl groß, aber auch mit dem Bewußtsein seines Minderheitenstatus als Jude. Der aufgeweckte junge Mann studierte an der Yale University, machte sein Examen in Philosophie und ging dann an die University of Michigan Law School, wo er in Jura promovierte; schließlich erwarb er an der University of North Carolina noch den Abschluß in Sozialpsychologie.

Die vielseitige Ausbildung kam seinen Interessen sehr entgegen, denn ihn fesselten stets die Themen an der komplexen Schnittstelle von Philosophie, Jura und Politik. Wie funktioniert die Gesellschaft – und wie versagt sie? Was kann man tun, um zu heilen, zusammenzuführen, zu verbessern? Er nimmt den Standpunkt des kenntnisreichen Optimisten ein – des Strafverteidigers, nicht des Anklägers. Nachdem er einige Jahre praktisch juristisch gearbeitet hatte, überließ er sich ganz seiner langjährigen Neigung und schlug eine Laufbahn als Rechtswissenschaftler und Ethiker ein. In seinen Veröffentlichungen reißt er ein interessantes Themenspektrum an: die Psychologie der Entscheidungsfindung bei Geschworenen, Notwehr, nachträgliche Einsicht und Kausalität sowie moralische Fragen bei statistischen Aussagen. Außerdem griff er auf seine Erfahrungen als Strafverteidiger zurück und schrieb ein Buch über Kriminalverfahren.

In den achtziger Jahren, als die Evolutionstheorie auf dem Weg über die Anwendung neuartiger Verfahren aus den Labors der Biologen in die Gerichtssäle gelangte, verfolgte Wasserman die Auswirkungen dieser neuen Methoden auf das Rechtssystem: Was geschah, wenn die Gesetze der Biologie und der Menschen aufeinandertrafen? Die National Science Foundation gewährte ihm 1990 Mittel zur Erforschung des wachsenden Gebiets von genetischer Typisierung und Kriminaljustiz. Es war nicht nur eine abstrakte Studie; in dem Versuch, sich mit den praktischen Fragen ebenso auseinanderzusetzen wie mit den aufkeimenden moralischen Problemen, beschäftigte Wasserman sich sowohl mit den Vorlesungen als auch mit der Laborarbeit der Abteilung für Humangenetik an der University of Maryland.

Die Voraussetzung für das Eindringen der Genetik in den juristischen Bereich war eine der ersten Beobachtungen, die sich aus der neuen Synthese der Evolutionsforschung ergab: daß alle Menschen sich in unzähligen Punkten voneinander unterscheiden und (abgesehen von eineiigen Zwillingen) *genetisch* einzigartig sind. In der Praxis bedeutet das, daß der Genotyp eines Menschen eine einmalige Kombination von Polymorphismen enthält, so daß der Organismus von der Entwicklung des Embryos an bis zu seinem tagtäglichen Funktionieren geringfügig abweichende Formen der Enzyme und anderer Proteine produziert. Die Bestimmung des Genotyps eines Menschen – oder eines Teils davon – bezeichnet man als Herstellung genetischer Fingerabdrücke, weil man das Muster der Polymorphismen wie einen Fingerabdruck zur eindeutigen Identifizierung eines Menschen heranziehen kann. Nachdem man Geräte für die Polymerasekettenreaktion (PCR) entwickelt hatte, welche die DNA eines Menschen aus einer winzigen Haar-, Blut-, Samen- oder Speichelprobe vielfach vermehren können, wurde es in der Praxis möglich, mit Indizien vom Tatort zu arbeiten. Wenn man von zwei Menschen – beispielsweise einem Verdächtigen und einem Vergewaltiger – DNA-Proben besitzt, braucht man nur noch das Muster der Polymorphismen in ihren Genotypen zu vergleichen. Sind sie gleich, handelt es sich auch um dieselbe Person. Es ist kaum einmal möglich, die gesamten DNA-Sequenzen zu vergleichen; bei den DNA-Fingerabdrücken verläßt man sich auf Teile des Genotyps und auf Befunde, die zeigen, wie häufig oder wie selten ein bestimmter Polymorphismus in der Gesamtbevölkerung ist. Solche Vergleichsdaten sind unentbehrliche Hintergrundinformationen. Je mehr Polymorphismen man untersucht, desto besser stehen die Chancen, einen Verdächtigen zu überführen – oder zu entlasten.[2]

Darwins Theorie hat einen weiten Weg hinter sich, von der naturgeschichtlichen Sicht auf die Entwicklungsgeschichte der Menschheit bis hin zur hochtechnisierten, eindeutigen Identifizierung von Verbrechern. In ihren ersten hundert Jahren verließ die Evolutionstheorie die ruhigen Tagungsräume der Herrenclubs und wissenschaftlichen Gesellschaften, um in die Büros der Politiker einzudringen; in den letzten Jahrzehnten wanderte sie von den sterilen High-Tech-Labors der Genetiker in die Gerichtssäle und Gefängnisse der modernen Gesellschaft. Die Evolutionstheorie handelt nicht mehr ausschließlich von Vögeln und Bienen, versteinerten und lebenden Arten; ihr Gegenstand sind zunehmend die Menschen mit ihren gesellschaftlichen und medizinischen Störungen und Krankheiten. Wenn die Untersuchung der Rassen und ihrer Eigenschaften in den sechziger Jahren unseres Jahrhunderts in Verruf geriet, dann galt das nicht für die innere Neigung, die neodarwinistische Theorie auf die Menschen anzuwenden. Und nachdem sich eine immer unangreifbarere Verbindung zwischen Evolution und Humangenetik herausbildete, schob sich die Frage nach dem Wert der Unterschiede zwischen den Menschen auf neue Art in den Vordergrund.

Wassermans Thema war enger gefaßt. Die größeren entwicklungsgeschichtlichen Fragen oder Folgen im Zusammenhang mit den Rassenunterschieden erkannte er nicht; er wollte einfach wissen, wie diese neuen Methoden *funktionierten* und welche Gefahren und Nachteile sie für das Rechtssystem bargen. War die Statistik verläßlich, jene so überzeugend klingenden Zahlen wie »die Wahrscheinlichkeit ist nur eins zu einer Million, daß ein anderer als der Verdächtige genau das gleiche Muster zeigt«? Er hoffte auch, er könne die Folgen der statistisch begründeten Identifizierung erkunden, also der *Wahrscheinlichkeit* von Schuld: Waren Geschworene und Richter so gut in Wahrscheinlichkeitsrechnung ausgebildet, daß sie mit solchen Vorstellungen etwas anfangen konnten? Das waren für Wasserman unwiderstehliche Fragen.

In der gleichen Weise zog ihn auch das Projekt des menschlichen Genoms an, ein wissenschaftliches Mammutvorhaben, das mehr Bundesmittel an sich gezogen hatte als jedes andere Einzelprojekt zuvor. Sein Ziel besteht darin, die genetische Sequenz des gesamten menschlichen Genoms zu ermitteln – eine durchaus praktikable, allerdings zeitaufwendige Aufgabe, die erheblichen technischen Sachverstand verlangt und in den kommenden Jahren Finanzmittel für ganze Labors voller Postdocs und Doktoranden verspricht. Allerdings erfordert die Sequenzanalyse selbst relativ wenig intellektuelle Spitzenleistungen; der anspruchsvollere Teil beginnt erst, *nachdem* man die Sequenz für einen bestimmten Genomabschnitt bestimmt hat, denn dann schlagen sich die Wissenschaftler damit herum, genetische Marker für verschiedene Krankheiten, Veranlagungen und Leiden zu identifizieren und die beteiligten Entstehungsvorgänge aufzuklären. Schon heute hat man alles mögliche, von seltenen Krankheiten bis zur Veranlagung für Verhaltensstörungen wie den Alkoholismus, in eine (vermutete oder nachgewiesene) Verbindung zu bestimmten genetischen Markern gebracht. Das Auffinden eines solchen Markers gilt allgemein als erster Schritt, wenn man genau ermitteln will, was im Organismus schiefläuft, welcher biochemische Reaktionsweg von seinem normalen Verlauf abweicht oder welches Enzym fehlt oder in zu großer Menge vorliegt.

Das Ganze ist Teil einer neuen großen reduktionistischen Sichtweise, wonach sowohl Krankheiten als auch Verhalten letztlich genetisch gesteuert sind, eine Ansicht, aus der sich beunruhigende Folgerungen ergeben. In der *Vanderbilt Law Review* machten die Soziologin Dorothy Nelkin und der Rechtswissenschaftler Rochelle Cooper Dreyfuss 1992 eine besorgniserregende Tendenz zum »genetischen Alleinvertretungsanspruch« in den Gerichtssälen aus.[3] Es handelt sich um eine Art modernen Vorsehungsglaubens, der davon ausgeht, daß Verhalten und Krankheitsgeschichte von den ererbten Genen bestimmt werden. Die alte calvinistische Vorstellung, daß das Gute oder Böse, das ein Mensch tut, vorbestimmt ist, wobei die jeweilige Ausrichtung bei der Geburt von einer höheren, unkontrollierbaren Macht zugewiesen wird, schleicht sich wieder ins öffentliche Bewußtsein, wobei das allmächtige Gen an die Stelle des allmächtigen Gottes tritt. Gesellschaftliche, wirtschaftliche und umweltbedingte Einflüsse auf Gesundheit oder Verhalten werden heruntergespielt; nach Nelkin und Dreyfuss ist eine solche Haltung typisch für Zeiten, in denen es der Wirtschaft schlecht geht, so daß die Menschen sich dagegen sperren, Geld für umfangreiche Sozialprogramme auszugeben.

Und, was noch wichtiger ist: Der genetische Alleinvertretungsanspruch ist eine Art, den einzelnen von der persönlichen, ethischen Verantwortung für sein Handeln freizusprechen.

Kann man jemandem einen Diebstahl heftiger vorwerfen als die Tatsache, daß er krank wird, wenn beides in den Genen angelegt ist? Warum sollten Eltern die Verantwortung übernehmen, einem Kind Disziplin und moralische Werte einzupflanzen, wenn diese ohnehin vererbt werden? Die logische Fortführung solcher Überlegungen ist die Frage, ob Verbrechen überhaupt »schlecht«, das heißt moralisch zu verurteilen sind; vielleicht sind sie nur das, »was die Natur verlangt«. Der genetische Alleinvertretungsanspruch ist der Anfang einer wirklich schiefen Bahn. Und da manche Gene in unterschiedlichen Populationen und Rassen der Menschen nicht mit gleicher Häufigkeit vorkommen, ist dieser schlüpfrige Weg auch geradezu eine Einladung zu Rassismus und Vorurteil.

Für Wasserman lauteten die entscheidenden Fragen: Wie reagiert die Gesellschaft auf die zunehmende Reduktion des Verhaltens auf die Biochemie, und wie werden die neuen Erkenntnisse das Rechtssystem verändern? Wenn immer öfter behauptet wird, einem gesellschaftsfeindlichen Verhalten liege eine genetische Komponente zugrunde, wo wird man die Grenze ziehen? Wie wird es sich auf unsere Maßstäbe für Verantwortlichkeit und unsere Praxis der Schuldzuweisung auswirken, wenn man Kriminalität als genetisch gesteuert betrachtet? Ist Verbrechen kein gesellschaftliches, sondern ein *medizinisches* Problem? Wassermans Wissen über Statistik und die neu gewonnenen Kenntnisse über die Labormethoden führten ihn auch zu Fragen über die Anforderungen an Indizien und Beweise: Was würde einer Beziehung zwischen einem Gen und einem Verhalten Relevanz verleihen? Das Flair von undurchschaubarer technischer Kompliziertheit, Unparteilichkeit und völliger Sicherheit, mit der die DNA-Fingerabdrücke und andere wissenschaftliche Methoden den Laien dargestellt werden, war für Wasserman durch seine Gaststudien hinweggefegt; er hatte genug gelernt, um zu wissen, daß es Scheinzusammenhänge, falsch-positive Ergebnisse und andere Anlässe zum Zweifeln gibt. Welche Anforderungen sollte die Gesellschaft also an die

Strenge und Reproduzierbarkeit der genetischen Markeruntersuchungen stellen?

Nach Wassermans Einschätzung paßten seine Interessen genau zu dem neuen Finanzierungsprogramm für die Erforschung der ethischen, juristischen und gesellschaftlichen Auswirkungen des Genomprojekts. Er stellte sich eine aufregende Konferenz vor, die sich mit diesen wichtigen Fragen beschäftigen sollte, und stellte einen Finanzierungsantrag zusammen. Wenn das Projekt des menschlichen Genoms voranschritt, so Wassermans Prophezeiung, werde früher oder später irgend jemand behaupten, er habe einen genetischen Marker für einen Bestandteil der Kriminalität oder für eine entsprechende biochemische Anfälligkeit identifiziert, beispielsweise eine höhere Empfindlichkeit für einen bestimmten Neurotransmitter, die einen Menschen »impulsiver« macht. Die neuen Methoden, die das Genomprojekt möglich machten, schufen die Voraussetzungen für einen solchen Befund.

»Aber«, so bemerkt Wasserman in seinem Finanzierungsantrag,

»die genetische Forschung bezieht ihre Triebkraft auch daraus, daß die umweltbetonte Behandlung von Verbrechen – Abschreckung, Ablenkung und Wiedereingliederung – offensichtlich versagt hat, wenn es darum geht, die dramatische Zunahme der Verbrechen und insbesondere der Gewaltverbrechen zu beeinflussen, unter der dieses Land in den letzten 30 Jahren leidet ...
Die [zukünftige] Entdeckung genetischer Marker, die mit Verbrechen assoziiert sind, könnte Wissenschaftler und Politiker dazu veranlassen, die gewaltige Komplexität jedes genetischen Anteils an kriminellem Verhalten zu übersehen. Die medizinische Genetik hat festgestellt, daß sehr ähnliche Krankheitsbilder oft von unterschiedlichen Genotypen hervorgerufen werden ...; während andererseits die gleichen Genotypen oft unterschiedliche Phänotypen entstehen lassen ... Noch größer sind die

Schwierigkeiten bei der Untersuchung kriminellen Verhaltens, das nicht nur von der Gesellschaft ausgelöst, sondern auch von ihr konstruiert wird: definiert von Gesetzgeber und Gerichten, aufgedeckt durch Festnahme, Überführung und Geständnisse ... Der genetische Beitrag zu solchen kulturell definierten und festgestellten Verhaltensweisen ist schwer nachzuzeichnen und wird leicht zu stark vereinfacht ...
Wahrscheinlich wird unsere Fähigkeit zur Vorhersage weit größer sein als unsere Fähigkeit zum Erklären: Wir werden vielleicht eine kriminelle Veranlagung durch Familienuntersuchungen, Kopplungs- und Segregationsstudien, Enzymtests und Gensonden nachweisen, lange bevor wir den genetischen Anteil am Verbrechen verstehen ... Wegen der Lücke zwischen Vorhersage und Verstehen kann ein wenig genetisches Wissen eine wirklich gefährliche Angelegenheit sein.«[4]

Das zentrale Anliegen der Konferenz, so erklärte er, sei es,

»die Auswirkungen der Verhaltensgenetik auf das System der Strafjustiz zu untersuchen ... Wir haben festgestellt, daß für eine solche Konferenz ein starkes Interesse und ein starkes Gefühl der Notwendigkeit besteht, und zwar gleichermaßen bei Natur- und Rechtswissenschaftlern: Die ersteren sind daran interessiert, Befunde aus verschiedenen Gebieten und Forschungsmethoden zusammenzutragen und die Verzerrung und den Mißbrauch dieser Befunde durch die Justiz zu verhüten; die letzteren wollen unbedingt erfahren, mit was für Befunden die Justiz sich in Zukunft auseinandersetzen muß, und sie wollen überlegen, wie man diese Befunde aufnehmen sollte ...
In der Vergangenheit war die Strafjustiz ein gieriger Verbraucher guter und schlechter naturwissenschaftlicher Forschung. Sie ist oft, um G. B. Shaw abzuwandeln, von der unkritischen Anerkennung zur pauschalen Ablehnung übergegangen, ohne das Zwischenstadium der vorsichtigen Anwendung zu durchlaufen ...

Insgesamt hoffen wir, das Verhältnis von Licht zu Hitze in einer Diskussion zu verbessern, die sich noch verstärken wird, wenn sich die Befunde über die Erblichkeit und Neurobiologie gesellschaftsfeindlichen Verhaltens vermehren und wenn die Vertreter der genetischen Erklärung immer ehrgeiziger werden.«[5]

Es gab in der Evolutionsforschung bereits eine lange Tradition im Zusammenhang mit der Erblichkeit kriminellen Verhaltens – die Ahnenreihe dieser Arbeiten läßt sich von Sheldons Konstitutionsforschung und verschiedenen Studien über die berüchtigten Familien Juke und Kallikak bis zu Cesare Lobrosos Phrenologie des kriminellen Typus im 19. Jahrhundert zurückverfolgen. Also lud Wasserman einige der besten heutigen Vertreter der Erblichkeitsstudien ein, ihre Argumente darzulegen, wonach Kriminalität gehäuft in bestimmten Familien vorkommt, unabhängig von gesellschaftlicher Stellung, wirtschaftlichen Verhältnissen oder Bildung. Er wollte aber auch, daß die Genetiker kamen, sowohl diejenigen, nach deren Ansicht kriminelles Verhalten eine genetische Komponente haben könnte, als auch jene, die dieser Idee besonders skeptisch gegenüberstanden. Für entscheidend hielt er es, daß Kriminologen, Rechtswissenschaftler, Soziologen, Philosophen und Ethiker ebenso zu den Teilnehmern gehörten wie Wissenschaftshistoriker, die Experten für Eugenik waren.

Die eindrucksvolle Versammlung von Gelehrten, mit denen Wasserman Kontakt aufnahm, sollte etwas Neues zuwege bringen: Anstatt über fertige und veröffentlichte Forschungsergebnisse zu sprechen, wie es sonst in der Wissenschaft üblich ist, sollten sie sich nach Wassermans Vorstellung *im voraus* mit Konzepten, Gültigkeit und Folgen der wissenschaftlichen Arbeit herumschlagen. Dieser abweichende Ausgangspunkt – er stand in der philosophischen Tradition, in der man diskutiert, was kommen *könnte*, und nicht wie in der Wissenschaft über das, was schon bewiesen *war* – sollte sich für die Tagung als gefährlich erweisen. Er war ein Schwachpunkt, für den Wasserman lange blind blieb.

Er hatte also keine Ahnung, daß die Eingeladenen – oder die Öffentlichkeit insgesamt – seine Einladung anders verstehen könnten, als er sie gemeint hatte. Ihm ging es darum, die bösartigen, explosiven Auseinandersetzungen zu vermeiden, die nach solchen Behauptungen zu erwarten waren, indem Folgerungen und Beweiskraft der Befunde ruhig und gründlich besprochen wurden, bevor es überhaupt Befunde gab. Eine Frage, mit der sich die Tagung nach seinen Vorstellungen beschäftigen sollte, lautete zum Beispiel: Wie müßte ein wissenschaftlich und juristisch anerkannter Beweis für eine bedeutsame Verbindung zwischen Genetik und Verbrechen aussehen? Welche Fallstricke und Gefahren sind bei solchen Untersuchungen vorherzusehen? Läßt sich ein komplexer »Phänotyp« wie das gesellschaftlich definierte Verhalten überhaupt in eine sichere Verbindung mit einem Genotyp bringen? Und wie sähe die geeignete Antwort der Gesellschaft aus, wenn sich eine solche Verbindung nachweisen ließe?

In diesem Zusammenhang dachte Wasserman an die Kontroverse um Personen mit dem Genotyp XYY, die in den sechziger Jahren geführt wurde; sie stellte nach seiner Ansicht ein wichtiges Musterbeispiel dar, das man auf der Konferenz untersuchen sollte. Im Normalfall hat ein Mensch nur zwei Geschlechtschromosomen (XX bei Frauen, XY bei Männern), aber gelegentlich besitzt ein Mann zwei Y-Chromosomen, so daß sein Genotyp XYY lautet. Es handelt sich um eine cytogenetische Anomalie, die bei der Bildung der Samenzellen auftritt und deshalb zwar genetisch bedingt, aber nicht erblich ist. Mit anderen Worten: Ein XYY-Vater zeugt keine XYY-Nachkommen, aber das zusätzliche Y-Chromosom scheint für bestimmte, nachweisbare Merkmale eines XYY-Mannes verantwortlich zu sein. Zu diesen Eigenschaften gehören eine überdurchschnittliche Körpergröße und eine Neigung zu Akne; umstrittener ist der behauptete Zusammenhang zwischen XYY und einer leicht verminderten Intelligenz.

Aber das war nicht alles. Eine Forschergruppe unter Leitung

von P. A. Jacobs stellte 1965 fest, daß die Kombination XYY bei den Insassen eines Hochsicherheitsgefängnisses in Schottland überdurchschnittlich häufig vorhanden war.[6] Dort kamen etwa ein bis zwei XYY-Männer auf 100 normale Gefangene, in der Gesamtbevölkerung liegt das Verhältnis dagegen ungefähr bei eins zu 1000. In weiteren Studien bestätigte sich, daß XYY in Häftlingspopulationen etwa zehn- bis zwanzigmal häufiger vorkommt, was auf einen Kausalzusammenhang zwischen dieser genetischen Anomalie und kriminellem Verhalten hinzuweisen schien.

Auf der Grundlage dieser frühen Studien hatte man die Hypothese aufgestellt, das zusätzliche Y-Chromosom verursache nicht nur Größe und unreine Haut, sondern auch eine Neigung zu Gewalttätigkeit. In der Presse erschienen furchterregende Geschichten über die finstere Macht des XYY-Genotyps. Einen Höhepunkt erreichte die Angst durch die bizarre Behauptung, Richard Speck, der in Chicago in einer besonders grausamen Mordserie acht Schwesternschülerinnen getötet hatte, verdiene Nachsicht, weil er ein XYY-Mann war.[7]

Als unmittelbare Reaktion auf die schreckliche Möglichkeit, daß die Hypothese stimmte, setzte eine Gruppe von Ärzten in Boston ein Reihenuntersuchungsprogramm bei männlichen Neugeborenen in Gang. Sie hatten vor, alle nachgewiesenen XYY-Jungen im Auge zu behalten und ihre kriminellen Neigungen mit denen normaler männlicher Kinder zu vergleichen. In der Studie sollte festgestellt werden, ob der XYY-Genotyp mit gewalttätigem Verhalten gekoppelt war oder nicht. Die Eltern der XYY-Kinder in der Studie sollten über den Defekt bei ihrem Kind in Kenntnis gesetzt werden; sie um Kooperation zu bitten und ihnen dann eine derart entscheidende Information vorzuenthalten, erschien unmoralisch.

Es gab heftige Kritik: Wie stand es mit der Möglichkeit der sich selbst erfüllenden Prophezeiung? Und was war mit den Schmerzen und Ängsten aller Beteiligten, mit den Jahren der grundlosen Verdächtigungen und Befürchtungen, wenn keine

Verbindung gefunden wurde? Schließlich brach man die Studie ab. Später wurde die Möglichkeit einer Verbindung zwischen dem XYY-Genotyp und Gewaltkriminalität in äußerst sorgfältig aufgebauten Untersuchungen widerlegt.[8] Leider trieb die »allgemeine Kenntnis« des Zusammenhangs noch lange danach ihr Unwesen.

Der grundlegende gedankliche Schwachpunkt lag bei den frühen Studien darin, daß man leichtfertig einen Zusammenhang annahm. Zusammenhang ist nicht das gleiche wie Kausalität. Auch wenn überdurchschnittlich viele kriminelle Männer die Kombination XYY haben, trifft das Umgekehrte nicht zu: XYY-Männer werden nicht mit größerer Wahrscheinlichkeit straffällig. Nach Schätzungen sind 96 Prozent der XYY-Männer normale, gesetzestreue Menschen. Chromosomen-Reihenuntersuchungen und Eingriffe würden gewaltige Geldsummen verschlingen und die überwältigende Mehrheit der unschuldigen Männer stigmatisieren.

Mit diesem Fall eröffnete sich kurzfristig der Weg zu Vorurteilen eines ganz neuen Typs, die sich auf die Genetik stützten und deshalb von ihrer Struktur her dem Rassismus ähnelten, denn wenn eine Verbindung zwischen einem bestimmten Gen und Kriminalität (oder einem anderen gesellschaftlich nicht anerkannten Verhalten) nachgewiesen wäre, könnte man feststellen, welche Population, ethnische Gruppe oder Rasse dieses Gen in erhöhter Häufigkeit besitzt. Wissenschaftliche Befunde könnten auf diese Weise zu einer starken Legitimation für die Diskriminierung derer werden, die mit größerer Wahrscheinlichkeit genetisch »fehlerhaft« sind. Zwangssterilisationen, Verbot von Eheschließungen und Schlimmeres könnten dem genetischen Alleinvertretungsanspruch auf dem Fuße folgen.

Einer der liberalen Wissenschaftler im Bereich von Genetik und Biochemie, die das beabsichtigte Reihenuntersuchungsprogramm verhinderten, war Jonathan Beckwith von der Harvard University, der seine Teilnahme an Wassermans Konferenz zugesagt hatte. Zu Wassermans geplantem Programm gehörte auch eine Podiumsdiskussion über die XYY-Kontroverse und die sich daraus ergebenden Lehren für eine neue Generation der genetischen Erforschung von Verbrechen. Wasserman wollte nicht nur denen, die genetische Komponenten des Verhaltens erforschten, die Gelegenheit bieten, mit ihren Kritikern zu diskutieren, sondern er hatte auch Neurophysiologen eingeladen: Sie sollten ihre Arbeiten über die biochemische Steuerung gewalttätigen und impulsiven Verhaltens vorstellen und denjenigen antworten, die einer Erklärung durch Umwelt und Gesellschaft zuneigten. Außerdem wollte er, daß die Teilnehmer sich mit den Wechselwirkungen zwischen einem auf Urteilssammlungen gegründeten Rechtssystem und neuen wissenschaftlichen und technischen Ergebnissen beschäftigten. Wie wird Information genutzt und dargestellt? Welches Maß an Sicherheit ist anzuerkennen, und wie werden Richter und Geschworene mit Unsicherheiten umgehen? Welcher Nutzen und welche Risiken ergeben sich aus der Einrichtung genetischer Datenbanken, die denen für Fingerabdrücke und Verbrecherfotos ähneln?

Und schließlich hoffte er, die Konferenz könne sich mit Fragen des Eingreifens, der Reihenuntersuchungen, der Abschrekkung und der Beschuldigung befassen. Ist es moralisch vertretbar, eine Population auf eine genetische Veranlagung für Verbrechen zu untersuchen? Und wenn es moralisch legitim ist, ist es auch legal und im gesellschaftlichen Interesse? Hat es Sinn, eine Diagnose zu stellen und Personen mit einer genetischen Veranlagung zu identifizieren, solange es keine guten Verfahren zum Eingreifen gibt – also für die Heilung? Oder wären die Folgen nur Diskriminierung und Vorverurteilung? Kann man jemanden für ein Verbrechen zur Rechenschaft ziehen, wenn eine nachweisbare genetische Veranlagung besteht? Wird Verbrechen dann von einem bewußt gewählten Verhalten zu einer Art Erbkrankheit?

Es versprach eine faszinierende und wichtige Konferenz zu werden. Die Idee, Kriterien, Rechtsgültigkeit, Folgerungen und Vorgehensweisen zu diskutieren, bevor entsprechende Forschungen abgeschlossen waren und präsentiert wurden, und auf diese Weise die möglicherweise sehr konfliktträchtigen Forschungsthemen zu entschärfen, war hervorragend. Der gleichen Ansicht war auch die Gutachterkommission der National Institutes of Health; sie lobte Wassermans Vorschlag und schrieb:

»[Eine] ausgezeichnete Aufgabe, die wissenschaftlichen, juristischen, ethischen und politischen Fragen zu bewerten und nachdenklich zu organisieren ... Der Antrag betrifft eines der besorgniserregendsten Gebiete im Zusammenhang mit der Nutzung der Informationen, die sich aus der Analyse des menschlichen Genoms ergeben.
Die vorgeschlagene Konferenz ist sorgfältig organisiert. Ihre größte Stärke liegt in der eindrucksvollen Zusammenstellung der Teilnehmer ... Die Tagesordnung ist sehr gut entwickelt ... Insgesamt ein ausgezeichneter Finanzierungsantrag für eine Konferenz über ein zeitgemäßes, wichtiges Thema. Sie wird zu einem Meilenstein auf diesem Gebiet werden.«[9]

Sie lobten Wassermans Konferenz nicht nur, sondern maßen ihr einen hohen Rang zu und empfahlen die Bewilligung von mehr Geld, als er beantragt hatte.

Die Gutachter brachten ihren Wunsch zum Ausdruck, daß mehr Praktiker und Nichtwissenschaftler teilnehmen sollten, zum Beispiel Richter und Anwälte. Insbesondere machten sie sich aber Sorgen, weil sie meinten, die Ergebnisse würden so bedeutsam sein, daß Wasserman nicht genügend Geld für ihre Verbreitung eingeplant hatte. In dem Antrag hatte Wasserman erklärt, er wolle einen Band mit Berichten von der Konferenz als Sonderausgabe von *QQ* (heute *Report from the Institute for Philosophy and Public Policy*) erscheinen lassen, der Zeitschrift seines eigenen Instituts; auch ein Videofilm sollte hergestellt werden. Die Gutachter empfahlen die zusätzliche Bewilligung von 23 200 Dollar an unmittelbaren Kosten – eine Steigerung um fast 30 Prozent – zu drei Zwecken. Erstens wollten sie sicherstellen, daß der Videofilm von guter Qualität war und sich auch für die Vorführung im Fernsehen oder in Vorlesungen eignete. Zweitens wollten sie den Vortragenden ein Honorar von 500 Dollar anbieten, was diese vertraglich verpflichtet hätte, auch einen schriftlichen Beitrag für den Konferenzbericht zu liefern. Und schließlich wollten sie die Auflage von *QQ* verdoppeln, so daß der Band weitere Verbreitung finden konnte.

Wassermans Antrag wurde bewilligt und finanziert. In dem Institut, in dem Wasserman arbeitete, gab es Gratulationen von allen Seiten, und er ging daran, Werbung für die Konferenz zu machen und das endgültige Programm auszuarbeiten. Er glaubte sich ganz und gar auf der Straße des Erfolges. Obwohl das zusätzliche Geld, dessen Bewilligung die Gutachterkommission empfohlen hatte, von den National Institutes of Health (NIH) nicht kam, hoffte Wasserman auf eine Zulage zu seinem Etat oder auf eine andere Quelle dafür. Und die freundlichen Worte der Kommission steigerten ganz einfach seine gehobene Stimmung.

Zu jener Zeit sah Wasserman nur eine einzige Gefahr: daß die Zusammensetzung der Teilnehmer vielleicht zuviel Sprengstoff enthielt. »Als die Konferenz genehmigt wurde, gab es viel Aufregung darüber, daß wir diese Leute tatsächlich zusammengebracht hatten«, erinnert sich Wasserman. »Darüber, wie die Konferenz bei der breiten Öffentlichkeit aufgenommen würde, machte ich mir unter anderem deshalb keine Gedanken, weil ich Sorgen hatte, sie könnte von innen heraus platzen. Ich war von den begeisterten Bemerkungen der Gutachter wie betäubt.«[10]

Wasserman kannte die Geschichte nicht und war mit seinen Absichten arglos. Er hatte nie etwas von Carleton Coon gehört, nie *Origin of Races* gelesen und nie den bitteren Aufschrei dagegen vernommen. Ihm war nicht klar, daß er sich dem Vorwurf des Rassismus aussetzte, ja er hatte an diese Möglichkeit nicht einmal gedacht. Das vierzehnköpfige Gutachtergremium des NIH, dem auch drei farbige amerikanische Wissenschaftler angehörten, hatte seinem Antrag ohne Bedenken stattgegeben.

Nirgendwo in dem fünfseitigen Gutachten äußerten sie Besorgnis wegen des Rassenthemas oder wegen der Möglichkeit, daß genetische Faktoren, die zu Verbrechen veranlagten (falls es sie gab), in einer bestimmten Rasse als besonders häufig gelten könnten. Von keinem der vorgesehenen Teilnehmer erwartete man die Verteidigung der Vorstellung, daß Rassen sich in ihrer genetischen Veranlagung zu Gewalt unterschieden. In dem Antrag kam das Wort »Rasse« nicht einmal vor, denn Wasserman hielt es nicht für einen Kernpunkt der Konferenz, und von den wenigen Teilnehmern afrikanisch-amerikanischer Abstammung äußerte keiner irgendwelche Bedenken.

»Viele farbige Wissenschaftler«, räumt Wasserman reuevoll ein, »konnten sich offenbar kaum vorstellen, daß ich die ganze Sache organisiert hatte, ohne über Rasse als zentrales Thema nachzudenken. Aber ich sage, ›Seht mal, keiner von den Gutachtern hat gefragt *und was ist mit den Rassen?*‹«[11]

Zu Wassermans Bedauern war seine glorreiche Konferenz dabei, seinen Händen zu entgleiten; unter dem Einfluß anderer verwandelte sie sich in eine völlig andere Angelegenheit. Sie war bei weitem nichts Ruhiges und Nachdenkliches, kein üppiger Baum, in dessen Schatten man abstrakte und konkrete Fragen nachdenklich und vernünftig erörtern konnte. Wassermans Konferenz brachte bösartige Stacheln und giftige Früchte hervor, die allen wehtaten, die mit ihnen in Berührung kamen.

Zum Teil vollzog sich die Wandlung während der unvermeidlichen zeitlichen Lücke zwischen dem Schreiben des Antrags und der Konferenz selbst. Wie Coon, so wurde auch Wasserman von historischen Ereignissen überrollt, über die er keine Kontrolle hatte. Etwa acht oder neun Monate nachdem er mit der Zusammenstellung der Redner begonnen hatte, bezog Dr. Frederick Goodwin, der Wasserman völlig unbekannt war, einen Standpunkt, der für Wassermans Tagung einen nicht abzutrennenden Zusammenhang schuf. Die Konferenz war zum Scheitern verurteilt.

Goodwin leitete die Alcoholism, Drug Abuse and Mental

Health Administration (ADAMHA), und damit war er der ranghöchste Psychiater in den Behörden. Seine eigenen Forschungsarbeiten konzentrierten sich auf die Neurobiologie der Aggression. Am 11. Februar 1992 gab er in einer Rede vor dem National Mental Health Advisory Council bekannt, der Haushalt der ADAMHA werde 1994 mit höchster Priorität eine neue Initiative gegen Gewalt beinhalten. Unter der Federführung des Gesundheitsministeriums sollte sie zum formalen Rahmen für einen Frontalangriff auf die Gewalt werden, die das Leben im heutigen Amerika heimsuchte. Die Initiative gegen Gewalt werde über die gleichen Finanzmittel verfügen, die gleiche enge Zielrichtung haben und genauso entschlossen gehandhabt werden wie die Angriffe des Staates gegen andere Probleme der Volksgesundheit wie zum Beispiel die Pocken.

Goodwin ist europäischer Abstammung, aber Dr. Louis Sullivan, sein damaliger Vorgesetzter, ist Afroamerikaner. Als Arzt und damaliger Leiter des Gesundheitsministeriums war Sullivan der Hauptverantwortliche für die Planung der Initiative gegen Gewalt. Sullivan sprach sich entschieden für die gesundheitspolitische Behandlung des Gewaltproblems aus, das nach seiner Ansicht »zu groß ist, als daß man es der Strafjustiz überlassen könnte«; nach Sullivans Worten sind die USA »das gewalttätigste Land der industrialisierten Welt«.[12] Er war überzeugt, es sei völlig gerechtfertigt, Gewalt als Gesundheitsproblem zu betrachten, weil sie in den Vereinigten Staaten jedes Jahr für eine Riesenzahl von Todesfällen und Verletzungen verantwortlich ist – und weil diese Zahlen weiterhin in die Höhe schießen.

In seinem jährlichen Bericht zur Gesundheitslage der Nation sprach Sullivan im Juni 1992 genau aus, wie schwerwiegend das Gewaltproblem geworden war. »Dieser Anstieg [in der Zahl der Morde] ist zu einem großen Teil der steigenden Mordhäufigkeit bei farbigen jungen Männern zuzuschreiben. Zwischen 1985 und 1989«, so stellte Sullivan feierlich fest, »stieg die Zahl der Morde bei jungen männlichen Farbigen um 74 Prozent auf den höchsten Wert aller Zeiten.«[13] Man könnte tatsächlich behaupten, das Ignorieren einer so himmelschreienden Todesursache sei ein Pflichtversäumnis – und möglicherweise sogar ein Ausdruck von Rassismus, ein Mangel an Fürsorge für einen Teil der amerikanischen Gesellschaft, gegen den immer noch viele Vorurteile bestehen. Als Staasbediensteter mit der Aufgabe, die Volksgesundheit zu schützen, und als farbiger Amerikaner konnte Sullivan diese Krise nicht übergehen.

In seiner ersten Ankündigung wies Goodwin darauf hin, man wolle sich auf die Anfälligkeit einzelner konzentrieren. Man hatte vor, Verhaltensmerkmale und biologische Kennzeichen zu untersuchen und so nach ersten Vorzeichen für spätere Gewalttätigkeit zu fahnden, und wenn man Personen mit einer Veranlagung zu Gewalt identifiziert hatte, sollte ein nützliches Schema des Eingreifens entwickelt werden. Goodwin stellte sich eine Zielgruppe von etwa 100000 Jugendlichen in innerstädtischen Gebieten vor, denen man möglicherweise helfen könnte. Diese Doppelvorstellung war vielleicht umstritten, aber der größte Irrtum unterlief Goodwin, als er das Problem ins richtige Verhältnis setzen wollte und sich dazu auf Forschungsergebnisse an anderen Primaten berief.

Seit Darwins Zeit gilt es als Lehrsatz der Evolutionsbiologie, daß der Mensch in Biologie und Verhalten viele Gemeinsamkeiten mit den Primaten besitzt, seinen engsten nichtmenschlichen Verwandten. Genau diese Tatsache versuchte Thomas Huxley seinen Zeitgenossen im viktorianischen England begreiflich zu machen: Wir sind Primaten, wir gehören zur Natur und stehen nicht über ihr. Heute versuchen die Wissenschaftler aus der Arbeit mit Klein- und Menschenaffen abzuleiten, welche Eigenschaften die Menschen in einem früheren Stadium ihrer Entwicklungsgeschichte hatten. Schlußfolgerungen, die sich auf solche Vergleiche gründen, sind allerdings immer mit Vorsicht zu genießen. Von dieser wissenschaftlichen Tradition erfüllt, äußerte Goodwin die Worte, die ihn ins Kreuzfeuer der Kritik rückten:

»Ich sage das in dem Bewußtsein, daß es leicht mißverstanden werden kann: Wenn man sich andere Primaten in der Natur – männliche Primaten in der Natur – ansieht, stellt man fest, daß es uns selbst in unserer gewalttätigen Gesellschaft noch sehr gut geht.

Betrachtet man zum Beispiel männliche Kleinaffen, insbesondere in freier Wildbahn, dann überlebt etwa die Hälfte von ihnen bis zum Erwachsenenalter. Die andere Hälfte stirbt durch Gewalttaten. Das ist die natürliche Art der Männchen, einander auszuschalten, und sie hat tatsächlich einige interessante entwicklungsgeschichtliche Folgerungen, denn die gleichen hyperaggressiven Männchen, die einander umbringen, sind auch hypersexuell, so daß sie öfter kopulieren und sich stärker fortpflanzen, um die Tatsache auszugleichen, daß die Hälfte von ihnen stirbt.

Wenn nun der Verlust sozialer Strukturen in dieser Gesellschaft und insbesondere in den stark belasteten städtischen Gebieten zivilisierte Errungenschaften der Evolution verschwinden läßt, die wir aufgebaut haben, und wenn es vielleicht nicht nur eine achtlose Verwendung des Wortes ist, wenn man manche Gegenden bestimmter Städte als Dschungel bezeichnet, dann könnte man sagen, daß wir vielleicht zu etwas Natürlicherem zurückkehren, ohne die ganzen sozialen Kontrollen, die wir uns als Zivilisation über Jahrtausende unserer Evolution hinweg auferlegt haben.«[14]

Huxley hatte gewußt, daß es höchst ungern gehört wurde, wenn er die Menschen darauf hinwies, daß ihre Vorfahren Affen waren, und dennoch tat er es – geschickt und vorsichtig. Goodwin hatte offenbar nicht in Rechnung gestellt, wieviel mehr Zündstoff es enthielt, Menschen unmittelbar mit Affen zu vergleichen, und deshalb trat er auf eine Sprengmine – wie er schon bald bemerken sollte.

Auch eine weitere Frage muß gestellt werden: Übertrug Goodwin Erkenntnisse über Affen auf Farbige, oder projizierte er Klischees über die afrikanischen Amerikaner auf Affen? In der Literatur der Primatenforschung findet sich kaum eine Beschreibung, die Goodwins hemdsärmeliger Blut-und-Sex-Geschichte ähnelt. Und niemand, der mit den komplizierten Primatengesellschaften vertraut ist, würde die vielen Verhaltensweisen und Gesten unterschätzen oder gar leugnen, die Konflikte lösen und Aggressoren besänftigen[15] – die »sozialen Kontrollen«, die Goodwin offenbar ausschließlich der *menschlichen* Gesellschaft zuschrieb. Mit Sicherheit waren Goodwins Anmerkungen ein Widerhall der alten, widerwärtigen Klischees von den primitiven (affenartigen), gewalttätigen und sexsüchtigen afrikanischen Amerikanern.

Die Proteste gegen Goodwins Ankündigung erreichten außergewöhnliche Ausmaße. Der Black Caucus im Kongreß, damals ein Zusammenschluß von 26 farbigen Abgeordneten, bat Sullivan um ein Gespräch über Goodwins »Unkenntnis über den Gebrauch der Verhaltensforschung, die schwerwiegende Fragen über seine weitere Eignung als Leiter der Alcohol, Drug Abuse and Mental Health Administration aufwirft«.[16] Auch andere Personen und Verbände, so Blacks in Government (BIG) oder die American Orthopsychiatric Association, der fast 10000 Fachleute für geistige Gesundheit angehören, forderten seine Absetzung. Zeitungsschlagzeilen fachten die Flamme der Entrüstung weiter an, insbesondere unter den afrikanischen Amerikanern.

Am 25. Februar entschuldigte Goodwin sich bei einer Tagung des Mental Health Leadership Forum öffentlich für sein mangelndes Einfühlungsvermögen und für die unabsichtliche Beleidigung in seinen Bemerkungen, aber das reichte nicht. In einem Sturm der Kritik trat Goodwin von seinem Posten als Leiter der ADAMHA zurück. Sullivan versetzte ihn auf die ebenfalls einflußreiche, aber niedrigere Stelle als Direktor des National Institute of Mental Health und versprach, Goodwin werde nur in sehr geringem Umfang an der Initiative gegen Gewalt beteiligt sein.

Aber Goodwins Äußerungen hatten bei zwei Bürgergruppen

die Sensibilität verstärkt, und diese Gruppen bildeten ein Bündnis gegen die Gewaltinitiative. Die eine war die Gemeinschaft der afrikanischen Amerikaner: Sie war beunruhigt von der Aussicht, zum Ziel einer machtvollen staatlichen Initiative zu werden, die bestimmte Verhaltensweisen kontrollieren oder beseitigen wollte. Einige aus dieser Gruppe sammelten sich um Dr. Ronald Walters, den Leiter der Fakultät für politische Wissenschaft an der Howard University. Die andere war eine Gruppe von Aktivisten unter Leitung des Psychiaters Peter Breggin, der ein entschiedener Gegener pharmakologischer Eingriffe zur Behandlung psychischer Leiden war und seit Jahren an führender Stelle für eine Reform der Psychiatrie kämpfte. Für diese Leute kündigten Goodwins Worte den Beginn einer höchst gefährlichen Politik an: ein massives Programm, um einen großen Teil der Bevölkerung unter Medikamente zu setzen und zu unterwerfen. Sie waren nicht verwundert, daß es sich bei der ins Auge gefaßten Bevölkerungsgruppe um arme rassische Minderheiten handelte. Wen sonst sollte das herrschende System angreifen?

Und David Wassermans Konferenz, von der er glaubte, sie handele von Gentechnik und Justiz, sollte in diesem Mahlstrom der Rassenkonflikte hinweggefegt werden und untergehen.

14
Konfliktstimmung

Nach Goodwins scheinbarer Degradierung flauten die gegen ihn gerichteten Proteste ein wenig ab, aber die Besorgnis wegen der Initiative gegen Gewalt nahm im Frühjahr und Sommer 1992 zu. In dem Drama, das sich zusammenbraute, spielten Wasserman und seine Konferenz zunächst keine Rolle.

Eines der Zentren, um die sich die Ängste der Farbigengemeinschaft kristallisierten, war Ronald Walters[1], der unter den Schwarzen im Umkreis von Washington, D. C. als fähiger, engagierter Aktivist bekannt ist. Er ist eine eindrucksvolle Gestalt, mit einem Bachelor-Examen für Geschichte und Gesellschaftswissenschaft von der Fisk University und Doktortiteln in Medizin und Philosophie von der American University in African and International Studies; seine Publikationsliste umfaßt drei Bücher und eine Fülle von Aufsätzen über seine Spezialgebiete – die politische Mitwirkung der afrikanischen Amerikaner und die Politik im südlichen Afrika. Er war als Berater von Jesse Jackson tätig, als dieser sich um die Präsidentschaft der USA bewarb. Und das beste von allem: Walters ist kein Aufwiegler, kein irrationaler, radikaler Freischärler mit wildem Blick, sondern scharfsichtig, nachdenklich und um die Zusammenführung der amerikanischen Gesellschaft zu einem gesunden Ganzen ebenso besorgt wie um die Rechte der Farbigen.

Als Goodwins beleidigende Äußerungen bekannt wurden, bekam Walters Telefonanrufe von Leuten aus der Farbigengemeinschaft. Auch nach Goodwins Ablösung riefen die Leute weiterhin an und äußerten die Befürchtung, die Initiative gegen

Gewalt könne zu einer gefährlichen Angelegenheit werden; sie baten Walters, »etwas dagegen zu tun«. Im Juni 1992 organisierte er an der Howard University eine offene Tagung, an der über 100 Personen teilnahmen. Die meisten davon waren, wie Walters sich ausdrückte, »Leute wie du und ich, keine Akademiker ... manche mit Kindern, die unter Ritalin standen [einem Medikament, das hyperaktiven Kindern verschrieben wird], ein paar Aktivisten aus der Gemeinschaft ... einfach interessierte Bürger.«[2] Auf der Tagung bildete sich eine Gruppe mit der Bezeichnung »Komitee gegen die staatliche Gewaltinitiative«, die noch zum Jahresende jede zweite Woche zusammenkam. Eine ähnliche Tagung wurde auch in New York abgehalten.

Das Interesse der Washingtoner Gruppe kreiste vor allem um die Frage, wie man die Absichten der Gewaltinitiative interpretieren sollte. Die Pläne zur Identifizierung von Personen, die zu Gewalt neigten, fand man bedrohlich, insbesondere weil sie sich gezielt gegen die Jugendlichen in den Innenstädten richteten – und das hieß nach Ansicht der Gruppe: gegen arme farbige Halbwüchsige. Auch die von Goodwin erwähnten Pläne für Eingriffe machen ihnen Angst.

Verstärkt wurden die Befürchtungen durch die beunruhigenden Äußerungen des weißen Psychiaters Dr. Peter Breggin, eines Aktivisten mit ausgeprägten Ansichten, die in scharfem Gegensatz zu seinem ruhigen, besonnenen Verhalten stehen.[3] Breggin bezeichnet sich selbst freimütig als »nicht zur Hauptrichtung der amerikanischen Psychiatrie gehörig«[4], obwohl seine Papiere durchaus der Hauptrichtung entsprechen: ein B. A.-Examen am Harvard College, ein M. D. (Doktor der Medizin) in Psychiatrie an der Case Western Reserve Medical School und weiterführende Studien an der State University of New York in Syracuse (Upstate Medical Center) und am Massachusetts Mental Health Center. Eine Zeitlang arbeitete er sogar bei der US-Gesundheitsbehörde am National Institute of Mental Health (NIHM), jener Institution, die Goodwin viele Jahre später leitete.

Er fürchtet sich nicht davor, neue Standpunkte zu beziehen,

aber er ist sich bewußt, daß seine Kollegen in ihrer Mehrzahl nicht immer seine Ansichten teilen. »Ich suche mir immer etwas aus, das so sehr am Rand oder an der vordersten Front liegt, daß die Leute eine Weile brauchen, um mich einzuholen«, sagt er.[5] Daß der ganze Berufsstand ihn einholt – oder sich seiner Meinung anschließt –, erscheint an mehreren Fronten sehr unwahrscheinlich, denn in seinem Fall sind sich beide Seiten einig, daß die Meinungen weit auseinanderliegen.

Umstritten ist Breggin wegen seiner Einstellung zu vielen Standard-Behandlungsmethoden für psychiatrische Störungen. Schon als er in den fünfziger Jahren als studentischer Freiwilliger in einer psychiatrischen Klinik zum erstenmal mit den üblichen Behandlungsmethoden für psychische Störungen in Berührung kam, erschien ihm sein zukünftiger Beruf als »außerordentlich stark zum Mißbrauch neigend«.[6] Besonders entsetzt war er über die Elektroschocktherapie und die Insulinschock-Behandlung – beide Verfahren galten bei Patienten mit bestimmten Krankheiten allgemein als nützlich und höchst wirksam;[7] in Breggins Augen war einfacher zwischenmenschlicher Kontakt in Form einer psychosozialen Therapie weitaus humaner. Seine Karriere als politisch aktiver Psychiater, der seinen eigenen Berufsstand öffentlich kritisierte, begann sehr plötzlich Anfang der siebziger Jahre, als er erfuhr, daß die Leukotomie* als Behandlungsmethode für geistige Störungen ein Comeback erlebte.

»Ich war entschlossen, mich als erster öffentlich zu Wort zu melden und zu sagen: ›Nein, das werdet ihr bei diesen Leuten nicht tun‹«, erklärt er. »Ich hatte keine Ahnung, worauf ich mich da einließ.«[8] Er machte sich Sorgen, daß man für diesen chirurgischen Eingriff Patienten aussuchen würde, die an Hyperaktivität und/oder aggressiven Verhaltensstörungen litten. Bald darauf stürzte sich Breggin rückhaltlos in eine landesweite Kampagne gegen die Psychochirurgie. Die Folgen waren gewaltige Aufmerksamkeit und Ängste in der Öffentlichkeit. Im Jahr

* Durchtrennung bestimmter Nervenfasern im Gehirn (Anm. d. Übers.).

1971 gründete er als Basis für seine Aktivitäten das Center for the Study of Psychiatry, in dem seine Frau Ginger Ross Breggin heute als Partnerin mitarbeitet. Das Zentrum bezeichnet sich in seinem Briefkopf als »gemeinnütziges Forschungs- und Ausbildungsnetzwerk, besorgt um die Auswirkungen der Psychiatrie auf das Wohlbefinden des Einzelnen, die persönliche Freiheit und die Werte von Familie und Allgemeinheit«.[9]

Breggin wandte sich auch gegen die medikamentöse Behandlung geistiger Störungen. In zwei Lehrbüchern argumentierte er, Medikamente führten zu Gehirnschäden und brächten keinen Nutzen – ein Standpunkt, der sich, wie Breggin einräumt, »nicht sehr stark«[10] auf die Mehrheit in seinem Berufsstand ausgewirkt hat; das Bewußtsein für mögliche Gefahren habe sich allerdings verstärkt. Dr. Paul McHugh zum Beispiel, der Leiter der psychiatrischen Abteilung der Johns Hopkins University School of Medicine, die eine Hochburg des medizinischen Establishments der USA darstellt, bezeichnet die Medikamentenbehandlung von Geisteskrankheiten als »*die* wichtige Errungenschaft, die uns von der reinen Pflege Schwerkranker zur Linderung ihrer Symptome geführt hat«.[11] McHugh führt eingehende klinische Studien und Doppelblindversuche an, in denen der Wert dieser Behandlungsmethode zweifelsfrei nachgewiesen wurde. Er weist aber auch darauf hin, daß die Wirkstoffe wie alle Medikamente mit der erforderlichen Sorgfalt und unter Beachtung der Reaktionen des Patienten verabreicht werden müssen.

Die bekanntesten Medikamente, die Breggin als Beispiele für schädliche Wirkstoffe anführt, sind Ritalin, das häufig zur Behandlung von Hyperaktivität verschrieben wird, und das Antidepressivum Prozac. Er verurteilt die biologische Behandlung psychiatrischer Probleme aber in Bausch und Bogen. »Ich glaube nicht, daß sich *irgendeine* psychiatrische Störung mit Medikamenten angemessen behandeln läßt«, sagt er. »Sie sind keine Antwort auf menschliche Schwierigkeiten. Ich würde sehr, sehr intensiv versuchen, andere Methoden anzuwenden, statt zum Beispiel manisch-depressiven Patienten Lithium zu geben.

du Aff!

Nach meiner Ansicht ist das nicht der richtige Weg zum Umgang mit ihren Schwierigkeiten, Verantwortung für die eigene Stimmungslage zu übernehmen.«[12] Breggin würde weder eine medikamentöse Therapie beginnen noch ihren plötzlichen Abbruch befürworten.

Wegen dieser Haltung ist McHugh der Ansicht, daß Breggin einige der wirksamsten Behandlungsmethoden ablehnt, die es für Patienten mit bestimmten schweren Geisteskrankheiten gibt.

Nachdem Breggin seine Ansichten lautstark in der Talkshow von Oprah Winfrey vertreten hatte, wurde er zum Ziel hitziger Angriffe unter Führung der National Alliance for the Mentally Ill, einer Organisation, der viele Eltern von Psychiatriepatienten angehören. Sie wollten erreichen, daß Breggin die Approbation als Arzt entzogen wurde, weil er – wie sie fälschlicherweise behaupteten – über das Fernsehen medizinische Anweisungen gegeben habe, indem er den Patienten sagte, sie sollten ihre Medikamente nicht mehr nehmen. Mit einem Videoband von der Sendung und einer Niederschrift seiner Äußerungen konnte Breggin jedoch belegen, daß er vor dem plötzlichen Absetzen der Medikamente gewarnt hatte, weil es gefährlich sein könne: außerdem habe er keine medizinische Behandlung verschrieben, sondern eine wissenschaftliche Meinung geäußert, und seine Bemerkungen seien durch den ersten Zusatzartikel der Verfassung geschützt. Damit war Breggin vollständig entlastet: Die falschen Anschuldigungen wurden aus den Akten getilgt, und die Ärzteaufsicht entschuldigte sich bei ihm. Eine unmittelbare Folge des öffentlichen Interesses im Umfeld dieser Vorgänge bestand nach Breggins Einschätzung auch darin, daß er nun endlich einen Verleger für sein Buch *Toxic Psychiatry* fand, das 1991 erschien und seine Ansichten einem großen Publikum bekannt machte.[13]

Breggin hatte seit langer Zeit eine feste Meinung über den Mißbrauch von Medikamenten bei der Behandlung psychiatrischer Störungen. Als er von der Initiative gegen Gewalt hörte, gelangte er zu der Überzeugung, man wolle damit in Wirklichkeit junge Farbige unter Medikamente setzen und ruhigstellen. Was Goodwin oder Sullivan sagten, war für ihn ohne Bedeutung, weil ihre unausgesprochenen Absichten offensichtlich seien. Er sagt:

»Es konnte nie einen Zweifel daran geben, daß die vorgeschlagenen ›Eingriffe‹ pharmakologischer Natur sein sollten, denn sie sind das, was Fred [Goodwin] kennt und [in seiner eigenen Forschung] tut. Er hat das NIMH systematisch von allen psychosozialen Forschungen gesäubert. Es sollte dort nichts anderes mehr geben als Medikamente, Schockbehandlung oder Einsperren; etwas anderes fördern sie nicht; es war eine ausgemachte Sache.«[14]

Breggin trat in dem Fernsehkanal Black Entertainment Television auf, sprach sich gegen die Gewaltinitiative aus und hielt bei Ronald Walters' Tagung der Farbigen an der Howard University einen Vortrag. Breggin ist ein Meister der spitzen Formulierungen, die sich bei den Zuhörern einprägen; seine Bemerkungen zu diesem Thema machten da keine Ausnahme.

»Sie [die Gewaltinitiative] ist das Entsetzlichste, Rassistischste, Scheußlichste, was man sich vorstellen kann«, sagte er in Abwandlung einer Formulierung, mit der er häufig in Zeitungen und Zeitschriften zitiert wurde. »Es ist ein Plan, wie man ihn mit Nazideutschland in Verbindung bringen würde.«[15]

Diesen Vergleich hatten auch andere angestellt, die eine dunkle Absicht darin sahen, eine gesellschaftliche Frage als Gesundheitsstörung einer identifizierbaren Rassengruppe darzustellen – genau der gleichen Strategie hatte sich Hitler bedient. Breggin sprach auch vor der Angeordnetengruppe Black Caucus und nannte dabei die düsteren Folgerungen, die sich nach seiner Ansicht aus der Gewaltinitiative ergaben:

»Die Idee, bei Kindern aus Innenstädten nach genetischen oder biologischen Hinweisen auf Gewalt zu suchen, ist wissenschaftlich unsolide.

Inzwischen wird in Amerika mehr als eine Million Kinder unter Ritalin gesetzt, damit sie in der Schule und zu Hause gefügiger sind. Auch das tut man ohne handfeste wissenschaftliche Begründung und ohne die gefährlichen Folgen zu berücksichtigen. Die Schulen in den Innenstädten wirken manchmal bereits kräftig mit, wenn Familien gedrängt und manchmal gezwungen werden, den Kindern Ritalin zu geben, einen Wirkstoff, der pharmakologisch mit Amphetaminen und Kokain verwandt ist. Die Gewaltinitiative wird dazu führen, daß die Kinder in städtischen Gebieten in noch größerem Umfang Medikamente bekommen, und zwar nicht nur Ritalin, sondern nach unserer Prophezeiung auch Prozac, Zoloft und andere neue Wirkstoffe, die das serotoninabhängige Neurotransmittersystem des Gehirns beeinflussen.

Goodwin spricht nicht ausdrücklich über Medikamente, sondern er konzentriert sich auf die Notwendigkeit, angebliche Ungleichgewichte im serotonergen Neurotransmittersystem auszugleichen ... Medikamente sind der einzig mögliche billige und wirksame Eingriff in das Leben von zigtausend Kindern ...

Die Gewaltinitiative der Bundesregierung ist der extremste Auswuchs des Trends, kleine farbige Kinder für die Probleme der Gesellschaft verantwortlich zu machen, zum Beispiel für Rassismus, Armut, Hunger, unzureichende oder fehlende Gesundheitsfürsorge und den Niedergang der Schulen, für Arbeitslosigkeit, brutale Polizeimethoden, ein zerstörerisches Sozialsystem und Zukunftsangst.

Wenn die Regierung plant, kleine Kinder [die zu Gewalt neigen] mit Hilfe der Schulen in großer Zahl zu identifizieren und frühzeitig vorbeugend zu behandeln, dann erinnert das stark an Orwell.«[16]

Seine eigene Rolle in dieser Auseinandersetzung sieht Breggin in »Öffentlichkeitsarbeit und Aufklärung«. Er fügt hinzu: »Wir sorgen für öffentliche Aufklärung und hoffen, daß dann jemand die Sache kraftvoll in die Hand nimmt.«[17]

Walters und das Komitee gegen die staatliche Gewaltinitiative nahmen die Angelegenheit in die Hand. Walters schrieb im Namen des Komitees an die Kongreßabgeordneten und an Sullivan vernünftige, aber nachdrückliche Briefe, in denen er die Bedenken und Befürchtungen der von ihm vertretenen Gruppe zum Ausdruck brachte.

Breggins Vorwürfe erregten zwar beträchtliche Aufmerksamkeit bei den Medien, aber die Beamten, die für die Initiative gegen Gewalt verantwortlich sind, stimmen mit seiner Meinung über die Absichten des Programms nicht überein. Goodwin streitet rundheraus ab, daß es Pläne für großangelegte biologische Eingriffe gebe, und skizzierte statt dessen Vorstellungen von Beratung und besonderer Förderung an den Schulen: »Es ist im wesentlichen ein großes Sonderförderungsprogramm«, behaupten die Verantwortlichen des NIMH. Breggins Verdacht, es gebe eine Verschwörung zur Ruhigstellung junger Farbiger, ist in ihren Augen »eine schändliche Verdrehung dessen, was wir tun«, und sie wurde demnach aus Goodwins Bemerkungen und Wassermans Konferenz »zusammengestückelt, um ein Bild von einem großen Plan zu entwerfen, den es in Wirklichkeit nicht gibt«.[18]

Sullivan stellte sich angesichts der Angriffe voll und ganz hinter die Gewaltinitiative.

»Ich werde mich nicht dafür entschuldigen, daß ich mein möglichstes tue, damit das Leben von weniger jungen Leuten durch Gewalt tragisch zerstört wird«, sagte er. Denjenigen (einschließlich Breggin), welche die Initiative als Plan zum Völkermord oder als neuen Holocaust an Farbigen bezeichnen, wirft er vor, sie erhöben »falsche, aufrührerische Anschuldigungen«, in denen die Arbeit des Gesundheitsministeriums »pauschal und unverantwortlich falsch dargestellt« werde.[19] Er betont, die Arbeiten zur Bekämpfung der Gewalt zielten zum allergrößten Teil auf gesellschaftliche und umweltbedingte Faktoren, und noch nicht einmal ein Prozent der Finanzierungsmittel aus dem Gesundheitsministerium würde zur Erforschung genetischer Zusammenhänge ausgegeben. Selbst Goodwin, in den Augen seiner Kritiker die Verkörperung der genetischen Erklärung für Verbrechen, sprach im Mai 1992 in einem Vortrag bei der American Psychiatric Association ausführlich über die »Umweltgifte«[20], welche die Ursache für kriminelles Verhalten seien. Er zählte zahlreiche Faktoren auf, die den Forschungsergebnissen zufolge mit Verbrechen im Zusammenhang stehen, so sexuelle oder körperliche Mißhandlung durch die Eltern, Abstumpfung gegen Gewalt durch ständigen Kontakt mit ihr, Streit zwischen den Eltern und Scheidungen, schlechte Schulen und den Mißbrauch von Alkohol und anderen Drogen.

Aber die Argumente von Goodwin und Sullivan waren vielleicht zu differenziert für Kritiker, denen es nur darum ging, bei der Identifizierung von Ursachen der Kriminalität einfache Schwarzweißbilder wie das von Genen und Umwelt zu zeichnen. Erklärungen, die sich nur auf einen einzigen Faktor gründen, haben sich nach Goodwins Worten schon seit langem als unzureichend erwiesen: »Heutzutage über Biologie kontra Verhalten zu sprechen, ist anachronistisch. Biologie kontra psychosoziale Faktoren ist anachronistisch. Die Frage lautet: Wie spielen psychosoziale Kräfte und biologische Faktoren zusammen, und wie können wir experimentelle Methoden finden, um ihre Anteile auseinanderzuhalten?«[21] Mit anderen Worten: Nach Goodwins Ansicht stehen Gene und Umwelt in Wechselwirkung, Verhalten wird sowohl von biologischen Faktoren als auch von der Umwelt bestimmt, und wenn man es verstehen will, muß man die Zusammenhänge beider Elemente aufklären. Aber diesen vernünftigen Ansatz kann man nicht verfolgen, wenn man nicht zunächst einräumt, daß Verbrechen eine genetische oder biologische Komponente hat, und viele von Goodwins Kritikern lehnen es ausdrücklich ab, in diesem Punkt Zugeständnisse zu machen.

Die Kritik an der Initiative setzte sich fort, wobei die Formulierungen vom Vernünftigen bis zur Hetze reichten. Eine Schlagzeile lautete »Untersuchung zur Unterdrückung von Gewalt ist nach Ansicht der Kritiker rassistisch«[22], und darunter war ein Foto der afrikanisch-amerikanischen Aktivistin Cindy Owens zu sehen. Von den Titelseiten anderer Zeitungen schrien Überschriften wie »Genetische Reihenuntersuchungen – der Plan des NIHM für den Völkermord«[23] und »Quacksalberei in den Innenstädten«[24]. »Von Natur aus kriminell?«[25] fragte eine Zeitung der Black Muslims auf der ersten Seite in großen, schwarzen Lettern, zwischen denen Bilder von jungen Farbigen eingestreut waren, manche davon mit der erhobenen Faust des Black-Power-Grußes.

Wasserman beobachtete den wachsenden Aufruhr im Frühjahr und Frühsommer 1992 als Zaungast mit akademischem Interesse. »Ich dachte, es würde meine Konferenz beleben«, erinnert er sich gequält. »Ich war nicht begeistert von Goodwins Bemerkungen, aber sie machten die Angelegenheit echter und lebhafter; ich glaubte, die Konferenz würde durch die Kontroverse interessanter.«[26] Er ging weiterhin seiner akademischen Tätigkeit nach und bereitete die Konferenz für Oktober vor. Eine Zeitlang war er damit beschäftigt, eine Ausgabe des Mitteilungsblattes aus dem Institute for Philosophy and Public Policy über die Themen Rassismus und Diskriminierung zu redigieren; ironischerweise zeigte das Blatt auf der Rückseite eine Werbeanzeige für die Konferenz. Zur gleichen Zeit mußte Wasserman auch den Tagungsprospekt vorbereiten; er hatte keine Ahnung, daß dieses Flugblatt für seine Pläne tödlich sein würde.

Oben auf den Prospekt setzte er links das Siegel der University of Maryland und rechts das Logo des National Center for the Human Genome Project, das er von dem Beamten, der die Mittel verwaltete, erhalten hatte. Darüber stand im Fettdruck der Titel der Konferenz: **Genetische Faktoren bei Verbrechen: Befunde, Nutzen und Anwendungen.** Außerdem standen dort das Datum und die Angabe »Eine Konferenz, finanziert vom Institute for Philosophy and Public Policy und von den National Institutes of Health«.

Der Absatz, den Wasserman als »tödlich«[27] bezeichnete, stand am Anfang des Prospekts:

»Die Wissenschaftler untersuchen bereits die genetische Steuerung gewalttätigen und impulsiven Verhaltens und suchen nach genetischen Markern, die mit kriminellem Verhalten in Verbindung stehen. Die Beweggründe für ihre Arbeiten sind unter anderem die früheren Erfolge der verhaltensgenetischen Erforschung psychiatrischer Störungen wie Alkoholismus und Schizophrenie. Antrieb erhält die genetische Forschung aber auch durch das offenkundige Versagen umweltorientierter Methoden zur Verbrechensbekämpfung – Abschreckung, Ablenkung und Rehabilitation –, wenn es darum ging, den dramatischen Zuwachs des Verbrechens und insbesondere der Gewaltverbrechen zu beeinflussen, die dieses Land in den letzten 30 Jahren erlebt hat. Genetische Forschung eröffnet die Aussicht auf die Identifizierung von Personen, die zu bestimmten Arten kriminellen Verhaltens neigen, auf die Abgrenzung von Umwelteinflüssen, die diese Veranlagungen zum Tragen bringen, und auf die Behandlung mancher Veranlagungen mit Medikamenten und intensiver Therapie.«[28]

Entgegen den Vorwürfen, die später gegen ihn erhoben wurden, war es ein wörtliches Zitat aus seinem Finanzierungsantrag mit einer einzigen, geringfügigen Änderung. Am Anfang des letzten Satzes wurden die beiden Worte »und neurobiologische« gestrichen, die in dem Antrag auf das erste Wort dieses Satzes folgten.

»Ich tat, was mir am vorsichtigsten erschien«, berichtet er. »Ich nahm den Titel und den Einführungstext des Antrags [um zu erklären, worum es bei den Konferenz ging]. Das gleiche tut ein Richter, wenn er die Formulierung aus einem bestätigten Berufungsurteil wiederholt.«[29] Teilweise übernahm er auch die Formulierungen aus der Zusammenfassung des Gutachtergremiums, in der die Fachgebiete der teilnehmenden Wissenschaftler genannt waren (ihre Namen waren außerdem auf der Rückseite des Prospekts aufgeführt). Und schließlich beschrieb er in geraffter Form die in dem Antrag dargestellten Ziele der Konferenz, wobei er deutlich machte, daß unterschiedliche Standpunkte erwartet wurden und erwünscht waren. Aber Wasserman hoffte vernünftigerweise, man werde die Gebiete der Meinungsverschiedenheiten klären und einengen können; deshalb nannte er Beispiele für einige Diskussionspunkte, mit denen er rechnete:

»Ob z. B. bestimmte Befunde reproduzierbar [und damit gültig] sind; wie man die Forschungsergebnisse interpretieren soll, also ob sich z. B. anerkannte Befunde auf andere Bevölkerungsgruppen und andere Verbrechen verallgemeinern lassen; und schließlich die ethischen und politischen Fragen, die sich aus solchen Forschungen ergeben, also z. B. ob die Möglichkeit, Fehlverhalten vorherzusagen und zu erklären, sich auf die Angemessenheit von Schuld und Strafe auswirkt.«[30]

Wasserman hatte keine Ahnung, wie tief die Angst saß, man könne farbige junge Männer unter Medikamente setzen; deshalb stellte er zwei düstere Fragen, die das Thema der Abschlußsitzung (»Eingriffe und Behandlung«) benennen sollten: »Kann medikamentöse Therapie jemals gutartig sein? Wem sollte man sie anbieten, und wen sollte man dazu zwingen?«[31] Mit diesen Worten verabreichte er seiner Tagung eine tödliche Dosis Gift. Vervollständigt wurde der Prospekt durch einen vorläufigen Zeitplan und Informationen über die Anmeldung.

Der Prospekt wurde an etwa 10000 Personen versandt, die von Berufs wegen Interesse für die Konferenz haben konnten. Wasserman wußte zwar, welche Welle der Kritik über Goodwin und Sullivan hereingebrochen war, aber er hatte keine Ahnung, daß die Formulierungen in seinem Prospekt sich hervorragend dazu eigneten, eine heftige Reaktion von Walters, dem Komitee und Breggin zu provozieren – letzterer hatte von »einem Angehörigen der Maryland University, der anonym bleiben möchte«[32], ein Exemplar des Prospekts erhalten.

»Ich war nie auf die Idee gekommen, daß man uns mit der Initiative gegen Gewalt in Verbindung bringen könnte«, gesteht Wasserman ein.[33]

Als Walters und Breggin den Prospekt in der Hand hatten, brauchte keiner von beiden weitere Beweise, daß Wassermans Konferenz ein wesentlicher Bestandteil des Plans hinter der Gewaltinitiative war. Breggin vermeidet zwar geflissentlich das Wort »Verschwörung«, aber er sieht in der amerikanischen Geschichte von den Anfängen bis heute eine absichtliche, düstere Planung. Er sagt:

»Ich würde nie von Verschwörung sprechen, denn damit verunglimpft oder übergeht man die Tatsache, daß Menschen zusammenkommen, um zu planen und zu organisieren. Nach Ansicht von Ginger [meiner Frau] hat man den Begriff ›Verschwörung‹ erfunden, um jeden herabzusetzen, der das Establishment kritisiert. Natürlich planen sie [die Regierung] bewußt etwas, genau wie wir. Unsere Kritiker des Verfolgungswahns zu beschuldigen ist auf einer persönlichen Ebene das gleiche, als wenn man die Kritik an der bestehenden Ordnung als Verschwörung abstempelt.
Gibt es eine geplante Verschwörung zur Zerstörung der Gemeinschaft der Farbigen? Ich weiß es nicht, aber zumindest war das die Wirkung der Vorgehensweise von Staat und Regierung seit den Zeiten der Sklaverei. Sie haben den Farbigen systematisch alle Macht und Identität genommen. Es gibt eine lange, lange Geschichte der Unterdrückung farbiger Menschen, und deshalb lautet die eigentliche Frage: Wenn es keine echte Verschwörung gibt, dann sag mir, wann war sie zu Ende? Nicht mit der Sklaverei und nicht mit dem Wiederaufbau ... Dieses Land ist seit sehr langer Zeit um die Unterdrückung der Schwarzen herum organisiert.«[34]

Walters lehnt die Vorstellung von absichtlich herbeigeführtem Schaden eher ab, aber, so sagt er, »wenn man afrikanischer Amerikaner ist, hat man Grund genug zum Mißtrauen«. Damit spielte er auf die berüchtigte Syphilis-Untersuchung von Tuskegee an, bei der man farbigen Männern die Behandlung verweigert hatte – für Walters ein Beispiel für die gefährlichen Auswirkungen, die staatliche medizinische Eingriffe auf die Gemeinschaft der Farbigen haben können.

»Wir haben uns das nicht ausgedacht«, fährt er abwehrend fort. »Es gab keinen Zweifel daran, auf wen Goodwins Gewaltinitiative zielte.« Er findet es »seltsam«, Gewalt als Problem der Volksgesundheit zu bezeichnen. »Gewalt ist nur insoweit ein Gesundheitsproblem, als daß Menschen daran sterben«, erklärt er. »Aber was die Ursachen angeht, ist sie kein gesundheitliches Problem.«[35]

Für Walters hat die Gewalt wirtschaftliche und soziale Ursachen, keine biologischen. In einem Vortrag, den er 1993 bei der American Association for the Advancement of Science hielt, zeichnete Walters die Zunahme der Gewalt in den Städten während der achtziger und neunziger Jahre als »angetrieben von wirtschaftlichen Entbehrungen«[36], und er beobachtet: »Rassismus und Mangel verhindern in praktisch allen Lebensbereichen, daß Farbige nach oben kommen.«[37] Außerdem stellt er einen Zusammenhang zwischen staatlichem Handeln und der Zunahme der Gewalt her:

»Wie wir wissen, gab es insbesondere in den letzten zwölf Jahren unter den Regierungen von Reagan und Bush einen massiven Entzug sozialer Unterstützung, der zu einer Zunahme der Armut führte. Es ist kein Zufall, daß in dieser Zeit auch der Drogenhandel in den großen Innenstädten zunahm, mit der Begleiterscheinung eines Anstiegs der Gewaltverbrechen und Morde.«[38]

Walters ist beunruhigt von der Vorstellung, Gewalt sei ein Gesundheitsproblem; die Behauptung, Gewalttätigkeit sei eine Krankheit,

»verschiebt die Aufmerksamkeit vom gesellschaftlichen Status einzelner Gruppen zum individuellen Leiden ... Selbst wenn Gewalt in einem gewissen Umfang zum Kulturleben der afrikanischen Amerikaner gehört, besteht der beste Eingriff darin, daß man produktive Wahlmöglichkeiten für die Lebensführung bereitstellt, so daß der einzelne eine solide Alternative zum gewalttätigen oder kriminellen Verhalten hat.«[39]

Das Ziel der Gewaltinitiative sei dagegen »offenkundig ... die gesellschaftliche Steuerung«[40] und vielleicht sogar Zwang, zwei Strategien, die die Farbigen aus gutem Grund fürchten.

In dieses Klima von Mißtrauen und Angst platzte Wassermans Konferenzprospekt. Er verlieh Breggins Behauptung, der Staat wolle die Theorie von einer genetischen Komponente der Kriminalität legitimieren, schreckliche Plausibilität. Breggin bezeichnete die Konferenz als »die Spitze eines viel größeren und gefährlicheren Eisbergs, nämlich der staatlichen ›Gewaltinitiative‹«[41]; damit, so Breggin, wolle man die Öffentlichkeit geistig darauf vorbereiten, die pauschale Ruhigstellung der jungen Farbigen hinzunehmen. In ganz ähnlicher Weise war auch Walters überzeugt, daß man die Konferenz trotz Wassermans Protesten nicht von der Gewaltinitiative trennen könne.

»Wir hielten Wasserman nicht unbedingt für einen Bösewicht«, sagt Waters. »Ich glaube, er war beim Organisieren der Konferenz einfach unbeholfen; entweder das, oder er war unaufrichtig ... Minderheiten waren [auf der Konferenz] spärlich bis gar nicht vertreten, und das erzeugte nicht gerade Vertrauen, daß sie die Frage der Minderheiten mit viel Feingefühl behandeln würden.«

Und Walters fährt mit seiner Kritik fort:

»Ich sagte [zu Wasserman]: ›Sie müssen das vor dem Hintergrund der Gewaltinitiative sehen; manche Leute sprechen sich dafür aus, bei Jugendlichen in den Innenstädten Medikamente zu benutzen.‹

Er erwiderte: ›Aber wir werden nicht über Rassen sprechen.‹ Das war für mich eine höchst naive Antwort von jemandem, der eine Konferenz über dieses explosive Thema organisierte. Er konnte die Themen und die Interessen der Teilnehmer nicht bestimmen. Man kann nicht über die wissenschaftliche Seite reden, ohne die gesellschaftlichen Ursachen der Verbrechen zu diskutieren; und die kann man nicht erörtern, ohne über Behandlung zu sprechen und ohne zu sagen, *wen* man behandeln will und *wie* ... Wenn Wasserman nicht glaubte, daß unausgesprochene Meinungen über die Ursachen des Verbrechens in den Innenstädten eine Triebkraft der Konferenz waren, welches Vertrauen konnten wir dann haben, daß er in der Lage sein würde, sachkundig mit dem Thema umzugehen?«[42]

Als Wasserman zum erstenmal hörte, seine Konferenz werde nicht von Gentechnik und Gesetzen handeln, sondern von Rassen, befand er sich in den Flitterwochen in Portugal. Dort erhielt er einen Anruf, in dem man ihm mitteilte, die Gruppe von Breggin und Walters verursache Probleme wegen der Konferenz. Wasserman war wie vor den Kopf geschlagen. Er schlug vor, man solle allen, die sich beschwerten, eine Kopie des Finanzierungsantrages schicken, damit sie sehen konnten, wer die Teilnehmer waren; dann, so meinte er, werde deutlich werden, daß es in der Konferenz nicht um die Genetik einer einzelnen Rasse ging und daß sich dort nicht nur diejenigen versammelten, die bei Verbrechen genetische Ursachen annahmen.

Nachdem Wasserman in die Vereinigten Staaten zurückgekehrt war, brachte Breggin die Konferenz in engen Zusammenhang mit der Gewaltinitiative, und zwar mit hitzigen Worten, die in den Medien wiedergegeben wurden. Walters schrieb im Namen des Komitees gegen die Gewaltinitiative einen Protestbrief an Dr. Bernadine Healey, die damalige Direktorin der National Institutes of Health, jener übergeordneten Behörde, zu der auch das Human Genome Project gehörte. Die Kritiker meldeten sich in Rundfunktalkshows und in den gedruckten Medien zu Wort. Sullivan unternahm einen Versuch, den Konflikt zu entschärfen, und rief eine unabhängige Kommission ins Leben, welche die Gewaltinitiative überwachen sollte; er drängte auch den widerstrebenden Walters, in diesem Gremium mitzuarbeiten. Die Kommission forderte die ethischen Richtlinien des Human Genome Project an und stellte entsetzt fest, daß es solche Richtlinien nicht gab; auch das stärkte nicht gerade ihr Vertrauen, daß die Konferenz sorgfältig überwacht wurde.

Als es soweit gekommen war, stärkte Eric Juengst, der Programmleiter des National Center for the Human Genome Project, Wasserman den Rücken; nach seiner Erfahrung gab es vor Konferenzen oft einen kurzen Sturm der Beunruhigung, der sich aber gewöhnlich bald legte. Er schlug vor, eine sorgfältig formulierte Pressemitteilung herauszugeben und darin zu erklären, die Konferenz werde das Bestehen einer Verbindung zwischen Genetik und Verbrechen nicht *bestätigen*, sondern man werde die Behauptungen, es gebe eine solche Verbindung, nur kritisch *untersuchen*. Aber für Breggins lautstarken Kreuzzug und Walters' machtvolle Proteste gab es kein Halten mehr. Mehrere Ortsgruppen der NAACP (National Association for the Advancement of Colored People), die viele Telefonanrufe besorgter Bürger erhalten hatten, gesellten ihre einflußreiche Stimme ebenfalls zum Chor der Einwendungen.

Der seltsamste Vorfall in dem ganzen Drama[43] ereignete sich eines Abends. Wie Wasserman berichtet, saß er mit seiner gerade angetrauten Frau und Alan Strudler, einem Kollegen, in einer Pizzeria in Bethesda; sie sprachen über Strategien zum Umgang mit einem »Hetzartikel« über die Konferenz, die Breggin im Mitteilungsblatt seines Center for the Study of Psychiatry herausgebracht hatte. Plötzlich wurde Wasserman von etwas überfallen, was er selbst als Dickenssche Vorstellung bezeichnete: Er glaubte, Breggin sei in dem Restaurant. Als er seine Befürchtung äußerte, sagte Strudler leichthin: »Das können wir ja feststellen.« Er stand auf und rief vernehmlich: »Peter Breggin?«

Der Mann am Nebentisch blickte auf und sagte: »Ja?« Wasserman drehte sich um, sah seinen Gegner an und fragte die Frau, die neben ihm saß, ob sie Ginger Ross Breggin sei, seine Frau und Hauptorganisatorin von Breggins Protesten gegen die Konferenz. Sie war es. »Und wer«, gab Breggin zurück, »sind Sie?«

»Ich bin der Typ, dessen Konferenz Sie verleumdet haben«, antwortete Wasserman.

Sie unterhielten sich eine Zeitlang. Wasserman war so erschüttert und durcheinander, daß er nichts essen konnte; er erklärte den Ursprung der Konferenz und ihre arglosen Absichten, wobei er in seinem Ernst und seiner Verwirrung zu stottern begann. Breggin legte ebenfalls seinen Standpunkt dar: Es gebe eine gewollte staatliche Politik, die sich auf junge Farbige richte und deren Absicht der Völkermord sei. Jede Tätigkeit, die solchen Plänen höheres Ansehen verschaffte, war in seinen Augen mitschuldig. Wasserman stimmte Breggin zu, die Sozialpolitik der Bush-Regierung sei verheerend und habe die Lage der Farbigen in den Städten verschlechtert, aber er erkannte keine Anzeichen für absichtliche Bösartigkeit.

»Ich war dem Impuls nicht abgeneigt, darin etwas Absichtliches und Verabredetes zu sehen«, erklärt Wasserman, als er sich an das Gespräch mit Breggin in der Pizzeria erinnert, »aber ich glaube immer noch nicht, daß es so war. Ich denke, die Leute sind zu solchen gesellschaftstechnischen Großtaten nicht fähig.«[44] Außerdem, so seine Argumentation, hatte die Konferenzplanung ihre Wurzeln bei den linksgerichteten Kritikern der Vorstellung, es gebe eine Verbindung zwischen Genetik und Verbrechen, zum Beispiel bei Paul Billings, einem medizinischen Genetiker und Mitarbeiter von Jonathan Beckwith. Wie konnte sie also zu einem Plan gehören, zu beweisen, daß Verbrechen genetisch bedingt sind?

Damit Wasserman verstand, welche Empfindlichkeiten die Schwarzen seiner Konferenz gegenüber hatten, gebrauchte Breggin eine Metapher – nicht den Vergleich mit »Nazideutschland«, der in den Medienberichten so groß herausgestellt worden war, sondern einen anderen. Von Jude zu Jude fragte er Wasserman, was dieser zu einer Konferenz über genetische Faktoren beim Handel mit Junk Bonds* sagen würde. Würde die jüdische Organisation B'nai B'rith eine solche Veranstaltung nicht zu Recht verhindern? Wäre nicht jeder Jude in Amerika darüber empört?

Ja, stimmte Wasserman zu, nur sei die Vorstellung, es könne genetische Faktoren für etwas so Gezieltes wie den Insider-Wertpapierhandel geben, absurd und lächerlich, auch wenn oft Juden daran beteiligt seien. Die Idee, es könne genetische Faktoren für Verbrechen im allgemeinen geben, sei dagegen in seinen Augen nicht absurd und lächerlich. Und außerdem ziele Breggins hypothetische Konferenz eindeutig auf Juden, seine dagegen konzentriere sich nicht auf Farbige. Sie trennten sich mit ein wenig mehr Sympathie füreinander, aber ohne Aufweichung ihrer diametral entgegengesetzten Meinungen.

Breggins Interpretation von Wassermans Konferenz schien ebenso unzugänglich für Veränderungen zu sein wie seine Sichtweise für die Gewaltinitiative; die Worte derer, die sie planten, hatten auf ihn keine Wirkung. Was auch der Ausgangspunkt der Konferenz gewesen sein mochte, man würde sie in seinen Augen als Faustpfand benutzen, als Vorspiel für die wirklichen Pläne der Regierung; wie sie auch ablaufen mochte und ungeachtet der Zusammensetzung der Teilnehmer – allein daß es sie gab, war eine Unterstützung rassistischer Positionen. »Schon der Titel verrät alles«, bemerkte Breggin später, wobei er wieder einmal aus harmlosen Worten eine verborgene Absicht herauslas. »Das Thema selbst [genetische Faktoren beim Verbrechen] existiert nicht. Es hatte immer rassistische Auswirkungen und bedeutet ansonsten kaum etwas.«[45]

Im Juli hatten sich die Flammen der öffentlichen Erregung schon tief in Wassermans Konferenz hineingefressen. Das Pro-

* Vor allem in den USA verbreitet gehandelte Hochrisiko-Wertpapiere (Anm. d. Übers.).

blem wurde Eric Juengst, dem für Wassermans Finanzierung verantwortlichen Programmdirektor, aus der Hand genommen und wanderte auf dem Dienstweg nach oben. Bernardine Healey, die Direktorin des NIH, und John Diggs, ihr Verwaltungsleiter für externe Forschungsfinanzierung, froren die Mittel für Wassermans Projekt ein, bis »weitere Diskussionen« stattgefunden hätten, »die sich mit den Auswirkungen der geplanten Konferenz beschäftigen«. Sie beauftragten Wasserman, ein Beratungsgremium einzusetzen, das »alle Materialien und Planungen für die Konferenz überarbeitet, um Veränderungen zu erzielen, die zur Milderung der Bedenken oder zur Klärung der aufgeworfenen Fragen erforderlich sind«. Diese Bedenken beträfen »das Einfühlungsvermögen und den Wahrheitsgehalt der beabsichtigten Konferenz«.[46]

Für alle, die sich mit der staatlichen Forschungsfinanzierung auskannten, war es ein Schock, daß Healey direkt eingegriffen hatte. Healey, eine Kardiologin mit untadeliger medizinischer Ausbildung und beträchtlicher Erfahrung in den höchsten Ebenen von Verwaltung und Politik, ist eine attraktive blonde Frau mit scharfer Intelligenz. Sie strahlt jenes unerschütterliche Vertrauen in ihre Entscheidungen aus, das auch Chirurgen manchmal zeigen, eine Eigenschaft, die manche Kollegen verwirrend und andere einschüchternd finden. Healey nahm die Stellung als Leiterin des NIH an, nachdem mehrere Männer die Position abgelehnt hatten, und drückte ihr mit mehreren energischen Entscheidungen, von denen einige sehr umstritten waren, ihren Stempel auf. Sie gehört nicht zu den Menschen, die einen einmal bezogenen Standpunkt schnell wieder aufgeben. Diggs, ihr Verwaltungsleiter für externe Forschungsfinanzierung, ist ein afrikanischer Amerikaner mit einem Doktortitel in Physiologie und jahrelanger Verwaltungserfahrung.

Als die ersten Proteste Healeys Büro erreichten, nahm sie offenbar Kontakt mit einigen Mitgliedern der Gutachterkommission auf, die den Finanzierungsantrag für die Konferenz gebilligt hatten, und bat sie, ihre Entscheidung zu begründen. Sie lasen den Antrag noch einmal und lehnten es ab, Abstriche an ihrer Haltung zu machen oder die Finanzierung herunterzustufen. Healey sperrte dennoch die Gelder, denn das war nach ihrer Ansicht die einzige verantwortungsvolle Reaktion auf die Proteste.

Zu der Zeit im Hochsommer, als die Mittel eingefroren wurden, versuchte Wasserman bereits auf verschiedenen Wegen, auf den öffentlichen Aufschrei zu antworten – und seine Konferenz zu retten. Er hatte Juengst, seinem Programmdirektor, mitgeteilt, er sei nur allzugern bereit, ein Gremium einzuberufen, dem auch Vertreter der Farbigengemeinschaft angehören sollten, und auf ihre Vorschläge zu hören. Außerdem hatte er zugestimmt, der Konferenz einen weniger beleidigenden Titel zu geben – nicht mehr »Genetische Faktoren beim Verbrechen: Befunde, Nutzen, Anwendungen« – und den Prospekt zu ändern. (Ursprünglich lautete der Titel sogar »Die Bedeutung der genetischen Forschung für Vorhersage und Erklärung kriminellen Verhaltens«; Wasserman hatte ihn schon einmal geändert, um ihn in die vorgesehene Zeile des NIH-Formulars für die Antragstitelseite zu quetschen.)

Weiterhin bot Wasserman an, auf der Konferenz eine oder zwei zusätzliche Sitzungen abzuhalten, die sich ausdrücklich mit Rassenfragen beschäftigten – wie er allerdings anmerkt, stammte diese Idee nicht von Leuten wie dem farbigen Soziologen Troy Duster, der seine Teilnahme zugesagt und Entwürfe für den Prospekt redigiert hatte, sondern von einem weißen, jüdischen Akademiker aus Minnesota. Zu seiner Verteidigung führt Wasserman an, er habe nicht als einziger falsch vorhergesehen, wie die afrikanisch-amerikanische Gemeinschaft die Konferenz aufnehmen würde. Wasserman schlug sogar vor, die Konferenz abzusagen und nur eine Sammlung von Aufsätzen zu dem Thema herauszugeben.

Die Sperrung der Mittel auf Healeys direkte Anweisung führte zu einer dramatischen Verschiebung der Diskussionsgrundlage, und daß sie die Gutachter befragte, versetzte Wasserman in Wut. »Gutachterkommissionen sind wie Gerichte«, stellt er mit einem Vergleich aus seiner eigenen juristischen Vergangenheit fest, »sie sind *unantastbar.*«[47] Er neigt ebenso dazu, die Vorgänge durch die Brille seiner rechtswissenschaftlichen Ausbildung zu sehen, wie Walters sie aus dem Blickwinkel der politischen Interessen Farbiger betrachtet und wie Breggin sie in den Zusammenhang der Sedativ-Psychiatrie stellt.

Für Wasserman ging es jetzt um eine Frage von Recht und akademischer Freiheit. Der ganze Zusammenhang der Konferenz und ihrer Probleme war auf eine neue Grundlage gestellt worden. Wasserman betrachtete Healeys Handlungsweise als gefährliche Umgehung des gesamten Gutachterverfahrens. Andere Wissenschaftler stimmten ihm zu, so unter anderem Bill Bailey von der American Psychological Association, der die Sperrung Zitaten zufolge als Untergrabung der Glaubwürdigkeit für das ganze Begutachtungssystem betrachtete[48] – eine Lesart, der die Sprecher des NIH heftig widersprachen. Wasserman und Victor Medina, der Leiter der Drittmittelverwaltung an der University of Maryland, hielten die Sperrung schlicht für gesetzeswidrig, weil sie einseitig einem begutachteten und genehmigten Projekt neue Bedingungen aufzwang, obwohl alle Umstände und Bedingungen schon von Anfang an offen auf dem Tisch gelegen hatten.

Als nächstes folgte eine Reihe von Streitereien, die durch Briefe und in den Medien ausgetragen wurden. Medina als Vertreter der Universität und Wasserman befehdeten sich mit Healey und Diggs vom NIH; Walters und Breggin äußerten als Vertreter der Öffentlichkeit weiterhin ernste Sorgen wegen der beabsichtigten Konferenz; die Medien gaben eine Reihe von Aussagen aller Parteien wieder, und darin zeigte sich, wie weit die Auffassungen auseinanderlagen.

Medina vertrat die Haltung, Wasserman könne und dürfe sich nicht auf neue Diskussionen und Veränderungen der Konferenz einlassen, wenn sich dadurch neue Bedingungen für die Finanzierung ergäben, denn solche neuen Bedingungen seien illegal. Walters behielt die Lage weiterhin im Auge, und knapp einen Monat nachdem Medina in einem Brief an Healey gegen die Sperrung protestiert hatte, schrieb er im Namen des Komitees gegen die staatliche Gewaltinitiative ebenfalls an die NIH-Direktorin, um sie genau deswegen zu loben; außerdem drängte er sie, die Konferenz völlig abzusagen, und zwar mit folgender Begründung:

»Eine nachlässige und zuwenig einfühlsame Behandlung des Themas könnte selbst bei den besten Absichten zur weiteren Legitimierung einer Denkweise führen, die biologisch-medizinische Eingriffe als wichtigstes Mittel zur Behebung sozialer Probleme betrachtet und nicht die Neuordnung der sozialen Förderung mit dem Ziel, eine handfeste Alternative zur kriminellen Lebensweise zu bieten ... Deshalb ist es nur vernünftig, daß wir diese Konferenz im Zusammenhang mit der sogenannten ›Gewaltinitiative‹ sehen ... Ungeachtet der Proteste der Gegenseite, wonach es sich um ›getrennte‹ und nur zufällig zusammenfallende Projekte handelt, besteht für uns mit großer Sicherheit eine Verbindung zwischen ihnen.
Deshalb betrachten wir diese Konferenz wie auch die Aktivitäten und die auf Völkermord zielenden Einstellungen von Dr. Richard [*sic*] Goodwin und seinen Kollegen als eindeutige, reale Gefahr für die afrikanisch-amerikanische Gemeinschaft ... Wir bitten Sie nur, daß Ihre Behörde unserer Forderung gegenüber das Einfühlungsvermögen zeigt, die Finanzierung der Konferenz völlig zurückzuziehen ... Wir werden weiterhin auch andere Aspekte der sogenannten ›Gewaltinitiative‹ mit großem Interesse beobachten.«[49]

Diggs erwiderte im Namen des NIH auf Medina und erklärte, es seien weitere Diskussionen erforderlich, weil »als Folge des öffentlichen Interesses an der Konferenz unvorhergesehene Fragen der Empfindlichkeit und des wissenschaftlichen Wertes aufgeworfen« worden seien. Die Handlungsweise des NIH sei gerechtfertigt, »um die Interessen der Öffentlichkeit und die richtige Verwendung der Finanzierungsmittel zu sichern und zu schützen«. Diggs wandte sich auch gegen die Behauptung, das NIH sei der Schirmherr des Prospekts. Zwar ist bei solchen Projekten vorgeschrieben, daß die Finanzierung aus Bundesmitteln erwähnt wird, aber Diggs meinte: »Die Bezeichnung des NIH als Mitsponsor ist unzutreffend, denn sie läßt vermuten, daß wir an der Planung und Entwicklung des Tagungsprogramms unmittelbar beteiligt waren.«[50]

Die Medienberichterstattung über den Konflikt nahm jetzt eine neue Färbung an. In der ersten Welle von Artikeln lag das Schwergewicht auf Vorwürfen wegen Rassismus und naziartiger Konferenzprogramme, und man hatte sich mit der vermuteten Verbindung zwischen Wassermans Konferenz und der Gewaltinitiative beschäftigt; jetzt ging es um die Frage, ob es angemessen und legal war, die Konferenz abzusagen. Wasserman und die University of Maryland mauerten gegenüber dem NIH und weigerten sich, die Mittelsperrung als rechtmäßig anzuerkennen.

Veranlaßt vielleicht durch die immer negativere öffentliche Beurteilung der Sperrung, schrieb Diggs erneut, diesmal mit härteren Worten. Er zitierte Passagen aus dem einleitenden Abschnitt, der ohne nennenswertes Aufhebens aus dem Antrag gestrichen worden war, und behauptete: »Diese Aussagen erregten nicht nur öffentliches Aufsehen, sondern sie stellen auch eine grundlegende Abkehr von den Themen dar, für die die Mittel gewährt wurden.« Wassermans Darstellungen in der Presse (wonach Healeys Vorgehen das Gutachtersystem untergrub) bezeichnete Diggs als »arglistig« und »intellektuell unaufrichtig«. Das NIH sei dafür verantwortlich, daß »öffentliche Gelder in sozialverträglicher Weise verwendet« würden, und Healey übe nur »richtige staatliche Verwaltung« aus, indem sie auf das »starke Entsetzen wegen des Konferenzprospekts« reagiere, der in einem Brief als »gefährlich« bezeichnet wurde.

Und schließlich wälzte Diggs die Verantwortung für die Schwierigkeiten ganz unverblümt auf Wasserman ab:

»Als Mr. Wasserman die Konferenz zusammenstellte, ganz sicher aber als er dafür Werbung machte, hat er Wesen und Themenspektrum der Tagung, wie sie ursprünglich von den Gutachtern genehmigt war, grotesk verzerrt. Der Tagungsprospekt, der außerhalb dieses Verfahrens gestaltet und verteilt wurde, war die Ursache der Auseinandersetzung, und er führte zu der Skepsis, die der Konferenz jetzt entgegengebracht wird.«[51]

Sachlich irrte sich Diggs mit dieser Kritik an dem Konferenzprospekt. Er war in seinen Formulierungen fast identisch mit dem Antrag, so daß man fairerweise nicht von einer »grundlegenden Abkehr« oder »grotesken Verzerrungen« sprechen konnte; außerdem ist »Sponsor« ein Standardbegriff für eine Institution, die finanzielle Unterstützung gewährt.

In anderer Hinsicht hatte Diggs jedoch einen aufschlußreichen Punkt angesprochen: Der Prospekt *liest* sich anders als der Antrag. Er ist kürzer, so daß die Absicht, die genetischen Behauptungen in Frage zu stellen, weniger oder gar nicht zur Geltung kommt. Das grundlegende Ziel der Konferenz, über mögliche Probleme und Anwendungen zukünftig behaupteter Verbindungen zwischen Genetik und Verbrechen nachzudenken, wird vernebelt. Sätze, die im Zusammenhang des Antrags nicht beunruhigend sind, stehen in dem Prospekt völlig allein und erzielen so eine besorgniserregende Wirkung.

Wer wie Wasserman den Prospekt als geraffte Fassung des Antrags sah, mußte sich viel Mühe geben, um die Wirkung auf jene zu verstehen, die vor dem Hintergrund der Gewaltinitiative nur (oder zuerst) den Prospekt gelesen hatten. Ein Prospekt für eine Konferenz über Indizien für genetische Faktoren bei Verbrechen und über intelligente, verantwortungsbewußte Reaktionen auf solche Behauptungen konnte niemanden verletzen; ein Prospekt über die Veranlagung der Farbigen zu Verbrechen war dagegen für viele Menschen eine Beleidigung.

Der 9. Oktober 1992 kam und ging, ohne daß eine Konferenz über genetische Einflüsse bei Verbrechen zusammentrat. Am

16. April 1993 strich das NIH die Mittel endgültig. Healey äußerte sich zu der Angelegenheit so: »Nach unserer Ansicht als Wissenschaftler und Ärzte war es in der Art, wie das Projekt betrieben wurde, eine unangemessen schlecht geplante, gefährlich hetzerische Konferenz. Es wäre sozial unverantwortlich gewesen, sie stattfinden zu lassen.«[52]

Aber damit war die Geschichte noch nicht zu Ende. Wasserman und die University of Maryland legten beim NIH Grant Appeals Court Widerspruch gegen die Streichung ein. Am 3. September 1993 ergriff das Gremium mit sieben zu zwei Stimmen Wassermans Partei und stellte fest, die Vorwürfe der Verzerrung und Falschdarstellung seien »unbegründet« und das NIH habe »unvernünftig« und »fehlerhaft« gehandelt, weil es nicht in Zusammenarbeit mit Wasserman einen neuen Prospekt erstellt habe. Mit einem wunderbaren Blitz der Einsicht in die paradoxe Lage stellt das Gremium aber auch fest, die Konferenz habe als »Affront gegen die Gemeinschaft der Farbigen« aufgefaßt werden können, wenn das NIH sie zum geplanten Zeitpunkt hätte stattfinden lassen. In seiner Entscheidung weist das Gremium das NIH und die University of Maryland an, gemeinsam die Durchführbarkeit einer neu angesetzten Konferenz zu untersuchen und sich auf einen Plan zu einigen, der dann vom National Center for Human Genome Research genehmigt werden müsse.[53] Ob eine vernünftige Übereinkunft über eine solche Konferenz zu erzielen ist, bleibt abzuwarten.

Was die Initiative gegen Gewalt angeht, so läßt das NIH heute alle Forschungsvorhaben, die sich mit Gewalt beschäftigen, sowohl unter wissenschaftlichen als auch unter ethischen Gesichtspunkten begutachten. Nach öffentlichen und nichtöffentlichen Beratungen über dieses Thema wurden die meisten der derzeit laufenden 284 Studien erneut genehmigt; definitiv abgelehnt wurde noch keine einzige. Die Vorschäge der Gutachter für zukünftige Projekte des NIH betreffen eine Verdoppelung der Mittel zur Untersuchung der Gewaltvorbeugung und der Hilfe für die Opfer, den Aufbau eines Überwachungsgremiums, um sicherzustellen, »daß die Gewaltforschung nicht Einzelpersonen oder empfindliche Bevölkerungsgruppen verletzt«, die verbesserte Finanzierung langfristiger und sozial orientierter Forschungsprojekte und die Ausweitung der Ausbildungsmöglichkeiten im Bereich der Gewaltforschung, insbesondere für Wissenschaftler, die Minderheiten angehören.[54]

Die öffentliche Diskussion über Planung, vernünftige Bewertung und vorausschauendes Aufstellen von Beweisstandards ist immer noch unbedingt notwendig und findet bisher kaum statt. Wenn man aus der Kontroverse etwas lernen kann, dann dieses: Es ist äußerst wichtig, daß solche Fragen in der Öffentlichkeit nachdenklich und vernünftig erörtert werden. Gleichzeitig hat der Streit einer solchen Diskussion aber auch beträchtliche Hindernisse in den Weg gelegt.

Wie Coons Buch, so wurde auch Wassermans Konferenz wegen der Dinge, die er nicht sagte, ebenso stark verurteilt wie wegen derer, die er aussprach. Wasserman versäumte es, sich zu distanzieren – von der Gewaltinitiative ebenso wie von möglicherweise rassistischen Behauptungen, es gebe Verbindungen zwischen Genen und Verbrechen; in beiden Fällen sah er keinen Zusammenhang mit seiner Konferenz. Da es keine öffentliche und wissenschaftliche Diskussion über Rassen und Rassenfragen gab – es war das stillschweigende Embargo, das seit den Skandalen der sechziger Jahre über dem Thema lag –, entstand ein Klima von Verdacht, Beschuldigung und Mißtrauen, in dem zwei völlig unterschiedliche Interpretationen für dieselben Ereignisse gedeihen konnten. Wasserman konnte glauben, eine Diskussion über genetische Faktoren bei Verbrechen brauche sich nicht auf das zentrale Thema der Rassen zu konzentrieren, und Walters und Breggin brauchten an derselben Diskussion kaum etwas anderes wahrzunehmen als die unmittelbare Gefahr für die Gemeinschaft der Farbigen. Da sie alle intelligente, wohlmeinende Menschen waren, konnten sie miteinander über die unterschiedlichen Ansichten sprechen, aber es gelang ihnen einfach nicht, auf einen Nenner zu kommen.

Die öffentliche Meinung ist so schmerzlich aufgeheizt, daß es fast unmöglich wird, die Fragen vernünftig zu erörtern. Dieses Problem beunruhigt Walters als Vertreter der afrikanisch-amerikanischen Gemeinschaft und als Politikwissenschaftler. Seine Hauptsorge betrifft nicht die Konferenz, so wichtig sie für Wasserman auch war. »Die Konferenz war eine Art Fußnote«, räumt er ein. »Sie war in meinen Augen überhaupt nicht wichtig. Das weit gefährlichere Thema ist die Gewaltinitiative.«[55] Und doch gibt er zu, die Konferenz habe ihn beunruhigt.

»Ich möchte wissen, warum man eine solche Konferenz über die genetischen Faktoren des Verbrechens abhalten soll; was könnte daraus an Gutem erwachsen? Wenn er über Folgerungen, Beweiskriterien und so weiter sprechen wollte, dann hätten die Tagesordnung und die Zusammensetzung der Teilnehmer ganz anders aussehen müssen ... So, wie er die Konferenz geplant hatte, war das nicht zu erreichen; es konnte sich nicht ergeben, wenn die unterschiedlichen Meinungen über die Beweiskraft der wissenschaftlichen Themen öffentlich aufeinanderprallten.«[56]

Walters führt ein Argument an, das in ähnlicher Form auch schon von Virchow, Washburn und Dobzhansky vertreten wurde:

»Ich würde behaupten, daß es Arten von Forschung gibt, die man nicht durchführen sollte, und zwar aus Gründen des inneren Friedens. Man muß entscheiden, welche Themen in der Gesellschaft so große Spannungen hervorrufen, daß eine Rückkehr auf den Weg des inneren Friedens nicht mehr möglich ist. Wenn keine Gruppe die Verantwortung für diese Entscheidung übernimmt, läuft alles weiter, und dann gerät man auf einen Weg, der unter dem Gesichtspunkt, daß Menschen in einer zivilisierten Gesellschaft zusammenleben, unumkehrbar ist ...
Wenn Sie mir sagen, daß ich eine Veranlagung zu Gewalt habe,

vertiefen Sie die Kluft zwischen uns. Hier muß man eine Kosten-Nutzen-Rechnung aufmachen: Vereinigt man die Gesellschaft stärker, wenn man diese Art der Forschung ignoriert, oder steuert man mehr bei, wenn man etwas findet? Wenn man etwas findet, muß man logischerweise auch eingreifen und versuchen, es zu heilen. Na gut, aber *meine* Kinder holt ihr nicht! [Manche Forschungsarbeiten] lassen in der Gesellschaft eine Konfliktstimmung entstehen, die ich als Politikwissenschaftler verstehe ... Manche Forschungen sollte man einfach nicht unternehmen, weil die für die Gesellschaft so große Gefahren bergen. Wir stehen auf der Kippe zu etwas sehr Wichtigem und sehr Gefährlichem.«[57]

Ironischerweise sind Walters und Wasserman übereinstimmend davon überzeugt, daß es wichtig ist, den inneren Frieden zu wahren und den Zerfall der Gesellschaft in einander mißtrauende Gruppen zu verhindern. Damit haben sie sicherlich recht, denn in einer Gesellschaft, deren Mitglieder sich nicht als Einheit verbunden fühlen, kann es keine Verständigung und damit auch keinen Fortschritt, keine Planung und keine Stärke geben. Die Wiederherstellung von innerem Frieden und Vertrauen, die Dämpfung der Stimmen von Angst und Haß müssen Vorrang vor allem anderen haben.

Unterschiedlich schätzen Wasserman und Walters jedoch die Bedeutung der geplanten Konferenz ein. Nach Wassermans Vorstellung sollte sie Erkenntnisse hervorbringen und zu Schlußfolgerungen führen, die der Gesellschaft in Zukunft schmerzliche Konflikte und trennende Anschuldigungen ersparen. »Wir hatten vor, die öffentliche Diskussion dieser Themen voranzubringen«, sagt Wasserman traurig. »Zumindest haben wir die Lautstärke gesteigert.«[58] Nach seiner Prophezeiung wird die Behauptung, es gebe bei Verbrechen genetische Faktoren, eines Tages erhoben werden, obwohl seine Konferenz gestorben ist.

Walters ist ebenfalls der Ansicht, daß solche Behauptungen

höchstwahrscheinlich auftauchen werden und daß man sie vermutlich gegen die Gemeinschaft der farbigen Amerikaner verwenden wird. Um die Vertreter solcher Aussagen ihrer wissenschaftlichen Rechtfertigung zu berauben, schlägt er vor, die Finanzierung von Forschungsarbeiten über den Zusammenhang zwischen Genetik und Verbrechen zu verweigern. Dieses Argument verkennt aber, daß mangelndes Wissen die Behauptung nicht verhindern wird; es wird nur verhindern, daß ihre wissenschaftliche Begründung und die Folgerungen genauestens unter die Lupe genommen werden. Das schlimmste Ergebnis solcher Forschungen wäre nach Walters' Ansicht der Nachweis, daß es tatsächlich eine genetische Veranlagung zu Verbrechen oder gewalttätigem Verhalten gibt.

Diesen hypothetischen Befund muß man in seinen weiter gefaßten Auswirkungen genau durchdenken. Von Bedeutung ist in diesem Zusammenhang, was Stephen J. Gould über die Vererbung der Intelligenz, einer ähnlich umstrittenen Eigenschaft, geschrieben hat: »Der Erblichkeits-Trugschluß ist nicht etwa die schlichte Behauptung, daß der Intelligenzquotient in gewissem Umfang ›erblich‹ sei. Ich zweifle nicht daran, daß dem so ist, auch wenn der Umfang von den eifrigsten Anhängern der Vererbungstheorie eindeutig übertrieben dargestellt wird. Es ist schwer, irgendeinen umfassenden Aspekt der Leistungen oder der Anatomie des Menschen zu finden, der überhaupt keine vererblichen Anteile aufweist.«[59] Wenn man in diesem Satz das Wort »Intelligenzquotient« durch »Kriminalität« ersetzt, stimmt er genauso.

Aber wie Gould betont, ist die Erblichkeit einer Eigenschaft nicht das gleiche wie ihre zwangsläufige Ausprägung; die Tatsache der Erblichkeit sagt nichts über die Möglichkeit, daß Umwelteinflüsse sich darauf auswirken, ob sie zum Tragen kommt. Das gleiche trifft auch für die Gewalt zu (oder für das Gegenteil, also die Neigung, Konflikte friedlich zu lösen), falls sie ebenfalls erblich sein sollte.

Gould nennt als Beispiel für diese Tatsache die Körpergröße, eine Eigenschaft, die stärker erblich ist, als es für IQ, Kriminalität oder Gewalttätigkeit jemals angenommen wurde. Angenommen, die Körpergröße ist sowohl bei allen großen, wohlhabenden Menschen in Amerika als auch bei allen kleinen, notleidenden Menschen in der Dritten Welt zu 95 Prozent erblich; das würde bedeuten, daß relativ große Eltern relativ große Kinder bekommen, während die Nachkommen relativ kleiner Eltern ebenfalls eine relativ geringe Größe haben, und das mit einem hohen Maß an Vorhersagbarkeit. Würde man aber die Bevölkerung der Dritten Welt ausreichend mit Nahrungsmitteln und medizinischer Versorgung ausstatten, würde die Durchschnittsgröße bei der nächsten Generation trotz dieser starken Erblichkeit zunehmen. Genauso ließe sich auch eine genetisch festgelegte Neigung zu Gewalt (falls es sie gibt) durch Veränderungen der Umwelt unterdrücken, und die Veranlagung zu friedlichem, kooperativem Verhalten ließe sich verstärken.

Die Schätzungen für den erblichen Anteil an Verhaltensweisen schwanken, aber sie sind dennoch aufschlußreich. Für den genetischen Einfluß bei der Intelligenz werden alle möglichen Zahlenwerte zwischen 20 und 80 Prozent genannt; für Gewalttätigkeit oder Kriminalität soll er deutlich unter 50 Prozent liegen. Natürlich sind sowohl Kriminalität als auch Intelligenz künstliche Konstruktionen, die sich aus vielen verschiedenen Neigungen und Fähigkeiten zusammensetzen. Sie als geschlossene Größen oder Zahlen darzustellen ist eine schwerwiegende Verzerrung der Realität im Interesse der Vereinfachung.

Solche Schätzungen für die Erblichkeit deuten auf einen nicht sofort erkennbaren, aber wichtigen Punkt hin. Arthur Jensen behauptete 1969, Intelligenz sei zu 80 Prozent erblich.[60] Mit anderen Worten: In der Bevölkerungsgruppe, die er untersucht hatte, waren 80 Prozent der *Schwankungen* der IQ-Werte um den Mittelwert (der durch den Wert 100 in IQ-Tests definiert ist) statistisch mit genetischen Faktoren wie den IQ-Werten der Eltern in dieser Gruppe zu erklären. Die restlichen 20 Prozent werden demnach nichtgenetischen Faktoren zugeschrieben, so der

Umwelt, dem gesellschaftlichen und wirtschaftlichen Status, dem kulturellen Stellenwert, der dem Lernen eingeräumt wird, und der Qualität der Ausbildung. Was daran das Entscheidende ist: Die Schätzung einer Erblichkeit von 80 Prozent gründet sich auf die Befunde in einer bestimmten Bevölkerungsstichprobe; die Zahl bedeutet nicht, daß der IQ eines einzelnen zu 80 Prozent von den IQ der Eltern bestimmt würde.[61]

Außerdem geben solche Zahlen einen falschen Eindruck von Genauigkeit. Wie nicht anders zu erwarten, ergeben sich in verschiedenen Studien, in denen unterschiedliche Maßstäbe für Intelligenz und andere Verhaltensmerkmale angelegt wurden, auch unterschiedliche Schätzungen für die Erblichkeit. Und, was noch bedeutsamer ist: Auch wenn mehrere Studien den gleichen Maßstab für Intelligenz (oder Kriminalität) an verschiedene Bevölkerungsgruppen anlegen, gelangen sie zu unterschiedlichen Schätzungen für die Erblichkeit.

Für manche Menschen geht von solchen Zahlen ein Schrecken aus, denn sie legen die Vorstellung nahe, Intelligenz, Kriminalität und andere Verhaltensweisen seien zu einem großen Teil genetisch vorbestimmt. Aber die Erblichkeitsschätzungen gaben auch Anlaß zu großen Hoffnungen. Wenn ihre Fürsprecher recht haben, ist Intelligenz oder Kriminalität zu einem erheblichen Prozentsatz durch Umweltfaktoren zu beeinflussen. Man braucht sich nur zu überlegen, welche Begeisterung herrschen würde, wenn man die Kriminalität in einer Bevölkerungsgruppe auch nur um 15 Prozent senken oder die Intelligenz um diesen Wert steigern könnte! (Ironischerweise würde der Mittelwert für die Intelligenz definitionsgemäß auch dann bei einem IQ von 100 bleiben, wenn die Leistungen in den Intelligenztests steigen. Verändern würde sich entweder die Verteilung der Meßwerte um den Mittelwert herum oder die Zahl der Fragen, die man richtig beantworten muß, um einen Wert von 100 zu erreichen.)

Der Ablauf, der mit Darwin begann, hat seinen Weg genommen. Niemand war auf verbitterte Auseinandersetzungen aus, aber die Frage nach dem Wert der Unterschiede zwischen den Menschen hat ihre klebrigen Fangarme ausgestreckt und die Arglosen immer wieder überwältigt. Man kann diesem Ungeheuer nicht entrinnen; es bedroht uns alle. Es gibt reale Gefahren, wie Walters nur zu gut weiß. Bisher haben wir uns davor gefürchtet, uns offen mit ihnen auseinanderzusetzen; wir haben den Kopf in den Sand gesteckt und die Augen von dem entsetzlichen Problem abgewandt. Statt uns dem Schrecklichen zu stellen, haben wir herumgespielt und zuerst die Evolutionstheorie und später die Genetik ins Politische gezogen, denn wir sind von unserer Veranlagung her politische Wesen, so daß dieses Spiel uns von Natur aus naheliegt. Wir haben gegeneinander gekämpft, uns mit Schimpfworten belegt, einander finsterer Absichten bezichtigt und üble Unterstellungen verbreitet – anstatt die Unkenntnis zu bekämpfen. Damit haben wir denen, die Haß säen, Zeit gegeben, das Ungeheuer zu mästen. Es ist dick und groß geworden durch die ständige Nahrung aus Rassentrennung, Lügen und Halbwahrheiten, und jetzt ist es so stark, daß es uns alle zerstören kann.

Heute lautet die Frage: Können wir uns auf diese neue Ebene der Diskussion über den Wert der Unterschiede einstellen, oder werden wir wieder einmal unbedacht unterliegen?

Epilog
Vom Wert der Unterschiede

Der Streit um die Frage, welchen Wert man den Unterschieden zwischen den Menschen beimißt, geht weiter.

Die Fragen kehren immer wieder, stets drängend, nie beantwortet. Welches *sind* die Unterschiede zwischen uns, und welche übergeordnete Bedeutung hat diese Vielfalt? Wer ist für den Mißbrauch harmloser Erkenntnisse verantwortlich? Gibt es Themen, die man nicht erörtern kann oder erörtern darf, weil sie einen so guten Brennstoff für bösartiges Feuer abgeben? Wer entscheidet, wann es zu gefährlich wird und wo man die Grenze ziehen muß? Wie können wir erfahren, wo die Wahrheit liegt?

Aber hinter dieser langen Diskussion, die sich von Wilberforce zu Wasserman und von Huxley zu Healey zieht, steckt eine tiefer liegende Frage: Sollen wir herausfinden, *wer wir sind* und *worin das Menschsein besteht*? Können wir ohne Scham in den Spiegel sehen? Haben wir den Mut und die Intelligenz, uns der Wahrheit über uns selbst zu stellen?

Wir müssen. Unkenntnis ist nie die Lösung.

Die Menschen unterscheiden sich, und in diesem Sinne gibt es Menschenrassen. Aber die Gruppen der Menschen entwickeln sich, machen eine Evolution durch und werden das auch weiterhin tun; mit jeder Geburt und jedem Todesfall ändern sich die genetischen Eigenschaften der menschlichen Populationen. Eine Grenze um ein so flüchtiges Gebilde wie eine Menschenrasse zu ziehen ist eine Übung in Sinnlosigkeit und Dummheit. Die frühere Apartheidregierung in Südafrika scheiterte mit ihren Versuchen, Rassengruppen gegeneinander abzugrenzen, und schuf ein System voller Ungereimtheiten.[1] Selbst Carleton Coon, das Urbild dessen, der die Menschen klassifizierte, räumte die Unmöglichkeit einer Rasseneinteilung ein: »Man kann nicht jedem Menschen auf der Welt auf die Schulter klopfen und sagen: ›Du gehörst zu dieser oder jener Rasse.‹«[2]

Es gäbe nur eine Möglichkeit, wie Menschenrassen wirklich rein oder leicht zu trennen sein könnten: wenn sie reproduktiv isoliert wären – aber überall, wo zwei Menschengruppen aufeinanderstießen, haben sie sich mit Begeisterung vermischt. Dennoch gibt es unleugbare Abweichungen unter den Menschen, sowohl körperlich als auch geistig. Unsere Fähigkeiten sind ebensowenig gleich wie unsere Körpergröße oder unser Gewicht, aber zusammen besitzen wir eine atemberaubende Menge an Begabungen – zum Singen, zur Freude, zum Aufbauen und zum Zerstören. Diese Vielfalt ist unser größtes Geschenk und gleichzeitig unsere größte Herausforderung.

Kriminalität und Intelligenz, die beiden Eigenschaften mit dem größten Zündstoff, könnten durchaus eine genetische Komponente haben. Aber eine genetische *Komponente* ist etwas völlig anderes als genetische *Steuerung*. Ein komplexes Verhaltensmerkmal wie Intelligenz für ausschließlich genetisch bedingt zu halten würde allen Erkenntnissen der modernen Evolutionsbiologie widersprechen. Mit Sicherheit gibt es ein verworrenes Geflecht von Faktoren – genetische, soziale, wirtschaftliche und umweltbedingte –, die zwischen dem Genotyp und diesen Facetten unseres Phänotyps liegen. Unsere einzige Hoffnung ist das sichere Wissen, daß solche Eigenschaften gewaltigen umweltbedingten Veränderungen unterliegen – zum Besseren oder zum Schlechteren.

Können Genetik und Anthropologie diesen beunruhigenden Filz aus widersprüchlichen Überzeugungen, unvollständigen Informationen und moralischen Zwickmühlen entwirren? Noch nicht.

Wie Wasserman und Walters vorhergesehen hatten, werden jeden Tag neue Behauptungen über genetische Einflüsse auf Verhaltensweisen erhoben. Derartige Behauptungen haben zwar eine wechselhafte Geschichte, und vielfach wurden sie durch spätere Studien widerlegt, aber heute gehen die Humangenetiker achtsamer vor, so daß ihre Befunde weniger fehleranfällig sind.

Im Juni 1993 berichtete beispielsweise eine Arbeitsgruppe von Genetikern unter Leitung von Han Brunner über die Ergebnisse einer Studie an mehreren Generationen einer niederländischen Familie, deren männliche Mitglieder zu außergewöhnlich starken Ausbrüchen gewalttätigen oder kriminellen Verhaltens neigten.[3] Brunner sammelte Befunde über 15 dieser Männer, die alle leicht geistig behindert waren. Zu ihren anormalen Verhaltensweisen gehörten Brandstiftung nach dem Tod naher Angehöriger, der Versuch, den Arbeitgeber zu überfahren, nachdem dieser den Angreifer kritisiert hatte, die Vergewaltigung einer Schwester, ein Angriff mit einer Mistgabel auf einen Pfleger des Heims für geistig Behinderte und die Bedrohung der eigenen Schwester mit einem Messer. Da ähnliche Verhaltensweisen bei den weiblichen Mitgliedern der Familie nicht vorkamen, lag der Verdacht nahe, daß der genetische Defekt – falls es ihn gab – geschlechtsgekoppelt war. Als geschlechtsgekoppelt bezeichnet man rezessive Merkmale, die auf dem X-Chromosom codiert sind; sie prägen sich meist nur bei Männern aus, weil diese nur ein X-Chromosom besitzen. Deshalb kann man ihre Vererbung leichter verfolgen.

Brunner und seine Kollegen hatten sich nach zehnjähriger Arbeit auf zwei Gene eingeschossen, die ein Enzym namens Monoaminoxidase A (MAO-A) codieren und den wahrscheinlichsten Ort für die Mutation darstellten. Dieses Enzym baut im Organismus bestimmte chemische Signalsubstanzen ab, insbesondere Neurotransmitter, die in streßbelasteten oder bedrohlichen Situationen eine Rolle spielen. Unterstützt wurde die Hypothese der Arbeitsgruppe durch die Entdeckung, daß diese Männer die betreffenden Neurotransmitter in besonders großen Mengen ausschieden. Eine amerikanische Arbeitsgruppe, die mit Brunner zusammenarbeitet, versucht nun, die Gene für MAO-A aus diesen Patienten zu klonieren, wie sie es zuvor schon mit den entsprechenden Genen aus Normalpersonen getan hat. An den Unterschieden wird sich genau zeigen, welches Gen beteiligt ist und wie sich die Mutation im einzelnen auswirkt.

Welche Verbindung zwischen Verhalten und Gen besteht, kann man sich leicht ausmalen.[4] Durch einen Defekt des Enzyms MAO-A würden sich die Neurotransmitter in anormal großen Mengen ansammeln – was bei den betroffenen Männern offenbar geschieht –, und dann erleben Personen mit diesem Defekt jede normale, streßbelastete Situation als überwältigende Bedrohung. Ihre gewalttätige Reaktion kommt demnach nicht ohne Auslöser, sondern sie ist ein klassisches Beispiel für eine überschießende Reaktion auf einen normalerweise harmlosen Anlaß. Da manche Lebensmittel (zum Beispiel Schokolade, Rotwein und manche Käsesorten) natürliche Substanzen enthalten, welche die Wirkung der fraglichen Neurotransmitter nachahmen, kann eine bestimmte Ernährungsweise den Spiegel dieser Stoffe erhöhen, so daß solche Männer noch empfindlicher auf streßbelastete Situationen reagieren.

Wenn sich in den Klonierungsexperimenten bestätigt, daß das Gen für MAO-A defekt ist, wäre diese Studie eine der ersten, die einen eindeutigen Zusammenhang zwischen einer komplexen Verhaltensweise und einer bestimmten genetischen Abweichung herstellt. Sowohl der unmittelbare Nachweis als auch die Aufklärung des Wirkungsmechanismus scheinen nahe bevorzustehen. Die Verbindung wird nur durch eine Familie hergestellt, durch ein einziges aussagekräftiges Beispiel, wie es in der Genetik meistens üblich ist. Niemand hat behauptet, man könne jedes aggressive oder gewalttätige Verhalten auf Defekte im MAO-A-Gen zurückführen; niemand hat angedeutet, solche Defekte könnten bei Europiden überdurchschnittlich häufig vorkommen, nur weil es sich bei dieser Familie (vermutlich) um Europäer handelt. Und niemand hat bisher untersucht, wie stark sich kulturelle, wirtschaftliche und umweltbedingte Einflüsse – insbesondere die Ernährung – auf das aggressive Verhalten und die von ihm verursachten sozialen Probleme auswirken. Sind Strafen, Psychotherapien, Ernährungsvorschriften, Beruhigungsmittel oder Medikamente zum Ersatz des fehlenden Enzyms die geeignetste Reaktion? Wassermans Konferenz hätte vielleicht genau zum richtigen Zeitpunkt stattgefunden – wenn sie stattgefunden hätte.

Einen Monat nachdem die niederländische Arbeitsgruppe ihre Befunde veröffentlicht hatte, beschäftigte sich eine andere Studie mit einem offenbar ähnlichen geschlechtsgekoppelten Merkmal. Dean Hamer und ein Forschungsteam des amerikanischen National Cancer Institute berichteten, starken Indizien zufolge werde die männliche Homosexualität von einem Gen in einem ganz bestimmten, kleinen Abschnitt des X-Chromosoms beeinflußt.[5] Ihre genetischen Untersuchungen bestätigen im wesentlichen frühere Studien, die mit anderen Methoden vorgenommen wurden. Familienuntersuchungen hatten zum Beispiel bereits auf eine erhöhte Häufigkeit von Homosexualität bei Männern hingewiesen, deren Zwillingsbrüder ebenfalls homosexuell waren,[6] und die anatomische Forschung hatte Unterschiede im Gehirn von homo- und heterosexuellen Männern gezeigt.[7]

Hamer und seine Kollegen beschäftigten sich mit dem genetischen Zusammenhang als solchem, und zwar mit Hilfe altbewährter Methoden. In den Stammbäumen von 76 homosexuellen Männern und ihren Familien zeigten sich auf der mütterlichen Seite mehr homosexuelle Verwandte als auf der väterlichen, und der Anteil der Homosexuellen war auf der mütterlichen Seite auch größer als in der Gesamtbevölkerung. Beide Befunde ließen auf ein geschlechtsgekoppeltes Merkmal schließen.

Als nächstes analysierten sie die DNA von 40 homosexuellen Brüderpaaren; dabei fanden sie in 33 Fällen gemeinsame Gene in einem bestimmten Abschnitt des X-Chromosoms. Dieser Befund ist ein stichhaltiges Indiz, daß ein Gen in diesem Abschnitt die Ursache ist (die genaue Wahrscheinlichkeitsberechnung ergibt einen Wert, der einer Sicherheit von 99,5 Prozent entspricht). Das Gen selbst und seine Funktion kennt man bisher noch nicht. Ebenso bedeutsam ist eine weitere Tatsache: Die sieben restlichen Brüderpaare besitzen das Gen, das den anderen 33 Paaren gemeinsam ist, offenbar nicht – dieser Befund zeigt, daß Verhaltensweisen, die man als »homosexuell« in einen Topf wirft, offenbar verschiedene Ursachen haben können. Hamer mahnt sogar ausdrücklich zur Vorsicht und betont, die männliche Homosexualität habe nach der vernünftigsten Interpretation wahrscheinlich vielfältige Ursachen, von denen nur eine oder einige genetisch bedingt sind.[8]

Auch hier zeigt sich das Prinzip, daß ein komplexes Verhalten genetisch beeinflußt, aber nicht genetisch gesteuert ist. Und wieder einmal bleiben die unzähligen Fragen nach der Reaktion der Gesellschaft auf die Ausprägung des genetischen Erbes einer Person unbeantwortet. Da das Gen selbst in diesem Fall noch schwer faßbar ist, gab es bisher keine Diskussion über seine Verteilung in den menschlichen Bevölkerungsgruppen.

Welchen Wert haben die Unterschiede? Wir müssen uns entscheiden.

Wie die Paläoanthropologen gezeigt haben, sind die Unterschiede zwischen den geographischen Menschenpopulationen und unseren Vorfahren sehr alt. Wären die Fossilfunde einfach zu interpretieren, könnte man daraus wichtige Erkenntnisse über die Bedeutung der Unterschiede zwischen den Menschen gewinnen. Aber Fossilfunde zu verstehen ist keine einfache Aufgabe, denn sie sind nur bruchstückhaft und manchmal genau, manchmal aber auch nur vage datiert. Trotz bemerkenswerter neuer Funde in den letzten Jahrzehnten sind die zigtausend Fossilien nur eine winzige Stichprobe der vielen Menschen und ihrer Vorfahren, die jemals gelebt haben.

Aus diesen Gründen bleibt die Geschichte der Unterschiede zwischen den Menschen ein vieldiskutiertes Thema. Weidenreich und Coon scheiterten an den Schwierigkeiten, den Ursprung der Rassen aufzuklären, und wurden für ihre Bemühungen vielfach kritisiert. Jahrzehnte später, mit einer viel reichhaltigeren Sammlung menschlicher Fossilien, sollte diese Frage weitaus einfacher zu beantworten sein, aber sie ist immer noch heftig umstritten.

Die Anthropologen sind sich in der Regel darüber einig, daß die ältesten bekannten Hinweise auf unsere Gattung und Art aus Afrika stammen. Christopher Stringer, eine der wichtigsten Gestalten in der derzeitigen Debatte, sagte einmal: »Unter der Haut sind wir alle Afrikaner.«[9] Neueren Hinweisen zufolge sind die negroiden Völker nicht, wie Coon behauptete, Nachzügler auf dem Weg zum *Homo sapiens*, sondern sie könnten durchaus als erste die moderne Anatomie angenommen haben. Manche Fachleute stellen die Befunde aus Afrika in Frage und vermuten, die Eigenschaften des Jetztmenschen könnten ihren Ursprung in Asien haben. Die Meinungsverschiedenheiten betreffen ebensosehr die Frage, welche Eigenschaften den Jetztmenschen ausmachen, wie die unbefriedigende Datierung der Fossilbruchstücke.

Die bekanntesten Vertreter der multiregionalen Theorie, einer modernisierten Form der Hypothesen von Weidenreich und Coon, sind Alan Thorne und Milford Wolpoff. Nach ihrer festen Überzeugung lassen sich manche Unterscheidungsmerkmale der wichtigsten heutigen Rassengruppen – Mongolide, Negroide, Europide und Australoide – fast zwei Millionen Jahre weit zurückverfolgen, bis zu Formen, die allgemein als *Homo erectus* (die unmittelbare Vorläuferspezies unserer selbst) bekannt sind; nach ihrer Theorie gibt es eine bruchlose genetische Linie vom alten Java zu den heutigen Australoiden, vom alten Afrika zu den heutigen Negroiden, vom alten China zu den heutigen Mongoliden und vom alten Europa zu den heutigen Europiden. Wolpoff und Thorne geben ihren Beobachtungen aber auch in einigen Punkten einen neuen Dreh, und damit verleihen sie ihrer Theorie einen grundlegend anderen politischen Anstrich als den, der den Arbeiten von Weidenreich und Coon anhaftete.

Die Multiregionalismus-Theorie von Wolpoff und Thorne ist nicht ausgrenzend, sondern einschließend. Menschsein ist danach von Anfang an nicht das Privileg einer einzelnen Gruppe. Nach ihrer Behauptung haben sich regionale Gruppen der Menschenvorläufer in verschiedenen Teilen der Erde zu Jetztmenschen entwickelt – nicht plötzlich, sondern parallel über einen längeren Zeitraum hinweg. Um diesen Vorgang zu erklären, bedienen sie sich eines Vergleichs. Es sei, »als ob mehrere Personen in verschiedenen Ecken eines Schwimmbeckens planschen: Jeder behält die ganze Zeit über sein Eigenleben, und dennoch beeinflussen sie sich gegenseitig durch die Wellen, die sie schlagen (und die dem Genfluß zwischen den Populationen entsprechen).«[10]

Für Thorne und Wolpoff sind die Unterschiede zwischen den heutigen Rassen alt und tief verwurzelt. Die beiden Wissenschaftler wollen sogar die herkömmliche systematische Einteilung unserer Vorfahren umstoßen und alle Fossilien aus der Zeit, seit die Rassenmerkmale zum erstenmal auftauchten – also alles, was andere Anthropologen als *Homo erectus* bezeichnen –, unserer eigenen Spezies des *Homo sapiens* zuordnen.[11] Ihre Argumente sind fachlicher Natur und gründen sich auf die Verfahren zur Klassifizierung der Tiere; die Schlußfolgerung ist das logische (und dennoch höchst umstrittene) Ergebnis der anatomischen Kontinuität, die man an den Fossilien erkennt. Nach ihrer Ansicht sind manche Unterschiede zwischen heutigen Menschenrassen größer als die zwischen *sapiens* und *erectus*. Wenn man also den *Homo erectus* nicht dem stark erweiterten Begriff *Homo sapiens* zuordnen will, besteht die einzige Alternative darin, einige heutige menschliche Bevölkerungsgruppen aus der Spezies *Homo sapiens* herauszunehmen. »Und das wollen wir doch nicht«, bemerkt Thorne spitz, »oder?«[12]

Niemand – und mit Sicherheit nicht Wolpoffs und Thornes lautstärkste Kritiker – würde einen derart rassistischen Vorschlag unterstützen.

Die Alternative zum Multiregionalismus, die unter den Bezeichnungen »Out of Africa 2« oder »Eva-Hypothese« bekannt wurde, vertreten Stringer und andere. Nach ihrer Ansicht sind die Jetztmenschen in Afrika entstanden, und später breiteten sie sich auf die übrige Welt aus, wobei sie die dort lebenden, weniger weit entwickelten Gruppen verdrängten. Nach dieser Vorstellung entwickelte sich das Menschliche nur einmal und an einem Ort. Nach der Eva-Hypothese haben alle heutigen Menschen die gleiche Abstammung, so daß Rassenunterschiede späte Entwicklungen und biologisch bedeutungslos sind. Die Vertreter dieser Ansicht unterscheiden ohne Schwierigkeiten zwischen *Homo erectus* und *Homo sapiens*; sie erschaudern bei der Vorstellung, man solle Schädel mit einem Gehirnvolumen von 850 bis 900 Kubikzentimetern (*Homo erectus*) und solche von Jetztmenschen mit 1250 bis 2000 Kubikzentimetern in einen Topf werfen. Zwar geht es nicht nur um die Gehirngröße, aber sie ist ein besonders wichtiges Kriterium für eine Art, die sich selbst als *sapiens* – weise – bezeichnet.

Wer hat recht? Das kommt darauf an, wie man die Schädel interpretiert. Was Stringer und sein Coautor Clive Gamble als »ausgezeichnete Abfolge [afrikanischer] Fossilien« bezeichnen, die »die entwicklungsgeschichtliche Umwandlung von urtümlichen Formen... über Zwischenstufen... zu den ersten modernen Formen widerspiegelt«[13], bezeichnen Thorne und Wolpoff als »spärlich, bruchstückhaft und in den meisten Fällen schlecht datiert ... [einschließlich] einiger Stücke, die offenbar nicht zur Eva-Hypothese passen«[14]. Was Wolpoff und Thorne als logisch unteilbaren, bruchlosen Übergang sehen, zerlegen andere problemlos in zwei Einheiten. Oder kurz gesagt: Was für die eine Seite offensichtlich ist, ist für die andere ein Rätsel. In einem Punkt aber sind sich alle Beteiligten der Debatte einig: Es werden mehr Fossilien und weniger emotionale Sprüche gebraucht. Auch im wissenschaftlichen Bereich müssen Höflichkeit und Vertrauen gewahrt bleiben.

Neben den Fossilfunden führen die Vertreter der Eva-Hypothese auch umstrittene Arbeiten aus dem Grenzgebiet von Genetik und Anthropologie an. Seit den sechziger Jahren entwickelten Vincent Sarich und der inzwischen verstorbene Allan Wilson biochemische Methoden zur Messung der genetischen Abstände zwischen lebenden Arten, um damit Verwandtschaftsverhältnisse aufzuklären, wenn die Fossilien keine eindeutigen Befunde über Abstammung und Evolution lieferten. Trotz anfänglicher technischer Probleme hat die molekulare Erforschung der Evolution in den letzten 20 Jahren recht verläßliche, glaubwürdige Ergebnisse geliefert.

Ihre bei weitem wichtigste und am ehesten allgemein anerkannte Schlußfolgerung lautet: Die Menschen sind schon mit den Schimpansen so eng verwandt – wir haben mit diesen Menschenaffen über 99 Prozent unserer Gene gemeinsam[15] –, daß die Unterschiede zwischen den Menschenrassen gegenüber der gewaltigen Übereinstimmung völlig in den Hintergrund treten. Für die Unterschiede, von denen wir so besessen sind, ist ein verschwindend kleiner Anteil der Gene verantwortlich; vermutlich unterscheiden wir uns voneinander in noch nicht einmal einem Prozent unserer genetischen Ausstattung. Kann man Abweichungen vor diesem Hintergrund anders als bedeutungslos nennen?

In jüngerer Zeit maßen Wilson und einige seiner Schüler, zum Beispiel Rebecca Cann, mit ähnlichen Methoden auch die genetischen Abstände zwischen den Menschenrassen.[16] Dazu analysierten sie nicht die Unterschiede zwischen verschiedenen Proteinen, sondern sie bedienten sich eines genaueren Indikators, nämlich der DNA in den Mitochondrien. Die Mitochondrien-DNA (mtDNA) wird ausschließlich über die mütterliche Linie weitervererbt. Bei der Befruchtung enthält die Eizelle viele Mitochondrien (und eine entsprechend große Menge mtDNA); die Samenzelle des Vaters steuert dagegen keine Mitochondrien bei, sondern läßt sie vermutlich in dem Zellschwanz, der nach der Befruchtung zerfällt, zurück.

Analysen der mtDNA erwiesen sich aus mehreren Gründen als schwierig, so wegen der ohnehin geringen genetischen Variabilität zwischen den Menschen, wegen der starken Vermischung der Populationen und der dadurch entstehenden Schwierigkeit, Rassen zu definieren, und wegen der Probleme bei der Auswertung großer Datenbestände zur Konstruktion eines Stammbaums mit den wahrscheinlichsten Abstammungslinien. Nach Berechnungen eines Wissenschaftlers lassen sich aus den 147 Proben, über die in einer Studie der Gruppe berichtet wurde, unglaubliche $1{,}68 \times 10^{294}$ (die Zahl 168 mit 294 Nullen) Stammbäume konstruieren.[17] Aus solchen Gründen begegnete man den mtDNA-Analysen mit einer Fülle methodischer Kritikpunkte, die sowohl von Genetikern als auch von Paläoanthropologen angebracht wurden.[18]

Dennoch sind die Antworten verblüffend, und trotz aller Verfeinerungen der Methoden blieben zwei grundlegende Aussagen unangetastet. Erstens lassen die Studien, selbst wenn sie vielleicht fehlerhaft sind, auf eine relativ späte Entstehung der Rassen an einem einzigen Ausgangspunkt schließen; der genaue Zeitpunkt dieser Entstehung und die Methoden zu seiner Berechnung sind allerdings heftig umstritten. Da die ersten Jetztmenschen, die mit der mtDNA nachweisbar sind, Frauen gewesen sein müssen, führte dieser Befund zu der Bezeichnung »Eva-Hypothese«; Cann und andere weisen allerdings nachdrücklich darauf hin, daß die heutigen Menschen aus einer *Population* mit ähnlichen Genen hervorgegangen sein müssen und nicht aus einer Einzelperson. Und zweitens entstanden die Menschen nach der beliebtesten Interpretation der Daten über die Verwandtschaftsbeziehungen zwischen den Rassen aus afrikanischen (negroiden) Populationen. In der Praxis ist es jedoch unmöglich, die vielen Millionen Stammbäume zu beurteilen, die man aus den Daten erstellen kann, und es ist auch nicht klar, nach welchen Kriterien man sie beurteilen soll. In der Regel suchen Genetiker nach den einfachsten Stammbäumen, das heißt nach solchen, die eine möglichst geringe Zahl von Konvergenzen, Parallelentwicklungen und Rückmutationen beinhalten, aber es gibt kaum handfeste Befunde, daß die Evolution tatsächlich so arbeitet. Wie manche Kritiker der mtDNA-Forschungen betont haben, kann man aus den gleichen Daten auch Stammbäume konstruieren, die nicht in Afrika wurzeln und statistisch ebenso plausibel oder sogar noch etwas einfacher sind.[19]

Dennoch passen die Schlußfolgerungen aus der Analyse der mtDNA heutiger Menschenrassen genau zu der Hypothese vom afrikanischen Ursprung, und damit stellen sie die Glaubwürdigkeit der multiregionalen Theorie ernsthaft in Frage. Aber alle Methoden, alle Beobachtungen und alle Annahmen in dieser Frage wurden allseits genauester Überprüfung und Kritik unterworfen – und so sollte es auch sein bei einer Interpretation, die unsere Vorstellung von uns selbst so tiefgreifend beeinflussen kann. War Afrika (oder eine andere einzelne Gegend) der Geburtsort der modernen Menschheit? Sind Rassenunterschiede alt, das Produkt von Jahrmillionen der Evolution, oder sind sie relativ jung? Spielen diese Unterschiede angesichts der überwältigenden Einheitlichkeit aller Menschen überhaupt eine Rolle?

Die großen Diskussionen und Meinungsverschiedenheiten zwischen den Genetikern und Anthropologen, die sich mit dem Ursprung der Rassen beschäftigen, sollte man nicht als erschrekkendes Zeichen der Unfähigkeit betrachten. Sie zeugen vielmehr von der Bedeutung der in Frage stehenden Themen und von dem Mangel an objektiven Erkenntnissen, mit denen man sie entscheiden könnte. Stille Einhelligkeit und selbstzufriedene Übereinstimmung wäre ein viel gefährlicheres Zeichen angesichts der Hindernisse, die der Rassenforschung in den letzten Jahrzehnten in den Weg gelegt wurden. Es ist besser, sich ehrlich um solche Fragen zu streiten, als sich zu schnell in schlecht begründeter Sicherheit zu wiegen.

Was ist zu tun?

Wenn ein Kind zum Erwachsenen heranwächst, erforscht es die Welt: Es entdeckt den Unterschied zwischen sich selbst und den anderen, lernt seine Begabungen und ihre Grenzen kennen. Das ist nicht immer angenehm. Es kann sehr enttäuschend sein, wenn man nach Jahren des Trainings und des Übens merkt, daß man nie ein olympiareifer Sportler oder ein begnadeter, kreativer Bildhauer wird. Aber auch die schlichteren Realitäten des Lebens, die alltäglichen Ziele und Enttäuschungen – mein Bruder hat eine schönere Stimme, meine Schwester bekommt die besseren Noten in Mathematik – sind oft schwer zu akzeptieren und zu verarbeiten. Aber sich selbst zu kennen und zu akzeptieren ist ein *wichtiger* und sogar unentbehrlicher Bestandteil des Erwachsenwerdens.

Wir müssen uns selbst nüchtern betrachten, ohne uns vor dem zu fürchten, was wir dabei entdecken werden. Genetisch und biologisch sind wir sicher unterschiedlich ausgestattet, aber größer sind die Unterschiede im Ausschöpfen dieser Potentiale. Ein siamesischer Zwilling genetischer Ausstattung ist die Verantwortung dafür, seine Gaben zu verschwenden, eine Tragödie, die sich im Leben jedes Menschen täglich abspielt. Ein Kind mit »großen« Genen, das schlecht ernährt wird, bleibt dennoch klein; ein Kind, das mit einem künstlerischen Blick gesegnet ist, wird nie aufblühen und uns alle mit seinen Arbeiten erfreuen, wenn nicht auch seine Hände ausgebildet werden. Ein potentieller Verbrecher – falls es ihn gibt – wird nie jemanden erschrecken oder verletzen, wenn dieses Potential durch veränderte Umstände und neue Fähigkeiten innerhalb der Grenzen der Gesellschaft abgewendet wird.

Es ist sowohl eine kollektive wie auch eine individuelle Verantwortung. Wir sind kollektiv verantwortlich für die entsetzlichen Bedingungen, unter denen so viele Menschen leben, für die nicht gebotenen Gelegenheiten, die nicht erhaltenen Chancen, die nie ermöglichte Ausbildung. Diese Katastrophen sind unsere Schuld, das müssen wir anerkennen und beheben. Wir sind aber auch zutiefst individuell verantwortlich dafür, daß wir unser Potential nicht nutzen – wenn wir zum Beispiel eine Übungsmöglichkeit nicht wahrnehmen, wenn wir Grundkenntnisse und Fähigkeiten nicht erwerben und verstärken, wenn wir Gelegenheiten verstreichen lassen, weil uns eine Tätigkeit zu anstrengend erscheint, wenn wir moralisch nachlässig sind und die Ansprüche an uns selbst bis zum Versagen senken. Jeder von uns kennt einen begabten Schüler, der es als Zumutung empfindet, Hausaufgaben zu machen; das ist eine üble Verschwendung. Hoffentlich haben wir auch schon einmal einen Schüler gesehen, der vielleicht nur mäßige Fähigkeiten besitzt und durch harte Arbeit zu Spitzenleistungen gelangt. Das ist eine Lektion, die wir uns zu Herzen nehmen sollten.

Als Spezies müssen wir uns prüfen und die Verantwortung für unser Handeln übernehmen wie ein heranwachsendes Kind, oder wir stehen vor der schrecklichen Aussicht, nie irgendeine Art der Reife zu erreichen.

Es ist Zeit, daß wir als Spezies erwachsen werden.

Anmerkungen

Prolog

1 Charles Darwin, *The Descent of Man and Selection in Relation to Sex*, 1874, 2. Aufl., S. 189 [dt.: Die Abstammung des Menschen und die geschlechtliche Zuchtwahl].

Kapitel 1

1 Henrietta Litchfield (Hg.), *Emma Darwin: A Century of Family Letters 1792–1896*, 1915, Bd. II, S. 254.
2 Charles Darwin, *The Origin of Species by Means of Natural Selection or the Preservation of Favored Races in the Struggle for Life*, 1959, nachgedruckt 1958, S. 426 [dt.: Die Entstehung der Arten durch natürliche Zuchtwahl oder Die Erhaltung der bevorzugten Rassen im Kampfe ums Dasein. Darwins Hauptwerk liegt in mehreren deutschen Übersetzungen vor. Die hier wiedergegebenen Zitate stammen aus der vollständigen Übersetzung von David Heek, Leipzig o. J., Philipp Reclam jun.]
3 C. Darwin, *Descent*, 1874, S. 707.
4 Francis Darwin (Hg.), *Charles Darwin: His Life Told in an Autobiographical Chapter and in a Selected Series of His Published Letters*, 1892, nachgedruckt 1958, S. 183 f.
5 Philip Appleman (Hg.), *Darwin: A Norton Critical Edition*, 1970, S. 64 f.
6 C. Darwin, *Origin of Species*, 1859, S. 426.
7 R. H. Davis, *The Medieval Warhorse*, 1989, S. 40.
8 C. Darwin, *Origin of Species*, 1859, S. 57.
9 ibid., S. 429.
10 ibid., S. 30.
11 ibid., S. 449.
12 Voltaire, *Candide*, 1759, Kap. 1, in Emily Morison Beck (Hg.), *Familiar Quotations: A Collection of Passages, Phrases and Proverbs Traced to Their Sources in Ancient and Modern Literature*, 1980, S. 343.
13 Einzelheiten nach R. L. Marks, *Three Men of the Beagle*, 1991.
14 John Bowlby, *Charles Darwin: A New Life*, 1990, S. 270 ff.

15 F. Burkhardt und S. Smith (Hg.), *The Complete Correspondence of Charles Darwin* (1985–1988), Bd. III, S. 250.
16 ibid., Bd. III, S. 72.
17 ibid., Bd. III, S. 252–256.
18 ibid., Bd. III, S. 264.
19 John W. Judd, *The Coming of Evolution*, 1935, S. 125.
20 F. Burkhardt und S. Smith, *Complete Correspondence*, Bd. IV, S. 270.
21 Francis Darwin (Hg.), *Life and Letters of Charles Darwin*, 1891, Bd. I, S. 386.
22 L. G. Wilson, *Sir Charles Lyell's Scientific Journals on the Species Question*, 1970, S. xlv–xlvii.
23 Die Informationen über Wallaces Leben und Arbeiten stammen aus Arnold Brackman, *A Delicate Arrangement: The Strange Case of Charles Darwin and Alfred Russel Wallace*, 1980, und aus Lynn Barber, *The Heyday of Natural History: 1820–1870*, 1980.
24 Francis Darwin und A. C. Seward (Hg.), *More Letters of Charles Darwin*, 1903, Bd. I, S. 109.
25 Francis Darwin (Hg.), *Autobiography*, 1892, S. 189.
26 ibid., S. 196.
27 ibid., S. 197 f.
28 ibid., S. 198.
29 ibid., S. 198 f.
30 ibid., S. 199.
31 ibid., S. 199 f.
32 ibid., S. 201.
33 ibid., S. 208 f.
34 Zitiert in Julian Huxley, »Introduction to Mentor Edition«, 1958, zu C. Darwin, *Origin of Species*, S. xi.
35 F. Darwin (Hg.), *Autobiography*, 1892, S. 211.
36 ibid., S. 231.

Kapitel 2

1 Leonard Huxley (Hg.), *Life and Letters of Thomas Henry Huxley*, 1900, Bd. I, S. 170.
2 ibid., Bd. I, S. 107.
3 K. M. Lyell (Hg.), *Life and Letters of Sir Charles Lyell, Bart.*, 1881, Bd. II, S. 366.
4 F. Darwin (Hg.), *Autobiography*, 1892, S. 222.
5 Thomas Henry Huxley, »On the Reception of the ›*Origin of Species*‹«, 1891, in F. Darwin (Hg.), *Life and Letters*, 1891, Bd. I, S. 553–558.
6 Gavin de Beer (Hg.), *Charles Darwin and Thomas Henry Huxley: Autobiographies*, 1974, S. 101.

7 Thomas Henry Huxley, »Agnosticism«, *Nineteenth Century*, 1889, Februar, S. v.
8 Ronald W. Clark, *The Huxleys*, 1968, S. 180.
9 G. de Beer (Hg.), *Autobiographies*, 1974, S. 103 f.
10 L. Huxley (Hg.), *Life and Letters*, 1900, Bd. I, S. 17.
11 R. Clark, *The Huxleys*, 1968, S. 20.
12 ibid., S. 34.
13 L. Huxley (Hg.), *Life and Letters*, 1900, Bd. I, S. 25.
14 Julian Huxley (Hg.), *T. H. Huxleys Diary of the Voyage of the H. M. S. Rattlesnake*, 1935, S. 47.
15 R. Clark, *The Huxleys*, 1968, S. 44.
16 ibid., S. 34.
17 L. Huxley (Hg.), *Life and Letters*, 1900, Bd. I, S. 442.
18 R. Clark, *The Huxleys*, 1968, S. 44.
19 H. F. Osborn, *Impressions of Great Naturalists*, 1924, S. 18 ff.
20 R. Clark, *The Huxleys*, 1968, S. 45.
21 Richard Owen, *The Life of Richard Owen*, 1894, Bd. I, S. 23 ff.
22 L. Barber, *Heyday*, 1980, S. 176.
23 William Swainson, »A Treatise on Taxidermy«, in Lardners *Cabinet Cyclopedia of Natural History*, London 1840, S. 76. Zitiert in ibid., S. 175.
24 F. Darwin (Hg.), *Autobiography*, 1892, S. 225 f.
25 Thomas Henry Huxley, »The Origin of Species«, *Westminster Review*, 1860, S. 17. Abgedruckt in Thomas Henry Huxley, *Darwiniana: Essays*, 1898, S. 75. Eine klare Darstellung der Meinungsunterschiede findet sich bei Mario A. di Gregorio, *T. H. Huxley's Place in Natural Science*, 1984, insbesondere S. 63 ff.
26 Charles Darwin, *The Variation of Animals and Plants under Domestication*, 1868, Bd. I, S. 9 [dt.: Das Variieren der Tiere und Pflanzen im Zustande der Domestikation].

Kapitel 3

1 L. Huxley (Hg.), *Life and Letters*, 1900, Bd. I, S. 176.
2 F. Darwin (Hg.), *Life and Letters*, 1891, Bd. I, S. 255.
3 Thomas Henry Huxley, »The Darwinian Hypothesis«, *The Times*, 26. 12. 1859. Abgedruckt in Thomas Henry Huxley, *Darwiniana: Essays*, 1898, S. 19 f.
4 ibid., S. 20.
5 L. Huxley (Hg.), *Life and Letters*, 1900, Bd. I, S. 177.
6 Morse Packham, »Introduction to *The Origin of Species* by Charles Darwin, a Variorum Text«, 1959. Abgedruckt in P. Appleman (Hg.), *Darwin*, 1970, S. 98.
7 F. Darwin (Hg.), *Autobiography*, 1892, S. 245.

8 F. Darwin und A. Seward (Hg.), *More Letters*, 1903, Bd. I, S. 185.
9 Richard Owen, »Darwin on the Origin of Species«, 1860, *Edinburgh Review*, CXI, S. 251–275. Abgedruckt in P. Appleman (Hg.), *Darwin*, 1970, S. 295 f.
10 Adam Sedgwick, »Objections to Mr. Darwin's Theory of the Origin of Species (1860)«, *The Spectator*, XXXIII, 24. März, S. 285 f. Abgedruckt in P. Appleman (Hg.), *Darwin*, 1970, S. 294.
11 William Irvine, *Apes, Angels, and Victorians*, 1972, S. 107.
12 Charles Darwin, unveröffentlichter Brief an Reginald Darwin, 8. April 1875.
13 F. Darwin (Hg.), *Autobiography*, 1892, S. 250.
14 Duncan Cumming, *The Genleman Savage: The Life of Mansfield Parkyns 1823–1894*, 1987, S. 153.
15 T.H. Huxley, Brief an F. Darwin, in F. Darwin (Hg.), *Autobiography*, 1892, S. 252.
16 W. H. Fremantle, Anmerkungen an F. Darwin (ohne Datum), in F. Darwin (Hg.), *Autobiography*, 1892, S. 251 f.
17 L. Huxley, *Life and Letters*, 1900, Bd. I, S. 184 f. Zu der Annahme, Wilberforces Bemerkungen seien vulgär, siehe Fußnote 2 auf S. 183 f.
18 ibid., S. 183 f.
19 W. Irvine, *Apes*, 1972, S. 7.
20 F. Darwin (Hg.), *Autobiography*, 1892, S. 253.
21 Cyril Bibby, *Thomas Henry Huxley: Scientist, Humanist, and Educator*, 1959, S. 70.
22 C. Darwin, *Origin of Species*, 1859, S. 488.
23 L. Huxley, *Life and Letters*, 1900, Bd. I, S. 223.
24 ibid., Bd. I, S. 190.
25 ibid., Bd. I, S. 193 f.
26 Thomas Henry Huxley, »Preface« zu *Man's Place in Nature and Other Anthropological Essays*, 1900, S. ix–xi.
27 Thomas Henry Huxley, *Evidence as to Man's Place in Nature*, 1863, abgedruckt in T. H. Huxley, *Man's Place in Nature*, 1900, S. 77 f.
28 ibid., S. 92.
29 ibid., S. 95.
30 ibid., S. 111.
31 M. diGregorio, *Huxleys Place*, 1984, S. 146 f.
32 T. H. Huxley, *Man's Place in Nature*, 1900, S. 146 f.
33 ibid., S. 148.
34 ibid., S. 149.
35 ibid., S. 152 f.
36 ibid., S. 209.
37 Eine stichhaltige Erörterung der Gründe, warum Darwins Evolutionstheorie erst so spät anerkannt wurde, findet sich bei Peter Bowler, *The Eclipse*

of Darwinism, 1983, *The Non-Darwinian Revolution: Reinterpreting a Historical Myth*, 1988, und *Theories of Human Evolution: A Century of Debate, 1844–1944*, 1989.

Kapitel 4

1 F. Darwin (Hg.), *Autobiography*, 1892, S. 278.
2 Martin Rudnick, *The Meaning of Fossils*, 1972, S. 218.
3 Weitere Erörterungen bei P. Bowler, *Non-Darwinian Revolution*, 1988.
4 C. Darwin, *Origin of Species*, 1859, S. 449.
5 Ein Beispiel ist die Diskussion der Arbeiten von Paul Broca in Erik Trinkaus und Pat Shipman, *The Neandertals: Changing the Image of Mankind*, 1993, S. 84 f.
6 C. Darwin, *Descent*, 1871, S. 707.
7 H. Litchfeld (Hg.), *Emma Darwin*, 1915, Bd. II, S. 223.
8 Ernst Haeckel, ohne Quellenangabe, in Wilhelm Bölsche, *Ernst Haeckel – ein Lebensbild*, Berlin und Leipzig 1905, Verlag Hermann Seemann Nachf., S. 19.
9 Edward Krumbhaar, »The Centenary of the Cell Doctrine«, 1939, *Ann. Med. Hist.* (3S) 1:427–437. Zitiert in Sherwin B. Nuland, *Doctors: The Biography of Medicine*, 1988, S. 324 f.
10 Ernst Haeckel, *Entwicklungsgeschichte einer Jugend; Briefe an die Eltern 1852/1856*, Leipzig 1921, S. 80.
11 ibid., S. 81.
12 W. Bölsche, *Haeckel*, 1905, S. 43 f.
13 E. Haeckel, op. cit.
14 W. Bölsche, *Haeckel*, S. 93.
15 C. Darwin, *Origin of Species*, 1859, S. 450.
16 Ernst Haeckel, *Die Radiolarien (Rhizopoda radiolaria)*, 1862. Zitiert in W. Bölsche, *Haeckel*, 1905, S. 99 f. Hervorhebung im Original.
17 Haeckel, *Die Radiolarien*, 1862. Zitiert in W. Bölsche, *Haeckel*, 1905, S. 100 f.
18 W. Bölsche, *Haeckel*, 1905, S. 105.
19 ibid., S. 107.

Kapitel 5

1 Marie Rabl (Hg.), *Rudolf Virchow: Briefe an seine Eltern 1839–1864*. Leipzig, Verlag von Wilhelm Engelmann 1906, S. 38.
2 ibid., S. 44 ff.
3 ibid., S. 97.
4 Byron A. Boyd, *Rudolf Virchow: The Scientist as Citizen*, 1991, S. 40.
5 M. Rabl (Hg.), *Briefe*, S. 184.

6 Rudolf Virchow, »Der Kritiker der Cellularpathologie«, 1860, *Archiv für pathologische Anatomie und Physiologie und für klinische Medizin* XVIII:5.
7 Karl Sudhoff, *Rudolf Virchow und die deutschen Naturforscherversammlungen*, Leipzig, Akademische Verlagsgesellschaft, 1992, S. 36.
8 Rudolf Virchow, »Cellular-Pathologie«, 1855, *Archiv für pathologische Anatomie und Physiologie und für klinische Medizin* VIII:26.
9 iIbid., S. 4.
10 Rudolf Virchow, zitiert in Nuland, *Doctors*, 1988, S. 336.
11 Der Name für diese menschlichen Fossilien kommt vor allem in Schriften britischer Fachleute immer noch in der alten Schreibweise Nealnder*th*al vor, was im englischen Sprachraum zur Verwirrung und zu Schwierigkeiten mit der richtigen Aussprache führt. Der formelle wissenschaftliche Name für diese Spezies, *Homo neanderthalensis*, wurde 1864 geprägt. Da man solche systematischen Namen nicht ändern kann, müssen die Anthropologen mit der seltsamen Tatsache leben, daß der wissenschaftliche und der volkstümliche Name unterschiedlich geschrieben werden.
12 Rudolf Virchow, »Transformismus und Descendenz«, 1893, *Berliner klinische Wochenschrift*, XXX:1.
13 Thomas Henry Huxley, »Further Remarks upon the Human Remains from the Neanderthal«, 1864, *Natural History Review* 1:435.
14 Daniel Gasman, *The Scientific Origins of National Socialism: Social darwinism in Ernst Haeckel and the German Monist League*, 1971, S. 6f. Das Buch von Gasman enthält eine gute Analyse von Haeckels Bedeutung und seinem Einfluß auf die nationalsozialistische Bewegung.
15 Ernst Haeckel, *Natürliche Schöpfungsgeschichte*, 10. Auflage, Berlin, Verlag Georg Reimer 1902, Bd. I, S. 1f.
16 D. Gasman, *Scientific Origins*, 1971, S. 35.
17 K. Sudhoff, *Rudolf Virchow*, 1922, S. 1290.
18 S. 35ff.
19 iIbid., S. xxi–xxii.
20 Rudolf Virchow, *Die Freiheit der Wissenschaft im modernen Staat*, Berlin, Wiegand, Hempel und Parey 1877, S. 28f. Hervorhebung im Original.
21 ibid., S. 30f.
22 ibid., S. 31, Hervorhebung im Original.
23 ibid., S. 32.
24 A. C. Haddon, *History of Anthropology*, 1949, S. 28.
25 Rudolf Virchow, »Anthropology in the Last Twenty Years«, 1889, *Annual Report of the Board of Regents of the Smithsonian Institution*, S. 557.
26 ibid., S. 563–569.
27 Olor Kloh, »Introduction« zu Ernst Haeckel, *Die Welträtsel*, 1901, S. vii–viii.
28 D. Gasman, *Scientific Origins*, 1971, S. 15.

29 E. Haeckel, *Natürliche Schöpfungsgeschichte*, 1902, Bd. I, S. 276.
30 ibid., Bd. II, S. 738.
31 Ernst Haeckel, *Die Lebenswunder*, Stuttgart, Alfred Kröner Verlag, 1904, S. 450.
32 C. T. Thiele, Titel nicht angegeben, in H. Schmidt (Hg.), *Was wir Ernst Haeckel verdanken*, 1914, Bd. I, S. 262. Zitiert in D. Gasman, *Scientific Origins*, 1971, S. 16.
33 D. Gasman, *Scientific Origins*, 1971, S. 86 ff.
34 E. Haeckel, *Die Lebenswunder*, 1904, S. 135 f. Haeckel war von dieser Praxis besonders fasziniert und schrieb darüber in seinem früheren Buch, der *Natürlichen Schöpfungsgeschichte* von 1872 auf S. 153: »Ein ausgezeichnetes Beispiel von künstlicher Züchtung der Menschen in großem Maßstab liefern die alten Spartaner, bei denen ... die neugeborenen Kinder einer sorgfältigen Musterung und Auslese unterworfen werden mußten. Alle schwächlichen, kränklichen oder mit irgendeinem körperlichen Gebrechen behafteten Kinder wurden getötet. Nur die vollkommen gesunden und kräftigen Kinder durften am Leben bleiben, und sie allein gelangten später zur Fortpflanzung. Dadurch wurde die spartanische Rasse nicht allein beständig in auserlesener Kraft und Tüchtigkeit erhalten, sondern mit jeder Generation wurde ihre körperliche Vollkommenheit gesteigert. Gewiß verdankt das Volk von Sparta dieser künstlichen Auslese oder Züchtung zum großen Teil seinen seltenen Grad von männlicher Kraft und rauher Heldentugend.«
35 Diese Interpretation der Arbeiten Haeckels stammt aus D. Gasman, *Scientific Origins*, 1971.

Kapitel 6

1 Francis Galton, *Inquiries into the Human Faculty*, 1833, S. 24 f.
2 Karl Pearson (Hg.), *The Life, Letters and Labours of Francis Galton*, 1914–1930, Bd. III A, S. 348.
3 ibid., Bd. II, S. 207.
4 ibid., Bd. I, S. 203.
5 Daniel J. Kevles, *In the Name of Eugenics: Eugenics and the Uses of Human Heredity*, 1985, S. 10. Dieses Buch ist eine von mehreren intelligenten Zusammenfassungen über die Geschichte der Eugenikbewegung und ihre maßgeblichen Persönlichkeiten. Siehe auch C. P. Blacker, *Eugenics: Galton and After*, 1952; L. A. Farrall, *The Origins and Growth of the English Eugenics Movement: 1865–1925*, 1985; Mark Haller, *Eugenics: Hereditarian Attitudes in American Thought*, 1984; Nancy Stepan, *The Idea of Race in Science: Great Britain 1800–1960*, 1982; und George W. Stocking jr., *Race, Culture and Evolution*, 1968.
6 D. Kevles, *In the Name*, 1985, S. 7.

7 K. Pearson, *Life, Letters*, 1914–1930, Bd. III A, S. 124.
8 Francis Galton, *Hereditary Genius: An Inquiry into Laws and Consequences*, 1869, S. 37 f.
9 ibid., S. 1.
10 Anonymus, *A Eugenics Catechism*, S. 8 f., zitiert in D. Kevles, *In the Name*, 1985, S. 91.
11 D. Kevles, *In the Name*, 1985, S. 38 f.
12 ibid., S. 74.
13 F. Darwin und A. Seward, *More Letters*, 1903, Bd. I, S. 317.
14 ibid., Bd. II, S. 43.
15 Diese These vertreten Adrian Desmond und James Moore in ihrer Biographie *Darwin*, 1991 [dt.: *Darwin*, Rowohlt Verlag, Reinbek 1994].
16 Leonard Darwin, *The Need for Eugenic Reform*, 1926, S. 1.

Kapitel 7

1 D. Kevles, *In the Name*, 1985, S. 45.
2 Israel Zangwill, *The Melting Pot*, 1908, Act. I. In Emily Morison Beck (Hg.), *Familiar Quotations*, 1980, S. 706.
3 Madison Grant, *The Passing of the Great Race; or the Racial Basis of European History*, 1923, S. 17.
4 ibid., S. 89 f.
5 ibid., S. 226.
6 ibid., S. 263.
7 Charles Davenport, *Heredity in Relation to Eugenics*, 1919, S. 216.
8 ibid., S. 216–222.
9 Davenport an Joseph F. Gould, 17. Februar 1914. Papiere Charles B. Davenport, Akte Gould. Zitiert in D. Kevles, *In the Name*, 1985, S. 47.
10 Davenport an John C. Merriam, 4. April 1930, Papiere Charles B. Davenport, Cold Spring Harbor Series # 1. Zitiert in D. Kevles, *In the Name*, 1985, S. 48.
11 Davenport an Mrs. Harriman, 21. Februar 1911, Papiere Charles B. Davenport, Akte Mrs. E. H. Harriman. Zitiert in D. Kevles, *In the Name*, 1985, S. 49.
12 Stephan Jay Gould, *The Mismeasure of Man*, 1981, S. 168–171 [dt.: *Der falsch vermessene Mensch*, Suhrkamp Verlag, Frankfurt 1988]. Gould gibt einen guten allgemeinen Überblick über die Geschichte der Intelligenztests.
13 D. Kevles, *In the Name*, 1985, S. 109.
14 Buck gegen Bell, 274 U. S. 205, 207 (1927), zitiert in S. Gould, *Mismeasure*, 1981, S. 335 f.
15 *The New York Times*, 11. März 1930, S. 22. Zitiert in D. Kevles, *In the Name*, 1985, S. 113.
16 Thomas Henry Huxley, »The Aryan Question and Prehistoric Man«,

1890, *Nineteenth Century*, abgedruckt in T.H. Huxley, *Man's Place*, 1900, S. 280.

17 Robert N. Proctor, *Racial Hygiene; Medicine under the Nazis*, 1988, S. 17. Dieses Buch bietet auch eine ausgezeichnete eingehende Beschreibung der Evolutionsbiologie in Nazideutschland.

18 Fritz Brennecke (Hg.), *Vom Deutschen Volk und seinem Lebensraum: Handbuch für die Schulungsarbeit in der Hitlerjugend*, 1937, S. 45 ff.

19 A.R. Mourant, »The Blood Groups of Jews«, 1959, *Jewish Journal of Sociology* 1:155–176.

20 D. Gasman, *Scientific Origins*, 1971, S. 159 f.

21 Persönliche Mitteilung von Matt Cartmill an die Autorin.

22 Gerhard Heberer, *Ernst Haeckel und seine wissenschaftliche Bedeutung*, 1934, S. 14.

23 R. Proctor, *Racial Hygiene*, 1988, S. 87.

24 ibid., S. 120 ff.

25 ibid., S. 157.

26 Siehe z.B. ibid., Abb. 37, zwischen S. 182 und 183.

27 ibid., S. 183 f.

28 ibid., S. 177–222, insbesondere S. 191 ff.

29 Peltret, »Der Arzt als Führer und Erzieher«, 1935, *Deutsches Ärzteblatt* 65:565–566. Zitiert in Proctor, *Racial Hygiene*, 1988, S. 195.

30 Chester G. Vernier, *American Family Laws*, 1931, Bd. I, Abschnitt 44, S. 204–209; sowie das *1938 Supplement to American Family Laws*, 1938, S. 24 f.; zusammengefaßt in M.F. Ashley Montagu, *Man's Most Dangerous Myth: The Fallacy of Race*, 1942, S. 187–193.

Kapitel 8

1 Eine solche Erörterung des Themas findet sich bei Nancy Stepan, *The Idea of Race in Science: Great Britain 1800–1960*, 1982, und bei George W. Stocking jr., *Race, Culture, and Evolution*, 1968.

2 William Z. Ripley, *The Races of Europe*, 1899, S. 108.

3 R. Clark, *Huxleys*, 1968, S. 114 f. Aus diesem Werk stammt ein großer Teil der Informationen über Leben und Arbeiten von Julian Huxley.

4 Julian Huxley und A.C. Haddon, *We Europeans: A Survey of »Racial« Problems*, 1935. Zitiert in R. Clark, *Huxleys*, 1968, S. 280.

5 Die hier dargestellte Interpretation der neuen Synthese stützt sich stark auf Ernst Mayr, *The Growth of Biological Thought: Diversity, Evolution, and Inheritance*, 1982, und Ernst Mayr und William Provine (Hg.), *The Evolutionary Synthesis*, 1980.

6 D. Kevles, *In the Name*, 1985, S. 213.

7 J.B.S. Haldane, *Daedalus, or Science and the Future*, 1924.

8 D. Kevles, *In the Name*, 1985, S. 191.

9 Siehe E. Mayr, *Growth of Biological*, 1982; E. Mayr und W. Provine, *Evolutionary Synthesis*, 1980; und E. Mayr, *One Long Argument*, 1988.

Kapitel 9

1 R. Clark, *Huxleys*, 1968, S. 309.
2 ibid., S. 310f.
3 ibid.
4 Julian Huxley, *New Bottles for Old Wine*, 1957, S. 12.
5 UNESCO, *The Race Question in Modern Science*, 1956, S. 6.
6 Informationen über das Leben Montagus stammen aus Befragungen durch die Autorin, 16.–17. November 1992.
7 A. Montagu, Befragung durch die Autorin. Neuere internationale und amerikanische Ausgaben des *Who's Who* machen interessanterweise unterschiedliche Angaben über Montagus Herkunft. Die internationale Ausgabe nennt als Eltern »Charles Ehrenberg und Mary«, in der amerikanischen heißen sie »Charles Ashley und Mary (Plot)« (S. 2316).
8 A. Montagu, Befragung durch die Autorin.
9 A. Montagu, Befragung durch die Autorin.
10 A. Montagu, Befragung durch die Autorin. Montagu gibt als Zeitpunkt seiner letzten Namensänderung 1940 an, aber der Name M. F. Ashley Montagu erscheint noch 1942 auf *Man's Most Dangerous Myth* und 1951 auf einem Aufsatz in einem Konferenzbericht.
11 A. Montagu, Befragung durch die Autorin. Siehe auch z. B. William E. Fagg, »U. N. E. S. C. O's New Statement on Race«, 1952, *Man*, Nr. 3, S. 9.
12 M. F. Ashley Montagu, *Dangerous Myth*, 1942, S. ix.
13 A. Montagu, Befragung durch die Autorin.
14 William E. Fagg, »U. N. E. S. C. O. on Race«, 1950, *Man*, Nr. 220, S. 138f.
15 ibid., S. 138f.
16 UNESCO, *Statement on Race*, 1950, abgedruckt in *Man*, Nr. 220, S. 138f.
17 iIbid.
18 A. Montagu, Befragung durch die Autorin.
19 William E. Fagg, redaktionelle Anmerkung, 1951, *Man*, Nr. 32, S. 17.
20 Henri Vallois, »U. N. E. S. C. O. on Race«, 1951, *Man*, Nr. 28, S. 15f. Der Brief lautet im Original: »Or l'existence de la race chez l'Homme est un fait biologique incontestable ... Poussant à l'extrème la tendance minimisatrice de la race, le manifeste déclare finalement (par 14): ›la race est moins un phénomène biologique qu'un mythe social.‹ Une telle affirmation, qui en arrive à mettre en cause l'existence meme de la race chez l'Homme, est en contradiction non seulement avec les faits, mais avec tous les paragraphs antérieurs du manifeste!«
21 W. C. Osman Hill, »U. N. E. S. C. O. on Race«, 1951, *Man*, Nr. 30, S. 16f.
22 ibid.

23 William E. Fagg, »Notes«, 1951, *Man*, Nr. 93, S. 54.
24 Don J. Hager, »Race«, 1951, *Man*, Nr. 31, S. 17.
25 J. K. Little, »U. N. E. S. C. O. on Race«, 1951, *Man*, Nr. 31, S. 17.
26 ibid.
27 Stanley M. Garn, »Race«, 1951, *Man*, Nr. 200, S. 115.
28 A. Montagu, Befragung durch die Autorin.
29 William E. Fagg, »U. N. E. S. C. O. on Race«, 1951, *Man*, Nr. 101, S. 64.
30 William E. Fagg, »U. N. E. S. C. O. on Race«, 1952, *Man*, Nr. 3, S. 9.
31 ibid.
32 A. Montagu, Befragung durch die Autorin.
33 UNESCO, *Statement on Race*, 1950, abgedruckt in *Man*, 1952, Nr. 125, S. 91.
34 ibid.

Kapitel 10

1 Earnest A. Hooton, *Apes, Men and Morons*, 1937, S. 152.
2 ibid., S. 192 ff.
3 ibid., S. 210.
4 ibid., S. 152.
5 A. Montagu, Befragung durch die Autorin.
6 Eine eingehende Beschreibung des Projektes und der Methoden findet sich bei William Herbert Sheldon und S. S. Stevens, *The varieties of Temperament: A Psychology of Constitutional Differences*, Nachdruck (1970) des Bandes von 1942, S. 1–23.
7 ibid., S. 13 ff.
8 ibid., S. 11.
9 ibid., S. 425.
10 ibid., S. 428.
11 William H. Sheldon, »The Somatotype, the Morphophenotype and the Morphogenotype«, 1951, in Katherine Brehme Warren (Hg.), *Origin and Evolution of Man*, Bd. XV, Cold Spring harbor Symposia on Quantitative Biology, S. 374.
12 A. Montagu, Befragung durch die Autorin sowie Erinnerung der Autorin an Bemerkungen von Coon, ca. 1977. Bei dieser Gelegenheit bemerkte Alan Walker, ein anderer Paläoanthropologe, Montagu habe ihn kürzlich in seinem Büro besucht. Daraufhin fragte Coon: »Sie hatten Montagu in Ihrem Büro und haben ihn nicht erschossen?«
13 A. Montagu, Befragung durch die Autorin.
14 Montagus Bericht über ein Gespräch mit Coon, ca. 1977.
15 A. Montagu, Befragung durch die Autorin.
16 Theodosius Dobzhansky, *Mankind Evolving*, 1962, S. xii.
17 Eine der wenigen schriftlichen Quellen über Dobzhanskys Privatleben ist

Theodosius Dobzhansky, *Oral History Memoir*, 1962. Siehe auch William Provine, »Origins of the Genetics of Natural Populations Series«, 1981, in R. C. Lewontin, John A. Moore, William Provine und Bruce Wallace (Hg.), *Dobzhansky's Genetics of Natural Populations, I–XLIII*, S. 1–83.

18 T. Dobzhansky, *Oral Memoir*, 1962, S. 399.

19 W. Provine, »Origins«, 1981, S. 48.

20 A. Montagu, Befragung durch die Autorin.

21 Caleton S. Coon, *Adventures and Discoveries: The Autobiography of Carleton S. Coon, Anthropologist and Explorer*, 1981, S. 204. Dieses Buch ist auch die wichtigste Quelle für biographische Informationen über Coon.

22 D. Kevles, *In the Name*, 1985, S. 199.

23 M. Demerec, »Foreword«, 1951, in K. Warren (Hg.), *Origin and Evolution*, S. v.

24 Sherwood L. Washburn, »The Analysis of Primate Evolution with Particular Reference to the Origin of Man«, in K. Warren (Hg.), *Origin and Evolution*, S. 67.

25 Ernst Mayr, »Taxonomic Categories in Fossil Hominids«, 1951, in K. Warren (Hg.) *Origin and Evolution*, S. 117.

26 M. F. Ashley Montagu, »Discussion«, 1951, in K. Warren (Hg.), *Origin and Evolution*.

27 Carleton S. Coon, »Human Races in Relation to Environment and Culture with Special Reference to the Influence of Culture upon Genetic Changes in Human Population«, 1951, in K. Warren (Hg.), *Origin and Evolution*.

28 A. Montagu konnte sich bei der Befragung durch die Autorin nie an Coons Anwesenheit auf der Tagung oder an den Inhalt seines Beitrags erinnern. Dies scheint den aus dem Konferenzbericht abgeleiteten Eindruck zu bestätigen, daß Coons Beitrag zu jener Zeit kaum Anlaß zu Aufmerksamkeit oder Kommentaren gab.

29 M. F. Ashley Montagu, »A Consideration of the Concept of Race«, 1951, in K. Warren (Hg.), *Origin and Evolution*, S. 315–336.

30 Carl C. Seltzer, »Constitutional Aspects of Juvenile Delinquency«, 1951, in K. Warren (Hg.), *Origins and Evolution*, S. 363.

31 ibid., S. 366f.

32 ibid., S. 370, Hervorhebung im Original.

33 William H. Sheldon, »The Somatotype, the Morphophenotype and the Morphogenotype«, 1951, in K. Warren (Hg.), *Origin and Evolution*, S. 373.

34 M. F. Ashley Montagu, »Discussion«, 1951, in K. Warren (Hg.), *Origin and Evolution*, S. 379.

35 W. Sheldon, »Discussion«, 1951, in K. Warren (Hg.), *Origin and Evolution*, S. 380.

36 Theodosius Dobzhansky, »Human Diversity and Adaptation«, 1951, in K. Warren (Hg.), *Origin and Evolution*, S. 385. Kursivierung hinzugefügt.

Kapitel 11

1 Sherwood Washburn, ohne Quellenangabe, zitiert in Emöke J. E. Szathmary, »Biological Anthropology«, 1992, in Wenner-Gren Foundation for Anthropological Research, *Report for 1990 and 1991: Fiftieth Anniversary Issue*, 1992, S. 21.
2 ibid., S. 22.
3 Theodosius Dobzhansky, *Mankind Evolving*, 1962, S. 281. Kursivierung im Original.
4 ibid., S. 283.
5 ibid., S. 299 f.
6 ibid., S. xiii.
7 C. Coon, *Adventures*, 1981, S. 356.
8 Lita Osmundsen, Befragung durch die Autorin.
9 T. Dobzhansky, *Mankind Evolving*, 1962, S. 99 f.
10 Siehe z. B. C. Hall und G. Lindzey, *Theories of Personality*, 1957; R. Newman, »Age Changes in Body Build«, 1952, *American Journal of Physical Anthropology*, 10:75–90; oder J. P. Chaplin und T. S. Krawiec, *Systems and Theories of Psychology*, 1960.
11 Bericht und Zitate aus C. Coon, *Adventures*, 1981, S. 334 ff.
12 Diskussion bei S. Gould, *Mismeasure*, 1981.
13 C. Coon, *Adventures*, 1981, S. 335.
14 ibid.
15 ibid.
16 ibid.
17 Der Zusammenhang zwischen Coon und Putnam wurde seit 1990 von mindestens fünf Anthropologen zur Sprache gebracht.

Kapitel 12

1 »Congoid« war Coons Bezeichnung für die Rasse, zu der sowohl die Neger als auch die afrikanischen Pygmäen gehörten. Siehe Carleton S. Coon, *Origin of Races*, 1962, S. 3 f.
2 Franz Weidenreich, »Facts and Speculations Concerning the Origin of *Homo sapiens*«, 1947, *American Anthropologist*, n. s. Bd. 49 (2):190.
3 Franz Weidenreich, »The ›Neanderthal Man‹ and the Ancestors of *Homo sapiens*«, 1943, *American Anthropologist*, 45: 39.
4 Es wird manchmal übersehen, daß Weidenreich die Möglichkeit der Vermischung ausdrücklich erwähnt (F. Weidenreich, »Facts and Speculations«, 1947, S. 202) und die Zugehörigkeit aller heutigen Menschen zu derselben Art bestätigt (S. 189). In einem früheren Aufsatz (F. Weidenreich, »›Neanderthal Man‹«, 1943, S. 39) stellt Weidenreich die Einheitlichkeit der urtümlichen Menschen folgendermaßen fest: »Wenn wir die vorhandenen

geographischen Varianten der heutigen Menschheit als Unterarten oder Rassen einer Hauptart betrachten, müssen die Vorläuferstadien den gleichen taxonomischen Stellenwert haben.« Siehe auch Franz Weidenreich, »Interpretations of the Fossil Material«, 1949, in W. W. Howells (Hg.), *Ideas in Human Evolution; Selected Essays 1949–1961*, 1967, S. 470.

5 C. Coon, *Origin*, 1962, S. 28.

6 ibid., S. 29 f.

7 ibid., S. 481.

8 Ibid., S. 521 f.

9 Die Belege für den Ursprung des Menschen sind zusammenfassend dargestellt in Fred H. Smith und Frank Spencer (Hg.), *Origins of Modern Humans: A World Survey of the Fossil Evidence*, 1984, und in P. Mellars und C. B. Stringer (Hg.), *The Human Revolution: Behavioral and Biological Perspectives on the Origins of Modern Humans*, 1989.

10 C. Coon, *Origin*, 1962, S. 658.

11 Persönliche Erinnerung der Autorin ca. 1975, als die Expedition von Richard Leakey in Kenia einen Schädel mit der Bezeichnung KNM-ER 1470 fand. Damals glaubte man, der Fund sei 2,6 Millionen Jahre alt, aber dies erwies sich als Datierungsfehler; das Alter des Fossils beträgt nur 1,8 Millionen Jahre. Bevor das Gehirnvolumen dieses Stückes veröffentlicht wurde, hatte Coon es bereits berechnet, und zwar mit einer höchst komplizierten Näherungsabschätzung anhand der vermutlichen Breite der Krawatte, die Leakey auf einem Foto trug, als er den Schädel in der Hand hatte. Zu Coons Enttäuschung war das Volumen dieses afrikanischen Schädels bedeutend kleiner, als er geschätzt hatte.

12 C. Coon, *Origin*, 1962, S. 663.

13 ibid., S. 656.

14 Eine aktualisierte Form der Theorie des Multiregionalismus findet sich bei Alan G. Thorne und Milford H. Wolpoff, »The Multiregional Evolution of Humans«, 1992, *Scientific American* 266(4):76–83 [dt.: *Spektrum der Wissenschaft*, Juni 1992, 80–88]. Die damit verbundene Kontroverse ist dargestellt bei Michael H. Brown, *The Search for Eve*, 1990, und in Band 95 (1) des *American Anthropologist*, erschienen 1993. Im Sommer 1992 wurde die Theorie des Multiregionalismus auf dem dritten internationalen Kongreß für menschliche Paläontologie heftig diskutiert, und die Tagespresse verkündete (voreilig) das Ende der wichtigsten Gegentheorie, auch »Eva-Hypothese« genannt, so z. B. Herbert B. Watzman, »Question of Human Origins Debated Anew as Scientists Put to Rest the Idea of a Common African Ancestor«, *Chronicle of Higher Education*, 16. September 1997, S. A7–A8.

15 A. Montagu, Befragung durch die Autorin.

16 Theodosius Dobzhansky, »A Debatable Account of the Origin of Races«, 1963, *Scientific American* 208(2):172.

17 Theodosius Dobzhansky, »Genetic Entities in Hominid Evolution«, 1963, in Sherwood L. Washburn (Hg.), *Classification and Human Evolution*, S. 361.
18 Lita Osmundsen, Befragung durch die Autorin.
19 Theodosius Dobzhansky, »More Bogus ›Science‹ on Race Prejudice«, 1968, *Journal of Heredity* 59(2):104.
20 Carleton S. Coon, »Comment on ›Bogus Science‹«, 1968, *Journal of Heredity* 59(5):275.
21 Sidney Mintz, Befragung durch die Autorin.
22 Sidney Mintz, Brief an Carey Williams, 30. November 1964.
23 F. Clark Howell, Befragung durch die Autorin.
24 C. Coon, *Adventures*, 1981, S. 358.
25 Sherwood L. Washburn, »The Study of race«, 1963, *American Anthropologist*, 65:525.
26 ibid., S. 524–527.
27 C. Coon, *Adventures*, 1981, S. 358 f.
28 ibid., S. 353 ff.
29 Ashley Montagu, »What Is Remarkable About Varieties of Man Is Likeness, Not Differences«, 1963, *Current Anthropology* 4(4):361–364, nachgedruckt (und teilweise mit stärkeren Formulierungen umgeschrieben) als »On Coon's *The Origin of Races*«, in Ashley Montagu (Hg.), *The Concept of Race*, 1964, S. 228–241. Zitate aus der Fassung von 1964, S. 228.
30 ibid., S. 229.
31 C. Coon, *Origin*, 1962, S. xxxii.
32 A. Montagu, »On Coon's«, 1964, S. 234 ff.
33 Carleton S. Coon mit E. Hunt, *The Living Races of Man*, 1965, S. ix.
34 C. Coon, *Adventures*, 1981, S. 367 f.
35 C. Coon, *Adventures*, 1981, S. 368 mit einem Zitat von Edmund Leach, *New York Review of Books*, ohne vollständige Quellenangabe.
36 Alice M. Brues, zitiert in C. Coon, *Adventures*, 1981, S. 370 f.
37 Sol Tax, Brief an Leigh Van Valen, 15. März 1965.
38 Leigh Van Valen, »On Discussing Human Races«, 1966, *Perspectives in Biology and Medicine* IX(3):378.
39 ibid., S. 382 f.
40 ibid., Fußnote S. 383.
41 Harold M. Schmeck jr., »Carleton S. Coon Is Dead at 76; Pioneer in Social Anthropology«, 1981, *The New York Times*, 6. Juni.
42 Michael Bradley, »Book on Race Used Scientific Findings«, 1992, Brief an die *New York Times*, 15. August.
43 Ashley Montagu, Brief an die *New York Times*, 29. August 1992, S. 18.
44 Vorgeschlagene Verlautbarung zur Aktualisierung des UNESCO-Papiers über biologische Aspekte der Rassen von 1964, S. 1.

Kapitel 13

1 David Wasserman, Befragung durch die Autorin. Die meisten hier wiedergegebenen persönlichen und beruflichen Informationen stammen aus diesem Gespräch und aus David Wasserman, »Gentle Factors in Crime: Findings, Uses and Implications«, 1991, Finanzierungsantrag an das National Center for Human Genome Research, National Institutes of Health.
2 Eine gut lesbare, verständliche Beschreibung des DNA-Fingerprinting und seiner Anwendung auf juristische Probleme findet sich bei Joseph Wambaugh, *The Blooding*, 1991.
3 Rochelle Cooper Dreyfuss und Dorothy Nelkin, »The Jurisprudence of Genetics«, 1992, *Vanderbilt Law Review* 45(5):316.
4 D. Wasserman, »Genetics Factors«, 1991, S. 14 f.
5 ibid., S. 17 f.
6 Die grundlegenden Forschungsarbeiten sind dargestellt bei P. A. Jacobs, M. M. Melville, R. P. Brittain und W. F. Clermont, »Aggressive behavior, Mental Sub-Normality, and the XYY Male«, 1965, *Nature* 208:1351–1352, und bei P. A. Jacobs, W. H. Price und R. A. W. Ratcliff, »Chromosome Surveys in Penal Institutions and Approved Schools«, 1971, *Journal of Medical Genetics* 8:49–58. Eine eingehende Erörterung findet sich auch bei James Q. Wilson und Richard Hernstein, *Crime and Human Nature*, 1985, S. 100 ff.
7 Nach S. Gould, *Mismeasure*, 1981, S. 144, war Speck kein XYY-Mann, sondern hatte den normalen Genotyp XY.
8 Siehe D. Borgaonkar und S. Shah, »The XYY Chromosome, Male – or Syndrome«, 1974, *Progress in Medical Genetics* 10:135–222; S. L. Chorover, *From Genesis to Genocide*, 1979; R. Pyeritz, H. Schrier, C. Madansky, L. Miller und J. Beckwith, »The XYY Male: The making of a Myth«, 1977, in *Biology as a Social Weapon*, S. 86–100.
9 Genome Study Section, »Summary Statement on Application Number 1 R 13 HG00703-01«, 1991, S. 2 f.
10 D. Wasserman, Befragung durch die Autorin.
11 ibid.
12 Louis Sullivan, zitiert in Fox Butterfield, »Dispute Theratens U. S. Plan on Violence«, 1992, *The New York Times*, 23. Oktober.
13 Louis Sullivan, zitiert in »New Federal Center Seeks to Reduce Violent Crime«, 1992, *The New York Times*, 26. Juni, S. A18.
14 Frederick Goodwin, Mitschrift des Vortrags, 11. Februar 1992, Sitzung des National Mental Health Advisory Council, S. 119 f.
15 Siehe z. B. Barbara Smuts, *Love and Friendship Among Baboons*, 1985.
16 John Conyers jr., »A Racially Offensive Attitude«, 1992, *Wall Street Journal*, 1. April.

Kapitel 14

1 Informationen über Walters aus einer Befragung Walters' durch die Autorin.
2 R. Walters, Befragung durch die Autorin.
3 Die Informationen über Breggins Leben und Arbeiten stammen aus P. Breggin und G. Ross Breggin, Befragung durch die Autorin.
4 P. Breggin, zitiert in Utrice C. Leid, »Inner City Children Targeted for ›Intervention‹«, 1992, *The City Sun* 10(2):4.
5 P. Breggin, Befragung durch die Autorin.
6 iIbid.
7 Paul McHugh, Befragung durch die Autorin.
8 P. Breggin, Befragung durch die Autorin.
9 Briefkopf des Center for the Study of Psychiatry.
10 P. Breggin, Befragung durch die Autorin.
11 P. McHugh, Befragung durch die Autorin.
12 P. Breggin, Befragung durch die Autorin.
13 ibid.
14 ibid.
15 Peter Breggin, zitiert in U. C. Leid, »Inner City Children Targeted for ›Intervention‹«, 1992, *The City Sun* 10(2):4.
16 Peter Breggin, Niederschrift der Zeugenaussage vor dem Violence Initiative Panel, The Congressional Black Caucus Legislative Weekend, 1992, Freitag, 25. September, S. 3.
17 P. Breggin, Befragung durch die Autorin.
18 Darrel Regier, zitiert in Richard Stone, »HHS ›Violence Initiative‹ Caught in Cross-Fire«, 1992, *Science* 258:213.
19 Louis Sullivan, zitiert in Fox Butterfield, »Dispute Threatens U. S. Plan on Violence«, 1992, *The New York Times*, 23. Oktober; siehe auch »Sullivan Says Research on Violence Isn't Racist«, 1992, *The Washington Times*, 23. Oktober.
20 Frederick K. Goodwin, »Conduct Disorder as a Precursor to Adult Violence and Substance Abuse: Can the Progression be Halted?« 1992. Niederschrift eines Vortrages bei der American Psychiatric Association, Washington, D. C., S. 2–8.
21 ibid., S. 9.
22 Karen Schneider, »Study to Quell Violence Is Racist, Critics Charge«, 1992, *Detroit Free Press*, 2. November, S. 1.
23 *Daily Challenge*, 18. August 1992, Umschlag.
24 Editorial »Urban Quackery: A Plan for Violent Crime«, 1992, *The Arizona Republic*, 25. Juli.
25 *The Final Call*, 1992, Band 11, Nummer 24, 26. Oktober, Umschlag.
26 D. Wasserman, Befragung durch die Autorin.

27 ibid.
28 D. Wasserman, Prospekt »Genetic Factors in Crime: Findings Uses and Implications«, 1992, S. 1.
29 D. Wasserman, Befragung durch die Autorin.
30 D. Wasserman, Prospekt, S. 2.
31 ibid., S. 3.
32 P. Breggin, Befragung durch die Autorin.
33 D. Wasserman, Befragung durch die Autorin.
34 P. Breggin, Befragung durch die Autorin.
35 R. Walters, Befragung durch die Autorin.
36 Ronald Waters, »The Politics of the Federal Violence Initiative«, 1993, Vortrag bei der American Association for the Advancement of Science, Februar, S. 26.
37 ibid., S. 25.
38 ibid., S. 22.
39 ibid., S. 29.
40 ibid., S. 26.
41 P. Breggin, Leserbrief, *The New York Times*, 18. September 1993, S. A34.
42 R. Walters, Befragung durch die Autorin.
43 Dieser Bericht stammt aus David Wasserman, Befragung durch die Autorin; einige Einzelheiten wurden von Peter Breggin in einem Gespräch mit der Autorin bestätigt, andere dagegen wurden in Frage gestellt. Breggin sagt, er habe seinen Namen in einem Gespräch an Wassermans Tisch nicht gehört und sich selbst vorgestellt.
44 D. Wasserman, Befragung durch die Autorin.
45 P. Breggin, Befragung durch die Autorin.
46 Alice H. Thomas und Elke Jordan, Brief an David Wasserman, 20. Juli 1992.
47 D. Wasserman, Befragung durch die Autorin.
48 David L. Wheeler, »U. of Md. Conference That Critics Charge Might Foster Racism Loses NIH Support«, 1992, *Chronicle of Higer Education*, 2. September, S. A6.
49 Ronald Walters, Brief an Bernadine Healey, 18. August 1992.
50 John W. Diggs, Brief an Victor Medina, 18. August 1992.
51 John W. Diggs, Brief an Jacob Goldhaber, 4. September 1992.
52 Bernadine Healey, zitiert in »UM to Appeal Loss of Funds for Genetics-Crime Study«, 1993, *The Evening Sun*, 16. April, S. 1.
53 Eliot Marshall, »NIH Told to Reconsider Crime Meeting«, 1993, *Science* 262, S. 23.
54 ibid., S. 24.
55 R. Walters, Befragung durch die Autorin.
56 ibid.
57 ibid.

58 D. Wasserman, Befragung durch die Autorin.
59 S. Gould, *Mismeasure*, 1981, S. 155.
60 Arthur Jensen, »How Much Can We Boost IQ and Scholastic Achievement?« 1969, *Harvard Educational Review* 38(1):1–123.
61 Eine klare, knappe Zusammenfassung über die Bedeutung von Erblichkeitsschätzungen, die Kritik an Jensens Behauptungen und die Schwierigkeiten der Rasseneinteilung bei den heutigen Menschen findet sich bei Philip V. Tobias, *The Meaning of Race*, 1972.

Epilog

1 Siehe P. V. Tobias, *The Meaning of race*, 1972, S. 29–35.
2 C. S. Coon mit E. Hunt, *The Living races of Man*, 1965.
3 Han Brunner, M. R. Nelen, P. van Zandvoort, N. G. G. M. Abeling, A. H. van Gennip, E. C. Wolters, M. A. Kulper, H. H. Ropers und B. A. van Oost, »X-Linked Borderline Mental Retardation with Prominent Behavioral Disturbance: Phenotype Genetic Localization, and Evidence for Disturbed Monamine Metabolism«, 1993, *American Journal of Human genetics* 52:1032–1039.
4 Virginia Morell, »Evidence Found for a Possible ›Aggression Gene‹«, 1993, *Science* 260(5115):1722–1723.
5 Dean Hamer, Stella Hu, Victoria L. Magnuson, Nan Hu und Angela M. L. Pattatucci, »A Linkage Between DNA Markers on the X Chromosome and Male Sexual Orientation«, 1993, *Science* 261(5119):321–327.
6 J. M. Bailey und R. C. Pillard, »Heritable Factors Influence Sexual Orientation in Women«, *Archives of general Psychiatry*, 1991, 48:1089.
7 S. LeVay, »Differences in Hypothalamic Structure Between Heterosexual and Homosexual Men«, 1991, *Science* 253:1034; in populärer Form ist das Thema dargestellt bei S. LeVay, *The Sexual Brain 1993* [dt.: *Keimzellen der Lust*, Spektrum Akademischer Verlag, Heidelberg 1994].
8 D. Hamer et al., 1993, »A Linkage«, S. 326.
9 Christopher Stringer, Befragung durch die Autorin.
10 Alan G. Thorne und Milford P. Wolpoff, »The Multiregional Evolution of Humans«, 1992, *Scientific American* 266(4):76 [dt.: *Spektrum der Wissenschaft*, Juni 1992, S. 80–88].
11 Milford H. Wolpoff, Alan G. Thorne, Jan Jelinek und Zhang Yinyun, »The Case for Sinking *Homo erectus*: 100 Years of Pithecanthropus Is Enough!« 1991, Vortrag bei der Tagung »100 Years of Pithecanthropus«, Senckenberg, Frankfurt am Main. Abgedruckt bei Jens Franzen (Hg.), *100 Years of Pithecanthropus – The Homo erectus Problem.*
12 Alan Thorne, Befragung durch die Autorin.
13 Christopher Stringer und Clive Gamble, *In Search of Neanderthals*, 1993, S. 136.

14 A. G. Thorne und M.-H. Wolpoff, »Multiregional Evolution«, 1992, S. 79.

15 Mary-Clare King und Allan Wilson, »Evolution at Two Levels in Humans and Chimpanzees«, 1975, *Science* 188:107–116.

16 Die am einfachsten verständliche Darstellung der Eva-Hypothese findet sich bei A. Wilson und R. Cann, »The Recent African Genesis of Humans«, 1992, *Scientific American* 266(4):68–73 [dt.: *Spektrum der Wissenschaft*, Juni 1992, 72–79]. Die wichtigsten Fachartikel sind Rebecca Cann, Mark Stoneking und Allan Wilson, »Mitochondrial DNA and Human Evolution«, 1987, *Nature* 325:32–36; R. Cann, »DNA and Human Origins«, 1988, *Annual Review of Anthropology* 17:127–143; und L. Vigilant, M. Stoneking, H. Harpending, K. Hawkes und A. C. Wilson, »African Population and the Evolution of Human Mitochondrial DNA«, 1991, *Science* 253:1503–1507.

17 Alan R. Templeton, »The ›Eve‹ Hypothesis: A Genetic Critique and Reanalysis«, 1993, *American Anthropologist* 95(1):52.

18 Ein großer Teil der Debatte ist in vier Artikeln zusammenfassend dargestellt: Leslie C. Aiello, »The Fossil Evidence for Modern Human Origins in Africa: A Revised View«, 1993, *American Anthropologist* 95(1):73–96; David W. Frayer, Milford H. Wolpoff, Alan G. Thorne, Fred H. Smith und Geoffrey Pope, »Theories of Modern Human Origins: The Paleontological Test«, 1993, *American Anthropologist* 95(1):14–50; Robert W. Sussman, »A Current Controversy in Human Evolution«, 1993, *American Anthropologist* 95(1):9–14; Alan R. Templeton, »The ›Eve‹ Hypotheses: A Genetic Critique and Reanalysis«, 1993, *American Anthropologist* 95(1):51–70. Eine weitere gute Quelle ist Christopher Stringer und Clive Gamble, *In Search of Neanderthals*, 1993.

19 S. B. Hedges, S. Kumar, K. Tamura und M. Stoneking, »Human Origins and Analysis of Mitochondrial DNA Sequences«, 1992, *Science* 255:737–739; D. R. Maddison, M. Ruvulo und D. L. Swofford, »Geographic Origins of Human Mitochondrial DNA: Phylogenetic Evidence from Control Region Sequences«, 1992, *Systematic Biology* 41:111–124.

Literaturverzeichnis

Manuskripte und persönliche Beiträge

American Association of Physical Anthropologists. »Proposed Statement to Update the UNESCO (1964) Document on Biological Aspects of Race«, 1993, S. 1.

BREGGIN, PETER. Transcript of testimony before the Violence Initiative Panel, The Congressional Black Caucus Legislative Weekend, 25. September 1992.

DIGGS, JOHN W. Letter to Victor Medina, 18. August 1992.

– Letter to Jacob Goldhaber, 4. September 1992.

Genome Study Section, National Institutes of Health. »Summary Statement on Application Number 1 R 13 HG00703-01«, 1991.

GOODWIN, FREDERICK K. »Conduct Disorder as a Precursor to Adult Violence and Substance Abuse: Can the Progression Be Halted?« Transcript of paper delivered before the American Psychiatric Association, Washington, D.C., 1992.

– Transcript of speech, February 11 meeting of the National Mental Health Advisory Council, 1992.

MINTZ, SIDNEY. Brief an Carey Williams, 30. November 1964.

TAX, SOL. Brief an Leigh Van Valen, 5. März 1965.

THOMAS, ALICE H., und Elke Jordan. Brief an David Wasserman, 20. Juli 1992.

WALTERS, RONALD. Brief an Bernadine Healey, 18. August 1992.

– »The Politics of the Federal Violence Initiative.« Vortrag vor der American Association for the Advancement of Science, Februar 1993.

WASSERMAN, DAVID. »Genetic Factors in Crime: Findings, Uses, and Implications.« Finanzierungsantrag an das National Center for Human Genome Research, National Institutes of Health, 1991.

– »Genetic Factors in Crime: Findings, Uses, and Implications«, brochure, 1992.

Bücher, Artikel und Dissertationen

ACKERKNECHT, E.: *Rudolf Virchow: Doctor, Statesman, Anthropologist.* Madison: University of Wisconsin Press, 1953.

AIELLO, LESLIE. »The Fossil Evidence for Modern Human Origins in Africa: A Revised View.« *American Anthropologist* 95(1):73–96, 1993.

ANONYMOUS. *A Eugenics Catechism.* American Eugenics Society, 1926.

– »New Federal Center Seeks to Reduce Violent Crime.« *The New York Times,* June 26, 1992, S. A18.

– *Daily Challenge.* August 18, 1992, cover.

– »Natural Criminals?« *The Final Call* 11(24): cover, 1992.

– »Sullivan Says Research on Violence Isn't Racist.« *The Washington Times,* 23. Oktober 1992.

– »Urban Quackery: A Plan for Violent Crime.« *The Arizona Republic,* 25. Juli 1992.

– »UM to Appeal Loss of Funds for Genetics-Crime Study.« *The Evening Sun,* April 16, 1993, Baltimore, S. 1.

APPLEMAN, PHILLIP (Hg.). *Darwin: A Norton Critical Edition.* New York: W. Norton, 1970.

BAILEY, J. M., und R. C. PILLARD. »Heritable Factors Influence Sexual Orientation in Women.« *Archives of General Psychiatry* 48:1089, 1991.

BARBER, LYNN. *The Heyday of Natural History: 1820–1870.* Garden City: Doubleday, 1980.

BECK, EMILY MORISON (Hg.), und John Bartlett, comp. *Familiar Quotations: A Collection of Passages, Phrases and Proverbs Traced to Their Sources in Ancient and Modern Literature,* 15. Aufl., Boston: Little, Brown, 1980.

BIBBY, CYRIL. *Thomas Henry Huxley: Scientist, Humanist, and Educator.* London: Watts, 1959.

BLACKER, C. P. *Eugenics: Galton and After.* London: Gerald Duckworth & Co., 1952.

BÖLSCHE, WILHELM. *Ernst Haeckel – ein Lebensbild.* Berlin und Leipzig: Verlag Hermann Seemann Nachf., 1905.

BORGAONKAR, D., und S. Shah. »The XYY Chromosome, Male – or Syndrome.« *Progress in Medical Genetics* 10:135–222, 1974.

BOWLBY, JOHN. *Charles Darwin: A New Life.* New York: Norton, 1990.

BOWLER, PETER. *The Eclipse of Darwinism.* Baltimore: Johns Hopkins University Press, 1983.

– *The Non-Darwinian Revolution: Reinterpretting a Historical Myth.* Baltimore: Johns Hopkins University Press, 1988.

– *Theories of Human Evolution: A Century of Debate, 1844–1944.* Baltimore: Johns Hopkins University Press, 1989.

BOYD, BYRON A. *Rudolf Virchow: The Scientist as Citizen.* New York: Garland Publishing Co., 1991.

BRACKMAN, ARNOLD. *A Delicate Arrangement: The Strange Case of Charles Darwin and Alfred Russel Wallace.* New York: Times Books, 1980.
BRADLEY, MICHAEL. »Book on Race Used Scientific Findings.« *The New York Times*, August 15, 1992.
BREGGIN, PETER. Letter to Editor. *The New York Times*, 18. September 1993, S. A34.
BRENNECKE, FRITZ (Hg)., *Vom Deutschen Volk und seinem Lebensraum, Handbuch für die Schulungsarbeit in der Hitler-Jugend.* München 1938.
BROWN, MICHAEL H. *The Search for Eve.* New York: Harper & Row, 1990.
BRUNNER, HAN, M. R. NELEN, P. VAN ZANDVOORT, N. G. G. M. ABELING, A. H. VAN GENNIP, E. C. WOLTERS, M. A. KULPER, H. H. ROPERS und B. A. VAN OOST. »X-Linked Borderline Mental Retardation with Prominent Behavioral Disturbance: Phenotype, Genetic Localization, and Evidence for Disturbed Monamine Metabolism.« *American Journal of Human Genetics* 52:1032–1039, 1993.
BURKHARDT, F., und S. SMITH (Hg.), *The Complete Correspondence of Charles Darwin.* Cambridge: Cambridge University Press, 1985–88.
BUTTERFIELD, FOX. »Dispute Threatens U.S. Plan on Violence.« *The New York Times,* 23. Oktober 1992.
CANN, REBECCA L. »DNA and Human Origins.« *Annual Review of Anthropology* 17:127–143, 1988.
CANN, R. L., M. STONEKING und A. C. WILSON. »Mitochondrial DNA and Human Evolution.« *Nature* 325:32–36, 1987.
CHAPLIN, J. P., und T. S. KRAWIEC. *Systems and Theories of Psychology.* New York: Holt, Rinehart & Winston, 1960.
CHOROVER, S. L. *From Genesis to Genocide.* Cambridge: Massachusetts Institute of Technology Press, 1979.
CLARK, RONALD W. *The Huxleys.* New York/Toronto: McGraw-Hill, 1968.
CONYERS, JOHN, JR. »A Racially Offensive Attitude.« *Wall Street Journal,* April 1, 1992.
COON, CARLETON S. *Adventures and Discoveries: The Autobiography of Carleton S. Coon, Anthropologist and Explorer.* Englewood Cliffs: Prentice-Hall, 1981.
– »Comment an ›Bogus Science.‹« *Journal of Heredity* 59(5):275, 1968.
– »Human Races in Relation to Environment and Culture with Special Reference to the Influence of Culture upon Genetic Changes in Human Population.« In Katherine Brehme Warren, Hg., *Origin and Evolution of Man.* Cold Spring Harbor: Cold Spring Harbor Symposia on Quantitative Biology, 1951, Vol. XV:247–257.
– *The Origin of Races.* New York: Alfred A. Knopf, 1962.
– with E. Hunt. *The Living Races of Man.* New York: Alfred A. Knopf, 1965.
COWAN, RUTH SCHWARTZ. *Sir Francis Galton and the Study of Heredity in the Nineteenth Century.* New York: Garland, 1985.

CUMMING, DUNCAN. *The Gentleman Savage: The Life of Mansfield Parkyns 1823–1894*. London: Century, 1987.

DARWIN, CHARLES. *The Descent of Man and Selection in Relation to Sex*, 2nd ed., New York: A. L. Burt Company, 1874; dt.: *Die Abstammung des Menschen und die geschlechtliche Zuchtwahl.*

– *The Origin of Species by Means of Natural Selection or the Preservation of Favored Races in the Struggle for Life*. London: John Murray & Sons, 1859. Reprinted in 1958, New York: The New American Library; dt.: *Die Entstehung der Arten durch natürliche Zuchtwahl.*

– *The Variation of Animals and Plants under Domestication*. London: John Murray & Sons, 1868; dt.: *Das Variieren der Tiere und Pflanzen im Zustand der Domestikation.*

DARWIN, FRANCIS (Hg.). *Charles Darwin: His Life Told in an Autobiographical Chapter and in a Selected Series of His Published Letters*. New York: D. Appleton and Company, 1892. Reprinted as Darwin, Francis, Hg., *The Autobiography of Charles Darwin and Selected Letters*, New York: Dover Publications, 1958.

DARWIN, FRANCIS (Hg.). *Life and Letters of Charles Darwin*. London: John Murray & Sons, 1891.

DARWIN, FRANCIS, und A. C. Seward (Hg.). *More Letters of Charles Darwin*. London: John Murray & Sons, 1903.

DARWIN, LEONARD. *The Need for Eugenic Reform*. New York: D. Appleton, 1926.

DAVENPORT, CHARLES. *Heredity in Relation to Eugenics*. New York: Henry Holt, 1919.

DAVIS, R. H. C. *The Medieval Warhorse*. London: Thames and Hudson, 1989.

DE BEER, GAVIN (Hg.). *Charles Darwin and Thomas Henry Huxley: Autobiographies*. London: Oxford University Press, 1974.

DEMEREC, M. »Foreword.« In Katherine Brehme Warren, Hg., *Origin and Evolution of Man*. Cold Spring Harbor: Cold Spring Harbor Symposia on Quantitative Biology, 1951, Vol. XV:v–vi.

DESMOND, ADRIAN, und James Moore. *Darwin*. New York. Warner Books, 1991; dt.: *Darwin*. Reinbek: Rowohlt, 1994.

DI GREGORIO, MARIO A. T. H. *Huxley's Place in Natural Science*. New Haven: Yale University Press, 1984.

DOBZHANSKY, THEODOSIUS. »A Debatable Account of the Origin of Races.« *Scientific American* 208(2):169–172, 1963.

– »Genetic Entities in Hominid Evolution.« In Sherwood L. Washburn (Hg.), *Classification and Human Evolution*. London: Methuen and Co., 1963, S. 347–362.

– »Human Diversity and Adaptation.« In Katherine Brehme Warren (Hg.), *Origin and Evolution of Man*. Cold Spring Harbor: Cold Spring Harbor Symposia on Quantitative Biology, 1951, Bd. XV:385–400.

– *Mankind Evolving.* New Haven: Yale University Press, 1962.
– »More Bogus ›Science‹ of Race Prejudice.« *Journal of Heredity* 59(2):102–104, 1968.
– *Oral History Memoir.* New York: Columbia University Press, 1962.
DREYFUSS, ROCHELLE COOPER und DOROTHY NELKIN. »The Jurisprudence of Genetics.« *Vanderbilt Law Review* 45(2):313–348, 1992.
FAGG, WILLIAM E. EDITORIAL remark. *Man*, Nr. 32:17, 1951.
– »Notes.« *Man*, Nr. 30:17, 1951.
– »U.N.E.S.C.O. on Race.« *Man*, Nr. 220:138, 1950.
– »U.N.E.S.C.O. and Race.« *Man*, Nr. 101:64, 1951.
– »U.N.E.S.C.O.'s New Statement on Race.« *Man*, Nr. 3:9, 1952.
FARRALL, L. A. *The Origins and Growth of the English Eugenics Movement: 1865–1925.* New York: Garland, 1985.
FRAYER, DAVID, MILFORD WOLPOFF, ALAN THORNE, FRED SMITH und GEOFFREY POPE. »Theories of Modern Human Origins: The Paleontological Test.« *American Anthropologist* 95(1):14–50; 1993.
GALTON, FRANCIS. *Hereditary Genius: An Inquiry into Its Laws and Consequences.* London: Macmillan, 1869.
– *Inquiries into the Human Faculty.* London: Macmillan, 1883.
GARN, STANLEY M. »Race.« *Man*, Nr. 200:115, 1951.
GASMAN, DANIEL. *The Scientific Origins of National Socialism: Social Darwinism in Ernst Haeckel and the German Monist League.* London: MacDonald, 1971.
GOULD, STEPHEN JAY. *The Mismeasure of Man.* New York: W.W. Norton, 1981; dt.: *Der falsch vermessene Mensch*, Frankfurt am Main: Suhrkamp, 1988.
GRANT, MADISON. *The Passing of the Great Race; or The Racial Basis of European History*, 4th ed. New York: Charles Scribners' Sons, 1923.
HADDON, A. C. *History of Anthropology.* London: G. P. Putnam's Sons, 1949.
HAECKEL, ERNST. *Die Radiolarien (Rhizopoda radiara)*, 1862.
HAECKEL, ERNST. *Anthropogenie.* 1874.
– *Natürliche Schöpfungsgeschichte*, Berlin: Verlag Georg Reimer, 10. Aufl., 1902.
– *Die Welträthsel*, 1899.
– *The Story of the Development of the Youth: Letters to His Parents.*
– *Die Lebenswunder*, Stuttgart: Alfred Kröner Verlag, 1904.
HAGER, DON J. »Race.« *Man*, No. 93:54, 1951.
HALDANE, J. B. S. *Daedalus, or Science and the Future.* London: E. P. Dutton, 1924.
HALL, C., und G. LINDZEY. *Theories of Personality.* New York: Wiley, 1957.
HALLER, MARK. *Eugenics: Hereditarian Attitudes in American Thought.* New Brunswick: Rutgers University Press, 1984.
HAMER, DEAN, STELLA HU, VICTORIA L. MAGNUSON, NAN HU, und ANGELA

M. L. PATTATTUCCI. »A Linkage Between DNA Markers on the X Chromosome and Male Sexual Orientation.« *Science* 261 (5119):321–327, 1993.

HEBERER, GERHARD. *Ernst Haeckel und seine wissenschaftliche Bedeutung.* Tübingen: Heine 1934.

HEDGES, S. B., S. KUMAR, K. TAMURA, und M. STONEKING. »Human Origins and Analysis of Mitochondrial DNA Sequences.« *Science* 255: 737–739, 1992.

HOOTON, EARNEST A. *Apes, Men and Morons.* New York: Charles Scribners' Sons, 1937.

HUXLEY, JULIAN. »Introduction to the Mentor Edition of *Origin of Species.*« New York: New American Library, 1958.

– *New Bottles for Old Wine.* New York: Harper & Bros., 1957.

– (Hg.) *T. H. Huxley's Diary of the Voyage of the H.M.S. Rattlesnake.* London: Chatto and Windus, 1935.

HUXLEY, JULIAN, und A. C. HADDON. *We Europeans: A Survey of »Racial« Problems.* New York: Harper and Bros., 1936.

HUXLEY, LEONARD (Hg.). *Life and Letters of Thomas Henry Huxley.* London: Macmillan and Co., 1990.

HUXLEY, THOMAS HENRY. »Agnosticism.« *Nineteenth Century* 25: 169–194, 1889.

– »The Aryan Question and Prehistoric Man.« *Nineteenth Century* 28:750–777, 1890. Reprinted in T. Huxley, *Man's Place in Nature and Other Anthropological Essays.* New York: D. Appleton, 1900, S. 272–329.

– »The Darwinian Hypothesis.« *The Times*, Dec. 26, 1859. Reprinted in Thomas Henry Huxley. *Darwiniana: Essays.* New York: D. Appleton and Company, 1898, 1–21.

– »Further Remarks upon the Human Remains from the Neanderthal.« *Natural History Review* 1:429–446, 1864.

– »The Origin of Species.« *Westminster Review* 17: 541–570, 1860.
Reprinted in Thomas Henry Huxley, *Darwiniana: Essays.* New York: D. Appleton and Company, 1898, S. 22–79.

– »Preface« to *Man's Place in Nature and Other Anthropological Essays.* New York: D. Appleton, 1900, S. ix–xi.

– »On the Reception of the ›Origin of Species.‹« In: F. Darwin (Hg.), *Life and Letters of Charles Darwin.* London: John Murray & Sons, 1891.

IRVINE, WILLIAM. *Apes, Angels, and Victorians.* New York: McGraw-Hill, 1972.

JACOBS, P. A., M. BRUNTON, M. M. MELVILLE, R. P. BRITTAIN, und W. F. MCCLERMONT. »Aggressive Behavior, Mental Sub-normality, and the XYY Male.« *Nature* 208:1351–1352, 1965.

JACOBS, P. A., W. H. PRICE, S. RICHMOND, und R. A. W. RATCLIFF. »Chromosome Surveys in Penal Institutions and Approved Schools.« *Journal of Medical Genetics* 8:49–58, 1971.

JENSEN, A. R. »How Much Can We Boost IQ and Scholastic Achievement?« *Harvard Educational Review* 39(1):1–123, 1969.

JUDD, JOHN W. *The Coming of Evolution.* Cambridge: Cambridge University Press, 1935.

KEVLES, DANIEL J. *In the Name of Eugenics: Eugenics and the Uses of Human Heredity.* New York: Alfred A. Knopf, 1985.

KING, MARY-CLARE, und ALLAN C. WILSON. »Evolution at Two Levels in Humans and Chimpanzees.« *Science* 188:107–116, 1975.

KLOH, OLOR. »Introduction« zum Nachdruck von Ernst Haeckel. *Die Welträthsel.* Berlin: Akademic Verlag, 1901. Nachdruck 1961, S. vii–viii.

KRUMBHAAR, EDWARD. »The Centenary of the Cell Doctrine.« *Ann. Med. Hist.* (3S) 1:427–437, 1939.

LEID, UTRICE C. »Inner-City Children Targeted for ›Intervention‹.« *The City Sun*, June 17–23, 1992, pp. 4–8.

LE VAY, SIMON. *The Sexual Brain.* Cambridge: MIT Press, 1993; *Keimzellen der Lust*, Stuttgart: Spektrum Akademischer Verlag, 1994.

– »Difference in Hypothalamic Structure Between Heterosexual and Homosexual Men.« *Science* 253:1034–1035, 1991.

LITCHFIELD, HENRIETTA (Hg.). *Emma Darwin: A Century of Family Letters 1972–1896.* London: John Murray & Sons, 1915.

LITTLE, K. L. »U.N.E.S.C.O. on Race.« *Man*, No. 31:17, 1951.

LYELL, K. M., (Hg.) *Life and Letters of Sir Charles Lyell, Bart.* London: John Murray & Sons, 1881.

MADDISON, D. R., M. RUVULO, und D. L. SWOFFORD. »Geographic Origins of Human Mitochondrial DNA: Phylogenetic Evidence from Control Region Sequences.« *Systematic Biology* 41: 111–124, 1992.

MARKS, R. L. *Three Men of the Beagle.* New York: Alfred A. Knopf, 1991.

MARSHALL, ELIOT. »NIH Told to Reconsider Crime Meeting.« *Science* 262: 23–24, 1993.

MAYR, ERNST. *The Growth of Biological Thought: Diversity, Evolution, and Inheritance.* Cambridge: Belknap Press, 1982.

– *One Long Argument.* Cambridge: Harvard University Press, 1988.

– »Taxonomic Categories in Fossil Hominids.« In Katherine Brehme Warren (Hg.), *Origin and Evolution of Man.* Cold Spring Harbor: Cold Spring Harbor Symposia on Quantitative Biology, 1951, Vol. XV:109–117.

MAYR, ERNST, und WILLIAM PROVINE (Hg.). *The Evolutionary Synthesis.* Cambridge: Harvard University Press, 1980.

MELLARS, P., und C. B. STRINGER (Hg.). *The Human Revolution: Behavioral and Biological Perspectives on the Origins of Modern Humans.* Edinburgh: University of Edinburgh Press, 1989.

MONTAGU, ASHLEY. Letter. *The New York Times*, 29. August 1992, S. 18.

– »What Is Remarkable About Varieties of Man Is Likenesses, Not Differences.« *Current Anthropology* 4(4):361–364, 1963. Reprinted (and rewritten in part in stronger language) as »On Coon's *The Origin of Races*«, in Ashley Montagu, Hg., *The Concept of Race.* New York: The Free Press, 1964, S. 228–241.

MONTAGU, M. F. ASHLEY. »A Consideration of the Concept of Race.« In Katherine Brehme Warren (Hg.) *Origin and Evolution of Man.* Cold Spring Harbor: Cold Spring Harbor Symposia on Quantitative Biology, 1951, Bd. XV:315–333.

– »Discussion«. In Katherine Brehme Warren, ed., *Origin and Evolution of Man.* Cold Spring Harbor: Cold Spring Harbor Symposia on Quantitative Biology, 1951, Bd. XV:117–118.

– »Discussion.« In Katherine Brehme Warren, ed., *Origin and Evolution of Man.* Cold Spring Harbor: Cold Spring Harbor Symposia on Quantitative Biology, 1951, Bd. XV:379.

– *Man's Most Dangerous Myth: The Fallacy of Race.* New York: Columbia University Press, 1942.

MORRELL, VIRGINIA. »Evidence Found for a Possible ›Aggression Gene‹.« *Science* 260(5115):1722–1723, 1993.

MOURANT, A. R. »The Blood Groups of Jews.« *Jewish Journal of Sociology* 1:155–176, 1959.

NEWMAN, R. »Age Changes in Body Build.« *American Journal of Physical Anthropology* 10:75–90, 1952.

NULAND, SHERWIN B. *Doctors: The Biography of Medicine.* New York: Vintage Books, 1988.

OSBORN, HENRY FAIRFIELD. *Impressions of Great Naturalists.* New York: Charles Scribners' Sons, 1924.

OSMAN HILL, W. C. »U.N.E.S.C.O. on Race.« *Man*, Nr. 30:16–17, 1951.

OWEN, RICHARD. »Darwin and the Origin of Species.« *Edinburgh Review* CXI, 251–275, 1860. Reprinted in P. Appleman (Hg.), *Darwin: A Norton Critical Edition.* New York: W. W. Norton, 1970, S. 295–296.

– *The Life of Richard Owen.* London: John Murray & Sons, 1894.

PEARSON, KARL (Hg.). *The Life, Letters and Labours of Francis Galton.* Cambridge: Cambridge University Press, 1914–30.

PECKHAM, MORSE. »Introduction to *The Origin of Species* by Charles Darwin, a Variorum Text.« Philadelphia: University of Pennsylvania Press, 1959. Reprinted in Philip Appleman, Hg., *Darwin: A Norton Critical Edition.* New York: W. W. Norton, 1970, S. 98–100.

PELTRET. »Der Arzt als Führer und Erzieher.« *Deutsches Ärzteblatt* 65:565–566, 1935.

PROCTOR, ROBERT N. *Racial Hygiene: Medicine under the Nazis.* Cambridge: Harvard University Press, 1988.

PROVINE, WILLIAM. »Origins of the Genetics of Natural Populations Series.«

In R.C. Lewontin, John A. Moore, William B. Provine, und Bruce Wallace (Hg.), *Dobzhansky's Genetics of Natural Populations,* I–XLIII. New York: Columbia University Press, 1981, S. 1–83.

PYERITZ, R., H. SCHRIER, C. MADANSKY, L. MILLER, und J. BECKWITH. »The XYY Male: The Making of a Myth.« In The Ann Arbor Science for the People Editorial Collective, ed., *Biology as a Social Weapon.* Minneapolis-St. Paul: Burgess Publishing Co., 1977, S. 86–100.

RABL, MARIE (Hg.). *Rudolf Virchow: Briefe an seine Eltern 1839–1864.* Leipzig: Verlag von Wilhelm Engelmann, 1906.

RIPLEY, WILLIAM Z. *The Races of Europe.* New York: D. Appleton, 1899.

RUDWICK, MARTIN. *The Meaning of Fossils: Episodes in the History of Palaeontology.* New York: Science History Publications, a division of Neale Watson Academic Publications, 1972.

SCHMECK, HAROLD M., JR. »Carleton S. Coon Is Dead at 76; Pioneer in Social Anthropology.« *The New York Times,* 6. Juni 1981.

SCHNEIDER, KAREN. »Study to Quell Violence Is Racist, Critics Charge.« *Detroit Free Press,* November 2, 1992, S. 1.

SEDGWICK, ADAM. »Objections to Mr. Darwin's Theory of the Origin of Species (1860).« *The Spectator* XXXII:85–286, 1860. Reprinted in Philip Appleman (Hg.), *Darwin: A Norton Critical Edition.* New York: W.W. Norton, 1970, S. 292–294.

SELTZER, CARL C. »Constitutional Aspects of Juvenile Delinquency.« In Katherine Brehme Warren (Hg.), *Origin and Evolution of Man.* Cold Spring Harbor: Cold Spring Harbor Symposia on Quantitative Biology, 1951, Bd. XV: 361–371

SHELDON, WILLIAM HERBERT. »Discussion.« In Katherine Brehme Warren (Hg.), *Origin and Evolution of Man,* Cold Spring Harbor: Cold Spring Harbor Symposia on Quantitative Biology, 1951, Bd. XV.: 380.

– »The Somatotype, the Morphophenotype, and the Morphogenotype.« In Katherine Brehme Warren (Hg.), *Origin and Evolution of Man.* Cold Spring Harbor: Cold Spring Harbor Symposia on Quantitative Biology, 1951, Bd. XV:373–376.

SHELDON, WILLIAM HERBERT, und S. S. STEVENS. *The Varieties of Temperament: A Psychology of Constitutional Differences.* New York: Hafner Publishing Company, 1942, reprinted in 1970.

SMITH, FRED H., und FRANK SPENCER (Hg.), *Origins of Modern Humans: A World Survey of the Fossil Evidence.* Philadelphia: Alan R. Liss, 1984.

SMUTS, BARBARA. *Love and Friendship Among Baboons.* New York: Aldine Publishing Company, 1985.

STEPAN, NANCY. *The Idea of Race in Science: Great Britain 1800–1960.* Hamden, Conn.: Archon Books, 1982.

STOCKING, GEORGE W., Jr. *Race, Culture, and Evolution: Essays in the History of Anthropology.* New York: Macmillan, 1968.

STONE, RICHARD. »HHS ›Violence Initiative‹ Caught in Cross-Fire.« *Science* 258:212–213, 1992.

STRINGER, CHRISTOPHER, und CLIVE GAMBLE. *In Search of Neanderthals.* London: Thames and Hudson, 1993.

SUDHOFF, K. *Rudolf Virchow und die deutschen Naturforscherversammlungen.* Leipzig, 1922.

SUSSMAN, ROBERT. »A Current Controversy in Human Evolution.« *American Anthropologist* 95(1):9–13, 1993.

SWAINSON, WILLIAM. »A Treatise on Taxidermy.« In Lardner's *Cabinet Cyclopaedia of Natural History.* London, 1840.

SZATHMARY, EMÖKE, J. E. »Biological Anthropology.« In Wenner-Gren Foundation for Anthropological Research. *Report for 1990 and 1991: Fiftieth Anniversary Issue.* New York, 1992, S. 18–30.

TEMPLETON, ALAN R. »The ›Eve‹ Hypotheses: A Genetic Critique and Reanalysis.« *American Anthropologist* 95(1):57–72, 1993.

THIELE, C. T. In H. Schmidt (Hg.), *Was wir Ernst Häckel verdanken.* Leipzig: Unesma, 1914.

THOMPSON, D. G. »Herbert Spencer.« In Brooklyn Ethical Association, *Evolution: Popular Lectures and Discussions Before the Brooklyn Ethical Association.* Boston: James H. West, 1889, S. 3–22.

THORNE, ALAN G., und Milford H. Wolpoff. »The Multiregional Evolution of Humans.« *Scientific American* 266(4):76–83, 1992.

TOBIAS, P. V. *The Meaning of Race*, 2. Aufl., Johannesburg: South African Institute of Race Relations, 1972.

TRINKAUS, ERIK, und PAT SHIPMAN. *The Neandertals: Changing the Image of Mankind.* New York: Alfred A. Knopf, 1993.

UNESCO. *The Race Question in Modern Science.* New York: Whiteside Inc. and William Morrow and Co., 1956.

– *Statement on Race.* 1950. Nachdruck in *Man*, Nr. 220:138–139, 1950.

– *Statement on Race.* 1951. Nachdruck in *Man*, Nr. 125: 91, 1952.

VALLOIS, HENRI. »U.N.E.S.C.O. on Race.« *Man*, Nr. 28:15–16, 1951.

VERNIER, CHESTER G. *American Family Laws.* Palo Alto 1931.

VAN VALEN, LEIGH. »On Discussing Human Races.« *Perspectives in Biology and Medicine* IX(3):377–383, 1966.

VIGILANT, LINDA, M. STONEKING, H. HARPENDING, K. HAWKES, und A. C. WILSON. »African Populations and the Evolution of Human Mitochondrial DNA.« *Science* 253:1503–1507, 1991.

VIRCHOW, RUDOLF. «Anthropology in the Last Twenty Years.« *Annual Report of the Board of Regents of the Smithsonian Institution*, 1889.

– »Cellular-Pathologie.« *Archiv für pathologische Anatomie und Physiologie und für klinische Medizin* VIII, 1855.

– »Die Kritiker der Cellularpathologie.« *Archiv für pathologische Anatomie und Physiologie und für klinische Medizin* XVIII: 5, 1860.

– *Die Freiheit der Wissenschaft im modernen Staat.* Berlin: Wiegand, Hempel und Parey, 1877.
– »Transformismus und Descendenz.« *Berliner klinische Wochenschrift* XXX, 1893.
WAMBAUGH, JOSEPH. *The Blooding.* New York: Bantam, 1991.
WASHBURN, SHERWOOD L. »The Analysis of Primate Evolution with Particular Reference to the Origin of Man.« In Katherine Brehme Warren, Hg., *Origin and Evolution of Man.* Cold Spring Harbor: Cold Spring Harbor Symposia on Quantitative Biology, 1951, Bd. XV:67–77.
– »The Study of Race.« *American Anthropologist* 65:521–532, 1963.
WATZMAN, HERBERT M. »Question of Human Origins Debated Anew as Scientists Put to Rest the Idea of a Common African Ancestor.« *Chronicle of Higher Education*, September 16, 1992, S. A7–A8.
WEIDENREICH, FRANZ. »Facts and Speculations Concerning the Origin of *Homo sapiens.*« *American Anthropologist* n.s. Bd. 49 (2):187–203, 1947.
– »Interpretations of the Fossil Material. »In W. W. Howells, Hg., *Early Man in the Far East.* Philadelphia: Wistar Institutes Press, 1949, 1:149–157. Reprinted in W. W. Howells, Hg., *Ideas in Human Evolution: Selected Essays 1949–1961.* New York: Atheneum, 1967, S. 466–472.
– »The ›Neanderthal Man‹ and the Ancestors of *Homo sapiens.*« *American Anthropologist* 45:39–48, 1943.
WHEELER, DAVID L. »U. of Md. Conference That Critics Charge Might Foster Racism Loses NIH Support.« *Chronicle of Higher Education*, 2. September 1992, S. A6.
WILSON, ALLAN, und REBECCA CANN. »The Recent African Genesis of Humans.« *Scientific American* 266 (4):68–73, 1992.
WILSON, JAMES Q., und Richard Herrnstein. *Crime and Human Nature.* New York: Simon & Schuster, 1985.
WILSON, L. G. *Sir Charles Lyell's Scientific Journals on the Species Question.* New Haven: Yale University Press, 1970.
WOLPOFF, M. H., ALAN G. THORNE, JAN JELINEK, und ZHANG YINYUN. »The Case for Sinking *Homo erectus*: 100 years of Pithecanthropus Is Enough!« Paper delivered at conference »100 years of Pithecanthropus«, Senckenberg, Frankfurt am Main. To be published in Jens Franzen (Hg.), *100 Years of Pithecanthropus – The* Homo erectus *Problem.* Frankfurt am Main: Courier Forschungs-Institut Senckenberg.
ZANGWILL, ISRAEL. *The Melting Pot.* 1908.

Namen- und Sachregister